"十三五"国家重点图书出版规划项目

"一带一路"建设中
国际贸易和投资风险防控
法律实务丛书

the legal series on prevention and control of risks
in international trade and investment under the construction
of the Belt and Road

总主编 张晓君

本丛书系教育部哲学社会科学研究重大课题攻关项目（项目批准号：19JZD053）产出成果
西南政法大学东盟法治研究院系列成果

国际税收
风险防控法律实务

主编 张 婷 王书瀚

厦门大学出版社
XIAMEN UNIVERSITY PRESS
国家一级出版社
全国百佳图书出版单位

图书在版编目（CIP）数据

国际税收风险防控法律实务 / 张婷，王书瀚主编
. -- 厦门：厦门大学出版社，2022.9
（"一带一路"建设中国际贸易和投资风险防控法律
实务丛书 / 张晓君总主编）
ISBN 978-7-5615-8729-4

Ⅰ. ①国… Ⅱ. ①张… ②王… Ⅲ. ①国际税收—税
收管理—风险管理—研究 Ⅳ. ①F810.423

中国版本图书馆CIP数据核字(2022)第161382号

出 版 人	郑文礼
责任编辑	李　宁
出版发行	厦门大学出版社
社　　址	厦门市软件园二期望海路 39 号
邮政编码	361008
总　　机	0592-2181111　0592-2181406(传真)
营销中心	0592-2184458　0592-2181365
网　　址	http://www.xmupress.com
邮　　箱	xmup@xmupress.com
印　　刷	厦门集大印刷有限公司

开本	720 mm×1 000 mm　1/16
印张	26
字数	382 千字
版次	2022 年 9 月第 1 版
印次	2022 年 9 月第 1 次印刷
定价	97.00 元

厦门大学出版社
微信二维码

厦门大学出版社
微博二维码

总　序

　　"一带一路"是新时代中国深化与世界各国全方位合作,努力实现全球共同发展的重要倡议。自2013年该倡议提出以来,"一带一路"从愿景转变为现实。国家主席习近平在2019年第二届"一带一路"国际合作高峰论坛发表的题为《齐心开创共建"一带一路"美好未来》的主旨演讲中强调,共建"一带一路"顺应了经济全球化的历史潮流,顺应了全球治理体系变革的时代要求,更顺应了世界人民追求幸福生活的愿望。共建"一带一路"为世界经济增长开辟了新空间,为国际贸易和投资搭建了新平台。在共建"一带一路"的机遇之路上,中国与"一带一路"沿线国家的贸易投资交往愈加密切,中国企业的贸易投资活动更加积极。但机遇与挑战并存,"一带一路"沿线国家和地区存在政治体制、经济制度、法律体系与文化背景等方面的差异,国际贸易和投资关系错综复杂。进入2020年,随着新冠肺炎疫情在世界范围内的广泛蔓延,西方大国基于国内政治的考量,掀起单边主义和霸权主义的波澜,意图逆转全球化趋势,将正常的国际经贸交往政治化,为技术、商品、人员和资本的顺畅流动设置重重障碍,这不可避免地会对"一带一路"倡议造成严重冲击,给中国与沿线国家的国际经贸关系的发展带来严峻挑战。在此背景下,预防与控制国际贸易和投资面临的法律风险,成为推动"一带一路"倡议行稳致远的重要保障。

　　本着这一问题意识,西南政法大学国际法学院、中国-东盟法律研究中心(东盟法治研究院)与深圳市前海国合法律研究院、泰和泰律师事务所等法律实务部门深入合作,结合教育部哲学社会科学研究重大课题攻关项目(项目批准号:19JZD053)"对'一带一路'沿线国家投资风险监测预警体系研究",对我国企业在国际贸易投资中所面临的风险防控问题展开研究。"'一带一路'建设中国际贸易和投资风险防控法律实务丛书"是深入合作开展系统研究结出的硕果，同时也是与国家安全学院开展跨学科研究的重要成果。丛书由具有较强科研能力的国际法学界和具有丰富国际贸易投资及争端解决经验的法律实务界人士联袂编著。

丛书围绕教育部哲学社会科学研究重大课题攻关项目（项目批准号：19JZD053），以"一带一路"国际贸易和投资中企业所面临的法律风险防控需求为导向，从国际网络贸易、跨境投资并购、国际知识产权保护、国际货物运输、国际税收、国际PPP、国际能源、商品进出口、国际信用证，以及国际投资争端解决、国际商事争端解决、涉外法律适用等实务性极强的领域出发，以丰富的实践案例和国际法律文书为基本内容，根据实务人员法律服务技能的实践性和涉外性的特征，详述知识内涵，深度剖析裁判要旨，总结实践经验，提炼学习要点，对企业可能面临的法律风险展开极具针对性、前瞻性的研究，提出具有专业性、建设性和可操作性的风险防控措施建议。

西南政法大学国际法学院作为我国重要的国际法学研究和涉外法律人才教育培养基地，在服务"一带一路"建设的法治人才培养、学术研究和社会服务等方面具有强烈的责任担当，力图产出一批优秀学术成果，培养一批优秀法治人才。中国-东盟法律研究中心（东盟法治研究院）作为国家级涉外法治研究基地、最高人民法院民四庭东盟法律研究基地和重庆市新型智库，将以更大的担当和使命感，做好国际法治研究和涉外法治人才培养工作，为我国更高水平的对外开放和以法治共建"一带一路"作出应有的贡献。

张晓君　教授、博士生导师
西南政法大学国际法学院院长、国际法学科负责人
中国-东盟法律研究中心主任

2022年6月

编写说明

　　经济全球化与国际合作是国际社会发展的必然之路，国际税收关系与跨国税收征管问题相伴随行，尤其是国际金融危机爆发以来国际经济格局面临重大调整，直接催化了国际税收竞争与合作，以 BEPS 项目计划及相关公约为标志，国际税制变革以及国际反避税趋势日益加强。随着国家共建"一带一路"倡议得到国际响应和推进，我国企业"走出去"步伐加快，境外投资规模不断扩大，相应的国际税收筹划工作更加重要。如何强化税务合规管理，正确认识并有效防控跨国营运中的税收风险，已成为我国企业开展跨国经济合作中的重要实务。由此，我们针对近年来我国"走出去"企业遭遇的主要税收风险问题，通过对有关跨国税收征管制度原理及主要规则的简单梳理和阐明，结合对大量有关资料、案例的收集和整理，对相关跨国税收实务风险和防控措施作出较为系统的总结，以期帮助我国"走出去"企业树立清晰的国际税收风险防控意识，并提供行之有效的实务操作指引，为国际税收制度和实务的教学提供参考。

　　本书框架立足于我国"走出去"企业跨国营运税务实践，结合"一带一路"倡议下跨国经济合作的主要方式和途径，在就跨国营运通常环节的税收风险防控问题进行总结的基础上，分别就跨国并购和海外工程承包税收风险、国际税收争议风险防控进行专门的探讨。本书内容着重以我国的涉外税收制度为依据，比较联系有关国家的税收制度，关注后 BEPS 时代所面对的新挑战，介绍"走出去"企业国际税收筹划的主要方式、规范、风险及控制措施，并尽量以真实的案例加以分析说明。

本书由主编负责体例设计，统筹组织协调编写工作和审稿，撰写工作安排如下：

第一章至第四章：张婷；

第五章：王书瀚；

第六章：孟庆红（第一节）、武聪聪（第二节、第三节、第四节）；

第七章：王娇（第一节、第二节）、唐健（第三节）；

第八章：王娇（第一节）、潘剑（第二节）、刘晓云（第三节）；

第九章：武聪聪。

鉴于国际税收利益的敏感性和税收实务的复杂性，本书的写作历时较长。面对其间国际税收实践的快速发展和演进，繁多的税收法规政策不断调整变化，经写作者共同努力也难免存在不完善之处，敬请各位专家和读者批评指正。同时，本书的编辑完成离不开各种来源的大量案例及资料，特此向这些案例及资料的原作者致以诚挚的感谢！

目录

第一章

国际税收风险防控概述

【内容摘要】

　　跨国经济交往的发展与各国税收管辖权的独立行使必然导致国际税收问题的演进,尤其是关于跨国所得税收征管权的冲突与协调问题。随着各国税收法制的完善和对纳税人权利的保护,防控国际税收风险并实施国际税收筹划已成为跨国经营活动的重要实务。金融危机后全球经济增长及新的产业模式和商业模式的兴起,不仅导致各国宏观税收负担、税收收入结构及其税收政策的变化,还对国际税收规则提出挑战,以BEPS项目为代表的一系列国际税收协议的达成,体现了国际税收合作强化与国际税收规则重构的新趋势。面对世界经济格局重大调整背景下波谲云诡的国际环境,我国"走出去"企业所面临的国际税收问题与风险更为复杂多样,亟须强化税收风险防控法律实务。

第一节　跨国经济活动的国际税收风险

一、跨国经济活动的税收与国际税收

　　税收是一国政府拥有的主权。随着跨国经济活动的产生和发展,有关企业和个人不仅面临着不同国家的税收管辖权,由于国与国之间税收管辖权的差异或冲突,还面临着国际税收制度对不同国家税收管辖权的协调。由此可见,跨国经济活动的国际税收风险复杂多样。

（一）税收管辖权

跨国经济活动必须遵循有关国家和地区政府的税收管辖权。税收管辖权是国家拥有的课税主权，具有独立性和排他性，表现为一国政府根据本国国情及参照国际惯例自主决定对什么征税、征什么税以及征多少税等方面的权力，在处理本国税务时不受外来干涉和控制，也不得侵犯他国的税收管辖权。按课税对象的不同，各国税收大致可以分为商品税、所得税和财产税三大类，其课征都会对国际经济活动产生一定的影响，而国际经济的发展也对税收制度提出了一定的挑战和要求。

根据国际法公认的国家管辖权原则，税收管辖权包括地域管辖权和公民（居民）管辖权。税收地域管辖权是依据属地原则，国家仅对产生于本国境内的征税对象行使课税权，而不考虑与课税对象相联系的纳税人是哪国的居民或公民。税收公民管辖权和税收居民管辖权依据的是属人原则，国家对具有本国国籍的或具有本国居民身份的自然人和法人产生于或位于世界范围内的全部课税对象行使课税权，而不考虑课税对象的发生地。

税收管辖权的实施因税种而不同，并且因各国实行的税制不同而异。对于商品税实施的是地域管辖权，因为作为课税对象的商品流转额的发生都有明确的地域性，各国只对发生在本国境内的课税对象征税。对于所得税，实施综合税制的国家是对纳税人的各种来源所得综合征税，既要按照属人原则行使居民或公民税收管辖权，同时也不放弃按照属地原则行使地域管辖权，对于非本国居民（公民）的个人和企业取自本国境内的所得也要行使管辖权。目前包括我国在内的大多数国家实施地域管辖权和居民管辖权。少数国家如伊朗、阿富汗、罗马尼亚等，实施地域管辖权和公民管辖权。另外，还有美国、菲律宾、墨西哥等一些国家同时实行地域、居民、公民这三种管辖权。而实行分类税制的国家，是依据产生于本国境内的所得征税，一般不考虑所得的人在本国的法律地位，行使的是来源地税收管辖权。对于财产税，各国依据征税对象不同也将其分为综合财产税和转移财产税的税收管辖权，以及个别财产税的税收管辖权。综合财产税和转移财产税的实施分三种情况：西欧各国及一些亚洲国家实施地域和居民管辖权；伊朗等国实施地域和公民两种管辖权；美国等国实施地域、居民和公民三种税收管辖权。由于个别财产税是以具体存在的某项财产为征税对象，具有鲜明的地域性，所以各国政府对个别财产征税都实施地域管辖原则。

值得注意的是，税收地域管辖权是各国行使的最基本的税收管辖权，因为与一国的行政管辖范围一致，从源征税体现了税收管理的优越性，所以也被世界各国所接受。与此同时，一部分国家在所得税、综合财产税、转移财产税的征收上还兼行居民管辖权或公民管辖权，或兼行居民和公民税收管辖权。由此，国际税收关系主要体现为跨国所得和财产税收管辖权的行使冲突。

（二）国际税收关系的协调

国际税收是在开放的经济条件下因纳税人的经济活动扩大到境外，国与国之间的税收法规存在差异或冲突带来的一些税收问题和税收现象。这些国际税收问题和现象背后所隐含的是国家间的税收关系即国际税收关系，国家之间的税收利益分配与协调关系，是国际税收的本质所在。正是由于各国政府都可以依照本国需要制定本国税法，随着跨国经济交往关系的形成和发展，其涉外税收部分难免发生冲突。一方面，随着一国生产的商品会通过国际贸易流入他国，一国的纳税人从事跨国投资等国际经济活动会从境外取得收入或拥有境外财产，这时各国在本国税收管辖权范围内课税很可能课及外国进口商品和本国出口商品，课及本国纳税人的境外所得或财产以及外国纳税人在本国取得的所得或拥有的财产。另一方面，其也可能表现为一种消极的冲突，这种跨国流动为国际避税和逃税提供了空间。

国际税收关系的协调是国际经济发展的必然结果。一国的税收管辖权的行使可能会构成国际经济交往和发展的障碍：商品税可以影响国际贸易，所得税和财产税可以影响国际投资和国际技术转让等。所以，随着国际经济的发展，各国实际上并不能随意制定自己的税收政策并随意行使自己的征税权，在税收征管的诸多问题上必须考虑本国与其他国家间的经济关系，这就要求国与国之间要在税收制度和政策等方面进行一定的协调。

国与国之间的税收协调体现在两个方面：一是合作性协调，即有关国家通过谈判达成协议，就彼此的税收制度和办法进行约束，典型形式是国与国之间签订的避免双重征税协定，在经济合作与发展组织和联合国发布的两大税收协定范本的指导下，这种国际合作性协调的规范性不断加强，并推动有利于全球经济增长的国际税收规则体系和行政合作机制的共同建立；二是非合作性协调，即一个国家在其他国家竞争压力的驱使下，单方面调整自己的税收制度，使本国的税收制度尽量与他国保持一致而形成的一种国际税收协调，这种非合作性国际协调实际上属于税收的国际竞争。例如，20世纪80年代中期，西方国家为了防止资本外流和税收外流，纷纷降低本国公司的所得税；又如发展中国家为了吸引外资而竞相给予外国投资者税收优惠待遇。

（三）跨国经济活动的跨境税收问题

随着跨国经济活动的延伸发展，国际税收关系和跨境税收问题呈现复杂性。跨境税收具有和国内税收不一致的特点，跨境税收业务涉及企业所得税、增值税、个人所得税、关税和进口增值税等各项税收，都可能引发国家间的税收分配关系，构成跨国经济活动中的国际税收问题，是整个税收体系中最为复杂的部分。这不但体现在对纳税义务的判定上，比如跨境服务中增值税或所得税纳税义务的判定、劳务和特许权使用费的区别，而且在常设机构判定，跨境租金，软件所得，国际运输，间接转让多个境内公司股权，境外税收抵免计算，进出口商品的归类及进口货物税率的适用，海关估价，进出口税收减免及后续监管，出口退税，企业重组过程中与跨境业务相关的国内税和海关税收、转让定价等问题所涉及的税务处理方面，都更为复杂。

二、跨国经济活动的国际税收风险

国际税收问题的本质是利益分配关系，相对于有关国家的国际税收征管利益，作为纳税人的企业和个人的国际税收风险就是因为税收而导致的有关利益损失。面对跨境税收的复杂业务，企业和个人在跨国经济活动中的国际税收风险主要表现为以下几个方面。

（一）税收合规性风险

税收合规性风险在跨国经济活动中最为普遍，通常体现为，未依法做税务登记、纳税申报、信息披露等。由于各国税制千差万别，税收征管政策时常调整变化，跨国企业和个人通常都缺乏对当地税收法规、执法环境、征管模式的了解，境外所得与境内所得在申报方式、范围、内容上都存在明显差异，一旦照搬以往在国内的做法，无意间会违反当地的税收法规，从而引发税收调查和调整风险，甚至影响到整个项目的正常运营。在税收征管制度不断细化的趋势下，跨国企业和个人面临触犯税收法规的风险将增大。

（二）未能享受税收优惠及税收歧视的风险

税收具有经济杠杆的功能，为了鼓励、促进投资和贸易，各国都通过国际条约协定或国内法规政策的途径实施税收优惠减免措施。跨国企业和个人由于对有关政策法规缺乏认识了解，往往未能获得本该享有的税收优惠减免，甚至遭遇税收征管的歧视性待遇，被多征税。

（三）重复征税风险

由于税收管辖权冲突的存在，跨境税务中的重复征税成为国际税收的一大基本问题，重复征税包括税负的重复和重叠两种情形。从现有的国际税收规则来看，由于解决重复征税的方式不同，有关国际税收条约和国内规范规定的具体条件和标准也不同，所以跨国经济活动存在重复征税的风险。

（四）反避税风险

国际避税与反避税是现代跨国经济活动中面临的突出问题和现象。随着各国反避税规则的逐步完善，尤其是一般反避税条款的纷纷确立，以及国际反避税合作的不断强化，跨国经济活动的税收筹划所面临的反避税风险也不断增加。

三、跨国经济活动的国际税收风险防范基本策略

面对跨国经济活动中的国际税收风险，各国跨国经营企业应从以下三个方面建立防范策略。

（一）构建税务风险管理体系

要通过税务风险管理来保证企业的生存，只有建立了有效的税务控制框架，才能确保企业安然无恙。为了应对国外多变的、复杂的环境，跨国经营企业必须拥有强大的税务风险管控职能。这要从以下几个方面入手：让跨国经营企业的高层认识到税务管理的重要性；充实税务管理的人力物力资源，提高税务管理人员在企业中的地位；针对跨国经营企业的税务负责人进行培训，倡议其将日常工作流程化，以便能够分出部分精力处理税收抵免之类的重要事项；将跨国经营企业的税务管理资源情况和流程完善程度纳入风险评估体系，并敦促各部门认真对待。

（二）加强税务筹划

通过税务筹划来最大化企业的税后利润，以促进企业发展。税务筹划是指为实现税收缴纳最小化，对纳税人的经营活动或个人事务活动进行的安排。本书采纳将税务筹划定义为合法安排交易，并将合法的安排称为避税，与之相对的不合法的安排称为逃税。目前占据主流地位的有效税务筹划理论则对以上定义进行了修正，要求筹划者不仅要关注筹划对象的税收负担，还要综合考虑交易各方的税收利益、显性税收和隐性税收，以及税收成本和非税成本。近年来，跨国公司的实践证明，涉及跨境交易，在有双重或多重征税的可能、有多国的政策可以利用的情形下，税务筹划产生的效果将是十分明显的。

（三）充分利用维权救济途径

一旦发生税务争议，有关权益将面临境内或境外税务机关的侵害，跨国经营企业应当积极利用有关途径寻求救济，以解决争端、维护合法权益。包括我国在内的许多国家对于税收争议都提供了法律救济，通常有提起行政复议的行政救济

和向法院提起诉讼的司法救济途径。遇到双重征税、境外涉税争端或不公正税收待遇，"走出去"企业还可以依据双边税收协定，主动向境内主管的税务机关提请启动税收协商程序，及时通过官方的正式渠道维护自身的税收利益。

【案例分析】

美国泛美卫星公司诉北京国税局税收管辖权案 [①]

（一）基本案情

1996年4月，泛美公司与中国中央电视台签订协议，泛美公司向中央电视台提供压缩数字视频服务，中央电视台则预先交付4个月的服务费和设备费作为订金，另支付196.1万美元的保证金。1999年1月，北京国税局对外分局稽查局下达了《关于对中央电视台租赁美国泛美卫星公司等外国企业卫星通讯线路所支付的租赁费用代扣代缴预提所得税限期入库的通知》，要求中央电视台代扣代缴所得税。泛美公司得知后，在北京国税局的再三催促下，于1999年3月按已收款额的7%缴纳了外国企业所得税1346631美元，但因不服而申请了行政复议，北京国税局对外分局作出复议决定维持。泛美公司不服，向北京市第二中级人民法院提起行政诉讼。

在诉讼过程中，北京国税局对外分局于2000年6月26日撤销了京国税稽限字001号通知，泛美公司向北京市第二中级人民法院申请撤回诉讼，并获得了北京市第二中级人民法院的批准。但6月30日，北京国税局对外分局第二税务所重新作出319号通知，认定协议的有关费用属于《中美税收协定》第11条、《外商投资企业和外国企业所得税法》第19条、国家税务总局《关于外国企业出租卫星通讯线路所取得的收入征税问题的通知》及《关于泛美卫星公司从中央电视台取得卫星通讯线路租金征收所得税问题的批复》确定的预提所得税征

---

① 张靓卿、刘景玉：《涉外税收行政纠纷法律适用研究——泛美卫星国际系统有限责任公司诉北京市国家税务局对外分局第二税务所代扣代缴预提所得税决定案法律问题研究》，载北京市高级人民法院编：《审判前沿：新类型案件审判实务》（总第7集），法律出版社2004年版，第60～71页。

税范围。泛美公司不服，再次向北京国税局对外分局申请行政复议，但北京国税局在当年11月17日维持了319号通知的决定。

泛美公司继而将北京国税局对外分局稽查局作为被告、将中央电视台作为第三人于2000年11月29日诉至北京市第一中级人民法院。经二审终审，法院维持判决。

此案争议的焦点在于，中国税务部门究竟是否应该对作为外国企业的泛美公司从中国的业务中获取的企业所得征税。一是泛美公司依照协议向中央电视台收取的费用是否属于《中美税收协定》第11条规定的特许权使用费？二是第二税务所对泛美公司征收所得税是否具有国内法的基础？关于跨国卫星传输业务的国际税收，是一个在国际上有争议的问题。这个争议不仅是中美之间的事情，也是发展中国家和发达国家之间长期存在的一个争端。该案对中国税务部门的管辖权的认可，开了国际税收先例。

（二）案情分析

1. 法律解释与国际条约的适用

本案的焦点问题是，第三人支付给原告的费用如何进行法律定性以及原告是否负有就其从第三人处取得的费用向我国缴税的义务。这涉及应如何适用法律于本案案件事实的问题。

被告所适用的规范性文件及条款主要有以下几个：《中美税收协定》第11条、《外商投资企业和外国企业所得税法》第19条、《税收征收管理法》第4条第2款。其中《外商投资企业和外国企业所得税法》第19条第2款以及《税收征收管理法》的条款是规定第三人的代扣、代缴义务的，不关涉费用的定性问题，且第三人的代扣代缴义务的成立前提亦为原告负有向我国缴税的义务，因此，问题的关键依旧是费用的定性以及原告是否负有向我国纳税的义务。

根据《中美税收协定》第11条第1款、第2款的规定，有权对特许权使用费征税的国家既包括接受特许权使用费主体的所在国家，也包括特许权使用费的产生国，该国亦有权力依照本国的法律就特许权使用费征税。就本案中第三人支付给原告的费用而言，若其为特许权使用费，那么美国和我国均有权对该笔费用征税。而《外商投资企业和外国企业所得税法》第3条也规定，"外国企业就来源于中国境内的所得缴纳所得税"，而本案中的原告属于第2条所说的在我国"虽未设立机构、场所，而有来源于中国境内所得的外国公司、企业和其他经济组织"。该法第19条同时规定，此种企业"取得的来源于中国境内的利润、利息、租金、特许权使用费和其他所得……应当缴纳20%的所得税"。

那么，第三人支付给原告的费用是否属于特许权使用费呢，还是如原告所称，其从第三人处取得的费用属于营业利润（profits）？依据《中美税收协定》第7条第1款的规定，"缔约国一方企业的利润应仅在该缔约国纳税，但该企业通过设在缔约国另一方常设机构在该缔约国另一方进行营业的除外……"故其有没有义务在中国纳税呢？

《中美税收协定》第11条第3款就特许权使用费进行了界定，其外延涵盖了"使用或有权使用文学、艺术，或科学著作，包括电影影片、无线电或电视广播使用的胶片、磁带的版权，专利、专有技术、商标、设计、模型、图纸、秘密配方或秘密程序所支付的作为报酬的各种款项"以及"使用或有权使用工业、商业、科学设备或有关工业、商业、科学经验的情报所支付的作为报酬的各项款项"。而《外商投资企业和外国企业所得税法》及其实施细则均未对"特许权使用费"的含义进行界定，但该实施细则第6条就"利润、利息，租金和其他所得"的含义均进行了专项的界说，以该条第4项的整体观之，"4.提供在中国境内使用的专利权、专有技术、商标权、著作权等而取得的使用费"应可理解为《外商投资企业和外国企业所得税法》第19条所言的"特许权使用费"。从上述两个规范性文件的对比中可以发现，我国《外商投资企业和外国企业所得税法》及其实施细则中"特许权使用费"的外延窄于《中美税收协定》中的"特许权使用费"，不包括"使用或有权使用工业、商业、科学设备或有关工业、商业、科学经验的情报所支付的作为报酬的各项款项"部分。那么，被告以特许权使用费为征税理由是否缺乏法律基础呢？第三人支付给原告的费用是否属于"使用或有权使用工业、商业、科学设备或有关工业、商业、科学经验的情报所支付的作为报酬的各项款项"的范围呢?

其一,我们认为这涉及国际条约的适用问题。《中美税收协定》属于国际条约中的双边条约,于我国的法律体系中,其属于一种独立的法律渊源,在位阶上有时会被赋予高于国内法的地位,尤其是在国内法的规定与其不一致时,其在适用上具有优先性。比如,我国《行政诉讼法》(1989)第72条规定,"中华人民共和国缔结或者参加的国际条约同本法有不同规定的,适用该国际条约的规定。中华人民共和国声明保留的条款除外"。《外商投资企业和外国企业所得税法》第28条同样规定,"中华人民共和国政府与外国政府所订立的有关税收的协定同本法有不同规定的,依照协定的规定办理"。因此,由于《外商投资企业和外国企业所得税法》在界定"特许权使用费"的问题上与《中美税收协定》出现不一致,后者应适用于本案,可作为人民法院定案的依据。

另外一个值得关注的问题是,《中美税收协定》第11条第2款所说的"按照该缔约国的法律征税"的解释问题。我们认为,《中美税收协定》究其性质属于国家间的一种合意,效果上则是产生约束缔约双方政府的互负的国际义务。由于该协定的目的是"对所得避免双重征税和防止偷漏税"(for the avoidance of double taxation and the prevention of tax evasion with respect to taxes on income),因此,一方政府的国际义务往往体现为另一方政府的征税权力。该协定可以直接成为本案中被告征税的法律依据,协定中的"法律"应该理解为程序性的法律,而不应包括关于征税权力的授权性的实体规范。因此,以《中美税收协定》作为本案认定相关事实的工具并未违反该协定本身的规定。

其二,我们认为这涉及对"使用或有权使用工业、商业、科学设备或有关工业、商业、科学经验的情报所支付的作为报酬的各项款项"的解释问题,而此中的关键又是对"使用或有权使用工业、商业、科学设备"的解释问题。

对于法律解释,西方国家的历史上一贯有法律决定论和法官决定论两种思维模式的对立,现代的法律解释流派、理论亦是蔚为壮观。反观我国,则因缺少法律解释论的理论传承和积淀,使得实践中的法律解释方法乏新可陈。就本案而言,由于《中美税收协定》中对"使用或有权使用工业、商业、科学设备"的"使用"以及"工业、商业、科学设备"未作进一步的界定,对本案中第三人利用原告的卫星设备是否属于"使用或有权使用工业、商业、科学设备"也未能提供任何指导性的原则,因此,我们认为,法院需要借助一定的价值判断,通过增减法律规范的内涵和力度以达到使法律规范包摄本案事实关系的目的。

本案中的原告方证人国际财政协会主席斯劳·欧洛夫·罗丹的当庭证言认为:虽然《中美税收协定》中对"使用或有权使用工业设备"没有进行定义,但是在对得到各国普遍适用的经济合作与发展组织范本(即 OECD 税收协定范本)和联合国税收协定范本(即 UN 税收协定范本)的条款、官方评论以及相关学者的权威论述中,提供了解释的指导性意见:这里的"使用"仅仅指使用者实际占有的有形财产的使用,不包括对无形财产,比如本案中第三人对原告卫星设备的使用;特许权使用费是一种消极的收入,即被动的收入,只有当客户自己直接行使合同赋予他的权利时,付款才能构成特许权使用费,其不同于营业利润等营业者通过积极活动而取得的积极收入。此外,德国联邦税收法院曾经作出过判例,判决根据《卢森堡和德国避免双重征税协定》第 15 条关于"工业设备使用"的定义,认定卫星传输合同不构成租赁,不是一个转发器使用合同,而为节目传输协议。因此,本案中第三人支付给原告的费用不属于特许权使用费,双方的合同是服务合同,原告无在中国纳税的义务。

我们认为,OECD 税收协定范本和 UN 税收协定范本是各国为克服协调国家税收政策和国际公认的税收原则之间关系的技术性难题而发展起来的,其主要的目的在于为双边协定的谈判提供框架。中国并非 OECD 的成员国,其虽为 UN 税收协定范本的成员国,但 UN 税收协定范本与《中美税收协定》一样,未对解释"使用工业设备"这一表述提供任何指导,也没有对"使用"和"工业设备"作出定义。虽然 OECD 税收协定范本在 1992 年的修改中将"使用工业设备"的表述从有关特许权使用费的条款中删掉了,"官方评论"又将其列入营业利润的范围,但此种变化能否适用于卫星传输而产生的费用,尚有待进一步的商榷。关于卫星传输的费用的定性问题,如该位证人在庭后提交的书面证言所言,只在德国被提出过。而在拥有广泛的协定网络的德国,"use of industrial equipment"则一直被定性为"特许权使用费"(royalty)。虽然在关于卫星传输的费用如何定性的问题上,德国联邦法院有过上述判例,但是该判例仅对该合同的性质进行了定性,"该判决如此宽泛,以至于我们没有理由相信适用其他协定会有不同的结果——包括适用特许权使用费付款的规定"仅是该位证人的演绎,且"宽泛"本身消弭了该判例的个案性和针对性。因此,现在尚不存在对"使用或有权使用"以及"工业、商业、科学设备"有足够说服力或者拘束力的解释存在。

我们注意到,《中美税收协定》第11条第3款对"特许权使用费"界定时用的是"使用或有权使用……"(the use of, or the right to use...),即特许权使用费的外延包括因使用工业、商业、科学设备或者享有使用上述设备的权利所支付的作为报酬的各种款项。"the use of"与"the right to use"并列使用,意味着是两种款项的产生方式,彼此相互区别。如果可以认为"the use of"是使用者实际占有被使用物的使用的话,那么"the right to use"则可认为是一种纯粹的、抽象的使用权利,使用者不一定实际占有使用物,或者说被使用物像商标、专利等知识产权那样,为无形的财产,不存在实际占有的可能性。卫星转发器具有传输信号的使用功能,每个转发器的部分带宽均可以被独立地用于传输信号。本案中,原告与第三人在"协议"约定,正常情况下,卫星中指定的转发器带宽只能用于传输第三人的电视信号,即这些指定带宽的使用权为第三人专有。带宽是由卫星系统提供的,第三人有权使用带宽应视为有权使用卫星系统。因此,就第三人利用原告的卫星设备而言,完全可以纳入"使用或有权使用……"的范围,第三人支付给原告的费用完全可定性为特许权使用费。

2.关于法律、法规以外的规范性文件在本案中的适用问题

本案的另外一个问题是，被告在为被诉行为时所依据的国家税务总局《关于外国企业出租卫星通讯线路所取得的收入征税问题的通知》（国税发〔1998〕201号）（以下简称"201号通知"）和《关于泛美卫星公司从中央电视台取得卫星通讯线路租金征收所得税问题的批复》（国税函〔1999〕566号）（以下简称"566号批复"）能否成为法院判断行政行为的合法性依据。

纵观我国目前的行政诉讼制度，虽然最高人民法院通过《关于执行〈中华人民共和国行政诉讼法〉若干问题的解释》《行政诉讼证据规则》强化原告在若干情形下的举证义务，但是被告负举证责任，须举出为被诉行为的证据和法律依据以证明其行为的合法性依旧为上位性的总体原则。之所以要求行政机关举出为行政行为的法律依据，主要是基于依法行政原则的要求，即行政机关在为行政行为时需要遵循法律优位原则和法律保留原则。一方面，"以法律形式所表示之国家意思，优先于任何其他之国家的意思表示"[①]（德国行政法之父 Otto Mayer 语），任一行政行为均不得抵触现行有效的法律；另一方面，行政机关为任一行政行为时须有法律授权，行政机关之行为须有法律依据。但包括我国在内的几乎所有国家，行政机关现已不单纯是立法机关的执行机关，行政权的外延已涵盖了行政立法权。也就是说，行政机关不仅有权为具体行政行为，同样有权力为规范性文件的制定等抽象行政行为。此种制度设置虽迎合了社会发展的需要，但蕴含着行政机关"自证行为合法性"的风险。行政机关可能通过自己行使规范性文件的制定权而使自己的具体行政行为"合法化"或者可称为"合规范化"。这种风险使得其必须建构行政机关所制定的规范性文件的合法性审查制度以免却制度失衡的危险。虽我国《行政复议法》确立了对规章以下规范性文件的附带性审查制度，但难言完善。这就使得人民法院须利用《行政诉讼法》第52条、第53条的规定，对被诉行为所依据的规章及规章以下的行政机关所制定的规范性文件进行审查，以尽量减少制度失范产生的不良后果。这也就

---

① 　[德]奥托·迈耶：《德国行政法》，刘飞译，商务印书馆2002年版，第70页。

决定了，并非被告所举出的其为行政行为的所有规范性依据均能为法院采纳、适用，成为法院定案的依据。

就本案而言，201号通知认为：外国公司、企业或其他组织将其拥有的卫星、电缆、光导纤维等通讯线路或其他类似设施，提供给中国境内企业、机构或个人使用，属于《中华人民共和国外商投资企业和外国企业所得税法实施细则》第6条规定的来源于中国境内的租金收入，应依照《税法》第19条的规定计算征收企业所得税。而566号批复则更明确地认定：泛美卫星公司承诺通过提供其固有的卫星设施进行电视信号转发而从中央电视台取得的全部定期费用符合《中美税收协定》第11条和201号通知的规定，应依照《中美税收协定》和《税法》第19条的规定计算征收企业所得税。那么，我们认为，基于如下理由，两个规范性文件均不能作为本案的定案依据：

首先，从566号批复的内容看，其是专门针对本案中被诉行为的法律适用问题所作的，具有极强的个案性。如果认定其在本案中的适用性，等于从根本上剥夺了法院对被诉行为合法性的审查权，是对行政机关"自证行为合法性"的放任。因此，行政机关在566号批复中对相关事实以及法律适用的认知对法院没有拘束力，被告所举的该批复不能为法院所适用，不能成为证明被诉行为合法性的依据。

其次，就201号通知而言，在上文"1.法律解释与国际条约的适用"分析中可以看出，根据《中美税收协定》的规定，"泛美卫星公司承诺通过提供其固有的卫星设施进行电视信号转发而从中央电视台取得的全部定期费用"应当定性为"特许权使用费"。因此，虽然201号通知的规定在内容上与《外商投资企业和外国企业所得税法》所确定的原则相一致，却与《中美税收协定》的规定存在差异。这就决定了人民法院在适用法律时只能适用201号通知的上位法，即《中美税收协定》，而不能适用201号通知。

综上，一、二审法院于本案中的法律适用是正确的，案件的处理结果也是合法的。

【延伸阅读】

1. 孙红梅：《税权划分的国际比较研究》，中国税务出版社 2009 年版。

2. 杨志清、何杨编著：《国际税收理论与实务》，中国税务出版社 2016 年版。

3. 朱青编著：《国际税收》，中国人民大学出版社 2018 年版。

4. [美] 布莱恩·J. 阿诺德：《国际税收基础》（第四版·中英双语），《国际税收基础》翻译组译，中国税务出版社 2020 年版。

5. 国家税务总局网站：https://www.chinatax.gov.cn/。

第二节　国际税收筹划

一、国际税收筹划的基本原则和途径

国际税收筹划一般是指跨国纳税人事先制定的，用于减少国际纳税义务的跨国投资经营计划。这是跨国纳税人在国际税收的大环境下，为了保证和实现最大的经济利益，利用公开合法的手段，达到规避或减轻税收负担的经济现象。随着税收法制的完善和纳税人权利的保护，国际税收筹划已成为国际经济活动中的重要内容，是海外投资及国际工程承包企业追求利润最大化的重要手段，并日益专业化、职业化。大型跨国公司往往专聘税务专家为本公司进行税收筹划，例如美国苹果公司的税收筹划堪称典范。

（一）国际税收筹划的基本原则

1. 合法筹划原则。合法是税收筹划的最基本的原则和前提条件。税收筹划必须在遵守法律和政策的前提下进行，才能保证有关方案和经济活动得到税务部门的认可，避免受到有关惩罚及承担法律责任。税收筹划的合法性包括两个方面：一方面是积极地筹划，顺应法规政策的引导趋势，充分利用政策导向进行筹划，享受有关税收优惠；另一面是谨慎地把握合法的边界，在操作中认识和划清与偷税、逃税和骗税等违法减税方式的界限，严密防止违法减税。

2. 成本效益原则。筹划是以最低的成本获取最大效益的安排，因此应当在考虑税收筹划的直接成本的同时，将税收筹划方案比较选择中所放弃方案的可能收益作为机会成本考量，不能一味地考虑税收成本的降低而忽略其他费用的增加或收入的减少。企业应以自身的健康发展和整体经济效益为前提，不能因为降低一个税种成本而过多地增加其他税种的成本费用，也不能仅仅为降低税收成本而过度增加生产经营的风险，应着眼于总体的经济成本和效益。

3. 整体利益原则。进行税收筹划应遵循整体原则，选择企业净利润最大、有利于企业长期可持续发展、有利于企业提高其市场竞争力的方案。企业开展税收筹划需要结合发展目标、社会形象、经营方向、经营规模等方面进行全方位、多层次的整体运筹和安排，以谋取跨国企业整体和长远的利益。

4. 动态筹划原则。由于税收政策的功能性，所以各国的税收征管活动会随着政治、经济形势的发展不断发生变化，企业的经营发展和财务状况也在变动之中，国际经济活动面临的背景变化更复杂，所以，税收筹划方案需要保持相当的灵活性，以便适时地做出应变调整，才能保证实现筹划目的。

（二）国际税收筹划的基本技术

国际税收筹划是一门跨国交易设计技术，是专业人员在自己丰富的国际税收原理知识和大量商业实践的基础上，找到的既可以减轻纳税义务又顺从法律意图的商业活动和资金流途径。国际税收筹划的基本技术如下：

1. 减免税，即利用税法规定的减免税条件，尽量争取减免税额最大，减免税期最长。其通常有法定减免税、特定减免税和临时减免税三种方式，后两者具有不公平性和随意性，所以主要应采取法定减免税，比如将公司设立于具有减免税优惠政策的经济区、经济技术开发区或国家。

2. 利用税率差异，就是在不违反税法的前提下，尽量利用税率差异，最大化地减少应纳税款。所以企业在前提条件基本相似或利弊基本相抵的条件下，尽量选择在低税率国家投资。

3. 分割，就是使应税所得、应税财产在两个或更多纳税人之间进行分割而尽量少纳税款。所得税和财产税适用累进税率时，通过分割技术，可以使税基缩小，适用低税率而节减税款。

4. 扣除，就是使税前扣除额、宽免额和充抵额等尽量最大化，从而缩小税基，减少纳税。

5. 抵免，就是使税收抵免额尽量最大化、重复纳税额最小化，由此可以利用各个国家规定的各种税收抵免，如国外所得已纳税款抵免、研究开发费用等鼓励性抵免、税收饶让抵免等。

6. 递延，就是尽量采取延（缓）期缴纳税款的计税技术。递延纳税是通过利用货币的价值，使纳税人享受免息的资金周转以及通货膨胀带来的好处。税收递延的途径很多，应在税法允许的前提下，积极创造条件充分利用。

7. 退税，就是尽量争取获得退税待遇并使退税额最大化的节税技术。各国都规定了各种退税政策，包括投资退税、出口退税和先征后退等。

（三）企业海外投资的税收筹划途径

税收筹划可以针对一切税种，但由于不同税种性质不同，税收筹划的途径、方法及其收益也不同。跨国经济活动涉及的主要是关税和所得税的筹划，而所得税的筹划方式最多、筹划空间最大，因此，国际税收筹划主要是跨国投资活动中的所得税筹划。国际税收筹划过程主要是对跨国交易中的现金流进行跟踪，从现金流开始之东道国追踪至其最终目的地，即跨国公司的母国，一般是通过最大限度地利用东道国的税收优惠政策，减少累进征税，避免国际重复征税，以最低的成本和风险，合法地获取海外税后收入。企业海外投资税收筹划存在多种途径，主要表现在：

1. 税收管辖权方面。由于海外投资要面临多个税收管辖权，各自有不同的税收制度和征管方式，实际税收负担各不相同，税收管辖权之间还存在交叉和重叠，所以向海外投资的企业存在选择税收管辖权的空间和动力。

2. 交易主体形式方面。海外投资企业可以在多个税收管理权下选择交易的主体，各个税收管理权又提供了交易主体的多样性，企业海外投资选择交易主体的空间巨大。

3. 所得的定性方面。在不同的税收管辖权下，税收法规对跨国经营企业同一笔收入或所得的定性可能不同。

4. 迟延纳税方面。由于各个税收管辖权下税收法规不一致，企业的海外投资所得存在递延纳税的可能。

二、国际税收筹划的风险问题

国际税收筹划作为跨国纳税义务人应对国际税收风险的重要策略，跨国税收筹划的过程伴随着其跨国经济活动开展的过程，因此，纳税人的国际税收风险往往就是其进行国际税收筹划的风险，主要体现为以下方面。

（一）操作风险

操作风险一般是由税收法规政策的技术性、复杂性以及有些规则的模糊性等原因所导致的，主要体现为：对税收政策法规不了解，或了解不及时、不全面导致的风险，或税收筹划操作程序失误导致的风险；项目选择不当导致的风险；片面理解税收筹划导致的风险；筹划方案不严谨导致的风险。

（二）政策风险

政策风险是指在企业进行税收筹划的设计以及具体筹划措施的实施过程中，因税收政策的导向不明确、税收政策法规变化而面临的风险，包括对税收政策误解导致的风险、税收政策不稳定导致的风险和法律层次低导致的风险。这些通常是由于发展中国家法制建设不成熟，经济运行遇到新情况，如金融危机、财政赤字等原因引起的。

（三）税务执法风险

税务执法风险是指由于税务机关税务执法的偏差而导致筹划失败的风险。由于税务执法属于行政执法的范畴，各国税收法规都赋予税务机关在一定范围内处理具体税收事项的自由裁量权，加上不同国家的税务执法条件和执法人员素质参差不齐，客观上不可避免地会发生税收政策执行的偏差。

三、国际税收筹划的风险防控基本思路

国际税收筹划的风险防控贯穿于跨国纳税义务人跨国经济活动的全过程。后面章节正是以跨国投资活动的运作为主线，分别结合有关税收筹划中的主要问题来具体分析国际税收风险防控实务。在此需要注意的是，国际税收筹划风险防控思路主要有：

1. 强化税收筹划的法制意识。税收筹划的底线是不违法或合法，因此，跨国纳税人进行国际税收筹划时必须遵守相关国家的税收法规、政策和相关的国际税收协定，不得投机冒险地进行非法逃税，以免得不偿失。

2. 及时了解各国的税收制度和相关信息，熟悉跨国经济交往的制度环境。要熟悉国际税收理论和实践，在国际税收的框架下重新审视中国税制和外国税制，应在国际税收的整体框架下进行筹划，在税收筹划过程中既要考虑境内税收，又要考虑境外税收，由于境内税收更具整体性，所以要先从境内税收着手。

3. 密切关注各国的反避税条款。多数国家针对跨国公司利用转让定价、避税地、国际税收协定、改变公司组织形式等手段避税的做法出台了反避税条款。随着国际社会反避税力度的不断加大，其对跨国纳税人的国际避税行为提出了新的要求。

4. 建立风险防控机制，及时掌握税收法规变化的新动向，及时做出应急调整和处置。跨国公司应当建立一套完整、全面、系统的风险管理体系，包括事前预警、事中检测、事后应对，以便针对风险作出快速应对，有效控制和补救。

5. 提高税收筹划方案的专业性和灵活性。税收筹划是综合性和动态性非常强的学问，因此需要专业化的人才，借鉴跨国公司上百年来积累的税收筹划经验，正确理解税收法规政策的精神，才能有效应对跨国税收筹划的风险。

【案例分析】

苹果公司跨国避税案例

（一）基本案情

苹果公司是总部设立于美国加州的著名跨国公司，其国际税收筹划及避税问题引发了美国、英国、法国及欧盟的关注和调查。

2013年5月，美国国会参议院举行听证会，就"海外避税"问题，对美国苹果公司的高管们进行质询，首席执行官蒂姆·库克参加听证会作证。库克指出，苹果公司一直是美国最大的纳税公司之一，公司对海外资金的处理方式也完全符合美国的法律及相关监管规则。除了不承认避税外，该公司称，过高的税收将削弱美国的竞争力，苹果公司方面还建议美国国会考虑修改税收法，以便能够"适应数字时代和高速发展变化的全球经济"。

2014年，欧盟对苹果公司与爱尔兰政府达成的税收协定发起调查，认为爱尔兰政府违反欧盟竞争法"禁止国家援助"的条款，利用税收这一国家资源向苹果公司提供不当优惠，致使欧盟内部市场公平竞争扭曲，并于2016年裁定苹果公司应补缴130亿欧元税款给爱尔兰政府。对此苹果公司和爱尔兰政府均表示不满，相继向欧盟普通法院上诉。

2020年7月15日，欧盟法院对苹果公司避税案作出裁决，苹果公司的上诉获得了法院认可，同时认为欧盟委员会未能出具足够的证据材料证明爱尔兰政府与苹果公司之间的税收协定违反了相关法律。

（二）案情分析①

苹果公司刚刚设立几年后就展开纳税筹划战略和规划布局，形成了包括美国国内避税和国际避税策略的复杂、完整的体系。其基本筹划原理是利用税法漏洞使其2160亿美元海外利润中的大部分免交税款。苹果公司的大部分海外

---

① 宁琦、励贺林：《苹果公司避税案例研究和中国应对BEPS的紧迫性分析及策略建议》，载《中国注册会计师》（非执业会员版）2014年第2期。

利润都转移到位于爱尔兰的子公司，这里是深受企业欢迎的避税天堂。苹果、星巴克这样的跨国巨头通过转移利润以躲避母国的高额税收，而爱尔兰等国则提供税收优惠以吸引前者将利润转移到本国。苹果公司在 2013 年因其在爱尔兰避税的行为遭到欧盟严厉打击，随后又通过英属小岛泽西岛"找到了保持超低税率的新办法"。主要方法如下（后续有关章节将分别做具体分析）。

一是通过自否居民纳税人身份的做法避税，达到"双边均不纳税"的效果。现行的国家间避免双重征税的协定，基本上采用的是 OECD 税收协定范本，然而，协定与某些国家的国内法结合使用时，就会出现漏洞。苹果公司就是利用了这样的漏洞，实现在美国和爱尔兰的"双边均不纳税"。

二是通过建立不同的运营结构和业务组织模式进行避税。苹果公司把全球市场划分为美洲市场和美洲以外市场，利用全球化采购模式和价值链设计，全球销售网络与分销结构，并通过转让定价等工具，把美洲以外市场的销售利润转移至爱尔兰，同时通过物流模式节约了苹果公司的大量物流成本。

三是通过特殊的成本分摊协议，人为地安排苹果公司价值核心的知识产权中的经济权利在关联公司间的拥有和归属，满足现有转让定价国际通用规则的形式要件，把利润转移到爱尔兰进行避税。

另外，苹果公司利用美国复杂税法的免税条款，通过购买美国国债，不仅可以把公司大部分（未缴纳税款）的海外利润留在美国境内，还可获取政府支付的利息。在实际操作中，苹果公司的内部投资机构、总部位于里诺的布雷邦资本通过购买美国国债来管理这笔资金。这些资金放在总部位于纽约的几家银行的托管账户上，美国财政部已经向苹果公司支付了大约 6 亿美元的利息，这笔利息回流到苹果公司在爱尔兰的账户。许多美国的大跨国公司都利用了同样的免税途径，使用海外现金购买美国国债，从而避免或延迟缴纳资金汇回税（仅前十大跨国公司持有的美国国债就超过 1000 亿美元）。实际上，这让企业能够把数十亿美元的潜在税务负担变成数百万美元的纳税人补贴。这种避税手段完全合法。

【延伸阅读】

1. 梁蓓主编:《国际税收筹划》,对外经济贸易大学出版社 2011 年版。

2. 曹明星、于海、李娜:《跨境所得的国际税收筹划与管理》,中国税务出版社 2014 年版。

3. 邵凌云主编:《税收风险管理理论与实务》,中国税务出版社 2017 年版。

4. 蔡昌主编:《国际税收筹划》,高等教育出版社 2021 年版。

第三节 国际税改趋势与国际税收风险防控

一、国际税改趋势

国际税收问题与国际经济问题密切相关,金融危机后全球经济的增长,各国宏观税收负担、税收收入结构及其税收政策的变化,使国际税收规则面临挑战。未来国际税收将出现以下发展趋势。

(一)面对多边贸易体制下消除关税壁垒的挑战,增值税和消费税的国际协调

在商品课税方面,增值税和消费税的国际协调将逐步取代关税的国际协调成为商品税国际协调的核心内容。随着多边贸易体制下关税壁垒的不断削减,商品的国内增值税和消费税日益成为各国关税的替代财源,同时其贸易壁垒效应和国际协调问题日益受到重视。增值税的课征也有国际重复征税问题,目前国际社会规定统一由商品的进口国课征,出口国对出口商品办理出口退税,由此增加了海关税收征管的成本,随着海关的取消,比如欧盟区域内,增值税转由出口方征收,并统一协调增值税,这成为构建自由贸易市场的必然趋势。

(二)面对有害税收竞争与激进税收筹划,国际税收合作的强化

经济全球化的发展,尤其是金融危机的爆发,使有害税收竞争对税基的侵蚀问题,激进的税收筹划与双重不征税问题日益突出,居民国与来源地国的税基都受到了侵蚀,税收权益与实质经济活动的错配,经济活动发生地没有留下

应有的利润，也没获得应有的税收，税收公平面临挑战。由于经济的增长依赖于投资，特别是海外投资，而税收体制是吸引海外投资重要的因素之一，于是各国为了确保最高的经济增长以增加人民的福祉，基于税收主权的独立，争相许以相对低的公司税负，就出现了所谓的"国际的税收竞争"，导致利润向低税国及"避税地"转移，对高税国的税基造成了明显影响。同时，跨国纳税人通过激进的税收筹划，例如利用混合错配安排，可以几乎不承担原本应该承担的税负，甚至是双重或多重的不征税，严重影响到不同国家的税收利益。

虽然现有国际税收制度下，各国已经对国际避税采取了一些措施，包括在国内法中对于反转让定价、反资本弱化、反受控外国公司等法规，在国际税收协定中加入情报交换、反税收协定滥用等条款，但是仍然没有办法非常有效地打击有害税收竞争和激进税收筹划。因此，各国需要加强国际间的税收合作，除了一方面要强化国际税收征管的合作，另一方面还需要加强对所得税收制度的国际协调，区域性的税收协调已取得成果。

（三）面对数字经济挑战，国际税收规则的创新

随着电子商务的快速发展，主要依靠信息和通信技术（ICT）运用的"数字经济"成为渗透和影响各个行业部门的商业模式。"数字经济"对商业领域产生了重大影响，不但导致供应方面的机构和市场结构的显著改变，而且引发需求方面的消费形态的巨变。这种平台经济模式具有市场多面性、网络外部性、赢者通吃、客户参与价值创造等方面的市场新特征，对传统国际税收规则提出了挑战。现有的国际税收规则产生于实物贸易和直接投资时期，对主动所得划分征税权的常设机构概念明显体现出实物化特征，因此，面对"数字经济"所带来的新的税收业务和内容，国际税收规则需要作出创新。

首先，"数字经济"使传统的居民身份认定规则受到挑战。个人可通过进行网络通信联系和从事商业和经济活动，达到实际居住在某国家的效果。所以，如果仍按照传统的居住地和居住时间标准判断个人的居民身份，就会产生漏洞。在对法人居民身份的认定上，由于跨国公司能够通过互联网进行价值链管

理,难以确定总机构所在地和实际管理控制中心所在地。

其次,与数字化产品销售有关的所得的来源地难以认定。税收协定范本通常将发生所得的经济活动或财产的地点作为其所得来源地,例如,劳务所得一般以劳务活动履行地为来源地,营业利润一般以营业活动发生地为其来源地;"固定场所"是常设机构定义中的要素,必须有特定的地理营业场所。但在数字经济的运营模式下,许多产品都是在线提供,营业活动不一定与其所在地相关联,由此挑战了以实物要求存在的常设机构原则。

再次,数字化产品销售所得的类别难以界定。国际税收协定一般按照不同所得的定性分别规定不同的税收管辖权协调规则,并且按照交易标的性质和交易活动形式来对不同的所得进行分类。产品和服务的数字化使得各项交易拥有了相同的形式,只是内容上有区别。例如,报纸、杂志、书籍等有形商品,计算机软件、专利技术等无形资产以及咨询和金融服务,都能够以数据的形式在互联网上销售,因此,数字化产品的网络运营究竟属于营业利润、特许权使用费还是劳务所得都难以进行区分,前述泛美卫星公司税收争议案便是如此。

最后,数字化产品的利润归属地难以确定。消费者在获取数字化产品的过程中需要向企业提供个人数据,企业会自动收集并通过对这些数据进行分析来改进或开发新的产品。在这种交互行为中,消费者通过提供数据也创造了价值。虽然因此产生的利润都为企业所有,但是在对这部分利润征税时,我们应在消费者所在地和企业所在地之间进行合理分配。

(四)面对新的商业模式的挑战,国际税收体系面临重构

以生产的分散化为特征的全球价值链形式是当今国际经济的主要特点,也是主导的商业模式,并且"数字经济"的发展加速了价值链的全球化。这种模式更加关注生产的任务和阶段,而不是货物和服务出口的总量。知识资本是能够给企业带来利润的无形资产,包括人力资产、顾客资产、知识产权和基础结构资产等,这些资本正在取代传统的土地、物质资本等,日益在生产中起主导作用,如美国从 1994 年开始,对知识资本的投资已超过了对有形资产的投资,因此，知识资本挑战了现有价值链下的征税权。另外，各国近年来单边反避税法律的实施实质上也已引发国家间税收利益矛盾的加剧，如非居民间接财产转让规则，转让定价从定量向定性调整，间接改变了国家间的征税权划分规则，新的国际协调任重道远。

二、国际税收新规则与国际反避税风险

正是由于全球价值链商业模式下"数字经济"兴起和知识资本重要性的提升，基于实体经济和传统价值分配原则的国际税收体系面临变革，国际税收面临着国际间和国家间税收规则的重构，并已经体现在各国签订税收协定的内容调整中，由此也增大了国际反避税的风险。尤其随着《多边税收征管互助公约》、《金融账户涉税信息自动交换标准》（CRS）和《海外账户税收合规法案》（FATCA）的陆续生效和实施，各国在税收征管实践层面上将国际协作突破性地拓展到金融账户信息的批量自动交换，跨国企业在全球的账户持有者（个人或企业）名称、地址、账户余额、分类统计的股息、利息、资产性收益人等信息将陆续向税务机关透明，金融账户信息的自动交换，将极大地挤压以往利用信息不透明地进行跨境逃避税筹划的空间。

（一）BEPS 项目计划与 BEPS 多边公约

BEPS（base erosion and profit shifting）是指跨国公司利用国际税收规则存在的不足，以及各国税制差异和存在的漏洞，最大限度地减少其全球总体税负，甚至达到双重不征税的效果，造成对各国税基的侵蚀，亦称"税基侵蚀和利润转移"。BEPS 项目是由二十国集团（简称"G20"）领导人背书，并委托经济合作与发展组织（简称"OECD"）推进的国际税改项目，是 G20 框架下各国携手打击国际逃避税，共同建立有利于全球经济增长的国际税收规则体系和行政合作机制的重要举措，以为研究中发现的避税问题提供具体的行动方案。BEPS 项目包括 5 大类 15 项行动计划（见表 1-1）。

表1-1

类别（5）	行动计划（15）
应对数字经济带来的挑战	数字经济
协调各国企业所得税制	混合错配、受控外国公司制度、利息扣除、有害税收竞争
重塑现行税收协定和转让定价国际规则	税收协定滥用、常设机构、无形资产、风险和资本、其他高风险交易
提高税收透明度和确定性	数据统计分析、强制披露规则、转让定价同期资料、争端解决
开发多边工具，促进行动计划实施	多边工具

BEPS项目成果报告为：《关于数字经济面临的税收挑战的报告》《消除混合错配安排的影响》《制定有效的受控外国公司规则》《对用利息扣除和其他款项支付实现的税基侵蚀予以限制》《考虑透明度和实质性因素有效打击有害税收实践》《防止税收协定优惠的不当授予》《防止人为规避构成常设机构》《确保转让定价结果与价值创造相匹配》《衡量和监控BEPS》《强制披露规则》《转让定价文档与国别报告》《使争议解决机制更有效》《开发用于修订双边税收协定的多边工具》。BEPS项目成果报告根据约束性强弱分为"最低标准"、"共同方法"和"最佳实践"三大类。"最低标准"约束性最强，将纳入监督执行机制，共4项，即防止税收协定滥用、防止有害税收竞争、转让定价国别报告和争端解决；"共同方法"是未来可能发展成为最低标准的规则，但目前统一监督、执行的时机尚不成熟，如混合错配、利息扣除等；"最佳实践"则是推荐使用的，约束性相对低一些，如受控外国公司制度等。

BEPS项目的最终成果在2015年11月15日得到了G20领导人会议通过，意味着行动计划进入落地实施阶段。2017年6月7日，《实施税收协定相关措施以防止税基侵蚀和利润转移（BEPS）的多边公约》首次联合签字仪式在法国巴黎的OECD总部举行，67个国家和地区的政府代表共同签署了该《公约》。

国家税务总局局长王军代表中国政府签署该《公约》。该《公约》旨在将国际税改 BEPS 项目的成果应用于全球 3000 多个税收协定中，将在为具体税收协定政策提供灵活性的同时，执行最低标准，防止协定滥用，并改进争议解决机制，也将使各国政府可以通过 BEPS 项目所制定的其他税收协定措施来完善本国的税收协定。这是第一个在全球范围内就跨境所得税收政策进行多边协调的法律文件，有利于促进主要经济体之间协调一致，开展务实高效合作，构建公平和现代化的国际税收体系，促进世界经济包容性增长，它的签署也标志着 G20 国际税收改革项目 BEPS 的所有行动计划完成。

（二）《多边税收征管互助公约》

由于人员、资本、货物和服务跨国流动加速，纳税人跨国经营的无国界性与税收管理有国界性之间的矛盾，造成税收管理的信息不对称，给开放经济条件下的税收征管带来了严峻挑战。在此背景下，欧洲委员会和 OECD 于 1988 年 1 月 25 日在法国斯特拉斯堡共同制定了《多边税收征管互助公约》（以下简称《公约》），该《公约》向两组织成员开放，于 1995 年 4 月 1 日生效。2008 年爆发席卷全球的金融危机之后，国际社会高度重视税收征管协作。2009 年 4 月，G20 伦敦峰会呼吁采取行动，打击国际逃避税。2010 年 5 月，OECD 与欧洲委员会按照税收情报交换的国际标准，通过议定书形式对《公约》进行了修订。修订后的《公约》向全球所有国家开放，2011 年 6 月 1 日开始生效。2013 年 7 月，G20 财长与央行行长会议支持 OECD 将《公约》框架内的税收情报自动交换作为全球税收情报交换的新标准。税收情报自动交换，是指各国税务主管当局之间根据约定，以批量形式自动提供有关纳税人取得专项收入的税收情报的行为，专项收入主要包括利息、股息、特许权使用费收入；工资薪金，各类津贴、奖金，退休金收入；佣金、劳务报酬收入；财产收益和经营收入等。截至目前，包括我国在内，全球有 60 多个国家已经或承诺签署《多边税收征管互助公约》。

（三）《金融账户涉税信息自动交换多边主管当局间协议》

随着经济全球化进程的不断加快，纳税人通过境外金融机构持有和管理资产，并将收益隐匿在境外金融账户以逃避居民国纳税义务的现象日趋严重，各国对进一步加强国际税收信息交换、维护本国税收权益的意愿愈显迫切。受G20委托，2014年7月，OECD发布了《金融账户涉税信息自动交换标准》（以下简称《标准》），获得当年G20布里斯班峰会的核准，为各国加强国际税收合作、打击跨境逃避税提供了强有力的工具。《多边税收征管互助公约》在我国的生效，为实施《标准》奠定了多边法律基础，2015年12月，经国务院批准，国家税务总局签署了《金融账户涉税信息自动交换多边主管当局间协议》，为我国与其他国家（地区）间相互交换金融账户涉税信息提供了操作层面的多边法律工具。2016年，为了履行金融账户涉税信息自动交换国际义务，规范金融机构对非居民金融账户涉税信息的尽职调查行为，国家税务总局起草了《非居民金融账户涉税信息尽职调查管理办法（征求意见稿）》（以下简称《管理办法》）并向社会公开征求意见。依照《管理办法》，我国大陆金融机构已于2017年1月1日对非居民企业金融账户开始履行尽职调查程序，并于2018年9月进行首次对外交换非居民金融账户涉税信息。

（四）其他国家的实施措施

BEPS的影响已经渗透到税收协定之中。税收协定的主要目的是避免双重征税，但是税收协定中也纳入了旨在防止逃税的信息交换条款。其实，税收协定的全称为"避免双重征税和防止偷漏税（逃税）的协定"。另外，很多税收协定中还纳入了防止通过滥用协定避税的规定，包括股息、利息和特许权使用费条款中的受益所有人规定和目的测试，以及部分税收协定中的利益限制条款。这两年，随着国际社会日益关注跨国企业避税问题，特别是G20应对BEPS行动计划的出台和实施，各国正考虑在现有基础上，进一步加强税收协定的反滥用措施，并严格信息交换和信息报送要求，防范跨境逃避税。

三、国际税改趋势下的风险防控

（一）将跨境税收风险控制纳入公司治理和内部控制

BEPS 报告提出，企业应将税务治理和纳税遵从作为企业治理和风险管理的重要内容。G20税改大大提高了社会各界对跨国公司逃避税的关注，降低跨境税收风险不但关乎企业经营风险和成本，而且关乎企业的社会道德和形象。国际权威机构多年的调查表明，跨境交易特别是关联交易是跨国公司面临的最主要的税收风险，因此跨国经营企业应当将跨境交易税收风险控制纳入公司治理和内部控制，具体需要注意：董事会应制定税务风险管理策略，统筹内部各层级、各部门共同做好风险防范；涉及集团内的关联交易定价、跨境业务重组、离岸架构设计等重大事项，应经董事会审议，集体讨论决策；可以委托中介机构提供专业服务，但并不因此改变企业对涉税行为法律责任和后果的承担。

（二）增强全球价值链布局中的国际税收遵从意识

经济全球化使各国经济税收利益的联系更加紧密，跨境交易监管在各国税收管理中日益受到重视，跨国经营企业应在全球价值链布局中树立国际税收遵从意识。笔者建议企业：充分认识母公司在本国的法律责任和遵从风险，不应仅通过法律形式人为地将母公司职能调整到缺乏经济实质的境外子公司，规避境内纳税义务；从商务与税务相结合的角度，统筹本国与东道国投资和税收的法律法规，在资本输出、经营、回收阶段，考虑不同投资形式的税收成本，充分地做好投资规划；跨境关联交易应遵循独立交易原则，确定使用的关联交易定价要符合母国和投资国的税法规定，规避反避税调查风险；母公司将无形资产所有权全部或部分转移到境外的，应遵循国际惯例和通行做法，根据评估作价依法进行税务处理。

（三）避免激进的税务筹划

G20税改达成的重要共识是按照经济实质征税、避免双重不征税，并督促各国审视和调整本国税法中存在的漏洞。跨国纳税人应避免设计和使用以规避纳税为主要目的的激进税务筹划，尤其应当重视业务重组的经济实质。跨国纳税人的全球业务重组日渐频繁，其中不少涉及中国成员企业职能和相关资产的调整。根据《企业所得税法》的规定，集团业务重组应具有合理的商业目的和经济实质，以避免被税务机关重新定性而做出纳税调整的风险。

（四）重视申报、备案类法律义务的遵从

跨国经营企业应推进税收法定原则的落实，充分认识《多边税收征管互助公约》《金融账户涉税信息自动交换标准》《海外账户税收合规法案》的实施对企业的影响，重视对申报、备案的合规性承担法律责任，尤其注意提高同期资料的准备质量。跨国公司总部应按照税收透明度原则、BEPS 报告相关指引及当地税收法规的要求，加强对跨国关联交易的风险控制，提高成员企业同期资料的质量，帮助成员企业向税务机关披露全球架构、全球定价原则等信息。

（五）企业职能风险承担与利润分配应一致

BEPS 报告强调，税收要与经济行为和价值创造相一致，经济实质要与法律形式相一致，强调在做好关联交易各方功能和风险分析的基础上确定符合独立交易原则的定价。建议企业应认真审视各成员企业在经营活动中实际履行的职能和承担的风险，据实做出企业职能和风险的准确定位和适时调整；对无形资产本地化研发和受托研发给予合理回报，基于价值贡献适用适当的转让定价方法；避免出现被列为高风险的几种错配，比如：集团利润趋势与中国成员企业利润趋势不一致；集团社会形象和税收贡献不一致；价值贡献和利润分配不一致；投入与产出不一致等。

【案例分析】

"中国反避税第一大案"——M 公司避税案：空有 GDP 却不见税收 [1]

（一）基本案情

M 公司是一家全球知名企业，在世界五百强的排名长期名列前茅，总部设在美国。1995 年，公司在北京投资设立了外商独资企业，经过两次增资，注册资本高达 2000 万美元。虽然 M 公司实力强大，但令人蹊跷的是，它在中国的子公司自设立以来几乎没有什么盈利。企业财务报表显示，除个别年度微利外，多年来一直处于亏损状态，6 年累计亏损达 20 多亿元。但是，从 M 公司所处的行业看，北京市该行业的平均利润率在 12% 以上，而这家公司的平均利润率只有负 18%。这一反常现象引起了我国税务机关的高度关注，并开始对其进行反避税调查。

调查发现，这家公司累计亏损巨大，并不是因为产品在市场上销售差，而是因为利润的一半以上都要支付给美国母公司，作为提供研发服务和技术支持的特许经营费用，也就是说中国子公司利润需至少超过目前的一半以上方能盈利。

在进行了大量论证后，我国税务部门指出了其不合理性，并最终获得了美方的承认。最终，M 公司的中国子公司补税及利息共计 8.4 亿元，按照企业目前销售规模测算，其未来每年将为中国增加税收 1 亿多元。该案件因数额巨大、影响巨大，被称为"中国反避税第一大案"。

（二）案情分析

1. 避税手段

这一案件揭示出跨国公司避税的惯用手法——转移利润，即利用不同国家

---

[1] 《中国全面加入国际反避税行动开展国际情报交换》，载新华网，http://china.cankaoxiaoxi.com/2014/1124/574409.shtml，下载日期：2020 年 12 月 1 日。

的实际税率差异,不合理地将利润转移,也就是通常所说的"空有 GDP,税收不见了"。2012 年,中国和美国的税务机关就 M 公司在中国的运营达成一项双边预约定价协议,M 公司认为,"根据预约定价协议的条款,中国将在此基础上向 M 公司征税"。所谓的预约定价协议为转移定价,或者说在子公司之间以簿记价格和销售的方式确定对应的税务处理方式,这也是微软等很多跨国企业都在全球范围内使用的避税方式。根据 M 公司 2014 年财政年度报告,M 公司的整体有效税率为 21%,远低美国企业标准有效税率 35%,这主要是因为它把收入通过"外国地区运营中心"转移到了爱尔兰、新加坡和波多黎各等地。

2.国际反避税趋势的强化

避税是在不违反税法规定的前提下,达到少缴税和不缴税的目的。避税虽然不违法,但纳税人为少缴税而采取的一些举措与税收的立法精神相违背,不仅导致国家的税收减少,也会对市场公平竞争环境造成不利影响。对所有的法治国家和责任政府而言,首要任务是及时发现税法及税收制度的缺陷,堵住合法避税漏洞,同时在纳税行为日益跨国化、全球化之际,也要解决双重征税等问题。随着发达国家税法与反避税法日益严格细密,国际纳税人避税手法更加巧妙隐蔽,对税收法治尚不健全的发展中国家而言,造成的危害也更明显。

我国作为第二大经济体和世界工厂、世界市场,国际避税正成为税收流失的重要原因,财政蒙受越来越大的损失。尤其是中国加入世贸组织后,跨国公司大举入华,凭借其超大的经营规模,其在我国的避税问题十分惊人。我国通过全面加入国际反避税行动,参与国际税收规则制定,可以提高我国反避税的水平,从而推动反避税、税收制度更好、更快、更全面地走上法治化道路。在加入《多边税收征管互助公约》后,正是根据 G20 一致达成的,于 2015 年年底前,各国共同完成"国际反避税行动第一阶段任务"的共识,我国税务机关才对 M 公司(中国)采取行动。

【延伸阅读】

1.王霞、王曙光:《国际税收竞争法律问题研究》,吉林人民出版社 2007 年版。

2. 何杨：《国际税收规则变革与中国的应对》，中国财经出版传媒集团经济科学出版社2017年版。

3. 李旭红主编：《CRS背景下高净值人士的国际税收研究》，中国财政经济出版社2018年版。

4. 徐晓华主编：《G20/OECD税基侵蚀和利润转移行动计划基础与实务》，中国市场出版社2019年版。

5. 安永发布《2019年全球税收政策和实务展望》报告，https://www.sohu.com/a/314400705_355011?sec=wd。

第四节　"走出去"企业的国际税收风险防控问题

一、"走出去"企业面临的税收征管

根据商务部的分类，"走出去"企业的常见形式和商务部的监管方式为境外投资、对外工程承包和对外劳务合作。中国企业"走出去"，从最早的劳务输出到工程承包，发展到现在越来越多的对外投资，从工程承包商向投资商、运营商转变。随着整体经济实力的跨越、企业竞争力的提升和技术管理水平的增强，在推进"一带一路"倡议国际产能合作的政策环境下，中国对外投资发展迅猛，对"走出去"企业的跨国税收征管也越来越重视。"走出去"企业面临的税收征管包括我国的税收征管和当地国国家或地区的税收征管，这里先主要介绍我国的相关税收管理制度。

自2000年党中央提出实施"走出去"发展战略以来，国家税务总局为贯彻落实党中央国务院做出的加快实施"走出去"战略的重大决策，相继发布了《国家税务总局关于做好我国企业境外投资税收服务与管理工作的意见》（国税发200732号）和《国家税务总局关于进一步做好"走出去"企业税收服务与管理工作的意见》（国税发〔201059号〕），将税务机关服务"走出去"战略的职能确定为服务与管理两个方面，主要包括政策层面、管理层面、服务层面以及税收协

定的运用层面。

（一）法规政策

我国对"走出去"企业的税收征管主要与我国税制中"对境外所得征税"部分相关联，而由于"走出去"企业在境外设立的非居民企业有时也会在境内开展活动，因此"走出去"企业开展税务筹划和税务风险管理还需要了解"对非居民征税"的规则。"走出去"企业涉及的相关税收政策主要有现行企业所得税政策和管理规定、出口退税相关政策、我国与其他国家（地区）签订的税收协定（安排）及解释，以及个人所得税方面的相关政策。

企业所得税方面涉及的主要法律、法规和相关文件有：《中华人民共和国企业所得税法》及其实施条例、《中华人民共和国税收征收管理法》及其实施细则、《税务登记管理办法》、《特别纳税调整实施办法》（国税发〔2009〕2号发布）、《财政部、国家税务总局关于企业境外所得税收抵免有关问题的通知》（财税〔2009〕125号）、《企业境外所得税收抵免操作指南》（国家税务总局公告2010年第1号）、《国家税务总局关于境外注册中资控股企业依据实际管理机构标准认定居民企业有关问题的通知》（国税发〔2009〕82号）、《境外中资控股居民企业所得税管理办法（试行）》（国家税务总局公告2011年第45号）、《国家税务总局关于依据实际管理机构标准实施居民企业认定有关问题的公告》（国家税务总局公告2014年第9号）、《国家税务总局关于修改〈非居民企业所得税核定征收管理办法〉等文件的公告》（国家税务总局公告2015年第22号）、《财政部、国家税务总局关于我国石油企业在境外从事油、气资源开采所得税收抵免有关问题的通知》（财税〔2011〕23号）、《国家税务总局关于简化判定中国居民股东控制外国企业所在国实际税负的通知》（国税函〔2009〕37号）、《关于高新技术企业境外所得适用税率及税收抵免问题的通知》（财税〔2011〕47号）。

（二）我国对"走出去"企业的税收管理与服务

目前我国对"走出去"企业的税收管理主要包括"走出去"企业的税务登

记、基础信息管理，境外投资和所得信息报告，境外所得纳税申报，关联交易申报、同期资料和特别纳税调整管理，以及境外注册中资控股居民企业管理、开具《中国税收居民身份证明》、对外支付税务备案管理、发票管理等方面。

服务层面主要是按照国家税务总局《关于落实"一带一路"发展战略要求做好税收服务与管理工作的通知》（国税发〔2015〕060号）的要求，重点做好建立"一带一路"税收服务网页、举办"走出去"企业培训班、设立纳税服务热线专席、更好地发挥中介机构作用、开展面对面宣讲等五项工作，以改善服务，促进发展。

税收协定层面，国家税务总局在谈签协定，维护权益方面，不仅进一步加大了税收协定谈签和修订力度，还进一步加强了涉税争议双边磋商，从而充分发挥税收协定作为国际税收关系与税收合作的法律基础，提高税收确定性，避免双重征税，维护纳税人的合法权益。

二、"走出去"企业的国际税收风险

中国企业在"走出去"过程中做大做强，同时遇到的税务问题也成几何级数增加。这不是交易量的单纯增加，而是交易对手、标的和形式的多样化引起的税务问题的复杂性的巨大变化。相对于早期的商业劳务流动，多种形式的要素流动必定会产生更多更复杂的税务问题。根据有关调查，"走出去"企业的国际税收风险主要体现在以下方面。

（一）对相关税制缺乏了解导致的风险

由于对投资国税制缺乏了解，导致不必要的税收负担。一是违规风险，由于对当地税收法规、执法环境、征管模式不了解，而是照搬以往在国内的做法，无意间违反了当地的税收法规，从而引发被调查和调整风险，甚至影响到项目的正常运营。二是未能享受税收优惠和抵免待遇的风险，对境外所得税收抵免、税收协定待遇及启动相互协商程序等不能全部了解，面临双重征税带来的高税负。原因之一是企业自身了解不足，无法合理判断并有效控制"走出去"

的税收风险；另一个原因是很多"一带一路"沿线国家的税制还不完善。由于税务系统的境外税收信息搜集和指引机制尚未建立，有50%的被调查企业通过聘请税务中介机构来了解投资所在国的税收体制，41%的企业选择聘用当地财务人员，仅27%的企业选择咨询税务部门。

（二）税收筹划安排不到位导致的风险

一是筹划时机把握不当，在选定运营的组织形式或合同主体时未能充分考虑税收因素，丧失税务筹划的良机；二是缺乏税务架构设计，没有意识到可以通过搭建合适的架构进行税务筹划；三是筹划事项不具体，在草拟合同阶段未能充分考虑设备、人员、资金等安排中涉及的税收问题，以致在合同执行中发现税负超出预期。比如通过代理人或分销商在境外销售货物的情况下，境外分支机构或办事处被认定为常设机构，从而产生意想不到的境外纳税义务。

（三）国外税收歧视导致的风险

调查数据显示，有54%的企业受到过税收歧视，这与我国政府部门尚未建立高效统一的境外投资管理与协调机制和服务促进体系有很大的关系。当"走出去"企业在海外遭受税收歧视时，只有29%的企业会想到寻求我国税务机关的帮助，这个比例和发达国家相比还很低。

（四）对税务事项应对不足导致的风险

海外公司运营期间或项目执行期间对税务事项应对不足，体现在未能充分享受税收优惠和未依法履行合规义务两方面。由于对我国签订的双边税收协定内容和涉外税收政策缺乏必要研究，又缺乏与税务机关沟通的意识，因此"走出去"企业不能运用双边税收协定中有关"国民待遇"和"税收相互磋商程序"等条款，以及税收抵免或税收饶让等优惠政策来维护自身合法权益。面对纳税登记、信息披露等一系列税务管理要求，由于缺乏有效的管理、控制和补救，导致税收风险不断增加和蔓延。

（五）国际反避税趋势强化导致的风险

受BEPS行动计划的影响，各国税务当局都非常关注跨国公司转让定价税收管理，具有关联关系的企业如果违背公平交易原则而减少某国税收权益，该国税务当局有权进行转让定价调查调整。被调查调整企业不仅面临较高的补税甚至罚款风险，税收信誉度也会有损失。

三、"走出去"企业的国际税收风险防控

面对国际税收风险，"走出去"企业在税收筹划、风险管理和涉税争议应对方面都需要建设和加强。结合国内税收管理体制的构建状况，"走出去"企业应针对各个阶段存在的主要风险问题注意采取相应的措施，这也是本书后续将分别作出具体介绍的内容。

（一）可行性研究与投资决策

这个阶段需要了解"走出去"的税收环境并预测"走出去"业务相关的税收成本和税务风险。"走出去"企业通过对税收相关的国际协定、中国税收制度中的国际税收法规、外国税收制的了解，做好投资决策中的税收筹划。

（二）跨国投资的组织架构

这个阶段需要对企业的组织形式、融资结构及税务架构等方面作出筹划，并建立企业税务管理机制。以选定组织形式为例，如子公司、分公司、合伙企业、信托、非居民企业常设机构等。本书分析了各种组织形式对应的税收制度和风险。

（三）境外营运与成长

这个阶段税务经理需要考虑优化架构、规划供应链、规划交易、重新审视转让定价，以及应对并购重组等问题。

（四）跨国税收争议的解决

跨国投资经营过程中面临的跨国税收争议牵涉的税收利益影响更复杂，可寻求的解决方式途径更多样化，充分利用国际国内的有关机制有效地解决争议是防控跨国投资风险的重要举措，否则本身也将构成风险。

【案例分析】

一纸境外税务稽查令引发的思考[①]

（一）基本案情

江苏省 Y 市一家"走出去"企业 H 建设工程有限公司（以下简称"H 公司"），一直是 Y 市地税局的跟踪服务对象。2006 年，H 公司经过激烈的投标竞争成为 M 国境内最大建设项目的最大建筑承包商。2007 年，H 公司在 M 国注册了一家全资子公司，具体执行该工程项目。2010 年该项目正式开工建设。2014 年 7 月 9 日，H 公司接到来自境外投资国 M 国税务总署的税务稽查令，要求该企业在 M 国补缴税款及罚款共计 11.2 亿元人民币，其中补税 6.83 亿元人民币，罚款 4.41 亿元人民币。税务查处额占其合同总额的 33%。该稽查令直接导致 H 公司在该国的工程项目停滞、相关人员被拘留。

案件争议的焦点在于常设机构的认定。2012 年开始，H 公司在 M 国出现了涉税纠纷，企业向 Y 市地税局反映，其在 M 国设立的子公司取得的境外合法支付凭证，M 国税务部门不予认可，无法在税前扣除，要求按收入全额征收所得税。Y 市地税局多次与企业沟通，帮助企业分析 M 国税收政策及税收协定相关条款。在沟通过程中，发现企业说法与政策规定存在出入。按照该国税法规定，M 国允许居民企业境外合法支付凭证税前扣除。而企业坚持认为，该国税务机关不依法办事，政策随意性大，故意刁难中国企业。直到 M 国当局下发税务稽查令，认定中国的 H 公司在投资国境内执行合同项目在该 M 国超过 183天已成为常设机构需补缴相关税款，企业才将其在境外的经营及涉税的真实情况告知 Y 市地税局。

在接到企业求援后，地税部门迅速启动国际税收纠纷处理应急机制，组织国际税收管理专家团队，深入企业详尽调研，反复研究案件和税收协定条款，形

---

① 王周飞、张晓军、史景：《完善"一带一路"税务权益保障机制的实践与分析》，载《国际税收》2018 年第 7 期。

成处理方案，层层呈报至国家税务总局。在外交部、驻外使馆和国家税务总局的支持和努力下，该国税务总署暂停了对企业的处理决定，国家税收权益和企业的经济利益得到了切实有效的维护。

（二）案情分析

该案具有很强的典型性，其中反映的问题，值得深入研究。

1. 企业对境外涉税风险预判不足。企业对境外税收问题明显重视不够，既没有在投资前开展专业的税务尽职调查，在发生涉税纠纷后也没有如实向国内税务机关反映情况。Y市地税局多次到企业调研，询问企业M国税务部门是否认定H公司为常设机构。企业坚持说工程都是以M国境内注册子公司的名义承接的，与境内企业没有关系。信息不对称使得国内税务机关未能及时跟进，提前化解涉税风险。根据市"走出去"企业调查显示，Y市选择直接投资的"走出去"企业占受访企业的75%，税收风险还未成为企业境外投资的重要考量因素之一，基本未在投资前开展专业的税务尽职调查，对"税收协定是否签订、并购重组税收政策是否与国际接轨、国内外税法对预提所得税的相关规定是否有利于交易活动开展"等情况并不十分了解，存在较大的潜在税收风险。

2. 重复征税的风险较为突出。M国当局下发的税务稽查令指出，企业境外的子公司向M国税务主管部门提供了一份与中国母公司H公司签订的价值30亿元人民币的工程分包合同。企业虽辩称该合同是因其人员被限制自由为求脱身而配合调查后补的，中国公司实质上并没有在该国执行合同事宜，但根据实质重于形式的原则，H公司在投资国境内执行合同项目，在该国已形成常设机构。根据Y市"走出去"企业调查显示，超过90%的受访企业认为，过于复杂的境外税收抵免规定使企业很难掌握和操作，我国对境外税收抵免不仅有控股要求，还有层级制，抵免计算繁杂；有67%的企业认为，遇到的境外税务问题主要是当地税制复杂；还有部分企业对常设机构的认定存有疑问；企业鉴于各种因素，享受税收协定待遇的主观意愿不强，截至目前，Y市仅有3户"走出去"企业申请开具税收居民身份证明。这些都会导致重复征税的风险。

3. 涉税争端协调处置水平需要提升。企业在出现涉税纠纷后,虽然主动求助我国驻 M 国使馆,但由于使馆人员缺乏税收知识,在解决涉税争端、协助履行税收协定上缺少有效手段,导致前期沟通协调不畅。后期,国内主管税务机关启动国际税收纠纷处理应急机制,反复研究案件和税收协定,对 M 国税务主管当局政策的认定、证据取得的合法性和有效性等方面提出了质疑,对促进纠纷解决起到了积极的作用。特别是外交部、税务总局介入后启动了双边磋商机制,大大提高了纠纷处理效率。据调查,企业与当地税务部门发生税务争议时,往往首先向当地会计师事务所等中介机构购买服务,主动求助国内税务机关的意识不强;在税收争议中因不公正的税收裁定而遭受损失时,企业更多地选择自担风险,而不是主动维权;由于信息获取渠道不完善,企业较难在第一时间获取东道国税收政策变动等相关信息并调整相应的发展策略,增加了运营风险。

【延伸阅读】

1. 葛夕良:《全球化下企业所得税国际税收问题思考》,经济日报出版社 2015 年版。

2. 段从军主编:《国际税收实务与案例》,中国市场出版社 2016 年版。

3. 赵卫刚、王坤编著:《"走出去"企业税务指南》,中国市场出版社 2017 年版。

4. 吉林财经大学大企业税收研究所编:《国际税收业务政策指引》,中国税务出版社 2017 年版。

5. 李旭红:《"一带一路"背景下的税收问题研究》,中国财政经济出版社 2018 年版。

6. 国家税务总局国际税务司编:《国际税收政策及解读汇编》,中国税务出版社 2019 年版。

7. 江苏国税:《跨国公司国际税收风险 13 个控制要点和管理举措建议》,《2016—2018 年度国际税收遵从管理规划》,https://www.shui5.cn/article/fb/105768.html。

8. 汤凤林:《CRS 框架下跨国企业的涉税风险及应对策略》,载《国际税收》2018 年第 5 期。

第二章

国际重复征税的风险防控

【内容摘要】

"走出去"企业往往会同时获得境内所得和境外所得,国际重复征税是跨境经济活动首先要面对的税收风险。由于绝大多数国家都同时主张行使居民税收管辖权和所得来源地税收管辖权课征所得税,并且税收管辖权的确定标准也各自不同,导致跨境经济活动面临国际重复征税的问题。国际重复征税不仅使跨国经营企业处于不利的国际税收环境中,也有违国际税收公平原则,不利于国际经济交流和跨国投资的发展,由此,为解决重复征税的问题,各国政府间不断加强合作与国际协调。在此背景下,企业跨国经济活动的国际重复征税风险通常体现在三个方面,即国际税收协定待遇风险,境外所得的税收抵免风险,以及依据国内法对境外应税所得的确定与风险。

第一节　国际税收协定待遇风险

一、解决国际重复征税的国际税收协定

(一)国际重复征税

国际重复征税,一般是指两个或两个以上的国家,对同一纳税人或不同纳税人的同一种征税对象或税源,在相同期间内课征相同或类似性质的税收,包括法律意义上的重复征税和经济意义上的重复征税。法律意义上的国际重复征

税，是指 OECD 税收协定范本注释中所定义的"两个或两个以上的国家对同一纳税人就同一征税对象，在同一时期内课征相同类性质的税收"这一税收现象，即存在纳税主体、课税对象、征税期间、税收性质等各项要素的重复，是目前各国通过单边性的国内税收立法和签订双边或多边性的国际税收协定所要努力消除解决的核心问题。经济意义上的国际重复征税，亦称国际重叠征税，是指两个以上的国家对不同的纳税人就同一征税对象或同一税源在同一期间内课征相同或类似性质的税收，不同之处在于，其不具备同一纳税主体的特征，典型表现在两个国家分别对在各自境内居住的公司的利润和股东从公司分配获取的股息的征税上。因为从经济角度看，公司实质上是由各个股东投资所组成的，公司的资本是各个股东持有的股份的总和，公司的利润是股东分得股息的源泉，所以，一方面对公司的利润征税，另一方面又对作为公司税后利润分配的股息再征税，明显是对同一征税对象或同一税源进行的重复征税，这与对同一纳税人的同一笔所得的重复征税在实质上并无区别。

导致国际重复征税的原因是有关国家各自税收管辖权的重叠或冲突，包括一国的居民税收管辖权与另一国的来源地的税收管辖权之间的冲突，以及两个国家由于确定居民身份或来源地的标准不同，各自主张的居民税收管辖权或所得来源地税收管辖权之间的冲突。例如，中国实施居民税收管辖，马来西亚实施来源地税收管辖，在马来西亚的中国跨国公司的分公司就会遇到重复征税问题：中国依据居民税收管辖原则要求其向中国政府纳税，而马来西亚依据来源地税收管辖原则要求其向马来西亚政府纳税。另一种情况是，中国采用依注册登记地确定法人的居民身份，美国采用依总部所在地确定纳税地。如华为公司是在中国注册的，总部却在美国，两国就都会根据自己的税收管辖权向其征税，这样也会产生国际重复征税的问题。由于同种税收管辖权冲突通过有关标准的国际协调容易得到解决，在跨国经济交往活动造成纳税人收入国际化现象普遍存在的今天，一国的居民税收管辖权与另一国的来源地税收管辖权之间的冲突，是导致对跨国所得的国际重复征税现象普遍发生的最主要原因。

国际重复征税严重阻碍了跨国经济交往和发展。从法律角度看，国际重复征税使从事跨国投资和其他各种经济活动的纳税人相对于从事国内投资和其他各种经济活动的纳税人，背负了沉重的双重税收负担，违背了税收中立和税负公平的税法原则。从经济角度看，国际重复征税造成税负不公，使跨国纳税人处于不利的竞争地位，势必会挫伤其从事跨国经济活动的积极性，从而阻碍国际资金、技术和人员的正常流动和交往。鉴于国际重复征税的上述危害性，各国政府都意识到应采取措施予以避免和消除。

（二）解决国际重复征税的制度

由于两个国家有关税制的差异，在国际税收实践中，要确定这些要件是否具备而认定存在应采取措施予以消除的国际重复征税问题，往往并非易事。为保障和维护国际经济活动健康发展的良好环境，各国政府和国际社会建立了一系列制度和措施，力图避免和消除国际重复征税现象。在国际税法理论和实践中，承认收入来源地税收管辖权优先而不是独占，已成为各国在协调税收管辖权问题上的一致共识。避免国际重复征税的制度，主要是通过合理划分征税权、在发生重复征税后予以抵免等方法来解决国际重复征税问题，包括单边、双边和多边的解决途径。

1. 单边解决途径

一国制定国内税收立法，对税收主权自我约束，单方采取限制本国税收管辖权的方法，以消除或减轻本国居民已经出现或可能出现的对来源于外国的所得的国际重复征税问题。单边途径的解决办法通常是运用冲突规范划分税收管辖权，并采取扣除法、免税法和抵免法等措施。

2. 双边解决途径

两个国家在自愿协调税收权益分配的基础上，通过协商签订税收协定，对各自的税收管辖权加以限制，以消除或减轻各自居民来源于另一方所得的国际重复征税问题，这是目前解决国际重复征税问题的有效且普遍采用的方式。

3. 多边解决途径

两个以上国家通过协商签订多边税收协定，对成员国的税收管辖权加以限制，以消除或减轻缔约国的居民来源于其他缔约国所得的国际重复征税问题。由于各国经济结构和税制结构悬殊，一般是采用单边途径和双边途径来解决双重征税，通过多边途径来协调国际税收权益分配关系，主要在关税领域。随着经济全球化进程的加快，各种区域经济体制和多边经济体制的建立，多边途径将是解决国际双重征税问题的一个主要发展趋势。

（三）国际税收协定待遇

税收协定，又称避免双重征税协定，主要通过降低所得来源国税率或提高征税门槛，来限制其按照国内税收法律征税的权利，同时规定居民国对境外已纳税所得给予税收抵免，进而达到避免双重征税的目的。现代各国间的税收协定通常是依据两个税收协定范本模式签订的，国际税收协定的效力高于缔约国国内法。

根据两个范本模式，各国间签订的避免双重税收协定，仅适用于对所得和财产征收的各种直接税，主要包括以下四个方面的内容：限定缔约国一方对缔约国对方居民取得的来源于境内的各类跨国所得行使来源地税收管辖权课税的条件和范围；明确居住国一方对其居民纳税人取得的来源于缔约国另一方的跨国所得应采取的消除国际重复征税的方法；禁止对缔约国国民的税收歧视；建立缔约国双方的国际合作与协助关系。因此，企业纳税人可享受的国际税收协定待遇主要如下：

1. 股息、利息、特许权使用费（设备租赁费）限制税率及其执行

对于消极所得，税收协定通常以设定限制税率的方式来限制来源地国的征税权，有些则是规定"先征后退"。

2. 政府全资拥有金融机构的利息免税

我国与大部分国家签订的税收协定都规定，对中央银行或完全由政府拥有的金融机构贷款而支付的利息在东道国免税，部分协定还将由政府全资拥有的

金融机构担保或保险的贷款也包括在内，有些税收协定中对可享受免税的金融机构进行了列名。我国列名的金融机构一般包括：中国人民银行、国家开发银行、中国进出口银行、中国农业发展银行、全国社会保障基金理事会、中国出口信用保险公司、中国投资有限责任公司。虽然贷款合同的包税规定往往将利息的税收负担从金融机构转嫁给借款企业，但免除利息税仍然能够大大提高金融机构的竞争力。在很多情况下，由于借款企业往往是我国企业在东道国设立的子公司，这也使得它们的税收负担得以减轻，融资成本得以降低。

3. 技术服务费条款

我国签署的少数税收协定中有技术服务费条款。例如，按照我国与某国税收协定的规定，技术服务费是指缔约国一方居民在另一方提供管理、技术或咨询服务而收取的报酬。享受税收协定技术服务费条款的协定待遇，很多情况下会大大降低预提税率。

4. 常设机构构成

如果没有税收协定，根据各国国内法，通常而言，在东道国从事建筑、安装等活动，或者提供劳务，均应按照东道国国内法纳税。税收协定提高了东道国的征税门槛，规定上述活动只有在固定场所进行且持续了一定时间的情况下，才构成在东道国的常设机构，在东道国就其取得的所得才负有纳税义务。"走出去"企业在境外开展业务，很多情况下并不构成常设机构，享受税收协定技术常设机构条款的协定待遇，很多情况下无须在东道国纳税。

5. 常设机构利润归属

我国大部分税收协定对于常设机构的利润归属通常规定：缔约国一方对缔约国另一方企业在其境内设立或构成的常设机构进行征税时，应仅以归属于该常设机构的利润为限。也就是说，常设机构应按其履行的职能、使用的资产和承担的风险归属利润，不允许不加区分地将项目、活动或服务产生的所有利润都归属于常设机构。

6.国际运输

我国签订的大多数税收协定对国际运输所得采取居民国独占征税权原则和总机构或实际管理机构所在国独占征税权原则，即两国对从事国际运输的对方国家企业从本国取得的所得互免所得税。此外，部分税收协定还规定，两国对从事国际运输的对方国家企业互免间接税。除了税收协定以外，我国对外签订的航空运输协定、海运协定等国际运输协定，以及文化交流协议等政府间协议中也有免税条款。享受税收协定和以上专项协定的国际运输条款会大大降低运输企业的纳税负担，增强其竞争力。如果东道国的征税行为涉嫌违反上述政府间协议，国家税务总局可以与对方主管当局协调。

7.关联企业间转让定价调整及相应调整

根据我国签订的税收协定中的相互协商程序条款，"走出去"企业的境内主体和境外主体之间进行的关联交易，如果被东道国或中国税务机关认定为不符合独立企业交易原则并调增该主体的应纳税所得额，则经过两国税务机关的协商，交易的对方主体的有管辖权的税务机关应相应调低对方主体的应纳税所得额，如果调整后涉及应退税款，有管辖权的税务机关应退回相应的所得税款。

假定"走出去"企业某集团公司母公司A与其在乙国的子公司B之间发生关联交易，乙国主管税务机关认为该关联交易不符合独立企业交易原则，经过转让定价调查调增B公司的应纳税所得额100万元，则B公司可以向乙国的主管税务机关要求相应的调整。经乙国主管税务机关与中国主管税务机关协商，中国主管税务机关相应调减A公司应纳税所得额100万元。如果此前A公司已经缴纳企业所得税，则调减产生的应退税额应由中国的主管税务机关退回A公司。

8.非歧视待遇

按照税收协定规定，我国企业或其常设机构在税收协定缔约对方国家的税收负担应当等同于该国相同情况的居民企业，不应当受到歧视性待遇。如果我国企业或其常设机构在缔约对方国家纳税的税率更高或条件更苛刻，可向税务机关提出相互协商申请,由国家税务总局与对方税务局相互协商解决。需要注意的是,给予居民的个人扣除或减免税等优惠待遇不属于该条款的范围。

可见,国际税收协定的首要作用就是消除双重征税,同时还可以为"走出去"企业提供税收确定性,降低跨国经营的税收风险。由于税收协定不受东道国国内税法变动的影响,所以基本上能够给"走出去"企业提供比较确定的税收环境,特别是通过申请谈签双边预约定价安排,还可锁定关联交易税收风险。税收协定税率往往低于东道国的国内法税率,可以降低"走出去"企业在东道国的税负,提高竞争力。以俄罗斯为例,俄国内法对利息、特许权使用费的标准预提所得税率均为20%,根据我国与其签订的最新协议,利息的预提税率为0,特许权使用费的预提税率为6%。另外,税收协定为解决税务争议提供了相互协商机制,由此"走出去"企业可以向我国税务部门申请,启动相互协商程序,由国家税务总局与东道国税务主管当局谈判解决存在争议的问题。在"一带一路"沿线的64个国家中,我国已与53个国家签署了税收协定,企业可以充分利用政策工具,避免和消除国际重复征税。

二、国际税收协定待遇风险

根据相关规定,按照税收协定规定的不应在境外缴纳的所得税税款,不在抵免的范围内。因此,企业取得来源于已经签署税收协定国家的所得需要在来源国缴纳所得税的,应在当地申请享受税收协定待遇,否则因未享受税收协定待遇而在来源国多缴纳的所得税,不能在境内抵免。由此,国际税收协定待遇方面的风险有三:未能利用协定优惠待遇的风险、遭遇税收歧视的风险和滥用税收协定的风险。

(一)未能利用协定优惠待遇的风险

1.未能申请获得税收协定待遇的风险

一是不了解税收协定签署情况和作用未能申请协定待遇。企业对中国与对方国家签署的税收协定及具体作用不清楚,或是误认为税收协定待遇等同于境外税收抵免，所以没有提出相应的申请。二是不了解对方国家的国内税法而未能申请协定待遇。有的企业在"走出去"过程中，对对方国家的国内税法规定和税务管理流程等没有了解，不知道按照当地法律应该如何核算应纳税额，更不清楚如何申请享受税收协定待遇。三是与对方税务机关缺乏沟通而未能申请成功。一般来说，对于税收协定待遇的给予，发达国家在操作层面口径清晰，可预测性强，而发展中国家有时存在一些不规范的地方，具有不可预测性。因此，企业容易因手续复杂，或提交的资料不符合对方税务机关要求，没能及时申请或成功享受到税收协定待遇。四是完全忽略了税收协定待遇问题。其表现为企业将境外开展的投资经营项目交由当地机构负责记账，相关涉税业务也由当地机构开展，而与境外分支机构或委托的中介机构之间没有相应的沟通，境内财务人员通常忽略了对境外所得在当地是否享受税收协定待遇的了解。

2. 未能正常利用协定待遇的风险

享受税收协定待遇，除了需要及时提出相关的申请以外，还要坚持从业务层面进行税务风险管控。税务处理是基于业务行为进行的，一些税务筹划必须在业务层面进行积极配合，如果配合不力，会导致严重的税务后果。很多企业特别是中小企业，对国外税收制度缺乏系统的了解，在不知不觉中被执行东道国税法，蒙受不必要的经济损失；或在境外经营发生税收争议时往往不知道利用税收协定待遇、政府之间双边磋商机制等手段维护自身的税收权益。

（二）遭遇税收歧视的风险

按照税收协定规定，我国企业或其常设机构在税收协定缔约对方国家的税收负担应当等同于该国相同情况的居民企业，不应当受到歧视性待遇。如果受到税收歧视或者不公平待遇，企业在东道国就没有享受到本该享受的待遇，这涉及所有税种。根据税收协定，如果我国企业或其常设机构在缔约对方国家纳税的税率更高或条件更苛刻，可向税务机关提出相互协商申请，由税务总局与对方税务局相互协商解决，但给予居民的个人扣除或减免税等优惠待遇除外。例如，国内某鞋业集团赴埃塞俄比亚投资设厂，埃塞俄比亚税务部门拟按10%

的税率对其在该国企业所得的股息征税。得知这一消息后，国税局立即协助该企业集团向埃塞俄比亚财政部门递交申诉信。"根据中埃税收协定，应按 5% 的税率征收股息税。"经多番沟通，最终埃塞俄比亚财政部回函承认中埃协定的有效性，该企业因而获得减免税款 30 万美元。

（三）滥用税收协定的风险

滥用税收协定一般是指一个第三国居民利用其他两个国家之间签订的国际税收协定获取其本不应得到的税收利益，主要是为了规避有关国家的预提所得税。除了奥地利、芬兰等极少数国家外，各国一般都将滥用税收协定视为不正当行为，并采取措施防止第三国居民的这种避税行为。主要措施包括制定防止税收协定滥用的国内法规，在双边税收协定中加入反滥用条款，以及强化对协定受益人资格的审查制度，并且各国一般都选择多种方法同时使用，很少只局限于某种方法。BEPS 项目计划将防止滥用税收协定列为"最低标准"，要求须在标题和前言中清楚地表明，缔约国不为双重不征税或降低税收提供条件，并应采取必要的措施判定这种滥用。随着国际税收情报交换制度的建立和我国与其他国家（地区）税管当局间国际税收征管合作的加强，滥用税收协定的风险将会增大。

受到反滥用条款规制的做法主要是，在没有任何商业实质的情况下，单纯或主要以利用某国的协定待遇为目的，在某缔约国设立居民企业（俗称"导管公司"）并通过该居民企业取得所得。例如，税收协定的股息、利息和特许权使用费条款下会明确规定，只有所得的取得一方是该所得的实际受益所有人的情况下，才可以享受协定待遇。关于"受益所有人"的定义，各国的国内法中有相应的规定，如果不符合受益人条件，会构成滥用协定。通常为了逃避或减少税收、转移或累积利润，我们会在对投资所得不征收预提税或者预提税率较低的国家或地区设立导管公司，这些公司仅在所在国登记注册，以满足法律所要求的组织形式，而不从事制造、经销、管理等实质性经营活动。主管税务机关可能判定设立导管公司的目的是利用导管公司所在国的协定网络，将原来没有签订税收协定的两个国家的关联公司连接起来，享受协定待遇；有时税务机关可能将在两个或两个以上国家设立的公司均判定为导管公司。

另外，企业跨国经营活动中的一些商业安排，也会造成滥用协定，或者丧失协定待遇的风险。例如，某公司在中国香港设立运营实体进行离岸贸易，该公司为了在香港享受离岸贸易免税待遇，将所有的业务行为安排在内地进行。继而，该公司从印尼收到特许权使用费，试图向香港税务局申请开具税收居民身份证明，以享受中国香港和印尼的税务协定待遇。但是，由于该公司在香港没有实际管理中心，因而香港税务局不予签发税收居民身份证明。而且，该公司可能会因为实际管理中心在内地，从而被判定为内地税收居民，存在就离岸贸易利润在内地纳税的风险。

还有一种滥用协定的做法是拆分持股份额。由于有些国家间的税收协定对享受税收优惠的必要条件作了股份额度限制，即缔约国一方居民向缔约国另一方居民公司支付股息、利息或特许权使用费，只有当该公司由同一外国投资者控制的股份不超过一定比例时（比如，全部股权的 25%），才能享受协定待遇。由此，外国投资者可能会通过设计控股架构，如把持股公司分立成几个公司，使每个公司分别持有的股份都在限额以下，以便能享受到税收优惠。

三、双边税收协定下重复征税风险的防范措施

（一）强化税收协定待遇意识，充分了解税收协定待遇规则

"走出去"企业应充分认识到税收协定的重要性，重视应用税收协定的相关条款能够带来的好处，并充分理解如何正确应用税收协定维护自身权益。一方面，应充分利用税务机关提供的途径和资源获取有关信息和指导；另一方面，应该设置企业内部的专职人员或专门机构，或利用中介机构及专业人士，加强对税收协定和东道国法规的了解和利用，充分享受协定待遇，强化税务风险的防范和控制。

（二）及时申请协定待遇

世界各税收管辖区在给予税收协定待遇时采取的模式不同，有审批制、备案制、扣缴义务人自行判定和享受。实行审批制的国家和地区中，部分实行先征税，经审批后退税，如比利时、我国台湾地区；部分实行事先审批，英国、德国在处理部分所得类型的税收协定待遇时采用此种模式。实行备案制的国家和地区，由非居民纳税人到税务机关办理备案手续即可享受税收协定待遇，如韩国。美国、新加坡则采取由扣缴义务人或支付人判断非居民是否符合享受税收协定待遇条件并相应扣缴税款，我国也已由审批制改为这种模式。而我国香港地区等税收管辖区对非居民享受税收协定待遇没有具体的程序性要求，仅在纳税申报时注明即可。总之，申请过程中需要根据实际情况去应对，必要时要向专业人士寻求帮助。有时，可以向中国的主管税务机关申请启动税收协定下的相互协商程序来推动解决问题。

（三）及时申请开具居民身份证明

在居民国取得税收居民身份证明是申请协定待遇的前提。各个国家开具税收居民身份证明的具体要求及程序各不相同。当企业和个人出现双重居民身份时，确认问题就比较复杂，需要依据双边协定解决。我国的"走出去"企业和个人在境外享受税收协定待遇，一般需要向对方国家出具《中国税收居民身份证明》。企业和个人可以到主管税务机关申请开具。申请人可以就其构成中国税收居民的任一公历年度申请开具《中国税收居民身份证明》。2016年6月28日，国家税务总局发布了《国家税务总局关于开具〈中国税收居民身份证明〉有关事项的公告》（国家税务总局公告2016年第40号），对开具流程作出了规定。

（四）加强筹划安排，防范滥用税收协定的风险

须坚持从业务层面进行税务风险管控，确保基于税收协定的有关税务筹划合法有效。境外投资、境外经营要从自我遵从的角度出发，既要遵从中国的税法，又要自觉遵守东道国的法律。特别是BEPS 15项行动计划，对现行国际税

收规则进行改革完善,企业一定要关注国际规则的修订,因为未来的税法遵从难度会更高,面临被调查的风险也会更大。

(五)充分利用协定机制解决税收争议

缔约国双方间的国际税务合作与协助关系的建立,对准确地适用税收协定条款和缔约国国内所得税法、有效避免对跨国所得的国际重复征税、防止国际逃避税,以及解决国际税收争议问题,都具有重要的作用和意义。按照税收协定,税务主管当局有义务开展相互协商,我国也规定了对外开展相互协商的具体程序(《税收协定相互协商程序实施办法》,国家税务总局公告 2013 年第 56 号)。由此,企业应积极向税务机关反映其在境外享受税收协定待遇方面的问题,向税务机关提出针对其境外投资经营情况希望修改税收协定的诉求。

【案例分析】

青岛国税查结首例受益所有人案 [①]

(一)基本案情

A 香港公司系 A 集团在中国香港特别行政区注册的全资子公司,投资方包括 A 荷兰公司、A 开曼群岛公司。截至 2010 年 12 月 31 日,A 香港公司在华的全资控股公司包括 B 公司、C 公司、D 公司。设在青岛的 B 公司系 A 香港公司 100% 投资企业,该公司于 2009 年和 2010 年间 3 次召开利润分配董事会,决定向公司股东 A 香港公司分配利润。此后,B 公司分别向主管国税机关办理了非居民享受税收协定待遇审批手续。A 香港公司据此享受《内地和香港特别行政区关于对所得避免双重征税和防止偷漏税的安排》第 10 条规定的股息预提税适用税率优惠政策,按 5% 的税率缴纳了预提所得税。其税率比内地法规定的预提税率低了 5 个百分点。

青岛国税稽查局办案人员通过对 A 香港公司的纳税人身份进行稽查,认为

---

① 胡海啸、苗宏伟、高文涛、李杰:《揭开跨国公司神秘避税面纱 青岛国税查结首例受益所有人案》,载《中国税务报》2015 年 5 月 27 日。

A 香港公司不符合受益所有人条件，对其已享受的非居民企业股息预提税适用税率税收优惠问题应予纠正。A 香港公司最终同意，公司确实存在一些客观因素，不符合中国税法规定的受益所有人身份的条件，并愿接受主管国税机关的新的身份认定。同时，该公司同意，就 2009 年和 2010 年的股息收入，补缴 5% 的预提所得税。鉴于 B 公司已将前述税后应支付股息全额支付给境外股东，即 A 香港公司，因此，本次检查确定的补缴少缴企业所得税，由非居民企业 A 香港公司补缴，合计 479 万元。

（二）案件分析

为了核实 A 香港公司的受益所有人身份，青岛国税稽查局办案人员围绕"实际控制权"这一主线，分别从公司高管任职及获取报酬、公司对经营所得是否有控制权或处置权及风险承担、股息分配及处置、员工人数及所得配比等多个维度提取、分析信息，并做出如下判断：

一是该公司高管及员工均未在该公司有实质性任职，员工人数与资产规模、所得数额不相匹配。检查发现，A 香港公司截至 2010 年 12 月 31 日共有 3 位董事，而 3 位董事均不任职于 A 香港公司及其设在内地的任何控股公司。历年董事会报告均反映，"在整个年度期间，公司董事从未且未来也不会因其为公司所做的工作而收到任何费用或报酬"。也就是说，A 香港公司董事会的各种决策要受制于 A 集团，据此可以判定，该公司不属于完整的实体公司。同时，A 香港公司仅有的 2 名员工，当时分别为 A 香港公司亚太区人力资源总监和大中华区售后、培训经理，均未从事与投资业务直接相关的工作。相对于 6 亿多元的注册资本及每年数千万元的所得，其人员配置较少，与所得数额难以匹配。

二是该公司对所得或所得据以产生的财产或权利缺乏实质控制权或处置权，基本不承担经营风险。A 香港公司 2009 年以来的 3 次董事会决议均将从 B 公司获得的股息全部作为该公司股息发放给各股东，未有任何留存。并且，A 香港公司作为投资公司，未有将所分得的股息用于项目投资、配股、转增股本、企业合并、收购及风险投资等资本运作活动。此外，2011 年 1 月 3 日，A 金融服务公司与 A 香港公司签订于比利时布鲁塞尔的借款协议修正书显示，A 金融服务公司将承担给附属公司贷款的货币风险及其他风险。这表明，A 香港公司与 A 金融服务公司存在的是一种委托代理关系，但同时免除了 A 香港公司的贷款风险。

三是 A 香港公司中的积极所得占比较少，基本为消极所得。除持有所得据以产生的财产或权利外，没有或几乎没有其他经营活动。

四是法律管辖权与登记注册地不相应。A 香港公司为在香港登记注册的居民法人，对外签订的多份经营合同或协议却适用远在欧洲的某国法律。如 2008 年 8 月 20 日和 2012 年 7 月 11 日 A 香港公司与 B 公司签订于比利时布鲁塞尔的借款协议中，"依据的法律与服从的管辖"部分注明，"本协议在所有方面的建构、效力与执行均在比利时王国的法律管辖之下"。由于 A 集团的资金管理中心等多设立在比利时，适用该国法律管辖使人对 A 香港公司的实际控制权产生疑问。

【延伸阅读】

1. [新西兰] 凯文·霍姆斯：《国际税收政策与避免双重征税协定——对相关原则与应用的介绍》，姜跃生、陈新译，中国税务出版社 2017 年版。

2. 雷霆：《国际税收实务与协定适用指南原理、实务与疑难问题》，法律出版社 2018 年版。

3. [奥地利] 维罗尼卡·道尔：《税收协定与发展中国家》，商务印书馆 2018 年版。

4. 高金平：《国内税法与税收协定的衔接》，中国财政经济出版社 2020 年版。

5. 国家税务总局：《非居民纳税人享受税收协定待遇管理办法》。

第二节　境外所得的税收抵免与风险

一、境外所得的税收抵免

根据双重征税协定,作为居住国的缔约国一方应承担采取适当措施消除双重征税的义务,并符合协定对有关措施作出的原则性规定。然而,对居住国一方应采取的避免双重征税方法的适用范围、条件和程序以及计算规则等问题,则取决于缔约国国内税法上的具体规定。就各国国内所得税法上采用消除国际重复征税的方法而言,其具体有免税法、抵免法、扣除法和减税法四种不同方法,其中免税法和抵免法是各国主要采用的两种方法。我国实施抵免制,对纳税人来源于境内外的全部所得课征所得税时,允许以其在境外缴纳的所得税税款抵免企业应纳税款。

(一)抵免规则

我国现行境外所得税收抵免政策主要体现在:《企业所得税法》及其实施条例具体规定了我国居民企业取得境外所得如何计算缴纳企业所得税;《财政部、国家税务总局关于企业境外所得税收抵免有关问题的通知》(财税〔2009〕125号)明确了居民企业取得来源于境外的所得所负担的税款进行税收抵免的有关具体规定;《企业境外所得税收抵免操作指南》(国家税务总局公告2010年第1号)通过逐条释义,对境外所得税收抵免的具体计算过程进行了演示说明;《国家税务总局关于境外注册中资控股企业依据实际管理机构标准认定为居民企业有关问题的通知》(国税发〔2009〕82号)和《国家税务总局关于企业境外所得适用简易征收和饶让抵免的核准事项取消后有关后续管理问题的公告》(国家税务总局公告2015年第70号)等法律、法规和规范性文件,对境外居民企业定义及其相关税收管理、企业境外所得适用的简易征收和饶让抵免的后续管理等问题作了规定。为了进一步促进利用外资与对外投资相结合,《关于完善企业境外所得税收抵免政策问题的通知》（财税〔2017〕84号）作出新规，在现行分国（地区）别不分项抵免方法（分国抵免法）的基础上，增加不分国（地区）别不分项的综合抵免方法（综合抵免法），对境外投资所得可自行选择综合抵免法或分国抵免法，但一经选择，5年内不得改变；同时，将抵免层级由三层扩大至五层。

依据我国税法，可以适用境外所得税收抵免的纳税人包括两类，即中国居民企业和非居民企业在中国境内设立的机构、场所。需要注意的抵免规则是限额抵免、分国不分项抵免、税收饶让三项。

1. 限额抵免

对于纳税人来源于中国境外的所得，应依照《企业所得税法》及其实施条例的规定计算应纳税额，在此限额内对境外缴纳的税款进行抵免。

2. 分国不分项抵免

纳税人来源于中国境外的所得，如选择分国抵免法，依照税法规定计算的应纳税额，除国务院财政、税务主管部门另有规定外，抵免限额按照分国（地区）别不分项原则计算。如来自韩国的所得算韩国的，来自日本的所得算日本的；企业的境外所得在分国家计算抵免限额的前提下，不需要区分股息、红利等权益性投资收益和利息、租金和特许权使用费等具体的项目。

3. 税收饶让

纳税人从与我国政府订立税收协定（或安排）的国家（地区）取得的所得，按照该国（地区）税收法律享受了免税或减税待遇，且该免税或减税的数额按照税收协定规定应视同已缴税额在中国的应纳税额中抵免的，该免税或减税数额可作为企业实际缴纳的境外所得税额用于办理税收抵免。

（二）抵免方法

"走出去"企业取得的境外所得并入其当期应纳税所得额进行纳税申报时，可就取得的境外所得直接缴纳和间接负担的境外企业所得税性质的税额进行抵免。

1. 直接抵免

直接抵免是指居住国纳税人用其直接缴纳的境外税款冲抵在本国应缴纳的税款。直接抵免一般适用于自然人的个人所得税抵免，同一法人实体的总公司与海外分公司间的公司所得税抵免，以及母子公司之间的对于股息、红利等权益性投资所得，利息，租金，特许权使用费，财产转让等的预提所得税的抵免。计算公式为：企业实际应纳所得税额 = 企业境内外应纳税所得额 × 本国税率 − 境外已纳所得税额。

其中，境外已纳所得税额不得超出抵免限额。抵免限额计算公式可简化为：抵免限额 = 来源于境外的应纳税所得额 × 本国税率。

2. 间接抵免

间接抵免是指居住国的纳税人用其间接缴纳的国外税款冲抵在本国应缴纳的税额。这种情形发生于跨国的母子公司之间。根据我国《企业所得税法》第24条的规定，"居民企业从其直接或者间接控制的外国企业分得的来源于中国境外的股息、红利等权益性投资收益，外国企业在境外实际缴纳的所得税税额中属于该项所得负担的部分，可以作为该居民企业的可抵免境外所得税税额，在本法第二十三条规定的抵免限额内抵免"。

按照我国税法的相关规定，间接抵免下"外国企业"是指依照其他国家（地区）法律在中国境外设立的公司、企业和其他经济组织。居民企业直接或间接控制的外国企业的范围是：由居民企业直接持有20%以上股份的外国企业；由居民企业以间接持股方式持有20%以上股份的外国企业，具体由国务院财政、税务主管部门另行规定。我国税务机关办理间接抵免时，对间接控制的比例按连乘法计算，一般限于符合持股方式规定的五层外国企业。

计算间接抵免的关键一步是将外国子、孙、重孙公司支付的股息还原成税前利润。这一税前利润应该等于上一层企业收到的下一层企业实际支付的股息加上该股息在下一层企业所应负担的企业所得税，也就是说，计算间接抵免更为关键的一步是如何确定上一层企业收到的下一层企业的股息在下一层企业所负担的企业所得税。

3. 简易抵免办法

我们可以在两种情形下采取简易办法对境外所得已纳税额计算抵免：

（1）企业从境外取得营业利润所得及符合境外税额间接抵免条件的股息所得，虽有所得来源国（地区）政府机关核发的具有纳税性质的凭证或证明，但因客观原因无法真实、准确地确认应当缴纳并已经实际缴纳的境外所得税税额的，除就该所得直接缴纳及间接负担的税额在所得来源国（地区）的实际有效税率低于我国《企业所得税法》第 4 条第（一）款规定税率 50% 以上的外，可按境外应纳税所得额的 12.5% 作为抵免限额，企业按该国（地区）税务机关或政府机关核发具有纳税性质凭证或证明的金额，其不超过抵免限额的部分，准予抵免；超过的部分不得抵免。

（2）企业从境外取得营业利润所得及符合境外税额间接抵免条件的股息所得，凡就该所得缴纳及间接负担的税额在所得来源国（地区）的法定税率且其实际有效税率明显高于我国的，可直接以按规定计算的境外应纳税所得额和我国企业所得税法规定的税率计算的抵免限额作为可抵免的已在境外实际缴纳的企业所得税税额。

（三）税收饶让抵免

《企业所得税法》尚未单方面规定税收饶让抵免，但我国与有关国家签订的税收协定有规定税收饶让抵免安排。税收饶让抵免分不同情况进行计算：

1. 税收协定规定定率饶让抵免的，饶让抵免税额为按该定率计算的应纳境外所得税额超过实际缴纳的境外所得税额的数额。

2. 税收协定规定列举一国税收优惠额给予饶让抵免的，饶让抵免税额为按协定国家（地区）税收法律规定税率计算的应纳所得税额超过实际缴纳税额的数额，即实际税收优惠额。

3. 不适用税收饶让抵免的情形：境外所得采用简易办法计算抵免额的，不适用饶让抵免；企业取得的境外所得根据来源国税收法律法规不判定为所在国应税所得,不属于税收饶让抵免范畴。

二、"走出去"企业面临的税收抵免风险

由于税收抵免是一项专业性很强的工作,"走出去"企业面临的税收抵免风险主要是未能有效申报税收抵免,从而未用足抵免政策的风险,具体体现在以下几个方面。

(一)抵免申报的风险

根据税务管理要求,企业必须填写抵免申报表格和提交书面材料。首先应根据《财政部、国家税务总局关于企业境外所得税收抵免有关问题的通知》(财税〔2009〕125号)和《企业境外所得税收抵免操作指南》(国家税务总局公告2010年第1号)等规定填报《境外所得税收抵免明细表》,共有3张三级明细表,即《境外所得纳税调整后所得明细表》(A108010)、《境外分支机构弥补亏损明细表》(A1020)、《跨年度结转抵免境外所得税明细表》(A108030)。其次,企业应向其主管税务机关提交书面资料,包括与企业境外所得相关的完税证明或纳税凭证(原件或复印件);不同类型的境外所得申报税收抵免分别需要的具体资料,尤其是申请享受税收饶让抵免和采用简易办法计算抵免限额的还需提供一系列的相关资料和凭证。例如:取得境外股息、红利所得,需要提供企业集团组织架构图、被投资公司章程复印件、境外企业有权决定利润分配的机构做出的决定书等;取得境外利息、租金、特许权使用费、转让财产等所得,需要提供依照《企业所得税法》及其实施条例规定计算的应纳税额的资料及计算过程,以及项目合同复印件等;申请享受税收饶让抵免的,需提供本企业及其直接或间接控制的外国企业,在境外所获免税及减税的依据、证明或有关审计报告披露该企业享受的优惠政策的复印件和企业在其直接或间接控制的外国企业的参股比例等情况的证明复印件等资料。

由于不同国家的税收制度和管理存在很大差异,特别是在当地税务管理相对落后的不发达国家地区开展业务,加上业主不配合等原因,往往难以及时

取得符合要求的完税凭证等抵免凭证。例如，B 企业为 A 集团下属企业，其在境外承包的工程项目都是由 A 集团在海外中标后分包给该公司进行施工的。2015 年，该企业因境外工程劳务取得收入数千万元，且该企业确实在境外工程所在国家缴纳了税款。但由于 A 集团是中标方，境外税务机关将完税凭证开具给了 A 集团，B 企业则无法取得完税凭证，因此无法申报抵免企业所得税，这就造成了 B 企业重复纳税，增加了企业的税收负担。

（二）抵免计算和操作的风险

1.境外所得"分国不分项"的抵免原则

除国务院财政、税务主管部门另有规定外，抵免限额应当分国（地区）别不分项计算，即来源于同一国家的不同所得，应当不分项目合并计算抵免限额；对来源于不同国家的所得，应当区分不同国家的所得分别计算抵免限额。企业不能准确计算可抵免分国（地区）别的境外所得税税额的，在相应国家（地区）缴纳的税收均不得在该企业当期应纳税额中抵免，也不得结转以后年度抵免。

2.抵免境外已缴纳所得税的要求

已在境外缴纳的所得税税额，指企业来源于中国境外的所得依照中国境外税收法律及相关规定应当缴纳并已经实际缴纳的企业所得税性质的税款。抵免企业所得税税额时，应当提供中国境外税务机关出具的税款所属年度的有关纳税凭证。企业在境外错缴或多缴或应缴未缴的所得税，不得列入抵免税额。按照税收协定不应在境外缴纳的所得税税款，不在抵免的范围内。因此，企业取得来源于已经签署税收协定国家的所得需要在来源国缴纳所得税的，应在当地申请享受税收协定待遇，否则因未享受税收协定待遇而在来源国多缴纳的所得税，不能在境内抵免。

3.饶让抵免的享有

居民企业从与我国政府订立税收协定（或安排）的国家（地区）取得的所得，按照该国（地区）税收法律享受了免税或减税待遇，且该免税或减税的数额按照税收协定规定应视同已缴税额在中国的应纳税额中抵免的，该免税或减税数额可作为企业实际缴纳的境外所得税额用于办理税收抵免。

4. 抵免税额的结转年限

企业超过抵免限额的部分，可以在以后 5 个年度内，用每年度抵免限额抵免当年应抵税额后的余额进行抵补。以上所称 5 个年度，指从企业取得的来源于中国境外的所得已经在中国境外缴纳的企业所得税性质的税额超过抵免限额的当年的次年起连续 5 个纳税年度。

5. 简易抵免计算办法的适用

采用简易办法适用税收抵免也须遵循"分国不分项"原则，而且居民企业从境外未达到直接持股 20% 条件的子公司取得的股息所得，以及取得利息、租金、特许权使用费、转让财产等所得，向所得来源国直接缴纳的预提所得税额，应按有关直接抵免的规定正常计算抵免。

此外，境外所得税收抵免的计算还涉及对石油企业和高新技术企业的特殊规定，以及境内外纳税年度差异的处理问题。

（三）中国与所得来源国税法之间的不协调

有些双重征税是由于国家之间对所得的税收法规口径不一致造成的，这种不一致可能会导致无法抵免或者抵免不彻底。例如：当地税法规定中国发生的分包费用不得列支；中国税法规定当地发生的一些差旅费用等不得列支；工程所在地国家判定为来源于该国所得，而我国判定该所得来源于我国，"走出去"企业缴纳的税收无法抵免；工程所在地国家判定为来源于该国所得，而我国判定该所得来源于第三国，"走出去"企业缴纳的税收无法抵免等。

三、税收抵免风险的防范

（一）加强抵免申报资料的筹备和管理

首先，需要全面掌控企业所涉及的抵免申报情形，对应了解抵免申报的各项具体要求。其次，要针对抵免申报的要求，事先做好有关资料的准备和存档管理工作。比如，为了避免完税凭证不能提供、不能及时提供或者按要求提供的风险，"走出去"企业可以一方面在合同中约定业主有义务协助企业取得完税凭证，另一方面可通过与当地税务机关及国内主管税务机关进行协商，寻求解决之道。最后，在提出抵免申报时做好应急处理。比如，有些"走出去"企业通过与主管税务机关的积极沟通，成功说服主管税务机关根据项目所在国的实际情况，接受各种形式的完税凭证。

（二）熟悉掌握各种抵免方法的具体规则和适用条件

我国有关企业境外所得抵免税收法律体系已经比较完善，但对于如何抵免、抵免的额度等具体问题，有关规定的条款比较复杂，很多企业在具体操作时常常出现错误。由此，企业具体适用一定的抵免方法以及进行抵免计算时，务必要严格遵守有关规则进行操作。

（三）加强与境内外税务机关的沟通

"走出去"企业要加强与境内外税务机关的沟通，推动税收政策的完善和改进，提高抵免的效果。同时，对于不应缴纳而错缴的税额，不应作为境外已缴税额申请抵免，应及时向境外税务机关申请退还，必要时可向境内主管税务机关提出申请，并报请国家税务总局启动双边协商程序。

由于"走出去"企业在境外投资时，有的设立子公司，有的设立分公司，还有的设立代表处，境外所得包括利息、股息、特许权使用费、租金等多种形式。在这些情况下，"走出去"企业应该按照规定确认境外所得的实现年度及其税额抵免年度，及时申报境外所得，否则很容易产生税务风险。例如，烟台冰轮股份有限公司，在越南投资552万美元成立烟台冰轮（越南）有限公司，并于2010年开始盈利，在2010—2012年享受了3年免税政策后，从2013年开始缴纳企业所得税。2013年年底和2014年年底，烟台冰轮（越南）有限公司分别向母公司分红80万美元和100万美元，并已经在越南缴纳了企业所得税。烟台市地税局收到烟台冰轮（越南）有限公司递交的境外所得税抵免申请后，根据中越税收协定，确定企业具备抵免资格。税务人员与企业财务人员一起用最短的时间备齐了该公司在境外经营与纳税的有关证明，以及境外公司的组织架构等相关材料,并积极与上级部门协调,使该公司尽可能快地享受到了抵免政策,避免了双重纳税。

【案例分析】

案例一：税收抵免（饶让）等国际税收处理违规案 [①]

（一）基本案情

青岛一家建筑施工企业（甲公司）在接受国家税务总局青岛市税务局稽查局检查组的税务检查中,因其海外业务众多,税收抵免（饶让）等国际税收处理,成为税务检查的重点。经翻阅该企业历年来的境外所得税收抵免明细表,查看相关国家与我国订立的税收协定,检查组发现了问题。检查组当面向甲公司财务部门表明检查意见,税收抵免处理违规了,不应该抵免。甲公司财务总监马上质疑:"我们在境外承揽施工项目,经营所得由所在国给予了企业所得税免税优惠,如果不允许我们税收抵免,那我们岂不是要在境内缴税了? 我们在境外享受的免税政策还有什么意义?"

检查组人员指出,境外经营涉及的税收政策复杂,专业性很强,需要认真研究、准确把握有关规定,才能避免涉税风险,并就税收抵免和税收饶让的规定该如何把握先进行普法。检查人员指出,税收饶让是来源于税收协定的一种税收抵免方式。目前我国企业所得税法中没有税收饶让的相关规定,但是我国与其他国家的一些税收协定中存在税收饶让的相关规定。如果居民企业从与我国政府订立税收协定或安排的国家（地区）取得的所得,按照该国（地区）税收法律享受了免税或减税待遇,且该免税或减税的数额按照税收协定规定应视同已缴税额（即税收饶让）在中国的应纳税额中抵免,则该免税或减税数额可作为企业实际缴纳的境外所得税额,用于办理税收抵免。它包括普通饶让抵免和投资

[①] 《案例分享 | 违规进行境外税收抵免（饶让）补缴税款1300余万元并加征滞纳金800余万元》,载搜狐网,https://www.sohu.com/a/427305272_120066142,下载日期:2021年4月10日。

所得定率抵免两种方式。

检查组经调查发现，甲公司在 2015—2017 年期间为非洲某国某炼油厂承揽扩建项目（以下简称"扩建项目"）。根据合同规定，甲公司自合同生效之日至扩建系统完工、试运行并移交扩建项目期间，免除为扩建项目工作的外国承包商的企业所得税。甲公司办理 2015—2017 年的企业所得税汇算清缴时，认为其在境外所在国获取了免税，在中国境内依然可以适用，就将非洲某国政府给予的免税优惠视同已缴企业所得税进行了申报并抵免，分别抵免所得税 167 万余元、1 万余元、182 万余元，合计抵免所得税 350 万余元。

甲公司此次境外经营的所在国非洲某国对其经营所得给予了免税优惠，按照规定，其在中国境内进行税收抵免时是要涉及税收协定执行中的饶让抵免的规定。然而，在非洲某国与我国签订的税收协定中却并未设置税收饶让条款。这一点让甲公司始料不及。为打消甲公司的疑惑，检查组翻开两国关于对所得避免双重征税和防止偷漏税的协定，逐条查看，确定其中并无饶让抵免条款。也就是说，甲公司对有关税收抵免的处理无政策依据。

继续检查，又一个问题浮出水面。资料显示，甲公司 2014—2016 年在中亚某国承包油气安装工程业务，属于非侨民企业。根据该国税法的规定，非侨民企业要按照其在该国境内取得收入的 20% 缴纳非侨民所得税。甲公司办理 2014—2016 年的企业所得税汇算清缴时，在未提供所得来源地政府机关核发的具有纳税性质的凭证或证明的情况下，将在该国的有关纳税视同已缴纳企业所得税进行了申报并抵免，分别抵免所得税 291 万余元、290 万余元、369 万余元，合计抵免所得税 950 万余元。而根据《国家税务总局关于发布〈企业境外所得税收抵免操作指南〉的公告》（国家税务总局公告 2010 年第 1 号）规定，企业申报抵免境外所得税收时应向其主管税务机关提交如下书面资料：与境外所得相关的完税证明或纳税凭证（原件或复印件）。

《财政部、国家税务总局关于企业境外所得税收抵免有关问题的通知》（财税〔2009〕125 号）第 4 条规定，"可抵免境外所得税税额，是指企业来源于中国境外的所得依照中国境外税收法律以及相关规定应当缴纳并已实际缴纳的企业所得税性质的税款",但不包括六种情形。我们由此可以得出两个结论:

其一,可以抵免的税额必须是企业所得税性质的税款。由于境内外税收制度存在较大差异,"走出去"企业在境外经营需要缴纳的税种种类较多,与境内税收规定不尽一致。可纳入境内税收抵免范围的仅有企业所得税及具有企业所得税性质的税款,其他税种虽已缴纳,但如果不属于这一范畴则不能参与抵免,而只能作为成本、费用或营业税金及附加项目纳入税前扣除范围。如中国居民企业在境外缴纳的货物和劳务税,由于不属于企业所得税性质的税款,并不能参与境外企业所得税的税收抵免。但如果在境外缴纳企业所得税的基础上,又按照所在国税收法律缴纳了"超额利润税",由于该税种属于企业所得税性质的税款,则也可以将其纳入税收抵免范围。

其二,可以抵免的税额,必须是依照中国境外税收法律以及相关规定应当缴纳并已实际缴纳的税款。不允许抵免的境外所得税包括六种情形:"(一)按照境外所得税法律及相关规定属于错缴或错征的境外所得税税款;(二)按照税收协定规定不应征收的境外所得税税款;(三)因少缴或迟缴境外所得税而追加的利息、滞纳金或罚款;(四)境外所得税纳税人或者其利害关系人从境外征税主体得到实际返还或补偿的境外所得税税款;(五)按照我国企业所得税法及其实施条例规定,已经免征我国企业所得税的境外所得负担的境外所得税税款;(六)按照国务院财政、税务主管部门有关规定已经从企业境外应纳税所得额中扣除的境外所得税税款。"

由此,完税证明是企业境外经营所得申报税收抵免的重要凭据,未按规定提交相关完税凭证就申报税收抵免,显然是错误的处理。

甲公司财务总监辩解说:"我们这单业务,按照中亚的某国税法,应由业主方代为扣缴非侨民企业所得税,我们在办理所得税汇算清缴时向该国业主索要过完税证明,对方答应提供,只是至今仍未兑现,我们觉得取得完税凭证只是时间问题,就将有关扣缴税款视同已缴企业所得税申报抵免了。"

"你说的情况可以理解，但你们的处理违反了规定。试想，如果境外经营所得没有完税证明，如何能证明其真实性，如何保证已抵免的税款属于企业所得税性质？"检查人员说明了提供完税证明的必要性。

最后，甲公司接受了检查组的处理决定，依照有关规定及时补缴税款 1300余万元、滞纳金 800 余万元。

（二）案例评析

税收抵免功课难，谨慎对待避风险。防范"走出去"的涉税风险，企业需要提高和完善税务处理能力，税务机关也需要进一步行动。

"走出去"企业在海外市场的开拓中，通常设有业务娴熟的税务处理专业团队，他们具有较高的税法遵从度，本应在涉税处理应方面经得起检验，但受境内外制度环境不同、境外有关税收规定复杂等因素影响，实务中稍有不慎，还是很可能面临税收风险，造成损失。本次检查发现的甲公司的案例就是明证。税收抵免领域，其专业性、政策性极强，为避免在这方面出问题，"走出去"企业需要加强税收政策学习，对于拿不准的涉税处理应事先向税务机关询问。

税务稽查的一项重要职能是"以查促管"，税收征管工作还需要有针对性地加强税收政策的宣传辅导服务，加强及时监管措施。

案例二：境外所得抵免风险点①

（一）基本案情

江苏省镇江市丹徒地税局在审核某建筑安装工程居民企业甲公司纳税申报资料时发现，该公司 2015 年在 A 国设立了非独立核算的乙分公司，承包 A 国某水泥企业的建筑工程。2016 年，甲公司取得来自乙分公司所得 56 万元，乙分公司在 A 国已缴纳所得税 24 万元（适用税率 30%）。甲公司当年在国内经营取得的应纳税所得额为 90 万元，已按规定预缴企业所得税 20 万元。甲公司2015 年度企业所得税汇算清缴申报表反映：甲公司当年共取得境内外应纳税

---

① 许建国：《境外所得税收抵免：操作细节需关注》，载《中国税务报》2017 年 3 月 18 日。

所得额 146 万元（境内 90 万元，境外 56 万元），计算应缴纳企业所得税 36.5 万元，减抵免境外已缴纳所得税 24 万元，减境内已预缴企业所得税 20 万元，汇算清缴应退还企业所得税 7.5 万元。

（二）案情分析

税务人员对照境外所得税收抵免有关政策法规，认为甲公司的申报存在两个问题：

1. 甲公司少申报境外应纳税所得额

根据《财政部、国家税务总局关于企业境外所得税收抵免有关问题的通知》（财税〔2009〕125 号）第 3 条第（一）款和《国家税务总局关于发布〈企业境外所得税收抵免操作指南〉的公告》（国家税务总局公告 2010 年第 1 号）的规定，企业应就其按照《企业所得税法实施条例》第 7 条规定确定的中国境外所得（境外税前所得），在计算适用境外税额直接抵免的应纳税所得额时，将该项境外所得直接缴纳的境外所得税额还原计算为境外税前所得。也就是说，企业取得的境外所得应包括在境外已按规定实际缴纳的所得税额，即境外税前应纳税所得额。因此，甲公司境外所得额应调整为：56÷（1-30%）=80（万元），企业少申报应纳税所得额 24 万元（80-56）。

2. 甲公司多申报境外所得税抵免税额

根据《企业所得税法实施条例》第 78 条的规定，《企业所得税法》第 23 条所称抵免限额，是指企业来源于中国境外的所得，依照《企业所得税法》和该条例的规定计算的应纳税总额的计算公式如下：

抵免限额 = 中国境内、境外所得依照《企业所得税法》和本条例的规定计算的应纳税总额 × 来源于某国（地区）的应纳税所得额 ÷ 中国境内、境外应纳税所得总额；

或采用简化公式：抵免限额 = 按税法计算来源于某国（地区）的应纳税所得额 × 法定税率 25%。

抵免限额为 20 万元（80×25%），企业当年多申报抵免税额为 4 万元（24-20）。

针对上述问题，税务人员辅导企业重新办理了汇缴申报：甲公司2015年实际应纳税所得额为170万元（90+80）；境外已缴纳所得税可抵免限额为20万元；实际应缴纳所得税为22.5万元（170×25%-20）；汇算清缴应补缴企业所得税为2.5万元（22.5-20）。企业重新申报并及时补缴了税款，避免了涉税风险。

案例三：抵免方法比较与运用 [①]

（一）直接抵免

我国居民企业甲公司企业所得税税率为25%，2015年企业国内应纳税所得额为500万元，来自境外A国分公司的应纳税所得额为100万元，A国所得税税率为20%，在A国已缴纳企业所得税20万元。2015年甲公司汇总纳税时，实际应缴纳多少企业所得税？

1. 甲公司境外分公司缴纳

企业所得税的抵免限额 =100×25%=25（万元）

因为甲公司境外分公司在A国已缴纳企业所得税20万元，小于抵免限额25万元，则在A国已缴纳的企业所得税20万元可以从境内外所得汇总纳税的应纳税额中抵免。

2. 2015年甲公司汇总纳税时

实际应缴纳企业所得税 =（500+100）×25%-20=130（万元）

我们来看另一种情况。假设A国所得税税率为30%，境外分公司在A国已缴纳企业所得税30万元，则2015年甲公司汇总纳税时，实际应缴纳多少企业所得税？

1. 甲公司境外分公司缴纳

企业所得税的抵免限额 =100×25%=25（万元）

因为甲公司在境外分公司已缴纳企业所得税30万元，大于抵免限额25万

---

① 赵卫刚、王坤编著：《"走出去"企业税务指南》，中国市场出版社2017年版，第485～491页。

元,则实际抵免 25 万元,超过部分的 5 万元不得从本年度汇总纳税的应纳税额中扣除,也不得被列为本年度的费用支出,但可以用以后的年度抵免限额抵免当年应纳税额后的余额进行抵补,抵扣期限最长不能超过 5 年。

2. 2015 年甲公司汇总纳税时

实际应缴纳企业所得税 =(500+100)×25%-25=125(万元)

(二)利用结转的抵免税额

沿用上例的数据,甲公司 2015 年来自 A 国的已纳所得税因为超过抵免限额尚有 5 万元未扣除,2016 年甲公司国内应纳税所得额为 200 万元,来自境外 A 国分公司的应纳税所得额为 50 万元,A 国所得税税率为 20%,在 A 国已缴纳企业所得税 10 万元,2016 年甲公司汇总纳税时,实际应缴纳多少企业所得税?

1. 甲公司境外分公司缴纳

企业所得税的抵免限额 =50×25%=12.5(万元)

因为甲公司境外分公司在 A 国已缴纳企业所得税 10 万元,小于抵免限额 12.5 万元,则在 A 国已缴纳企业所得税 10 万元可以从境内外所得汇总纳税的应纳税额中扣除,抵免限额的余额 2.5 万元可以用于甲公司 2015 年结转的抵免税额 5 万元,并可以从境内外所得汇总纳税的应纳税额中扣除。留待以后结转抵免税额的余额 2.5 万元,可以用以后年度抵免限额抵免当年应纳税额后的余额进行抵补,抵扣期限最长不能超过 4 年。

2. 2016 年甲公司汇总纳税时

实际应缴纳企业所得税 =(200+50)×25%-10-2.5=50(万元)

(三)分国直接抵免

某企业 2015 年境内应纳税所得额为 200 万元,适用 25% 的企业所得税税率。该企业分别在 A、B 两国设有分公司,在 A 国分公司应纳税所得额为 80 万元,A 国所得税税率为 20%;在 B 国分公司应纳税所得额为 50 万元,B 国所得税税率为 30%。假设该企业在 A、B 两国按我国税法计算的应纳税所得额和按

A、B两国税法计算的应纳税所得额一致，两家分公司在A、B两国分别缴纳企业所得税16万元和15万元，则该企业2015年汇总纳税时，实际应缴纳多少企业所得税？

来自A国所得抵免限额=80×25%=20（万元），来自A国所得缴纳企业所得税16万元可全额抵免。

来自B国所得抵免限额=50×25%=12.5（万元），来自B国所得缴纳企业所得税15万元可抵免12.5万元，余额2.5万元可以用以后年度抵免限额抵免当年应纳税额后的余额进行抵补，抵扣期限最长不能超过5年。

我国境内某企业2015年汇总纳税时：

实际应缴纳企业所得税=（200+80+50）×25%-16-12.5=54（万元）

（四）间接抵免

甲国母公司A拥有设在乙国子公司B的50%的股份。A公司在某纳税年度在本国获利100万元，B公司在同一纳税年度在本国获利200万元，缴纳公司所得税后，按股权比例向母公司支付毛股息，并缴纳预提所得税；甲国公司所得税税率为40%，乙国公司所得税税率为30%，乙国预提税税率为10%。现计算甲国A公司的间接抵免额及向甲国的应纳税额：

B公司缴纳乙国公司所得税为200×30%=60（万元）；

B公司缴纳公司所得税后的所得为200-60=140（万元）；

B公司应支付A公司毛股息为140×50%=70（万元）；

乙国征收预提所得税为70×10%=7（万元）；

A公司承担的B公司所得税为200×30%×70/140=30（万元）；

A公司来自B公司的全部应税所得为70+30=100（万元）；

抵免限额为（100+100）×40%×100/（100+100）=40（万元）。

因为A公司间接和直接缴纳的乙国税额为37万元（30+7），小于抵免限额40万元，所以实际抵免额取两者中的较小数额。

实际抵免额为 37 万元：

A 公司抵免前应向甲国纳的税为［（100+100）×40%］=80（万元）；

A 公司抵免后应向甲国纳的税为（80-37）=43（万元）。

总之，在该例中，A 公司可得到的间接抵免额为 30 万元，直接抵免额为 7 万元，A 公司应向甲国纳税 43 万元。母公司从国外子公司取得股息，要负担子公司所在国的公司所得税，如果该子公司在另一个国家也拥有子公司（该公司为上述母公司的孙公司），而且该另一国也课征公司所得税，则母公司就要面临多层间接抵免问题。也就是说，由于母公司来自子公司的股息既负担了子公司所在国的公司所得税，也负担了孙公司所在国的公司所得税，为了彻底消除所得的国际重复征税，母公司所在的居住国应允许母公司进行多层次的间接抵免，即允许母公司用其承担的子公司和孙公司在当地缴纳的税款冲抵母公司在本国应缴纳的税收。当然，多层间接抵免并不一定只限于母、子、孙三个层次，可能还有更多的层次，不过它们的计算原理都相同。

（五）二层持股条件的判定

中国居民企业 A 公司直接持有甲国 B 公司 30% 的股份，直接持有乙国 C 公司 14% 的股份，并且 B 公司直接持有 C 公司 20% 的股份，如图 2-1 所示。

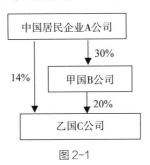

图 2-1

分析判定：

（1）中国居民企业 A 公司直接持有甲国 B 公司 30% 的股份，满足直接持股 20%（含 20%）的条件。

（2）中国居民企业 A 公司直接持有乙国 C 公司 14% 的股份，间接持有乙国 C 公司股份为 30%×20%=6%，由于 A 公司直接持有 C 公司的股份不足 20%，故不能计入 A 公司对 C 公司直接持股或间接持股的总和比例之中。因此，C 公司未满足居民企业通过一个或多个符合规定持股条件的外国企业间接持有总和达到 20% 以上股份的外国企业的规定。

（六）多层持股条件的综合判定 1

中国居民企业 A 公司分别控股了两家公司，即甲国 B1 公司、乙国 B2 公司，持股比例分别为 60%、100%，B1 持有丙国 C1 公司 25% 的股份，B2 持有丙国 C2 公司 60% 的股份；C1、C2 分别持有丁国 D 公司 30%、50% 的股份；D 公司持有戊国 E 公司 80% 的股份，如图 2-2 所示。

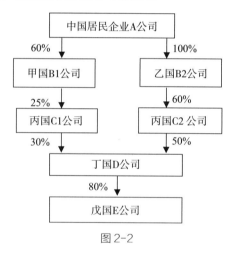

图 2-2

分析判定：

（1）间接抵免第一层公司的持股条件判定

B1、B2 公司分别直接被 A 公司控股 60%、100%，符合间接抵免第一层公司的持股条件。

（2）间接抵免第二层公司的持股条件判定

C1 公司虽然被符合条件的上一层公司 B1 控股 25%，但仅被居民企业 A 公司间接控股 15%（60%×25%），因此，属于不符合间接抵免持股条件的公司；

C2公司被符合条件的上一层公司 B2控股 60%，且被居民企业 A 公司间接控股达到 60%（100%×60%），因此，属于符合间接抵免持股条件的公司。

（3）间接抵免第三层公司的持股条件判定

虽然 D 公司被 C1 公司控股达到了 30%，但由于 C1 公司属于不符合间接抵免持股条件的公司，所以 C1 公司对 D 公司的 30% 持股也不得再计入 D 公司间接抵免持股条件的范围，来源于 D 公司 30% 部分的所得的已纳税额不能进入中国居民企业 A 公司的抵免范畴；

D 公司被 C2 公司控股达到 50%，且由 A 公司通过符合条件的 B2 公司、C2 公司间接控股达 30%（100%×60%×50%）。因此，D 公司符合间接抵免条件，来源于 D 公司 50% 部分所得的已纳税额，可进入 A 公司的间接抵免范畴。

（4）E 公司间接抵免持股条件的判定

居民企业 A 公司通过其他公司对 E 公司的间接控制因为超过了三层（居民企业 A → B1 → C1 → D → E，E 公司处于向下四层），因此，E 公司不能被纳入 A 公司的间接抵免范畴。

（七）多层持股条件的综合判定 2

中国居民企业 A 公司分别控股两家公司，即甲国 B1 公司、乙国 B2 公司，持股比例分别为 80%、100%，B1 公司持有丙国 C1 公司 50% 的股份，B2 公司持有丙国 C2 公司 60% 的股份；C1、C2 公司分别持有丁国 D 公司 30%、20% 的股份，如图 2-3 所示。

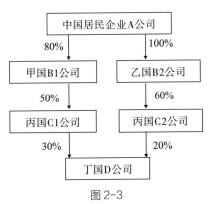

图2-3

间接抵免第三层公司持股条件的判定：

（1）D公司被C1公司控股达到30%，但被A公司通过符合条件的B1（80%）、C1（80%×50%）间接持股仅12%（80%×50%×30%），未达到20%，因此，还不能由此判定D是否符合间接抵免条件。

（2）D公司被C2公司控股达到20%，且由A公司通过符合条件的B2（100%）、C2（100%×60%）间接控股达12%（100%×60%×20%），加上A公司通过B1、C1的间接控股12%，间接控股总和达到24%，即D公司为单一第二层外国企业C1、C2公司直接持有20%以上股份，且由中国居民企业A公司通过4个（B1、C1、B2、C2）符合规定持股条件的外国企业间接持股总和达到20%以上。因此，D公司符合间接抵免条件，其所纳税额中属于向C1和C2公司分配的50%股息所负担的部分，可进入A公司的间接抵免范畴。

以上判定只是一般情况下间接抵免持股条件的综合判定，如果税收协定规定有不同的判定标准（例如，间接持股比例规定为10%），则依税收协定的规定执行。

【延伸阅读】

1. 蔡连增：《美国联邦所得税法外国税收抵免制度研究》，科学出版社2011年版。

2. 国家税务总局国际税务司：《中国避免双重征税协定执行指南》，中国税务出版社2013年版。

3. 国家税务总局北京市税务局：《企业所得税实务操作政策指引》。

第三节　境外应税所得的确定与风险

"走出去"企业境外所得额与外国税收抵免密切相关,境外应纳税所得的确定,是国际重复征税问题较为复杂的部分,也是风险集中的方面。

一、境外应纳税所得的确定规则

"走出去"企业的母公司及境内关联公司可能以自己的名义直接在境外从事生产经营取得应税所得,也可能以境外关联公司投资者的身份从境外取得应税所得,这些所得在中国都有纳税义务。根据我国税收法规,境外应纳税所得的确定涉及来源地、所得额、实现时间、共同支出及亏损等诸多方面因素。

(一)境外所得的来源地确定

依据我国"分国不分项"的税收抵免原则,我们需要明确境外所得的具体来源国。其确定原则如下:

销售货物所得,按照交易活动发生地确定;

提供劳务所得,按照劳务发生地确定;

转让财产所得,不动产转让所得按照不动产所在地确定,动产转让所得按照转让动产的企业或者机构、场所所在地确定,权益性投资资产转让所得按照被投资企业所在地确定;

股息、红利等权益性投资所得,按照分配所得的企业所在地确定;

利息所得、租金所得、特许权使用费所得,按照负担、支付所得的企业或者机构、场所所在地确定,或者按照负担、支付所得的个人的住所地确定;

其他所得,由国务院财政、税务主管部门确定。

(二)境外应纳税所得额的计算

企业应按《企业所得税法》及其实施条例和其他有关规定确定中国境外所得(境外税前所得),计算境外应纳税所得额。在计算境外应纳税所得额时,企业应先将该项境外所得直接或间接缴纳的境外所得税额还原为计算后的境外税前所得，再就计算企业应纳税所得总额时已按税法规定扣除的有关成本费用中与境外所得有关的部分进行对应调整扣除。

1. 不具有独立纳税地位的分支机构应纳税所得额的确定

居民企业在境外投资设立不具有独立纳税地位的分支机构，不具有分配利润职能，其取得的各项所得不论是否汇回境内，均应当计入所属年度的企业应纳税所得额。境外分支机构确定与取得境外收入有关的合理的支出，应主要考察发生支出的确认和分摊方法是否符合一般经营常规和我国税收法律规定的基本原则。企业对已在计算应纳税所得总额时扣除的，但属于应由各分支机构合理分摊的总部管理费等有关成本费用，应做出合理的对应调整分摊。境外分支机构合理支出范围通常包括境外分支机构发生的人员工资、资产折旧、利息、相关税费和应分摊的总机构用于管理分支机构的管理费用等。

2、境外所得对应调整扣除的有关成本费用

居民企业应就其来源于境外的股息、红利等权益性投资收益，以及利息、租金、特许权使用费、转让财产等收入，扣除按税法规定计算的与该项收入有关的各项合理支出，如项目研发、融资成本、管理费用等，各种收入所得的性质不同，分别都应对应调整扣除相应的成本费用。

（三）境外所得的实现时间的确定

境外所得的实现时间，一般适用《企业所得税法》规定的权责发生制原则及相关规定。来源于境外的股息、红利等权益性投资收益，应按被投资方做出利润分配决定的日期确认收入的实现；来源于境外的利息、租金、特许权使用费、财产转让等收入，应按有关合同约定应付交易对价款的日期确认收入实现；由居民企业，或者由居民企业和中国居民控制的设立在实际税负明显低于12.5%税率水平的国家（地区）的企业，并非由于合理的经营需要而对利润不做分配或者减少分配的，上述利润中应归属于该居民企业的部分，应按照有关法律法规的规定确定境外所得的实现年度，计入该居民企业的收入。

（四）企业境内外共同支出的处理

在计算境外应纳税所得额时，企业为取得境内外所得而在境内、境外发生的共同支出，通常包括未直接计入境外所得的营业费用、管理费用和财务费用等，应在境内、境外并分国（地区）应税所得之间，按照合理比例进行分摊后扣除，计算来自每一国别的应纳税所得额。通常是按境外每一国（地区）数额占企业全部数额的有关比例在每一国别的境外所得中对应调整扣除，包括以下一种或几种比例的综合比例：资产比例、收入比例、员工工资支出比例、其他合理比例。上述分摊比例确定后应报送主管税务机关备案，无合理原因不得改变。

（五）境外分支机构亏损的税务处理

按照《企业所得税法》及其实施条例的有关规定计算的亏损，不得抵减其境内或他国（地区）的应纳税所得额，但可以用同一国家（地区）的其他项目或以后年度的所得按规定弥补。如果企业当期境内外所得盈利额与亏损额加总后和为零或正数，则其当年度境外分支机构的非实际亏损额可无限期向后结转弥补；如果企业当期境内外所得盈利额与亏损额加总后和为负数，则以境外分支机构的亏损额超过企业盈利额部分的实际亏损额，按规定的5年期限进行弥补，未超过企业盈利额部分的非实际亏损额，仍可无限期向后结转弥补。

（六）非居民企业境外所得应纳税所得额的确定

非居民企业在境内设立机构、场所的，应就其发生在境外但与境内所设机构、场所有实际联系的各项应税所得，比照有关居民企业的规定计算相应的应纳税所得额。

二、境外应纳税所得确定中的风险

（一）"境外所得"范围确定的特殊性

一是企业的境外所得在形式上包括以货币形式和非货币形式从各种来源处取得的收入总额，包括：销售货物收入，提供劳务收入，转让财产收入，股息、红利等权益性投资收益，利息收入，租金收入，特许权使用费收入，接受捐赠收入，其他收入。二是根据有关政策划定"境外所得"的来源地标准不同。由此，企业同时有从不同国家取得的各项境外所得，应在企业所得税汇算清缴时准确计算境内所得的应纳税所得额和分国（地区）别的境外所得的应纳税所得额、分国（地区）别的可抵免境外所得税税额、分国（地区）别的境外所得税的抵免限额。企业不能准确计算上述项目实际可抵免分国（地区）别的境外所得税税额的，在相应国家（地区）缴纳的税收均不得在该企业当期应纳税额中抵免，也不得结转以后年度抵免。

（二）"境外所得"确认条件的复杂性

境外所得收入确认条件与境内所得存在差异。根据税收法规，我们应先将该项境外所得直接或间接缴纳的境外所得税额还原为计算后的境外税前所得，再就计算企业应纳税所得总额时已按税法规定扣除的有关成本费用中与境外所得有关的部分进行对应的调整扣除。此外，还涉及不同来源地所得的扣除比例的合理分配问题，分配比例（方法）确定后，无合理原因不得改变。特别需要注意的是，居民企业进行权益性投资，如果被投资企业在境外，则转让被投资企业股权所得为境外所得，该项所得确认条件不同于转让境内被投资企业股权所遵循的"合同或协议生效且完成股权变更手续"，而是应按照"有关合同约定应付交易对价款的日期"确认收入实现。实务中，我们也遇到过纳税人未按合同约定确认转让境外被投资企业股权所得，导致自身陷涉税风险的情况。

（三）适用简易计算抵免、税收饶让抵免的特殊要件

境外所得的简易计算抵免和税收饶让抵免是境外所得计算抵免的特殊情况，根据相关要求需要满足特殊条件。只有境外分支机构营业利润所得和符合境外税额间接抵免条件的股息所得可适用简易计算抵免政策；企业在年度汇算清缴期内，应向主管税务机关按照规定报送备案资料；境外所得采用简易办法计算抵免额的不适用饶让抵免；企业取得的境外所得根据来源国税收法律法规不判定为所在国应税所得，而按中国税收法律法规规定属于应税所得的，不属于税收饶让抵免范畴。

三、境外应纳税所得确定中的风险防范

（一）加强成本费用的分国（地区）别管理和对应调整

企业在计算境外应纳税所得额时，应在境内、境外应税所得之间，按照合理的比例进行分摊后扣除。应对如下（但不限于）成本费用特别加以注意：股息、红利，应对应调整扣除与境外投资业务有关的项目研究、融资成本和管理费用；利息，应对应调整扣除为取得该项利息而发生的相应的融资成本和相关费用；租金，属于融资租赁业务的，应对应调整扣除其融资成本，属于经营租赁业务的，应对应调整扣除租赁物相应的折旧或折耗；特许权使用费，应对应调整扣除提供特许使用的资产的研发、摊销等费用；财产转让，应对应调整扣除被转让财产的成本净值和相关费用。对企业境内外共同支出的处理需与报备的分摊比例保持一致。

（二）加强分支机构境外亏损的弥补

我们应针对境外分支机构的亏损额分国（地区）别记录并进行亏损弥补管理。在汇总计算境外应纳税所得额时，企业在境外同一国家（地区）设立不具有独立纳税地位的分支机构，按照《企业所得税法》及其实施条例的有关规定计算的亏损，不得抵减其境内或他国（地区）的应纳税所得额，但可以用同一国家（地区）的其他项目或以后年度的所得按规定弥补，而且可用以弥补的年限又因亏损的额度而异。因此，企业应对境外分支机构的实际亏损额和非实际亏损额不同的接转弥补情况做好记录管理。

（三）严格控制简易计算抵免、税收饶让抵免的风险

企业在年度汇算清缴期内，应向主管税务机关报送备案资料，备案资料的具体内容应严格符合简易计算抵免与税收饶让抵免的相关要求。关于简易计算抵免的适用，企业的境外所得的确定应当符合来源地的有效税率低于12.5%或高于25%，而且只有境外分支机构营业利润所得和符合直接持股20%条件的股

息所得可适用简易计算抵免政策。关于税收饶让抵免，企业取得的境外所得根据来源国税收法律法规不判定为所在国应税所得，而按中国税收法律法规规定属于应税所得的，不属于税收饶让抵免范畴，应全额按中国税收法律法规规定缴纳企业所得税。对境外所得采取简易办法计算抵免额的，不适用饶让抵免。

【案例分析】

案例一：境外亏损的税务处理

中国居民企业 A 公司 2015 年度境内所得的应纳税所得额为 200 万元；设在甲国的分支机构当年度应纳税所得额为 100 万元；设在乙国的分支机构当年度应纳税所得额为 -200 万元；A 企业当年度从乙国取得利息所得的应纳税所得额为 60 万元。我们调整计算该企业当年度境内外所得的应纳税所得额：

（1）依据境外亏损不得在境内或他国盈利中抵减的规定，A 企业发生在乙国分支机构的当年度亏损额 200 万元，仅可以用从该国取得的利息 60 万元弥补，未能弥补的非实际亏损额 140 万元，不得从当年度企业其他盈利中弥补。因此，相应调整后 A 企业当年境内外应纳税所得额为：

境内应纳税所得额 =200（万元）；

甲国分支机构应纳税所得额 =100（万元）；

乙国分支机构应纳税所得额 =-140（万元）；

A 企业当年度应纳税所得总额 =300（万元）。

（2）A 企业当年度境外乙国未弥补的非实际亏损共 140 万元，允许 A 企业以其来自乙国以后年度的所得无限期结转弥补。

案例二：境外所得成本费用的对应调整

中国 A 银行向 S 国某企业贷出人民币 500 万元，合同约定的利率为 5%。2015 年，A 银行收到 S 国某企业税后利息 22.5 万元，其中已扣除按 S 国的预提所得税税率 10% 在 S 国所扣缴的预提所得税。A 银行 2015 年已在应纳税所

得总额中扣除的该笔境外贷款的融资成本为本金的 3%。现分析并计算该银行
2015 年汇总纳税时实际应纳税总额中境外利息收入的应纳税所得额及其抵免
限额：

A 银行境外利息收入总额为 22.5/（1-10%）=25（万元）；

A 银行境外所得对应调整扣除相关成本费用后的应纳税所得额为 25-
500×3%=10（万元）；

A 银行境外所得抵免限额为 10×25%=2.5（万元）；

A 银行境外实际缴纳企业所得税为 25×10%=2.5（万元）；

A 银行 2015 年度实际抵免 2.5（万元）。

第三章

境外投资决策中的国际税收风险防控

【内容摘要】

　　从企业跨境经济活动开展的过程来看，首先面临的是投资地点和投资法律形式的决策问题，从国际税收风险防控的角度看，投资地点的不同、投资法律形式的选择，特别是海外常设机构的设置，对企业的国际税收会产生直接的影响，这三个方面成为国际投资决策阶段的税收筹划重点所在。

第一节　投资地点的选择与风险

一、投资地点的选择

（一）各国税收管理体制的比较

　　世界各国的税收管理体制主要有以下几种类型。

　　1. 分散立法、税源共享、自上而下资金补助的分税制模式。这一模式以美国为代表，主要特点是：税种划分为联邦税、州税和地方税，各自成体系，主要税种同源分享征收；三级政府各自行使归属于本级政府的税收立法权、司法权及执行权，各级政府都有自己的税收管理机构，它们之间不存在领导和被领导的关系，只存在相互合作配合的工作关系；实行从上而下的补助金制度，实现联邦政府对州和地方政府的控制；各级政府之间的收入与职责划分清楚，各司其职。

2.税权适度集中、税种共享、财政平衡的分税制模式。这一模式以德国为代表,主要特点是:联邦政府掌控着大多数税种立法权,收益权和征收权则分为州和地方两级;实行以共享税为主体,共享税与专享税并存的分税制模式;实行联邦与州之间的纵向平衡和州与州之间的横向平衡;采取"一套机构,两班人马"的税收征管方式,税收的征收管理由各州的财政总局负责,总局内分设联邦管理局和州管理局两个系统,分别负责管理联邦所有的税收和州税的征管工作,地方税务局作为各州政府的派出机构,只征地方税,并向地方政府负责。

3.集中税权、分散事权、税种让与、专项补助的分税制模式。这一模式以日本为代表。主要特点是:各级政府的事权、财权划分和相应的法律制度及政策决策管理权均集中在中央;执行权分散;设有国税、地方税两大税务系统,在税种结构上采取双主体结构,即每一级政府都以两种税为主体税种;实行国家下拨税、国家让与税、国库支出金制度。

4.大权集中、小权分散、中央补助的分税制模式。这一模式以法国为代表,大多数发展中国家也主要采用该模式,主要特点是:税收管理体制也高度集中,无论是征税权还是税款的分配使用权都由中央统揽,只把次要的税源划给地方;实行一般补助和专项补助相结合的纵向财力分配制度。

5.欧盟的税收协调机制。欧洲联盟(简称"欧盟",EU),是由27个会员国组成的国际组织,欧盟并不征税,税收立法和征税只在国家的层面由各国独自完成,但欧盟在税收方面的一体化举措,对各会员国的税收立法和税收征管均产生了巨大的影响。会员国必须在欧盟推行的合作程序和法律框架下,遵守非歧视和尊重内部市场的自由流动等基本原则,以确保对欧盟内部跨境活动进行公平、有效的征税。欧盟委员会可以在那些它认为需要通过欧盟层面的行动来保证内部市场正常运行的地方提出税务立法的提议,还可以在特定领域提出建议和发布政策指导,其中对间接税领域的立法影响更大,而对直接税领域的立法仅限于使每个欧盟国家的不同法律更加接近彼此(法律的近似)。欧盟委员会负责审查欧盟国家给予的国家援助是否给予任何公司、部门或个人与其竞争对手不公平的优势，这还包括通过减税形式给予的国家援助。委员会可以坚持要求废除任何非法援助，并偿还其利益。欧盟立法对企业税的关注重点是消除双重征税，并紧密联系欧盟税法和欧盟国家法律，以遏制激进的税务筹划、利润转移和滥用法律，为此委员会提出了关于共同的合并公司税基（CCCTB）的建议，这将大大减轻在一个以上的欧盟国家经营企业的负担，也可以作为强大的反避税工具，因为它会终结许多企业当前转移利润和避税的机会。另外，欧盟委员会正准备推出数字税征收计划，这意味着营造一个有利于企业的环境，在确保数字部门公平地为公共财政做出贡献的同时，消除可能阻碍投资和增长的税务障碍。为了使征税更加公平、简化且更适应现代技术，欧盟委员会于2020年发布了一项公平简化税收行动计划，并列出了欧盟委员会将在2024年前落实的25项倡议。该计划旨在降低欧盟境内的税收遵从成本，并有助于成员国利用数据和新技术的潜力更好地打击税收欺诈，提高合规水平，减少行政负担。

（二）税收征管方式比较

各国的税收征收管理，大致的方法是通过税务登记、账簿、凭证管理、纳税申报等环节进行管理，然后进行税款征收，辅以税务检查，由于各国的税收征管状况不同，缴税的难易程度也不同。根据普华永道和世界银行联合发布的《缴税报告》（2017版），其对一年中的缴税次数、完成计税和征税的所有合规和管理要求的工作时间、申报后申请与收到增值税退税以及应对税务检查等所需时间等因素的比较结果如下：

非洲仍是缴税困难的国家，缴税笔数最多，总税负及合规花费时间均居第二。由于实施了最低税率及社会保障税上调，总税负持续增加，但是其申报后的指数表现较好。

亚太地区在各项指标上的平均得分均好于世界平均值。缴税笔数及合规花费时间持续下降，总税负略有上升。在申报后的指数方面，除收到增值税退税时间外，流程花费时间均居世界首位。

中亚及东欧在各项指标上均好于世界平均值。由于持续引进并改进电子申报系统,以及废除一些税种,调查年度缴税次数下降周最多。

欧盟和欧洲自由贸易区国家三项指标表现均低于世界平均值:收到增值税退税时间、企业所得税检查应对时间,以及企业所得税检查持续时间。欧盟和欧洲自由贸易区国家申报后指数表现最好。7小时即可完成增值税退税申请,15周即可收到增值税退税,修改企业所得税错误及应对后续税务调查只需要5小时。在84%的情形下,企业不会因此受到税务调查。

中东地区缴税最容易:税负最低,合规花费时间最短;但是,申报后指数中的四项指标表现均不及世界平均值。

北美三个国家的缴税次数最少,合规花费时间和总税负均低于世界平均值。申报后指数方面表现较好。

南美地区总税负及合规花费时间均居世界首位,但二者调查年度的下降幅度均最大,其缴税次数低于世界平均值。其申报后的流程效率也最低。

(三)税收优惠比较

为吸引国外投资而采取各种税收政策是世界各国及各地区的普遍做法,许多国家通过税收优惠政策鼓励跨国公司在其境内设立各种集团服务中心(如澳大利亚、比利时、爱尔兰、法国、卢森堡、马来西亚、菲律宾、新加坡等),有些国家则通过税收优惠政策,鼓励本国投资者到海外投资以拓展国际市场。税收优惠的给予通常体现为产业行业政策、地区政策、出口政策、技术政策的优惠。

税收优惠措施按其方式分为直接措施和间接措施。直接措施的形式有两种:降低税率,包括全国性低税率、外资性低税率、行业性低税率;直接减免所得税和流转税,包括税收豁免、盈亏抵免、纳税扣除,出口退税等。间接措施的形式有加速折旧、投资税收抵免、费用加倍扣除、再投资退税、税收待遇承诺等。大多数国家都采取直接优惠与间接优惠相结合的方式。一般而言,发展中国家作为资本稀缺地,为吸引外资,其有更多、更直接的税收优惠措施,如优惠税率、定期减免等;而发达国家资本充裕,虽然也吸引外资,但其税收优惠相对较少，且多采用间接的方式，如加速折旧、延期纳税、税收抵扣和税前扣除等。

二、境外投资地点选择中的税收风险

由于各国在税收征管制度、征管方式以及税收优惠政策措施方面的差异和复杂性，"走出去"企业在做投资决策时对投资地点的选择，如果缺乏谨慎全面的了解和评估抉择，往往会对后续的运作构成风险隐患。

（一）合规性风险隐患

根据上述的税收征管制度和征管方式的比较分析，由于税制的差异性和管理结构的复杂性，投资地点的选择直接关系到以后跨境营运税收合规性管理成本的高低，难易程度的大小以及风险的可控程度的不同。发达国家的税收征管制度健全稳定，规范性强，合规性操作简便并具有较强的风险可控性，但对税务管理水平要求高；而发展中国家税制在发展建设中，税收征管政策随意性大，表面管理成本低，但合规性风险的可控性小。

（二）与投资运作不匹配的风险

税收筹划是国际投资决策的重要内容，但必须综合考量投资面临的各项环境因素，尤其要和投资本身的经营特征结合起来，做综合的投资决策。因此，在投资地点的选择方面，如果仅依据东道国的有关税收监管制度政策做选择，忽略其他东道国制度和环境条件，将难以避免后续投资运作发展的风险。就跨国企业的经营运作来看，企业职能的安排不同，对应的税收征管方面所面临的税收风险也不同，尤其是对于控股、融资、贸易等流动性较强的职能，投资所在地的税制因素影响重大，如果缺乏对应性的选择安排，不仅难以避免重复征税或增加税收负担，还可能导致较大的反避税风险。

（三）税收优惠制度方面的风险

跨国企业集团在利用东道国的税收优惠政策进行投资战略决策的过程中，需要认识的主要风险问题有四个方面：一是享有税收优惠后利润汇回时受到限制的风险；二是因为不同国家和地区对外资的优惠政策不同，在特定税收优惠项目或地区进行项目和地点的选择时的风险；三是税收优惠效果能否得到投资国认可，以及是否准予实行推迟纳税的风险；四是遭遇国家援助审查的风险，比如苹果公司在爱尔兰、星巴克公司在荷兰遭遇欧盟委员会提起国家援助审查。

三、境外投资地点选择中的税收风险防范

（一）全面认识和了解海外投资经营环境与各国的税收制度的差异

须正确认识资本投入量、税收负担及其他投资环境要素之间的关系，应将对各国税制情况的全面了解作为境外投资地点选择的重要条件。对各国税制情况的了解应当包括：税收立法权和执法权的设置方面，中央税和地方税、中央征税机关和地方征税机关，中央征税的税种和地方征税的税种的划分状况；主要税种的征收方面，所得税、货物劳务税／增值税、关税、消费税、印花税及其他税种的征税范围和税率等征管事项；税收协定网络方面，包括避免双重征税协定、情报交换协定、征管互助协定和共同报告标准，自由贸易协定等的缔结和参与状况；税收征管特点方面，包括变动性、规范性、遵从的方便程度、税务审计的频度和持续时间、争议的解决方式等。应特别注意欧盟区域内，欧盟的税收协调机制对欧盟各国税收征管制度和实践的实际影响和发展趋势。

（二）依据综合分析评估作出决策

我国企业在进行跨国投资中也应对投资选择地的税收优惠进行综合考虑、比较，应注重整体投资环境和条件的考察，投资所在国的国际投资税收政策和其他投资环境因素需要相互配套，选择可享受较多税收优惠政策、税收负担率低、综合投资环境好的国家或地区进行投资，从而提高国际市场的竞争力，获得比较收益。选择实体所在地要根据所需要安置的职能、资产和风险，在对各国税制情况全面了解的基础上确定各项比较参数及其权重，并据此进行分析比较和做出取舍。应对错综复杂的情况进行深入的分析和评估，一方面要以单个国家或地区为对象，分析投资所在国的具体环境和国际投资税收负担的大小；另一方面要以多个国家为对象，分析区域环境乃至全球环境中国与国之间的税收

协调和竞争。

（三）加强获取税收优惠方面的筹划

在其他条件相同的情况下，税收优惠措施有利于外国投资者获得更低的税收成本，从而获得更大的竞争优势。跨国公司可以依据不同国家和地区的税收优惠政策，合理选择不同的企业类型和行业进行投资，也可以合理安排自己的投资期限和再投资决策。跨国企业集团在利用东道国的税收优惠政策进行投资战略决策的过程中，必须充分认识和注意把握好其中的风险，确保税收优惠的确实享有。在利用税收优惠时，企业应考虑投资地对利润汇回有无限制，对利润汇回做出相应的税收筹划；必须慎重地确定投资所在国的重点优惠项目和重点优惠地区，应根据投资所在国的特定税收优惠项目或地区进行项目和地点的选择；必须全面考虑我国与投资所在国之间的国际税收协调性，因为税收优惠对于投资者的效果取决于投资国是否给予相应的税收优惠。因此，跨国企业集体应注意选择与我国签订有避免国际双重征税协定或其他有关国际税收协定的国家，特别需要注意加强对国家援助审查风险防范方面的税收筹划，积极利用有关的争端解决机制实施救济。

【 案例分析 】

案例一：某通讯公司亚太区域总部选择税收可行性研究 [①]

北京 A 通讯公司是一家专注于高端智能手机自主研发的移动互联网公司，成立于 2010 年。A 公司的手机产品受到了用户的普遍好评，并逐渐销往国外，如印度、马来西亚、泰国等。同时，在公司发展过程中，产品线逐渐拓宽，向智能家庭方向发展。A 公司打算"走出去"，首先拟在亚太成立区域性的亚太控股结构，并为亚太部选址。

作为区域总部，需要考虑政治稳定、经济繁荣、人才集中、文化包容、预算

---

① 赵卫刚、王坤编著：《"走出去"企业税务指南》，中国市场出版社 2017 年版，第 194～197 页。

成本适中等各方面的因素。从税务角度来说，区域总部不仅要对各国的子公司进行管理，同时在股权架构上也是母公司。因此，作为区域总部的国家不仅需要考虑作为税收居民承担较低税负，也需要考虑非居民税收税负，同时还要考虑税收征管环境、与税收联系较多的投资环境、外汇管理政策等。新加坡、马来西亚，以及我国香港是很多跨国公司选择较多的亚太区域总部所在地。下面以新加坡和马来西亚两国的税收政策进行比较，将 A 公司在这两国设立亚太区域总部的可行性进行分析，作为一种分析思路供参考。

（一）企业所得税

新加坡的公司所得税税率是 17%。在新加坡注册的子公司，或者外国公司的分公司，无论是当地企业还是非当地企业，一律按这个税率征税。并且，所有企业可以享受首 30 万新加坡元应税所得的 15.25 万新元部分免税待遇：一般企业首 1 万新加坡元所得免征 75%，后 29 万新加坡元所得免征 50%；符合条件的起步企业（前 3 年）首 10 万新加坡元所得全部免税，后 20 万新加坡元所得免征 50%。

马来西亚 2014 年财政预算案将公司税税率从 25% 降到 24%，但对实收资本低于 250 万林吉特的公司，第一个 50 万林吉特收入的税率为 20%，之后收入按标准纳税。

（二）个人所得税

新加坡永久居民（SPR）和上一年度在新加坡居留或工作 183 天以上（含 183 天）的外籍人士（公司董事除外），个人所得税税率为 0~20%。除上述情况外的人士，任何新加坡公民如果在任何一年内在海外受聘至少 6 个月，可在受聘海外后的估算年选择被归类为非居民。税率为 15% 或适用累进税率，按较高者缴纳。其他所得征税率为 22%。

在马来西亚，对于年收入不超过 26501 林吉特的本国公民，个人所得税为 1%~26%，外国公民的税率固定为 26%。

（三）流转税

在新加坡所供应的货品和服务，以及所有进口新加坡的货品都必须缴纳 7% 的消费税（goods and services tax，GST），出口和国际服务则免税。

马来西亚政府 2014 年 6 月正式通过《消费税法令》，于 2015 年 4 月 1 日开始对商品和服务征收 6% 的消费税，取代原有的销售税和服务税。

（四）预提所得税

新加坡国内税法对资本利得不征收所得税，对新加坡居民企业支付的股息也不征收预提税；新加坡利息的预提税税率一般为 15%，适用税收协定的按协定规定征收预提税（根据中国和新加坡的税收协定，利息预提税率一般限定为 10%）；新加坡对支付给非居民公司的特许权使用费征收 10% 的预提税，适用税收协定的按协定规定征收预提税（根据中国和新加坡的税收协定，特许权使用费预提税率一般限定为 10%）。新加坡和 72 个国家都签订了税收协定。国内税法以及协定中的规定非常有利于新加坡公司作为控股股东。

马来西亚的国内税法对与房产无关的资本利得不征收所得税，对其居民支付的股息也不征收预提税；马来西亚利息的预提税税率一般为 15%，适用税收协定的按协定规定征收预提税（根据中国和马来西亚的税收协定，利息预提税率一般限定为 10%）；马来西亚对支付给非居民公司的特许权使用费、技术使用费、动产租金征收 10% 的预提税，适用税收协定的按协定规定征收预提税（根据中国和马来西亚的税收协定，技术商标等特许权使用费预提税率一般限定为 10%）。

（五）优惠政策

新加坡经济发展局为鼓励、引导企业投资先进制造业和高端服务业，提升企业的劳动生产力，推出了先锋计划、投资加计扣除计划、业务扩展奖励计划、金融与资金管理中心税收优惠、特许权使用费奖励计划、批准的外国贷款计划、收购知识产权的资产减值税计划、研发费用分摊的资产减值税计划等税收优惠措施，以及企业研究奖励计划和新技能资助计划等财政补贴措施。比如：

（1）为了奖励服务出口的居民企业，新加坡规定，向非新加坡居民或在新加坡没有常设机构的公司或个人提供与海外项目有关的符合条件的服务的公司，其符合条件的服务收入的90%可享受10年的免征所得税待遇，最长可延长到20年。

（2）为了鼓励企业加大研发投入力度，新加坡政府规定，企业在新加坡发生的研发费用可享受150%的扣除，并对从事研发业务的企业每年给予一定金额的研发资金补助。

（3）为了鼓励全球贸易商在新加坡开展国际贸易业务，对新加坡政府批准的"全球贸易商"给予5~10年的企业所得税优惠，税率减低为5%或10%。此项优惠项目由新加坡国际企业发展局（IES）负责评估。

马来西亚也制定了很多税收优惠政策。工业方面，获得"新兴工业地位"（pioneer status，PS）称号的企业可享受为期5年的所得税部分减免，仅需就其法定收入的30%征收所得税。推出投资税务补贴（investment tax allowance，ITA）。获得投资税务补贴的企业，可享受为期5年的合格资本支出60%的投资税务补贴。该补贴可用于冲抵其纳税年法定收入的70%，其余30%按规定纳税，未用完的补贴可转至下一年使用，直至用完。享受新兴工业地位或投资补贴的资格是以企业具备的某方面优势为基础的，包括较高的产品附加值、先进的技术水平及产业关联等。符合这些条件的投资被称为"促进行动"（promoted activities）或"促进产品"（promoted products）。马来西亚政府专门制订了有关制造业的《促进行动及产品列表》。除制造业外，两项鼓励政策均可适用于其他行业，如农业、旅游业及制造业相关的服务业等。

为了进一步加强马来西亚在国际上的区域地位，经核准的运营总部（operational headquarters status）、区域分销中心（international procurement centres status）和国际采购中心（regional distribution centres status），除了100%外资股权不受限制以外，还可享受为期10年的免缴全额所得税等其他优惠。

马来西亚-中国关丹产业园（MCKIP）。2012年，中马双方共同在吉隆坡签署了《关于马中关丹产业园合作的协定》，产业园于2013年开园。目前，马方对产业园提出的优惠政策主要分为财政优惠和非财政优惠两类。其中，财政优惠包括：自第一笔合法收入起10年内100%免缴所得税，或享受5年的合格资本支出全额补贴；工业园开发农业及旅游项目免缴印花税；机械设备免缴进口税及销售税。非财政优惠包括：地价优惠；工业园基础设施相对成熟；外籍员工政策相对灵活；人力资源丰富。

（六）外汇管制

新加坡无外汇管制，资金可自由流入流出。企业利润汇出无限制，也无特殊税费。

马来西亚外汇管制条例规定，在马来西亚注册的外国企业可以在当地商业银行开设外汇账户，用于国际商业往来支付。外汇进出马来西亚需要核准。外汇汇出马来西亚不需缴纳特别税金。在马来西亚工作的外国人，其合法的税后收入可全部转往国外。

综上所述，新加坡在股息和资本利得等方面的优势更明显，马来西亚在实业运营方面的税收优惠更明显。A公司可以对亚太区总部的定位进行重新审视，如果亚太区总部更偏向于资本运作，则可设在新加坡；如果更偏向于业务运营，则可选择马来西亚，并结合亚太其他子公司的定位进行综合考虑。

案例二：税收裁定构成国家援助 [①]

欧盟委员会于2015年10月21日在布鲁塞尔召开新闻发布会称，根据欧盟国家的援助规则，菲亚特在卢森堡及星巴克在荷兰获得的选择性税收优惠是非法的。相关详情如下：

欧盟委员会决定，卢森堡和荷兰分别向菲亚特金融及贸易公司和星巴克授予选择性税收优惠。根据欧盟国家援助规则，这些是非法的。负责竞争政策的专员Margrethe Vestager说："人为减少公司税收负担的税收裁定不符合欧

[①] 赵卫刚、王坤主编：《"走出去"企业税务指南》，中国市场出版社2017年版，第164～167页。

盟国家援助规则，这是非法的。我希望，今天的决定，能够被存在相同问题的成员国政府和公司听到，所有公司不论大小，无论是跨国公司还是非跨国公司，都应该缴其应缴的税款。"

经过 2014 年 6 月启动的深入调查，委员会得出结论，卢森堡和荷兰已经分别向菲亚特的融资公司和星巴克的咖啡烘焙公司授予了选择性税收优惠。在两例案件中，两国的国家税务机关发布的税务裁定人为地减少了公司本应支付的税款。

税务裁定本身是完全合法的。它们是税务机关发出的鉴定书，以便公司清楚地知道如何计算其公司税或如何应用特别税收规定。然而，受调查的两个税收裁决批准了计算应税利润的人为和复杂的方法。它们背离了经济现实，特别是表现在允许菲亚特公司和星巴克集团所销售的商品和服务以不符合市场行情的价格进行交易（所谓的"转让定价"）上。因此，星巴克咖啡烘焙公司的大部分利润被转移到海外避税地，菲亚特的融资公司只是按被低估的利润缴税。

根据欧盟国家援助规则，这是非法的：税务裁决不能使用任何方法（无论其如何复杂），导致以不符合经济合理性的方式确定转让定价或者过度转移利润以减少公司支付的税款。这将使那些公司，相对于那些按照市场价格购进商品和服务而为其实际利润缴税的其他公司（通常是中小型企业），具有不公平的竞争优势。

因此，委员会已责令卢森堡和荷兰分别向菲亚特和星巴克征收它们未缴纳的税款，以消除它们所享受的不公平竞争优势，并将平等待遇归还给类似状况的其他公司。每个公司的收回金额为 2000 万~3000 万欧元。这也意味着公司不能再继续受益于这些税收裁决授予的优惠税收待遇。

此外，委员会继续在所有欧盟成员国进行税收裁定实践的调查。委员会表示，即使欧盟国家援助规则没有得到遵守，它也不能不经调查就决定对更多的税务裁决开展正式调查。它目前正在对比利时、爱尔兰和卢森堡的税收裁决进行正式调查。每个案件都根据其案情来评估，目前的裁决不会影响委员会正在进行的调查结果。

菲亚特金融及贸易公司的总部位于卢森堡,向其他菲亚特集团汽车公司提供金融服务,例如集团内贷款。它从事的交易与欧洲的菲亚特集团公司非常不同。委员会的调查表明,2012年卢森堡当局发布的税收裁定给菲亚特金融及贸易公司带来了选择性优势,使其自2012年起至今享受了2000万~3000万欧元的税收优惠。鉴于菲亚特金融及贸易公司的运营活动与银行相当,菲亚特金融及贸易公司的应税利润可以以类似银行的方式确定,通过公司对其财务活动部署的资本回报率进行计算。然而,税务裁决认可了这种不适于计算能反映市场条件的应税利润的人为的和极其复杂的方法。特别是,它通过两种方式人为地减少了菲亚特金融及贸易公司应支付的税金:由于一些经济上不合理的假设和向下调整,税收裁定所参照的资本基础远低于公司的实际资本。预估报酬率也比市场低得多。

结果,菲亚特金融及贸易公司只对其实际账面资本的一小部分以很低的报酬率计算所得缴税。原则上,如果应纳税利润是根据资本计算的,公司的资本水平必须与金融业标准相当。此外,所应用的报酬率必须符合市场条件。委员会的评估显示,就菲亚特金融及贸易公司的情况而言,如果所适用的资本和报酬率的预估符合市场条件,在卢森堡申报的应税所得将会高出20倍。

星巴克制造公司(Starbucks Manufacturing EMEA BV)总部位于荷兰,是欧洲星巴克集团唯一的咖啡烘焙公司。它将烘焙咖啡和咖啡相关产品(如杯子、包装食品、糕点)销售和分配到星巴克在欧洲、中东和非洲的网点,委员会的调查表明,荷兰当局2008年发布的税收裁定给星巴克制造公司带来了选择性优势,使星巴克制造公司自2008年以来不正当地减少了2000万~3000万欧元的税务负担。特别是,这项裁决用两种方式人为地减少了星巴克制造公司支付的税金,星巴克制造公司为Alki(位于星巴克集团的一家英国公司)支付了巨额的特许权使用费,用于咖啡烘焙专有技术;它还向瑞士星巴克咖啡贸易有限公司支付了虚高的绿色咖啡豆价格。

委员会的调查确定，星巴克制造公司支付给 Alki 的特许权使用费是不合理的，因为它不能充分反映市场价值。事实上，只有星巴克制造公司需要支付使用这种专有技术的费用，没有其他星巴克集团公司或接受外包的独立烘焙师在同样的情况下使用相同的技术而被要求支付特许权使用费。至于在星巴克制造公司，特许权使用费的存在和水平意味着其很大一部分应税利润被不适当地转移到了 Alki，后者既不在英国也不在荷兰缴纳企业税。

此外，调查显示，星巴克制造公司的税基也因为向瑞士公司 Starbucks Coffee Trading SARL 支付的绿色咖啡豆高昂的价格而不适当地减少了。事实上，2011 年以来，咖啡豆的价差已经扩大至原先的 3 倍。由于咖啡烘焙的关键成本因素，星巴克制造公司的咖啡烘焙活动实际上不会产生足够的利润来支付咖啡烘焙专有技术的特许权使用费给 Alki。因此，被转移到 Alki 的特许权使用费主要来自销售到星巴克网点的其他产品所产生的利润，例如代表了星巴克制造业大部分营业额的茶、糕点和杯子的销售额。

原则上，欧盟国家援助规则要求收回不适当的国家援助，以减少援助所造成的竞争扭曲。委员会在其两项决定中列出了计算菲亚特和星巴克所享有的不当竞争优势的价值的方法，即按公司实际支付的税金与没有税收裁定的情况下应支付的税金之间的差额计算，对于菲亚特和星巴克，这一数额为 2000 万～3000 万欧元，但是要收回的确切税额必须由卢森堡和荷兰税务机关根据委员会确定的方法计算。

在这两项调查中，委员会首次根据成员国 2013 年 7 月的一项理事会决定（第 734/2013 号条例）使用了信息要求工具。委员会可以在成员国提供的信息不足以满足国家援助调查需要时使用这些权力，以便要求任何其他成员国及公司（包括受益于援助措施的公司或其竞争对手）直接向委员会提供能够使其完成国家援助评估所需的所有市场信息。这些新工具是委员会在 2012 年发起的国家援助现代化倡议的一部分，以便它能够集中执法力量应对最有可能扭曲竞争的援助。2013 年 6 月以来，委员会一直在调查成员国的税收裁定实践，它在

2014年12月向所有成员国提出了这一信息要求。在调查中，委员会提出了关于税务裁决可能引发的对国家援助问题的担忧。

【延伸阅读】

1. 魏志梅:《中国企业跨国经营税收问题研究》,中国财政经济出版社 2009 年版。

2. 胡怡建、马志远编著:《税收征管体制国际比较》,中国税务出版社 2018 年版。

3. 北京市地方税务局编:《税收征管制度国际比较研究》,中国税务出版社 2018 年版。

4. 陈虎:《国际逃避税的法律控制》,上海人民出版社 2019 年版。

第二节　国际投资组织形式的选择与税收风险

一、国际投资组织形式的选择

从税收上看,中国企业"走出去"到境外,有两种身份可以选择,即居民和非居民。最常见的居民身份是独资公司和合资公司。如果选择非居民,则还要进一步选择是设立机构场所还是不设立机构场所。设立机构场所最常见的形式是分公司和代表处;不设立机构场所则体现为承包工程或提供服务。每一种组织形式还包含各种细节的选择,不同的选择都会造成不同的税务后果。

(一)居民与非居民身份的选择

"走出去"企业因境外税务身份的不同,在税务后果方面主要存在以下不同。

1. 纳税义务不同。通常而言,一国要求其居民企业履行无限纳税义务,即居民企业取得的全球所得都应该在居民国缴纳企业所得税,对于非居民企业而言,一国仅要求就其来源于该国的所得缴纳企业所得税。

2. 适用国内税法的待遇不同。一是适用不同的征税方法,如适用不同的税率或税基,印度、肯尼亚、南非、德国等国家按高于本国居民企业的税率对外国分公司（非居民企业）的利润课征所得税；有的国家对非居民企业采取更加严厉的税法遵从措施，如对消极投资所得和经营所得分别实行源泉扣缴和指定扣缴等手段。二是适用的税收优惠不一，如非居民企业不能享受居民企业的税收减免。三是税收负担不一，有的国家对非居民企业征收附加税，如分支机构利润税。美国、加拿大、越南等国家对外国分公司（非居民企业）汇出境外的税后利润课征预提税。

3. 适用税收协定待遇不同。一国对外缔结的税收协定只适用于该国的税收居民，不适用非居民企业；或者说，只有当某个企业成为一国的税收居民时，方有享受税收协定优惠待遇的资格。

选择居民企业身份的意义在于：选择了其国内税制（享受国内优惠待遇）和选择了其协定网络。例如，通常选择在中国香港、卢森堡设置居民企业，就是因为中国香港税率较低并且税制简单，同时，中国香港目前已经与日本、法国、英国等国家签订了避免双重征税协定；而卢森堡的税收水平在欧盟国家中较低。实行以所得税和增值税为核心的税收体系，公司所得税的平均税率为21%，增值税税率15%为欧盟最低水平。

选择非居民身份的意义则在于：最小化东道国的功能和风险，从而最小化东道国的利润，尤其是当所在国对积极所得征税的税率较高时，这样能最小化全球税负；避免分红预提税；合规上的便利，非居民税收征管简单，普遍的做法是对消极所得按全额乘以预提税率征税；对代表处、工程项目常设机构和服务常设机构等则按收入核定利润率征税。在这种征税方法下，申报简单易行。如果设立居民公司，则取得的营业利润，往往要按实际利润征税，要求算清楚，合规成本较高，但可以利用亏损弥补。

因此，居民和非居民身份税负的比较，要综合考虑税收的计算办法和前面提到的居民企业的税收优惠待遇和协定待遇，权衡考虑。

（二）居民企业法律形式的选择

每一个国家的法律体系下，都会提供多种法律形式供企业选择，针对各种法律形式，都会规定相应的税收政策。比如新加坡法律规定，外国投资者可以以多种方式在新加坡开展业务活动，如：代表处或办事处、分公司、公司（包括私人有限公司、股份有限公司和有限责任公司）、合伙企业、有限合伙、有限责任合伙，以及独资经营。除了外国企业代表处或办事处和分公司以外，其他各种形式都可能成为新加坡的税收居民。新加坡对内外资企业实行统一的企业所得税政策。新加坡税法规定，企业所得税的纳税义务人包括按照新加坡法律在新加坡注册成立的企业、在新加坡注册成立的外国公司（如外国公司在新加坡的分公司），以及不在新加坡成立但按照新加坡属地原则有来源于新加坡应税收入的外国公司，但合伙企业和个人独资企业除外。

而在美国，居民企业可以选择公司、个人独资企业、合伙、有限责任公司、S公司等形式，其在税务处理上分为两大类：一类是传递实体，包括个人独资企业、合伙、有限责任公司及S公司；另一类是应税公司型实体：主要包括一种形式，即公司。传递型实体在其自身层面不是联邦所得税纳税人，其产生的应税所得传递到其所有人，由所有人申报并缴纳联邦所得税。传递型实体向其所有人用现金分配收益时，视为纳税人内部的投资回报，并不产生纳税义务。在所有者为个人的情形下，这种形式避免了在业务实体和个人所有者层面双重课税。在以从运营实体取得分配收益为主要目的之情形下，这种形式在税务上的优势是很明显的。

传递型实体如果亏损，其亏损额也会传递到所有人层面进行弥补，对很多企业而言，初创期一般会出现亏损。如果是传递型实体，这些亏损可以立即在所有人层面进行弥补；与之相对，如果是公司型实体，则必须等到该实体出现盈利后才可以用自己的利润进行弥补。各种不同的传递型实体之间，也存在差异。

合伙企业和S公司之间的差异，主要体现在以下方面：一是有些州对S公司征收州所得税，而对合伙企业始终不征收州所得税。二是合伙企业对收益的分配可以灵活约定，因收入而异，并且可以每年修订一次分配方案；S公司则必须同股同权，并且依据股权比例来分配收益。三是合伙企业的普通合伙人从合伙企业分配的收益要按照自我雇佣纳税；S公司则没有此类规定。

应税型实体是联邦所得税纳税人，其产生的应税所得要在自身层面先缴纳所得税。在所有者为个人的情形下，应税型实体向其所有人分配收益时，还需要在个人所有人层面再缴纳一次所得税（这个层面的股息税税率最高为15%）。这就造成了双重课税。在以从运营实体取得分配收益为主要目的之情形下，这种形式在税务上显然是不利的。另外，应税型实体如果亏损，则必须等到该实体出现盈利后才可以用自己的利润进行弥补。这是又一个不利之处。如果一个公司为少数个人所拥有，并且以赚取非经营所得（即股息、利息、租金及特许权使用费）为主，即成为"个人控股公司"。个人控股公司要对当年税后未分配利润缴纳15%的个人控股公司税。

在各国的税制下，不同形式的居民企业的税务处理可能大相径庭。居民企业慎重选择最合适的企业形式，是税务筹划的重要一环。但是，合适的法律形式因企业而异，而且选择也不是一成不变的。企业的成长、财务状况的改变，以及法规的变化，都会对原先的选择结果产生影响。企业需要不时地审视现有的形式，并适时调整。

各国的居民企业法律形式各有不同，每一种情形下的税务后果不同，通过在不同国家选择不同的法律形式进行组合，各种组合中必定有一种是最佳组合。找到这种最佳组合，就是基本的企业法律形式筹划。

如果仅从减轻税负的角度考虑，合伙企业可以避免经济性重复征税。因为许多国家的税法规定，合伙企业的营业利润不缴纳公司所得税，而是按照比例直接计入各个合伙人的个人所得，缴纳个人所得税，从而可以避免在对公司征收公司所得税的同时又对股东分的股息征收个人所得税这种经济性重复征税。

（三）非居民企业组织形式的选择

企业以非居民的身份到境外经营，表现为人员、资产及资金流入经营地国家，并从经营地国家取得应税所得，使经营地国家成为应税所得来源国。随着在境外经营活动开展的深入，其在组织形式上也由浅入深地相应提升。最初仅仅是有关资产跨境投放，从境外取得消极所得，例如利息、股息、特许权使用费及资本利得，而没有人员流入经营地国家或地区；随着境外投资的开展，需要有关人员流入，在境外提供服务和开展境外工程承包，但这仅仅是暂时的组织安排形式；如果进一步需要固定的组织机构，就要在境外设立代表处、办事处；如果在经营运作方面需要履行更多的职能，则需要在境外设立分公司。

从经营地国家（即所得来源地国家）征税的角度看，区分各种形式有两点十分重要：一是有没有人员流入经营地国家，一般没有人员流入时只会取得消极所得；如果有人员流入，则还会取得营业利润；二是是否设立常设机构，表现为是否在经营地进行注册登记。消极所得与营业利润的区分、常设机构和非常设机构的区分是非居民企业组织形式税务筹划的关键。

对于消极所得和营业利润的税收征管，涉及来源地和居民国的有关规定不同。从来源国角度看，非居民企业取得不同性质的所得，最大的区别就是对收入来源地的确认标准的不同。营业利润来源地一般以机构场所为标准，在国际税收协定中体现为常设机构原则。消极所得来源地的确认，因各种消极所得的类别而不同，各国国内法规定得较为复杂（税收协定一般按协定范本确立的原则）。同时，来源国对不同所得的征税规定也有所不同，对营业利润征税适用净额法，对消极所得征税适用总额法，如我国《企业所得税法》和美国的税收法典中都有相关的规定。此外，各国对营业利润和消极所得在税率上的规定也有所不同，我国对营业利润适用 25% 的标准税率；对消极所得则适用 10% 的预提税率，有些协定中则对不同的所得规定了不同的税率上限。例如，中国和新加坡协定中，对股息限定预提税率为 5%、利息为 7%。

从居民国角度看，居民企业取得境外所得，视其性质不同，征税和抵免方面也有所不同。我国《企业所得税法》规定，境外营业利润产生的应纳税所得额的确认，应依据我国税法中的一般规定计算，理论上会计利润要依据我国的税法规定进行调整。而境外消极所得，一般只要将税后所得加上境外已缴纳税收即可得出应纳税所得额。抵免限额方面，营业利润以净额为基础来计算，消极所得则以总额为基础来计算。可见，在确定营业利润的情况下，常设机构安排就成为税务处理的关键。

各国的税制下，对居民和非居民的征税规定不尽相同。"走出去"企业在海外开拓市场阶段（或投标前期）往往在当地设立代表处或分公司，或者不设立任何机构，仅以境外非居民企业的身份在当地开展活动（如承包工程、提供服务等）。对于市场或项目所在地国家而言，这是"走出去"企业以非居民企业的身份在当地开展活动。在这种情形下，当地的业务被视为其派出公司或总公司（对所在地来说是非居民公司）的部分，其法律上的权利义务与其派出公司或总公司是一体的。

二、国际投资组织形式选择的风险

（一）身份确立的风险

首先是对明确海外营运实体身份的重要性认识不足，不能从法律实体角度出发分析问题，从法律实体角度把握海外运营实体的性质或地位，进行税务处理和筹划。很多企业的业务人员甚至部分财务人员往往并不从法律实体的角度来看问题，因为公司的绩效考核体系往往脱离了法律架构，自成一体。从运营或者绩效考核角度来看，境外的业务可能会被称为部门、业务单元、利润中心或者成本中心。由于纳税人往往是与法律主体一致的，不明确主体的性质或地位，对其税务后果和风险就缺乏应有的认识和正确的筹划。

由于居民身份选择的意义不同，原则上纳税人可以通过达到或不达到相关缔约国的居民标准，从而选择成为或者不成为某个税收管辖下的居民。但是由于居民身份是以国内法确立的，依据国内法各自的住所、居所、公司所在地、管理机构所在地或者其他类似的标准，达到相应标准，相应的，国家会对纳税义务人行使居民管辖权。所以在各国的税制下，对居民和非居民的征税规定不尽相同，同一营运实体在一个管辖权下可能是居民的身份，而在另一个管辖权下可能是非居民的身份；也可能同时在两个或两个以上税收管辖权下都是居民，或者在所有税收管辖权下都是非居民。因此，居民身份的确定不仅可能导致对来源地税收优惠政策及税收协定待遇不能正常享有的风险，也可能因双重居民管辖权而导致重复征税的风险，还有可能因缺乏有效的税收筹划未能合理地规避居民税收管辖权的风险。

另外，在采取与东道国企业组成联营体组织形式的情况下，"走出去"企业面临在其中的身份确立问题。出于业务需要或者当地的法律要求，"走出去"企业有时会与当地的企业一起组成联营体，或共同设立项目公司，以共同进行投标。联营体或者项目公司中的参与各方的权利义务，包括税务责任，一般通过相关合同约定。大多数情况下，联营体会构成一个流转税纳税主体，即参与各方共同缴纳流转税；而所得税依照"先分后税"的原则，由参与各方分别缴纳，所以"走出去"企业的身份确立不同，税务后果及风险也不同。

（二）企业组织形式与经营活动开展不匹配的风险

"走出去"企业经营活动的开展是一个发展变化的过程，发展阶段不同，经营活动的安排不同，经营收益状况也不同。由于各种组织形式的税务后果各不相同，各有利弊，所以对组织形式的选择如果没有结合企业经营活动的整体安排需要，对其税务后果作出正确的利弊取舍，便构成税收方面的风险。

一般而言，在"走出去"企业经营决策中，业务方面的考虑大于税收方面的考虑。但是，税务经理应当能够分析每一种选择的税务后果，并加以量化，以供决策者全面考虑。然而，很多决策是在没有税务经理参与的情形下的纯商业决策。在这种情形下，组织形式往往滞后于业务发展。

另外，公司组织形式的改变也可能受到限制。有些国家在法律上针对利用改变公司组织形式避税的做法采取了一些防范性措施。如美国税法规定，外国分公司改为子公司以后，分公司过去的亏损所冲减的总公司利润必须重新计算，并就这部分被国外分公司亏损冲减的利润进行补税。英国税法规定，除非经财政部同意，否则一个英国公司将自己的一部分贸易或经营业务转让给国外的非居民公司就是违法。

例如：A（中国）有限公司（以下简称"A公司"）是由设在欧洲某避税港的某跨国集团独资经营的一家外商投资企业，其注册地在我国某沿海开放城市（三级城市）的国家级经济技术开发区内。A公司的组织架构是：注册地有间集团内部称之为P厂的生产机构，主要从事建安材料类产品的制造、生产加工；注册地外设立了10多个分公司和1个办事处，均属非法人的营销机构，主要从事在中国市场销售本公司的产品。经调查，A公司名下的10多个分公司由设在上海的营销总部（登记为A公司的上海办事处）直接统一控制和管理，集团内部将上海营销总部称为MO。注册地机构实质上就是P厂，注册地再也没有什么总部机构来控制和管理P厂和上海MO（10多个分公司）。注册地P厂与上海MO分别直接接受集团的管理与控制，实质上就是集团设在中国的制造和销售的两家子公司，而不是法律形式的一家A子公司。A公司仅仅是该跨国集团将分散的两家子公司利用总分支机构的方式联系在一起的注册登记行为，有名无实，从而构成了虚设法人、滥用法人人格的行为。[①]

（三）非居民企业组织形式选择的风险

各种非居民组织形式在税务后果方面的区别，主要体现在对其所得性质和常设机构的判断上，非居民企业组织形式选择的风险主要来自对有关规则的认识和遵从，包括东道国的税收规则和居民国的税收规则，有关筹划更为具体复杂。

以非居民企业的身份在海外运营，其运营地国家会对其行使来源地管辖权，同时，其派出公司或总公司所在国也会对其行使居民国管辖权（可能是中国，也可能是其他国家）。这种情况下有可能形成双重征税。如果两个国家之间存在税收协定，则协定中会限制来源国的征税权，规定只有在构成常设机构的情况下才可以对该非居民企业征税。设立固定的场所（如分公司或代表处）一般会构成常设机构，未设立分公司或代表处，则视其经营的性质（如承包工

---

① 陈晓晨：《一起公司组织形式避税案例的法理思考》，载《涉外税务》2009年第2期。

程、提供服务等）及持续的时间（如 183 天，以协定的常设机构条款规定为准），也可能构成常设机构。在构成常设机构的情况下，来源国会对其归属于常设机构的利润征税。

三、国际投资组织形式选择应注意的问题

（一）做好居民身份的筹划

首先需要强化对海外运营实体的税务身份的认同，因为纳税人往往是与法律主体一致的，所以应当从法律实体角度把握海外运营实体的性质或地位，由此进行对应的税务处理和筹划。在进行身份选择时，要关注相关国家的国内法标准。"走出去"企业在其中的身份，要根据当地的法律来确定。尤其在采取与东道国企业组成联营体组织形式的情况下，需要特别注意对企业的身份确立的东道国国内法的标准。

基于居民身份的筹划，表现为在相关国家中取得居民身份或者保持非居民身份，其中相关国家包括公司注册地所在国，管理机构所在国，运营团队所在国。在进行身份选择时，要关注相关国家的国内法标准。如果想要成为 A 国的税收居民，则要设法满足其条件；如果不想成为某国的居民企业，则要避免满足其居民企业条件。

（二）谨慎寻求居民企业法律形式规则的最佳组合

各国的居民企业法律形式各有不同，每一种情形下的税务后果不同，通过在不同国家选择不同的法律形式进行组合，各种组合中必定有一种是最佳组合。找到这种最佳组合，就是基本的企业法律形式筹划。以美国的打钩规则（Check-The-Box rule，简称"CTB"）为例，其可以通过不同的组合选择不同的适用方法及后果。根据美国 1997 年产生的该项规则，允许美国的一些经营实体选择被当成公司或者合伙对待，具体做法是在填写纳税申报表时，在后附的表格中，在对应"公司"或者"合伙"（包括分支机构）的选项后面打钩，这种选择会对纳税主体和纳税义务发生时间的确定产生影响。在跨国经营的背景

下，由于多个税收管辖权下的规定不同，情形会更复杂，因此往往可以产生双重不征税、双重扣除和长期纳税递延的好处。

但是需要注意，由于这种筹划实际是利用各国对实体认定的不同规定进行的混合错配，对此，BEPS 第二项行动计划报告已提出了国内立法建议和税收协定应对措施的"共同方法"。基于这种发展趋势，在寻求居民企业法律形式规则的最佳组合安排时，我们应当注意规避反避税的风险。

（三）根据公司的经营状况合理安排海外企业组织形式

合适的法律形式因企业而异，而且选择也不是一成不变的，面临不同的经营状况时，应合理安排企业的组织形式。企业的成长、财务状况的改变，以及法规的变化，都会对原先的选择结果产生影响。企业需要不时审视现有的形式，并适时调整。但组织形式的设置和更改必须符合有关税制的要求，防范因虚设法人、滥用法人人格行为遭遇反避税的风险。

要关注和比较总部所在地与从属机构所在地的税率高低。当从属机构在低税率地时，如果选择子公司，利用独立核算、独立纳税可享受低税负待遇，同时还可以通过转让定价的方法将处于高税率地区的总公司的利润转移至低税率区，降低整体税负；当总部在低税率地时，如果选择分公司，则可以在合并纳税时按较低税率纳税或享受亏损抵补。

运营的不同阶段，选择要点也不同。企业走出去开设分支机构的初期，由于境外业务的开拓投入较大，容易发生亏损，选择分公司更为有利；扭亏为盈后则应当考虑将该机构重新登记，成立一家独立的子公司，以便享有当地的税收优惠。

（四）注重非居民企业的筹划细节

由于非居民企业法律地位的特殊性及不同组织形式税收效果的差异性，对其所得性质和常设机构的判断成为税收规则和实践中较为复杂的问题。相应的，对非居民企业的筹划，需要特别注意以下方面。

一是业务需求，例如，在目的地国家到底需要配置什么资源、人员、设备等。

如果有大量的人员设备存在,则主动所得是不可避免的,否则,还有可以选择的余地。

二是比较税制并选择来源地,通过对不同所得来源地规则的比较,以及对消极所得的预提税率和对营业利润的实际适用税率的比较(包括所得税和流转税),选择其中税负较低地。

三是居民国的税制下,考虑来源地规则和适用税率(包括所得税和流转税),然后在分国或分项计算抵免的背景下,进行抵免限额和可抵扣税额的比较,以及境内外所得和亏损情况的比较,选择税负最低的方案进行税收抵免。

四是方案确定后,要在经济实质层面和合同层面加以落实:如果筹划方向确定为营业利润,则核心的问题是要派遣相应人员到目的地国家,或者通过异地或远程的方法,例如通过互联网来提供服务或交付服务成果。合同中要尽量详细描述服务的内容、服务提供者、提供地点和方法、收费标准等。如果筹划方向确定为消极所得,则要避免以上服务成分;同时,构建消极所得所依据的资产,例如,技术使用费相应的专利、非专利技术商标权等,需要在目的地注册知识产权的要及时注册。合同中要列举所依据的基础资产,以及相应的收费方法等(具体参考下一节内容)。

另外,还要加强与境内外税务机关的沟通。例如,境内上市公司因在境外很多国家开发市场的需要,在每个国家派驻2~3人,被境外所在国的税务局判定为构成常设机构征税。由于办事处等承担基本职能的分支机构不是法律实体,所以不能按照子公司进行抵免,只能适用分支机构的规定。而我国对境外分支机构的核算有一定的要求,鉴于办事处人员太少,无法配备财务人员进行账务处理,均未符合核算要求,因而无法抵免。而若在海外配备专门的财务人员,所发生的成本可能比在境外缴纳的税额更高。对此,"走出去"企业要加强与境内外税务机关的沟通,推动税收政策的完善和改进。

【案例分析】

案例一：设立分公司弥补亏损案 [①]

鲁矿集团为一家跨国公司，欲在德国投资兴建一家矿产品生产企业，并于2011年年底派员赴德进行投资考察。对于选择设立分公司还是子公司的问题，考察人员专门向德方有关部门进行了投资与涉外税收政策方面的咨询。根据预测分析，该跨国公司的总公司2012年应纳税所得额为2500万美元，按照我国《企业所得税法》的规定，应缴纳25%的企业所得税；2012年在德国投资的矿产品生产企业发生150万美元的亏损；鲁矿集团在美国设有一家矿产品销售子公司威尔矿产品（美国）有限公司，2012年该子公司的应纳税所得额为500万美元，美国的企业所得税税率为40%。从投资活动和纳税筹划角度分析，对于鲁矿集团在德国投资设立的从属机构，其设立的形式不同，投资对象不同，税负也有差异。其具体有三种方案可供选择：

方案一：由鲁矿集团公司或者威尔矿产品（美国）有限公司在德国投资设立一家矿产品生产子公司。此时，德国子公司的亏损可由该子公司在以后模块，年度弥补，鲁矿集团和威尔矿产品（美国）有限公司合计纳税 =2500×25%+500×40%=825（万美元）。

方案二：由鲁矿集团在德国投资设立一家矿产品生产分公司。德国分公司的亏损同样不能在鲁矿集团内弥补，分公司的亏损应由集团公司在以后年度弥补，鲁矿集团和威尔矿产品（美国）有限公司合计纳税 =2500×25%+500×40%=825（万美元）。

方案三：由威尔矿产品（美国）有限公司在德国投资设立一家矿产品生产分公司。此时，德国分公司的亏损可以在美国的矿产品销售子公司内弥补，鲁矿集团和威尔矿产品（美国）有限公司合计纳税 =2500×25%+（500−150）×40%=765（万美元）

[①] 《中企要减负：海外投资经营的纳税筹划》，"中国走出去"微信公众号，2016-12-26。

由此可见,通过纳税筹划,方案三比方案一和方案二少缴纳 60 万美元(825-765)的企业所得税,因此,应当选择方案三。

案例二: 联通红筹公司享受中国和西班牙税收协定待遇 ①

——企业利用实际管理机构的标准进行筹划成为中国居民,达到了享受国内法及协定下税收优惠的效果

中国联通红筹公司全称为中国联合网络通信(香港)股份有限公司,是中国联通集团旗下在香港上市的一家公司。红筹公司是最大控股权直接或间接隶属于中国内地有关部门或企业,并在香港联合交易所上市的公司,即在港上市的中资企业。联通红筹公司总部和实际管理机构位于北京市西城区的金融街。根据国税发〔2009〕82号文件的规定,境外注册中资控股企业应依据实际管理机构的标准认定为我国居民企业。联通红筹公司于 2010 年 11 月被认定为中国的居民企业,该项认定从 2008 年度开始生效。

2009 年,中国联通集团与西班牙电信公司签署了战略联盟协议及相互投资的股权认购协议,联通红筹公司和西班牙电信公司相互持有对方股份。截至 2011 年 5 月,西班牙电信公司向联通红筹公司进行了 4 次分红。按照西班牙税法的规定,对于其境内公司向境外公司分红要代扣代缴企业所得税,西班牙电信公司向联通红筹分红时,由其代扣代缴税款,2009 年 12 月 31 日以前的税率为 18%,之后为 19%,西班牙电信公司共代扣代缴税款 2264 万欧元,约合人民币 2.1 亿元。

既然联通红筹公司从 2008 年 1 月 1 日起被认定为中国居民企业就应该享受中西税收协定待遇。中国和西班牙早在 1990 年 11 月就签署了《中华人民共和国和西班牙政府关于对所得和财产避免双重征税和防止偷漏税的协定》,该协定第 10 条规定,来源国对股息征税的限制税率为 10%。西班牙居民企业向

---

① 刘光明、彭建军:《近亿元多缴税款如何从西班牙退回中国》,载《中国税务报》2015 年 6 月 29 日。

中国居民企业分红时，所征税款不应超过股息总额的 10%。

为了享受按限制税率 10% 缴纳所得税的优惠待遇，联通红筹公司根据《国家税务总局关于做好〈中国税收居民身份证明〉开具工作的通知》（国税函〔2008〕829号）、《国家税务总局关于做好〈中国税收居民身份证明〉开具工作的补充通知》（国税函〔2010〕218号）等文件的规定，填写并向主管税务局国际税收业务部门递交了《中国税收居民身份证明》申请表。负责开具证明的税收部门根据申请事项，按照《企业所得税法》、《个人所得税法》及税收协定有关居民的规定标准，在确定申请人符合中国税收居民身份条件的情况下，予以签发《中国税收居民身份证明》。此后，从 2011 年 4 月起，联通红筹公司与西班牙税务当局进行了多次沟通，申请享受中国与西班牙税收协定待遇。联通红筹公司还要求西班牙税务当局退还其从 2009 年度至 2011 年度多缴的税款，多笔应退税款累计 1062 万欧元，约合人民币 9828 万元。至 2016 年 8 月 22 日，西班牙税务当局将以上税款如数退还。

案例三：苹果公司自我否定爱尔兰的居民纳税人身份
——通过避免成为某国居民从而避免该国的纳税义务 [①]

苹果公司税务筹划的重要一环就是在爱尔兰的两家关联公司，即苹果国际运营公司（Apple Operation International，下称 AOI）和苹果国际销售公司（Apple Sales International，下称 ASI）自我否定了爱尔兰的居民纳税人身份，也不承认为美国的税收居民，这样巨额的利润经过这两家公司流向某避税港，几乎没有承担任何税负。这种目前饱受争议的安排，也是一个居民身份筹划的例子。

在爱尔兰的国内法下，判定居民身份有时会偏离注册地的标准。苹果这么重要的一家海外持股公司 AOI，虽然注册地在爱尔兰，但控制权不在爱尔兰。

[①] 宁琦、励贺林：《苹果公司避税案例研究和中国应对 BEPS 的紧迫性分析及策略建议》，载《中国注册会计师》（非执业会员版）2014 年第 2 期。

AOI 与其他关联公司和 ASI 共享在爱尔兰 Cork 市的一个公司注册地址,而此公司有地址却没有办公室。AOI 自设立以来的 30 多年没有一名员工,只有 3 个自然人作为董事,然而,他们中的两位是其他关联公司的员工,居住并工作在美国加州,另外一位也是其他关联公司的员工,居住在爱尔兰,并且 AOI 的董事会会议几乎都是在美国加州召开的。AOI 的资产由苹果公司位于美国内华达州的一家专门从事资产管理的子公司负责管理,AOI 的资产(主要是现金)存放在其开设于美国纽约的银行账户,AOI 的全部会计账簿和财务记录由位于美国得州的苹果财务会计共享服务中心负责维护和管理,AOI 在爱尔兰没有开设任何银行账户。

以上情况由苹果在其关联公司间故意或特意而为造成,其目的是证明 AOI 所有的业务活动和经营管理控制所在地不在爱尔兰,进而自我否定了其爱尔兰的居民纳税人身份。

在美国的国内法方面,居民身份认定采用注册地标准。因为 AOI 和 ASI 均注册于爱尔兰,所以它们也不承认自己为美国的税收居民。自 2009 年至 2012 年,AOI 从下属的关联公司共计收到股息 300 亿美元,相当于这一时期苹果全球净利润的 30%,AOI 没有就此向任何国家纳税。

【延伸阅读】

1. 龙英锋主编:《国际税法案例教程》,立信会计出版社 2011 年版。

2. 董为众:《美国公司类型选择以及联邦税务法的相应对待——助力中国企业"走出去"》,载《国际税收》2019 年第 3 期。

3. 蔡昌:《投资企业组织形式选择的税收筹划》,载《财会学习》2012 年第 11 期。

第三节 常设机构的税收风险

一、国际税收中的常设机构

（一）常设机构的概念

常设机构是为了确定对营业利润征税而产生的税收概念，主要用于确定税收协定中缔约国一方对缔约国另一方企业营业利润产生的所得税的征税权，是大多数国家对非居民个人或非居民公司的某项经营所得行使征税权的依据。

如果筹划方向确定为营业利润，常设机构安排就成为税务处理的关键，一旦在某个国家构成常设机构，那么，来自该常设机构的一切所得都应当在该国纳税。对跨国经营而言，设法避免常设机构，也就随之避免了在该非居民国的有限纳税义务，特别是当非居民国税率高于居民国税率时，这一点显得尤为重要。例如，对于建筑工地或安装工程项目来说，由于不少国家间的税收协定是分别按照持续时间12个月以上和6个月以上来判定其作为常设机构，在这一情况下，企业通过安排施工力量，设法在规定期限前完工撤出，就可以达到避免成为常设机构在该非居住国纳税的目的。

参照OECD和UN税收协定范本第5条有关常设机构的规定，常设机构是指企业进行全部或部分营业的固定营业场所，包括管理场所、分支机构、办事处、工厂、车间（作业场所），以及矿场、油井或气井、采石场或者任何其他开采自然资源的场所等。常设机构具有三个特性，即固定性、持续性和经营性。

（二）国际税收协定中的常设机构条款

常设机构条款是税收协定的重要条款，它主要与营业利润条款结合，组成对缔约一方所取得营业利润的征税规则，以限制所得来源国的征税权，实现避免双重征税的目的。税收协定对常设机构的范围、认定条件等内容都作出了较为具体的规定，在实际执行时，应按照协定优于国内法的原则，优先采用税收协定对缔约国对方居民是否构成常设机构进行判定,确定是否具有税收管辖权。不同的税收协定文本对常设机构的判定略有差别,因此,在税收实务中,对常设机构的判定需要具体结合对方国家与中国签订的税收协定去分析。

我国对外签订的税收协定一般第5条为常设机构条款,主要内容包括:第一款为"常设机构"的定义;第二款对构成常设机构的机构场所进行列举;第三款对在一定限制条件下构成常设机构的机构场所进行列举,一般包括建筑工地的情形(俗称"建筑型常设机构")和提供服务的情形(俗称"服务型常设机构");第四款对不构成常设机构的机构场所进行反列举,一般针对准备性或辅助型机构场所;第五款为非独立代理人条款,规定"非独立代理人常设机构"的构成和情形;第六款为独立代理人条款,规定"非独立代理人常设机构"的构成情形;第七款为独立企业条款,其目的是防止常设机构被扩大至子公司。

(三)常设机构的主要类型

常设机构可以分为三类:

1. 固定场所型

这类常设机构是指一个相对固定的营业场所,通常具备典型的固定性、持续性和经营性特征。对于这类常设机构,一般在时间上具有一定的持久性,除特别规定外(如为勘探或开采自然资源所使用的装置、钻井机或船只),无须按照劳务型常设机构的持续时间标准(如6个月或183天)去判断。在常设机构的判定中,某一特定空间构成常设机构并没有要求企业具有使用这一空间的正式合法权利。

2. 工程劳务型常设机构

这类常设机构一般包括建筑工地、建筑、装配或安装工程,或者与其有关的监督管理活动、咨询劳务等,对于这类常设机构,通常需要满足时间标准,即境外企业派遣相关人员在东道国提供劳务的时间需要满足协定规定的标准。没有达到时间标准的,不构成常设机构。在中国与不同国家签署的协定中,对构成常设机构的时间规定是不一样的,但有延长的趋势,如2017年1月1日生效的新的中德税收协定,将期限改为 12 个月。通常情况下,境外企业在境内提供咨询劳务,达到协定规定的时间标准,会被判断为在中国境内具有常设机构。然而,中日税收协定的议定书规定,一方企业通过雇员或其他人员在另一方提供与销售或者出租机器设备有关的咨询劳务,除非构成独立代理,否则不视为在另一方构成常设机构。

3. 代理型常设机构

非居民企业通过非独立代理人(包括企业和个人)从事某些活动而构成的常设机构称为代理型常设机构 [①]。通过代理人从事的经营活动是否构成常设机构,关键是其地位的独立性,企业的代理人如果在法律上和经济上具有独立的地位,其活动就不应被视为常设机构,如经纪人、中间商等一般佣金代理人,不仅为某一个企业代理业务,也为其他企业提供代理服务。非独立代理人可以是个人,也可以是办事处、公司或其他任何形式的组织,不一定被企业正式授予代表权,也不一定是企业的雇员或部门。非独立代理人不一定是代理活动所在国家的居民,也不一定在该国拥有营业场所。

非独立代理人是否构成常设机构一般是看其是否有权以被代理人的名义签订合同,或有权签订对被代理人企业有约束力的合同,包括参与合同谈判,商定合同条文等,以及这种权利是否被经常反复的使用;而且,这些合同要与企业的正常经营活动相关,如果代理人有权签订的是仅涉及企业内部事务的合同,例如,以企业名义聘用员工以协助代理人为企业工作等,则不能仅凭此认定其构成企业的常设机构。在某些情况下,企业的业务性质决定其交易数量不大,合同签订的相关工作却要花费大量时间,如飞机、巨型轮船或其他高价值商品的销售。如果代理人为这类企业在一国境内寻找买商、参与销售谈判等,即使该人仅代表企业签订了一单销售合同,也应认为该代理人满足"经常"标准,构成

[①] BEPS 第七项行动计划"防止人为规避常设机构构成"建议对非独立代理人的范围进一步扩大,将代理人以自己的名义签订合同,或虽与客户协商合同条款,但不实际签署合同来规避构成常设机构的行为纳入"非独立代理人"的范围。

企业的非独立代理人。

（四）常设机构的利润及核定征收方式

对非居民营业利润征税只能以归属于常设机构的利润为限。对哪些利润应归属于常设机构，两大范本存有差异。OECD 税收协定范本主张采用实际联系原则，仅对与常设机构本身的活动有关，由常设机构本身活动取得的营业利润由来源国行使征税权。UN 税收协定范本则采用引力原则，建议除对与常设机构有实际联系的所得由来源国征税外，对非居民在来源地国家设立常设机构又不通过常设机构开展与常设机构业务相同或类似的活动时，也可以将该部分利润计算到常设机构的利润中。目前，大多数国家的税收协定都不采取引力原则，而是实行实际联系原则。但在中国签署的税收协定中，中国和印度，以及中国和巴基斯坦的税收协定基于印方和巴方的要求采纳了"引力原则"。而且，在部分协定中，对与常设机构有实际联系的所得也采取了例外的规定，无须并入常设机构的利润中征税。

对常设机构利润的确认和征收通常都需要依各国内法的规定。比如，根据我国税法，对非居民企业因会计账簿不健全，资料残缺难以查账，或者其他原因不能准确计算并据实申报其应纳税所得额的，税务机关有权核定其应纳税所得额：按收入总额核定应纳税所得额，适用于能够正确核算收入或通过合理方法推定收入总额，但不能正确核算成本费用的非居民企业；按成本费用核定应纳税所得额，适用于能够正确核算成本费用，但不能正确核算收入总额的非居民企业；按经费支出换算收入核定应纳税所得额，适用于能够正确核算经费支出总额，但不能正确核算收入总额和成本费用的非居民企业。在税务实践中，采取何种方式进行核定征收取决于税务机关获取的信息和对实际情况的具体分析。

二、常设机构的主要税收风险

（一）常设机构的判断方面的风险

主要是因为常设机构判断标准的重要性和复杂性导致的风险。

1. 固定型常设机构的判断风险

如果某一营业场所是基于短期使用目的而设立的，但实际存在时间超出了临时性的范围，则可构成固定场所并可追溯性地构成常设机构。反之，一个以持久性为目的的营业场所如果发生特殊情况，例如，纳税人死亡、投资失败等提前清算，即使实际只存在了很短的时间，同样可以判定自其设立起就构成常设机构。

在常设机构的判定中，一个企业存在于一个特定的位置，并不要求对该位置具有控制权，就有可能被认定为常设机构。例如，一个售货员有规律地拜访主要顾客并接受订单，在采购经理的办公室里会见采购经理。在这种情况下，顾客的商用房屋不在售货员工作的企业的控制下，因此并非那个企业营业的固定地点，然而，此种情况可用于认定常设机构的存在。又例如，一家公司的雇员，长时间使用另一家公司总部的办公室（例如新建的子公司），以保证后者遵循其与前者签订的合同所规定的义务，由此，雇员的活动与其公司的业务有关，假如该办公室由他控制足够长的时间，也可能构成"固定的营业场所"。

2. 工程劳务型常设机构的判断风险

对于建筑工程劳务型常设机构和除建筑工程以外的劳务型常设机构的时间判断标准上存在重大差异。通常，对建筑工程劳务实行"算头算尾"的方式，应以境外企业为实施境内项目的开始日期作为起始日期，以项目最终结束的日期作为结束日期，计算是否构成常设机构的持续时间。对建筑工程劳务以外的其他劳务，在判定常设机构时，则实行任何12个月或任何1个历年（或税收协定中规定的其他时限内）达到协定规定的183天（或税收协定规定的其他时间）。例如：我国某企业为 C 国的公司安装设备，整个项目持续 7 个多月，包括中间因天气等原因而暂停的时间。C国税务局判定我国公司在C国构成常设机构，并对其利润征税。按照我国与C国的税收协定，建筑安装工程构成常设机构的门槛为12个月，因此，该企业按照税收协定并未在C国构成常设机构。我国据此向对方提起相互协商。对方最终同意退税。[①]

建筑工程劳务型常设机构在时间判断标准上还面临许多特殊情况的处理风险。同一工地或同一工程连续承包两个或两个以上作业项目时，当境外企业在境内为多个项目提供服务时，一般不会分开计算和判断。对于工程进行中途因故产生的作业停顿，也不得中止计算或扣除时间。在分包给其他企业的情况下，分包商的建筑施工时间也应记入建筑工程项目的时间。例如：某美国承包商于5月1日与中国企业签署合同，承接一项中国境内大型设备的建筑安装工程。6月1日美国工程师抵达中国，正式开始实施安装工作。但由于极端雨雪天气给施工带来了极大的不便和隐患，为了保证安装工程的可靠性，该安装于11月1日停工，次年2月1日复工，5月20日该设备安装完毕。6月1日双方举行了交付仪式。因为该工地自开始之日（5月1日）至全部竣工（次年6月1日）共持续了13个月，由于该种情况属气候导致的工程暂停，其暂停时间不能扣除，从而超过了中美协定规定的6个月的标准，因此，该美国承包商在中国有常设机构，需要在中国缴纳企业所得税。

建筑工程以外的其他劳务的常设机构时间判断也面临着各种特殊问题。如"派遣人员""劳务活动"的界定，同一企业从事的有商业相关性或连贯性的若干个项目应视为"同一项目或相关联的项目"的判断等方面。例如，一位画家为一座大楼里的许多无关客户在系列无关的合同下连续工作，与在一份单独的合同下，为一位客户在一座大楼承担工作的情形不同，前者的情况不能将在大楼绘画看作是一项单独工程，大楼不应因为那项工作而被认为是一个单独的营业场所。但后一种情况则构成了那位画家的一项单独的工程，整座楼可以作为一个单独的营业场所，因为这项工作在商业上和地理上都是连贯的。

---

① 《案例详解"走出去"企业税收协定政策》，载《四川日报》，2015-05-22。

3. 代理型常设机构的风险

对于代理人是否具有独立性的判断需考虑诸多复杂因素:

(1)代理人商务活动的自由度。如果代理人在被代理企业的具体指导和全面控制下为企业进行商务活动,而不是自行决定工作方式,那么该代理人一般不具有独立地位。

(2)代理人商务活动的风险由谁承担。如果由被代理企业承担而非由代理人承担,则该代理人一般不能被认为具有独立地位。

(3)代理人代表的企业的数量。如果在相当长一段经营期或时间内,代理人全部或几乎全部仅为一家企业进行活动,该代理人很可能不是独立代理人。

(4)被代理企业对代理人专业知识的依赖程度。一般来说,独立代理人具备独立从事商务活动的专门知识或技术,不需要依赖企业的帮助。相反,被代理企业通常借助代理人的专门知识或技术扩展自己的业务或推销自己的产品。

(5)独立代理人在代表企业进行活动时,一般按照常规进行自身业务活动,不从事其他经济上归属于被代理企业的活动。例如,某销售代理人以自己的名义出售某企业的货物或商品,这一行为是销售代理人的常规经营业务。如果该销售代理人在从事上述活动的同时,还经常作为企业的有权签约的代理人进行活动,那么因为这些活动已在自身贸易或营业常规之外,代理人将被视为被代理企业的非独立代理人而构成企业的常设机构。

在实践中,为防止独立代理人条款被滥用(比如,某些企业自身的代理人自称为独立代理人以避免构成常设机构),协定执行中要对代理人身份或代理人地位是否独立进行判定。如果代理人的活动全部或几乎全部代表被代理企业,并且该代理人和企业之间在商业和财务上有密切及依附关系,则不应认定该代理人为独立代理人。

4. 行使股东权利与劳务派遣构成常设机构的区别

如果派遣企业仅为在接收企业行使股东权利、保障其合法股东权益而派遣人员到境外提供劳务的,包括被派遣人员为派遣企业提供对接收企业投资的有关建议、代表派遣企业参加接收企业股东大会或董事会议等活动,均不因该活动在接收企业的营业场所进行而认定为派遣企业在中国境内设立机构、场所或常设机构。在劳务派遣中,还有一种情况是母公司应子公司要求,由母公司派人员到子公司为子公司工作,这些人员受雇于子公司,子公司对其工作有指挥权,工作责任及风险与母公司无关,由子公司承担,那么,这些人员的活动不导致母公司在子公司所在国构成常设机构。

(二)常设机构经营利润的判断方面的风险

1. 利润额的确定方面

一旦构成常设机构,所在国就要对归属于常设机构的利润征收企业所得税。根据 OECD 税收协定范本,归属于常设机构的营业利润是指假如该常设机构是一个在相同或类似情况下从事相同或类似活动的分设独立企业,考虑到企业通过该常设机构和企业的其他部分所履行的职能、使用的资产和承担的风险,该常设机构可以预期获取的利润。OECD 税收协定在确定常设机构营业利润的归属时利用转让定价原则或与缔约国国内法规定一致的方法。由此,对常设机构利润的核定存在风险。

例如:A 公司通过非关联的经销商在美国销售其设备,为开拓美国市场,在美国设立了代表处。但是,由于代表处的税务风险管理不当,美国国内收入局认定该代表处为 A 公司在美国设立的常设机构,并且将 A 公司向经销商销售价中的利润的相当大的一部分归属于该常设机构,在美国课征所得税。A 公司因而补税数百万美元。

2. 在利润的归属方面的风险

来源国对常设机构征税,应仅限于归属于该常设机构的利润这方面,然而,在确定征收时容易产生争议。例如,在越南投资项目的重庆五矿机械进出口有限公司,接到越南税务机关通知,除安装服务部分征收所得税和增值税外,还需按设备价值的 1% 征收企业所得税。原来,重庆五矿机械进出口有限公司因设备安装施工在越南形成了常设机构,而常设机构的利润需在越南缴税。但事实上，只有设备安装劳务部分是常设机构的利润，设备销售所得并不在其中，后者企业已在中国缴税，越南没有征税权。在企业并不熟悉税制的情况下，重庆五矿机械进出口有限公司被越南税务机关按设备价值的 1% 加征企业所得税和罚款，共计 18 万美元。后来，重庆市国税局了解情况后，带领企业认真研究越南税法和中越税收协定，并申请启动两国的税收协商，帮助企业充分运用税收协定解决问题。

通常，当企业在境外提供劳务构成常设机构时，按照常设机构利润征税方式来征税；对境外取得的股息、利息、特许权使用费等按照协定下的股息、利息和特许权使用费条款征税。然而，当该股息、利息、特许权使用费属于常设机构取得或者与常设机构具有联系时，这类所得不再按照协定下的股息、利息和特许权使用费所得征税，而是作为与常设机构相联系的所得，并入常设机构利润中征税。

3. 技术劳务与技术特许权所得的判断

在跨境业务涉税处理中，对特许权和技术劳务进行判定（或划分）以征收相应的所得税，一直是税务处理中的难点。一些看似劳务的服务项目，由于最终形成的成果具有特许权使用费的性质（如技术的许可使用、限制使用或技术保密条款），而会被判定为特许权，由于技术劳务与技术特许权所得的性质不同，在税收后果上也不同。参照我国的税法规定来看，当境外企业向境内企业提供技术劳务时，在不同的合同条款及服务内容的实质下，技术劳务可能构成税收协定中的劳务（按营业利润条款处理）、特许权使用费以及技术使用费。

（1）运用专业技术的劳务。境外公司派人到境内提供劳务，在提供这些劳务的过程中可能要运用到相关的专业技术，当其被判定为劳务时，则需要按照税收协定中的营业利润条款来征收所得税（一般采取核定利润率的方式），适用的企业所得税税率为 25%，且仅当构成常设机构或不存在协定的情况下征收，对有协定但不构成常设机构的不征收企业所得税。

（2）属于特许权使用费范围但构成境内常设机构。境外企业向境内提供专有技术的许可，如果在转让或许可专有技术使用权的过程中，技术许可方派人员为该项技术的使用提供有关支持、指导等服务并收取服务费，无论是单独收取还是包括在技术价款中，均应视为特许权使用费，适用税收协定特许权使用费条款的规定。但如果上述人员提供的服务是通过该境外企业设在中国的某固定场所进行的或通过其他场所进行的，或服务时间达到协定规定构成常设机构的时间标准的，则构成了常设机构，对归属于常设机构部分的服务所得应按营业利润征税（通常采取核定征收的方式）。

4. 境内外劳务的划分问题

参照我国的税法规定来看：劳务型常设机构的前提是必须派雇员或其他人到中国境内提供服务，并且服务时间要达到协定中常设机构判定的时间，当劳务全部是在境外提供时，因而境外企业也无须在中国缴纳企业所得税。在境外企业为境内企业提供劳务的过程中，其劳务可能一部分在境外完成，另一部分则需要派遣人员到中国境内来提供，对同时发生在境内外的劳务，应合理划分境内外的收入。对于在境内提供劳务的收入部分，如果在境内构成了常设机构，则仅对该归属于境内部分的收入征收企业所得税。例如：境内企业 A 委托非居民企业 B 对境内某项目进行设计，B 企业取得收入若干，其中境内劳务所得构成常设机构并纳税，境外劳务所得无纳税义务。非居民企业境内外劳务收入划分比例为 20∶80。税务机关要求企业提供工作量、工作时间、工作人员、成本费用等证明材料，通过分析设计合同和询问该项目的具体情况，发现 B 企业境外收入划分比例偏高，通过多次与企业约谈和分析企业提供的资料，最终调整境内外劳务收入划分比例为 40∶60，企业据此补缴了相应税款。

（三）常设机构税收协定待遇方面的风险

1. 享受协定待遇的常设机构的审核

对于需要享受协定待遇的企业而言，税收协定待遇不是自动适用的，税务机关将根据纳税人申请协定待遇适用的具体条款，分别采取备案制或审批制来决定纳税人是否能够享受税收协定待遇。没有办理税收协定待遇备案或申请的，纳税人不能够享受税收协定待遇。非居民企业对税收协定待遇的享有都面临着税务机关的核实，不同的税务机关会有不同的审核方法，尤其是跨境劳务。参照我国，税务机关通常会先审阅合同的相关条款，看合同中是否约定派遣到中国境内提供咨询服务的人员名单及在中国境内服务的持续时间。如果合同明确约定相关人员到中国服务的持续时间达到了常设机构判定的条件，则一般可以直接判定境外公司在中国具有常设机构。如果合同中没有约定服务人员名单或具体的服务时间，税务机关通常会检查合同中确定的项目开始和项目交付的时间等信息，尤其会注意合同中一些与服务相关的书面文档（特别是需要双方签字确认的相关文档，如项目交付单、检验单、维修单、交接记录表等），通过这些文档记录可以追溯提供服务的相关人员名单。之后税务机关会要求提供这些人的护照上的签证记录。我们通过这些方法，一般能追溯到境外公司雇员的入境日期、离境日期和项目完成日期。

2. 不构成常设机构的情况及辅助性活动的判定

税收协定下对常设机构的豁免规定，给企业跨国经营带来了合理避税的机会，因此也面临能否正常加以利用的风险。税收协定下对常设机构豁免都采取列举方式进行规定，例如，在我国分别与美国、加拿大、比利时、丹麦、泰国、新加坡等国签订的《关于对所得避税以及双重征税和防止偷漏税的协定》中明确规定，下列机构或场所不能视为常设机构：专为储存、陈列或者交付本企业货物或者商品的目的而使用的设施；专为储存、陈列或者交付的目的而保存本企业货物或者商品的库存；专为另一企业加工的目的而保存本企业货物或者商品的库存；专为本企业采购货物或者商品，或者搜集信息的目的所设的固定营业场所；专为本企业进行其他准备性或辅助性活动的目的所设的固定营业场所；专为上述第1项至第5项活动的结合所设的固定营业场所，但这种结合所产生的该固定营业场所的全部活动应属于准备性质或辅助性质。纳税人认为，其在有关国家境内的机构、场所仅为总机构提供准备性、辅助性服务不构成常设机构的，需向当地税务机关提供相关证明资料，由税务机关进行判定，而在有关豁免判定标准方面呈现严格化的趋势。BEPS 报告（第七项行动计划）针对人为规避常设机构的行为的解决对策提出，修订常设机构的豁免规定，以确保豁免规定仅适用于准备性或辅助性活动，因此较大地缩小了豁免范围，给之前可以享受豁免的固定场所带来了风险。

3. 待遇追补的风险

由于税收协定待遇申请程序复杂，往往由于程序时间的限制，在因急于从境外接受劳务的公司拿到服务报酬而暂时未享受协定待遇的情况下，企业必须先按照当地税务法规的要求，缴纳企业所得税后才能将款项汇出。这种情况下需要通过追补享受税收协定待遇的方法来处理，通常应当在规定的期限内，向主管税务机关提出退还要求，并提交相应的报告表和资料，否则就将丧失协定优惠待遇。

（四）常设机构所得被征收预提所得税的风险

有些国家的国内税法中有分公司利润税的规定，即常设机构将税后利润汇回总部时，东道国会将其当成子公司向母公司分配股息一样对待，视同股息分配征收预提税。例如：2010 年，M 国税务机关在对我国公司在 M 国设立的常设机构征收了 2009 年度企业所得税后，又对其税后利润征收了 15% 的分公司利润税，但我国与 M 国税收协定的股息条款并没有关于分公司利润税的规定。为此，该公司向其税务主管当局提起了相互协商申请。经过多次沟通，对方最终认可了我方意见，同意退税。①

三、常设机构的税收风险防范

关于常设机构的风险防范，应针对上面总结的主要风险问题所在，分别加强对有关常设机构及其归属利润判断标准的认识和把握，并对应准备和完成相应的资料和程序要求，尤其是对税收协定待遇加以充分合理的利用。我们重点需要注意的防范措施主要如下：

---

① 《案例详解"走出去"企业税收协定政策》，载《四川日报》，2015-05-22。

（一）严格管理代表处

应当明确其业务范围仅限于联络等辅助性活动，不应当涉及与顾客谈判、签订合同、售后服务等实质性经营行为，降低被认定为常设机构的可能性；或者在已经被认定为常设机构的情形下，降低归属于常设机构的利润数额。

（二）严格管控外派人员在所在国的停留时间

以美国为例，根据中美税收协定，中国企业通过雇员或者其他人员，在美国国内为同一个项目或有关项目提供的劳务，包括咨询劳务，如果在任何12个月中连续或累计超过6个月，则构成常设机构。为防范这一风险，"走出去"企业要严格管理外派人员在所在国的停留时间。如果停留时间无法管理，则要考虑在当地设立项目公司，以所在国居民的身份开展运营。

（三）严格控制对海外子公司的人员派遣

企业为履行股东的权利，派遣人员到境外担任高层职务或提供劳务时，为避免母公司在子公司所在国构成常设机构，应当注意提供证明是应子公司要求到子公司为子公司工作，这些人员受雇于子公司，子公司对其工作有指挥权，工作责任及风险与母公司无关，由子公司承担。

（四）注意技术劳务与特许权的区分

企业派人到境外提供劳务，在提供这些劳务的过程中可能要运用到相关的专业技术，应严格注意和把控其被判定为劳务或特许权的主要区分标准和税收后果。因此，在有关技术劳务合同中，企业应加以明确，主要是对技术成果的许可使用和对使用劳务成果的限制或设定保密条款方面，尤其是在不构成常设机构的情况下，应当注意避免技术劳务被判定构成特许权。

（五）严格遵守准备性或辅助性场所的豁免要求

纳税人认为其在有关国家境内的机构、场所仅为总机构提供准备性、辅助性服务不构成常设机构的，应积极向当地税务机关提供相关的证明资料，由税务机关进行判定。"准备性或辅助性"活动的开展，应注意为总机构提供服务，避免与他人有业务往来，在业务性质上保持与总机构一致，并构成总机构业务的重要组成部分。

（六）利用税收协定维护税收权利

应当详细了解有关税收协定关于常设机构的各项规则，积极申请和维护企业享有的税收优惠权利。比如，当东道国将常设机构汇回利润视同子公司向母公司分配股息征收预提税时，要参考我国与该国签署的税收协定，除非协定的股息条款中允许对分支机构在利润分配环节征收预提税，否则不应对我国"走出去"企业征收预提税，因此可以提出异议。

【案例分析】

劳务派遣构成常设机构案例

（一）基本案情

2005年，广州市某电气集团与日本 A 公司合资，租用锦州市某公司厂房，成立了锦州市 B 公司。该公司引进日本 A 公司先进的制造设备与生产工艺，严格按照 A 公司的管理模式，向中国市场提供高品质的电气产品。

2010年4月，B 公司向税务机关申请开具对外付汇税收证明，支付项目为"派遣职工费用"，这引起了锦州市国税局的关注。税务机关对 B 公司负责办理付汇证明的财务人员进行了初步的情况了解，B 公司向税务机关提供了一份日本 A 公司与锦州市 B 公司于 2007年10月签订的人员派遣合同。根据合同的相关条款，税务人员怀疑上述"派遣职工费用"有可能是 B 公司对 A 公司支付的劳务费用，而不是对自然人支付的工资薪金费用。如果派遣人员在 B 公司提供劳务的性质和停留的期限符合中日协定，则有可能构成常设机构。

其实，对于境外母公司向境内子公司派遣高管是否视同提供劳务，进而构成常设机构，在国家税务总局关于印发《〈中华人民共和国政府和新加坡共和国政府关于对所得避免双重征税和防止偷漏税的协定〉及议定书条文解释》的通知（国税发〔2010〕75号，现已部分废止。下文简称"75号文"）没有下发之前，不仅仅在税务机关和纳税人、中介之间，即使是税务机关内部，也存在较大的争议。2009年，国家税务总局下发了《国家税务总局关于调查境外机构通过派遣人员为境内企业提供服务征收企业所得税情况的函》（际便函〔2009〕103号），要求各地税务机关对境外机构与我国境内企业签订派驻协议或其他相关协议，派遣人员到我国境内企业担任高层领导、技术人员和其他职务，我国境内企业向境外机构支付派遣费或其他相关费用的情况进行调查。

于是，税务机关要求B公司对于其组织架构、总经理职责等做进一步说明，并深入企业进行实地调查。经调查，B公司的说法存在以下疑点：

（1）总经理及其他高管任职期限存在不确定性。B公司是2005年7月成立的，而双方的人员派遣合同是2007年10月签订的，这说明高管的任职与企业的设立没有必然联系。

（2）支付的日方高管派遣费用金额具有不确定性。以总经理为例，同一名总经理最高的一个月B公司支付的"派遣费用"达到35万元人民币，最低的一个月仅有6万元人民币。每年合计支付的费用也是100多万元至30多万元人民币不等，这不符合工资薪金的基本属性。

（3）在派遣合同中明确约定，"派遣费用"还包含高管在日本期间的一些诸如交通费、住宿费、补贴等费用。鉴于合同中明确指出这些高管在任职期间是属于日本A公司的员工，那么这些发生在日本境内的费用的归属自然存在争议。

（4）人员派遣合同第6条约定："根据本规定由甲方向乙方支付的费用，甲方应在接到乙方发出的付款通知单30日内由甲方汇款到乙方指定的银行账号。另外，甲方向派遣职工支付的费用，由甲方按照要求向派遣职工直接支付。"这等于明确了B公司向A公司支付的费用和B公司向派遣职工支付的费用是不同的费用。

（二）案情分析

正在案件陷入胶着状态的时候，国家税务总局下发了75号文，该文件对上述问题给出了比较明确的判定标准。据此，税务机关将调查取得的信息与上述规定进行了对照。

（1）鉴于日籍高管在中国境内任职完全是受日本 A 公司调度的，A 公司可以随时调回原来的人员并派遣新人员，这也就说明母公司对上述人员的工作拥有指挥权，并承担风险和责任，符合文件规定的判定标准。

（2）被派往子公司 B 公司工作的人员的数量和标准由母公司 A 公司决定，符合文件规定的判定标准。

（3）鉴于支付派遣人员的费用金额波动幅度较大且合同约定模糊，而 B 公司不能提供合理解释，无法证明上述费用仅是单纯的工资薪金，所以派遣人员的工资负担认定问题存在争议。

（4）鉴于"派遣费用"中包括高管在境外发生的一部分费用，而该费用的归属存在争议，并且 A 公司也无法提供在境外支付给高管的实际工资的证明，所以税务机关有理由认为 A 公司得到了收益。

通过对照，税务机关认为，A 公司的劳务派遣至少符合75号文 4 项标准中的 3 项，而只要符合 4 项标准的其中之一，就可以对派遣人员构成"常设机构"进行定性。A 公司对境内 B 公司的劳务派遣是对 B 公司在企业经营、管理等方面提供的专业服务，符合中日税收协定关于"咨询劳务活动"的定义及 75 号文的规定，并且人员在 B 公司的停留时间达到了中日税收协定关于"常设机构"的时间标准，所以主管税务机关认为，日本 A 公司向锦州市 B 公司的人员派遣构成了日本公司在我国境内的常设机构，应该依法缴纳企业所得税。至此，A 公司同意了税务机关的意见，对日方派遣人员按常设机构履行纳税义务。

根据《非居民承包工程作业和提供劳务税收管理暂行办法》的规定，税务机关责令 B 公司办理了税务登记，并要求其报送非居民项目合同款项支付情况报告表。同时，鉴于 A 公司不能提供准确的成本、费用、账册和凭证，税务机关根据《非居民企业所得税核定征收管理办法》等规定，核定其适用利润率为 30%，要求其按照《非居民承包工程作业和提供劳务税收管理暂行办法》的要求进

行企业所得税纳税申报。截至2012年9月底,该常设机构共入库企业所得税
118890.45万元。

【延伸阅读】

1. [美] 理查德·L.德翁伯:《公司与合伙的联邦所得税》,中信出版社2003年版。

2. 朱炎生:《国际税收协定中常设机构原则研究》,法律出版社2006年版。

第四章

跨国营运控股架构税收风险防控

【内容摘要】

　　随着境外投资及运营的成熟和业务的扩大发展,必然需要考虑跨国营运控股架构问题。在现代国际产业价值链模式的发展特征下,随着跨国营运从扁平化走向层级化,多层投资控股架构设计中的税收筹划日益重要。间接控股架构安排是税收筹划的重要环节。间接控股架构的税收筹划主要是通过对国际避税地的利用来实现的,具体表现为赋予避税地中间控股公司不同的功能和角色。面对国际反避税的发展趋势和我国税收监管制度的强化,我国企业在间接控股架构实践中也面临税收筹划风险,尤其是受控外国公司和境外注册非居民控股企业的风险问题。

第一节　跨国营运控股架构的税收筹划与风险

一、跨国营运控股架构的税收筹划

(一)搭建控股架构的税收筹划理念

　　搭建控股架构是跨国产业价值链模式下的税收筹划的基础。企业的价值创造是通过一系列活动实现的,包括设计、制造、装配、研发、劳务、采购、分销、营销、广告、运输、融资和管理等,这些互不相同但又相互关联的生产经营活动,构成了一个创造价值的动态过程,即价值链。不同行业的活动会各有侧重,价值链也略有不同。以工业企业为例,其主要可以分为采购、制造、交付、服务、财务五个环节。从业务角度看价值链,企业所创造的价值,实际上来自企业价值链上的某些特定的价值活动,这些真正创造价值的经营活动,就是企业价值链的"战略环节"。从税务角度看价值链,企业创造的价值,是通过价值链各个环节实现的,因此需要以分析价值链为起点来判断各个企业的利润水平是否合理。税务上的价值链分析,关注各环节的功能、资产和风险,据此确定该企业在价值链中参与环节的重要性和参与程度。由此,企业集团可以通过在不同国家、地区的企业之间配置功能、资产和风险达到节税的目的。以此进行税收筹划的基本原则是,在整个价值链内配置功能和风险,将充足的功能和风险置于位于税收优惠区域内的区域中心实体之中。这就需要从两个方面进行筹划,首先是以税收优惠地区为中心的控股架构安排,再就是通过转移定价合理地在低税地区域中心层面上(而不是在可能位于高税负管辖区内的制造实体或分销商层面上)对利润加以归集(转让定价在后面章节专门介绍)。

搭建架构的税收筹划目标是从集团总体层面上实现节税。从整体层面来看,集团一方面要在运营所在国纳税,另一方面还要回到母国(即中国)纳税,以分公司或子公司形式在境外缴纳的外国税,在母国往往可以享受抵免。因此,对"走出去"企业而言,减轻税收负担一般有三个途径:最小化外国税、递延母国税和充分利用税收抵免。搭建架构的税收筹划也应当从这三个方面做出安排,即通过选择低税率的国家或地区、利用合并纳税规则、利用相关税收优惠三种途径来实现外国税最小化。

(二)间接控股架构的设置与避税地的利用

虽然架构设计中涉及很多技术细节,但利用避税地设置间接控股架构是其中重要的一环。间接控股架构,就是在运营实体之上设置一个公司,使其成为运营实体的股东,同时成为境内控股公司的子公司,而这种设置通常正是为了利用避税地。通过在避税地的中间控股公司设置,可以更好地运用中间控股公司所在地的税收优势,包括其当地的税收优惠政策(例如,低税率、减免税、合并纳税等)、与投资目标国双边税收协定中的优惠条款(例如,股息汇回的预提税税率、资本利得税等),还可以借此递延母国税和充分利用税收抵免。

避税地通常具有以下的不同功能:

1.总体税率较低。大多数"走出去"企业将控股公司设立在香港、开曼群岛、卢森堡、爱尔兰、英属维尔京群岛等地,原因之一是这些国家和地区的总体税率较低。

2.对股息和资本利得实行低税率或者不征税。"走出去"企业在走出去之初需要重点考虑的问题之一是如何将境外产生的利润汇回境内,以及将来退出时如何收回投资。一般利润汇回主要是通过境外公司向境内公司支付股息的方式,而在之后退出时往往会涉及资本利得。企业在选择控股公司时,要充分考虑当地对股息和资本利得的税收制度,尽可能选择对股息和资本利得实行低税率或不征税的国家和地区,如开曼群岛、卢森堡等。

3.没有针对利息或特许权使用费的预提税。开曼群岛没有针对利息或特许权使用费的预提税,这是大多数企业选择在开曼群岛设立控股公司的原因之一。

4.允许名义利息扣除。有些国家的资本弱化规定严格,对控股公司不利。企业在架构过程中应充分考虑其影响。

5.有完善的税收协定网络。完善的税收协定网络可以避免企业在所得来源国和居民国之间被双重征税,减轻企业的税负,因此,完善的税收协定网络也是"走出去"企业选择控股公司所在地时的一个重要考虑因素。我国企业在"走出去"时往往首选中国香港作为控股公司所在地,但是香港的税收协定网络并不发达。截至2016年12月31日,其已经签署完成37份税收协定,其中34份已经生效,3份等待生效;另有13份税收协定正在谈签。由此可见,"走出去"企业在选择控股公司所在地时不能盲目跟风,要考虑候选地点与投资目的地之间的税收协定网络。

6.无受控外国企业规则。美国税法的F分部规则十分严苛,因此,美国不适合成为控股公司所在地。与之相反,新加坡等国家和中国香港都没有受控外国企业规则,类似的国家和地区则可以考虑。

7.清算所得优惠。投资退出阶段控股公司可能进行清算,并通过清算收回原先的投资资金。清算过程中会产生清算所得。对清算所得如何征税,各国税法的规定各不相同。搭建架构过程中也要考虑这方面的影响。

8.合并纳税制度。如前文所述,通过合并纳税可以充分利用亏损弥补节税。例如,荷兰实行合并申报所得制度。如果一家荷兰居民公司拥有另一家荷兰居民公司至少95%的股份,这两个公司就可以申请合并纳税申报。根据荷兰法律,只有按照荷兰法律组建的公司才享受这种待遇。但是根据荷兰的案例法,在一些特殊情况下,根据外国法律组建的具有荷兰居民身份的公司也可以享受这种待遇。

9.投资政策和外汇等监管措施宽松。新加坡、英属维尔京群岛、开曼群岛、中国香港等均没有外汇管制,投资政策也很宽松。如新加坡对外资准入政策宽松,除国防相关行业及个别特殊行业外,对外资的运作基本没有限制。一些对外国投资禁止或限制的行业包括广播印刷媒体、法律和住宅产业等。卢森堡对外商投资行业没有限制,部分行业需要接受政府审批。外商所有或控制不受限制,只接受一般投资审查即可,内外资待遇相同。

(三)避税地中间控股公司的设置

在国际经济活动中,利用避税地进行国际避税活动的基本模式及常用方法可归纳为三种:虚构避税港营业,虚设避税港信托财产和转让定价,跨国公司的多层投资架构主要是通过建立避税地中间控股公司的架构来加以利用。中间控股公司通常设置在避税地的离岸辖区并从事离岸经营活动,基于离岸公司的性质而享受税收上的优惠和管理上的宽松便利。由于从事跨国公司内部不同层次间的中介业务,避税地中间控股公司往往也扮演着"基地公司"或"管道公司"的角色。

利用避税地中间控股公司架构的税收筹划方式,除了采取国际控股公司形式外,还可以设置不同的功能角色,因跨国经营业务性质而各有所不同,通常还有国际投资公司、国际金融公司、国际租赁公司、国际航运公司、国际保险公司、国际专利公司、国际贸易公司、国际服务公司,等等。为了便于归集利润和规避税收,而且其往往采取多层次的中间控股设计,还将其中某个中间控股公司设置为企业集团的有关海外业务中心(详见本书第六章关于转让定价的讨论)。

二、国际投资控股架构的税收筹划风险

国际投资控股架构的税收筹划风险主要来自对避税地的利用,由于税务筹划不足不能正常地实现税收最小化、递延纳税和税收抵免的风险,以及由于激进筹划导致的反避税风险。

(一)税务优惠政策的管理要求

世界各国出于吸引外资或者贯彻产业政策等目的,会制定各种各样的税收优惠政策。"走出去"企业如能充分利用这些政策,可以降低税负,增加竞争力。但是,在利用税收优惠的过程中,税务风险也是不可忽视的。很多优惠政策只给予了特定的主体。例如:免税进口设备的优惠一般只给予当地居民企业,一些重大基础设施项目的税收优惠只给予投标的主体企业。有些"走出去"企业的项目前期没有税务人员及时介入,它们没有考虑这些因素,导致因为主体不合格的原因不能享受这些优惠。后来,迫于税务成本的压力,它们又采取不合规的手法申请以上优惠,造成潜在的税务风险,甚至商务纠纷。有些"走出去"企业在不满足优惠条件的情形下,采用不实的申报来获取税收优惠待遇。这些做法都会造成潜在的风险。

某些减免税优惠会附带有业绩要求,即需要向当地政府做出一定的承诺并将相关信息公开。有时候业务的下滑或者迁移,可能会导致企业无法兑现承诺,从而面临补税的困境。这种情况下,有些企业为了某项税收优惠的延续而做一些虚假交易或业务处理,从而面临巨大的税务风险。

（二）激进的税务筹划导致的反避税风险

"走出去"企业在搭建间接控股架构的过程中，要充分考虑各方面的反避税风险，主要有受控外国企业风险、滥用税收协定及收益所有人风险、资本弱化风险。控股架构筹划中的资本弱化风险表现为，搭建控股架构时，要同时确定被投资企业的融资方式，即对股权性融资和债权性融资做出安排，因此受到被投资企业所在地资本弱化法规的限制和影响（第五章将作具体介绍）。激进的税务筹划的典型做法和风险表现为：

1. 设立避税地壳公司或离岸账户进行避税交易。有些企业在避税地、离岸金融中心设立壳公司或离岸账户，以满足所在国（地区）法律要求的组织形式，而不从事生产、经销、管理等实质性经营活动，再通过这些公司向其他全球子公司进行股权投资、债权投资，以及提供商标、专利技术等特许权使用，通过这一途径将利润转至低税负地区，以达到避税目的。对此，税务机关会重点关注与避税地、离岸金融中心交易项目的真实性、合理性。目前，中国已经与包括英属维尔京群岛等9个避税地签订了情报交换协议，在调查与避税地企业交易的真实性、合理性时，将启动情报交换调查程序，对经营实质和资金往来情况进行核实，对滥用税收优惠、税收协定、公司组织形式等不具合理商业目的的行为，将适用一般反避税条款应对。

2. 搭建离岸架构，规避税收管辖权。境内企业在避税地设立多层控股公司，再返程收购境内企业股权，使集团控股公司或上市主体成为境外注册企业，但该企业经营、人员、财务、财产等方面的实际管理控制仍在境内。根据我国税法，境外注册但实际管理机构在我国的企业，应认定为中国居民企业，纳入我国税收的管辖范畴。企业应避免刻意筹划，对实际管理机构在境内的，应主动申请居民身份认定，避免事后调整的风险。

（三）BEPS项目下国际投资控股架构的税收风险的增加

在反避税形势日渐严峻，BEPS项目不断得以推进的背景下，包括受益于低税率管辖权或优惠税收制度，创造人为扣除额，制造减免或不产生应税后果的活动，将收入与价值创造活动分离，滥用协定、极低或不征收预提税，定价问题的规避等，都日益成为国际社会所针对的避税行为，这些风险在搭建间接控制架构过程中都要充分考虑。

为提高税务安排的透明性及关注税务安排的实质性以有效地对抗逃税避税行为，BEPS第五项行动计划要求各国政府在针对逃税避税行为修订相关税务文件时，应优先考虑增加跨国企业税务安排的透明度。比如，它强制性规定一个国家税务部门针对跨国企业享受优惠税制的裁定，应通过信息交换自动传达到另一相关国家的税务部门；规定跨国公司在一个国家要想享受某项优惠税制，必须满足某些实质性经济活动的要求。为了消除或限制各国的不当税收竞争，该项行动计划要求，各国给予税收优惠时必须判断是否有相配套的实质经济活动，否则不应给予税收优惠。对于单项税收优惠，BEPS第五项行动计划识别出6类可能导致BEPS的裁定，并要求与相关当事国对此进行情报交换。该计划还就知识产权（IP）税收优惠达成关联法（nexus approach）共识，用"支出"作为衡量实质性活动的指标，要求IP税收优惠制度的受益人必须真实地从事了相关活动，且发生了真实的符合比例要求的财务费用支出。

BEPS第六项行动计划"防止税收协定优惠的不当授予"制定了税收协定范本相关条款，并为国内法规的修订提供了建议，从而防止在不符合享受协定待遇的情况下赋予协定优惠。随着各项反滥用规则的具体落实，也增大了控股架构决策的风险。

三、风险防范措施

"走出去"企业的税务要严格防范以上风险：一方面要尽早介入投资决策，另一方面要加强对境外投资当地团队的涉税事项管控，避免失控。

（一）确立正确的筹划方法

由于中国企业的海外投资主要是通过以境外股息汇回和未来股权转让的资本利得的方式收回现金流，因此，如何搭建一个合理的投资架构，帮助企业在实现海外投资的商业计划和战略目标的基础上，进一步提高税收效率，从而扩大企业的投资利益，已经逐渐成为企业海外投资的重要考量因素之一。根据新的境外所得税收抵免政策规定，中国"走出去"企业可以将投资层级扩展到五层，获得了更大的税收安排空间。常用的税务筹划做法是：基于企业的商业计划和战略目标，对比投资目标国与中国及其他相关国家或地区之间的税法和双边税收协定，选择适当的投资方式（如从中国进行直接投资或间接投资），进而初步筛选出几个股息和资本利得的预提所得税率较低的国家作为中间控股公司所在地的备选；再结合这些国家（地区）的税法规定及其商业和法律环境、融资和外汇管制、设立成本及文化背景等情况，选择一个最优的国家（地区）作为海外投资架构中的中间控股公司所在地。根据中国企业对外统计资料，"走出去"企业最常用的控股公司在架构过程中，要根据战略需要及业务需求，选择控股公司的所在地。然后，定制化地搭建一层或多层架构。

（二）多层架构设计的安排思路

中国"走出去"企业为了较好地实现全球实际税负较低且其他商业因素良好的目标，在设计其全球投资结构（层级）时，需要考量税收协定、境外税收抵免、受控外国公司规定、资本弱化、转让定价和反避税等方面的税务因素。

1. 顶层机构注册地：选择避税港要关注反避税监管

在一个全球实际税负较低的投资框架中，顶层机构通常选择设立在避税港，或者是在低税国。避税港具有一些共同特点：社会稳定，没有税或税负很低，注册公司非常方便，维护成本很小，有较健全的法律体系，没有外汇管制，有严格的商业及银行保密制度，有方便的中介服务等。"走出去"企业选择顶层机构注册地，在看中避税港独具优势的同时，还需要关注相关的税务因素。以开曼群岛为例，开曼群岛没有直接税收；注册离岸公司的手续非常简单，不需要政府监管部门批准，不需要前期资本；公司将股份转让给第三方时，没有税收，除非这些股份与房地产投资有关；公司董事和高管充分享受隐私权保护等。

再以我国香港为例，香港实行属地征税，只有在香港产生或来自香港的利润才征税,利得税税率为 16.5%;不对股息和利息征收预提所得税,只对支付给非居民企业的特许权使用费征收 4.95% 的预提所得税;不征收资本利得税,没有受控外国公司规则和资本弱化规则,税收损失可以无限期结转;与多个国家和地区签订了避免双重征税的税收协定,与内地签有税收安排;无外汇管制,对外来投资者将股息和资金调回无限制等。

实际操作中,中国"走出去"的民营企业,以及在美国上市的"中概股",大多选择在开曼群岛注册,并将其作为全球投资架构的最顶层;绝大多数"走出去"的央企、国企,选择在香港注册,将其作为全球投资架构的最顶层。

需要注意的是,很多国家对纯粹的避税地出台了强有力的反避税监管和限制措施。因此,"走出去"企业一般会选择在顶层下(即在第二层至第三层),再加上一些有税但相对较低、法制宽松但规范的国家和地区,而不是纯粹地叠加避税港。提醒"走出去"企业应避免采用过激的全球税务投资框架设计和筹划,不能追求极端的避税目的,直接将顶层的避税港与有实际业务的公司(国家)相关联。

2. 中间层投资地:税收协定较多的国家成首选

"走出去"企业在设计中间控股公司架构(第三层至第四层)时,一般选择税制比较规范透明(不是明显的低税国)、税收协定较多、协定优惠税率较低且对受益人限制较少的国家,同时要关注该国有关控股公司经营的实体化规定、最低财税申报要求和披露制度、公司设立和日常税收遵从维护成本、中介服务水平和成本等。

根据以往的经验,荷兰、卢森堡、比利时、爱尔兰和瑞士常被选定为中间层的投资国,企业看中的就是这些国家规范的市场环境和较优惠的税收待遇。

以荷兰为例,作为欧盟成员国,荷兰可得益于各种欧盟指令;与 100 多个国家和地区签有双边税收协定或安排,可以帮助企业减免各项预提税和避免双重征税;纳税人可就未来的税收待遇以预约申请的形式,从当地税务机关得到确认;企业所得税税率为 25.5%,相对于其他欧盟国家是较低的,且实行联合报税制度，相关联的企业可以盈亏互抵；对从荷兰向境外支付的利息和特许权使用费不征预提税；享受相应的参股所得免税制度，即符合条件的荷兰投资公司，从其子公司获得的股利、利息、资本利得可享受免税优惠。

同样是欧盟成员国的比利时，也可得益于各种欧盟指令；与100多个国家和地区签有双边税收协定，企业可享有优惠的协定税率；比利时的投资公司从其子公司获得的股利、利息、资本利得享有免税优惠待遇。比利时还有其独特的税收优惠制度，如专利收益税收扣减制度，企业自主研发活动越多，税负越低；又如虚拟利息抵扣制度，比利时居民和非居民企业从其应纳税所得额中，可扣除一项基于股东权益（净资产）计算出的虚拟利息，从而降低企业所得税的实际负担。

此外，荷兰、比利时和卢森堡具有欧洲陆运和空运的比较优势，容易满足企业运营上的实体化要求；而瑞士和爱尔兰在金融方面有特殊的税收优惠。鉴于上述税收因素和商业因素的比较优势，大多数中国"走出去"企业选择上述国家作为中间层投资国。

3. 底层投资地：重点考虑项目所在国

"走出去"企业在选择底层投资国时（第四层至第五层），大部分选择有实质业务运作的国家和地区，如项目所在国。

在新的五层间接抵免税收规定下，随着"走出去"企业在境外业务的拓展和多元化，企业可以考虑增加多个并行的多层投资架构，特别是将性质不同的行业、业务，分别以不同的层级进行分割，并行开展，这样既可以享受上述多层投资框架的税收优惠，又可以最大限度地分散税务风险。

4. 投资架构中的投资额度安排与控制

"走出去"企业在搭建控股架构时，应当充分考虑涉及地区资本弱化的法规，据此安排投资架构和投资额；另外，还要关注资本弱化法的变化动向，尤其是 BEPS 法规的落实情况，评估其影响，并且适时出调整。

【案例分析】

案例一：借助第三国实现分红免预提税 [①]

（一）基本案情

S国和M国签订了双边税收协定，其中规定双方在对方国家取得的投资所得可以相互免征预提所得税。中国和S国也签订了双边税收协定，规定中国居民与S国居民从对方国家取得的投资所得同样可以免征预提所得税。但中国和M国之间没有签订税收协定，两国规定的预提所得税税率均为20%。兴鲁建材国际贸易有限公司在M国投资设立一子公司——润泽建材商贸（M）有限公司，该子公司2012年度的税后利润为200万元，子公司决定将其中60%的利润分配给母公司。

（二）案件分析

方案一：润泽建材商贸（M）有限公司将2012年利润的60%分配给兴鲁建材国际贸易有限公司。则该笔利润汇回中国应缴纳预提所得税=2000×60%×20%=240（万元）。

方案二：兴鲁建材国际贸易有限公司可以考虑首先在S国设立一家全资子公司——泰丰建材商贸（S）有限公司，然后将其拥有的润泽建材商贸（M）有限公司的股权转移到该子公司，由泰丰建材商贸（S）有限公司控制润泽建材商贸（M）有限公司。

这样，润泽建材商贸（M）有限公司将利润分配给泰丰建材商贸（S）有限公司时，根据S国和M国的双边税收协定，该笔利润不需要缴纳预提所得税；同样，当泰丰建材商贸（S）有限公司将该笔利润全部分配给兴鲁建材国际贸易有限公司时，根据中国和S国的双边税收协定，也不需要缴纳预提所得税。

由此可见，通过纳税筹划，方案二减轻了240万元的税收负担。因此，如果设立泰丰建材商贸（S）有限公司，且进行相关资金转移的费用小于240万元，

[①] 《案例详解"走出去"企业税收协定政策》，载《四川日报》，2015-05-22。

则该纳税筹划方案是有利的。

案例二：不同利润水平下的架构选择[①]

（一）基本案情

2014 年国内某高新技术企业 A 公司，为获得美国物料管理系统的相关技术和知识产权，拟收购美国底特律某公司资产，同时也考虑到当美国设立的公司有利润时，还可分回股息。A 公司所在地市的国家税务局得知这一情况后，通过比较中国与美国、中国与英国、英国与美国的税收法律及税收协定，及时在税收政策上给出辅导及建议。

（二）案件分析

1. 税收法规及双边税收协定研究

（1）中美税法及中美双边税收协定的相关规定。中国高新技术企业在国内，适用 15% 的企业所得税优惠税率。美国公司所得税是对美国居民企业的全球所得和非美国居民企业来源于美国境内的所得所征收的一种所得税，分联邦、州和地方三级征收。美国联邦公司所得税税率采用超额累进税率制度。其中最低税率为 15%，年度应纳税额超过 18333333 美元的企业适用 35% 的统一比例税率。按中美双边税收协定，如果中国企业直接取得来自美国公司的被动收益，如股息、利息、特许权使用费等，需缴纳 30% 的美国预提税，如果满足中国与美国税收协定相关条款规定的享受协定优惠的条件（包括限制受益人条款规定的条件），则该预提税税率可以降低至 10%。美国各州（不征州公司所得税的州除外）规定了 1%～12% 的州公司所得税税率。

（2）英国税法及中英双边税收协定的相关规定。英国居民企业有义务就其所有来源的所得及资本利得缴纳企业税，无论产生于何处。若一家企业是在英国组建的或其中央管理及控制部门位于英国，则该企业即被视为居住于英国，英国企业所得税的基本税率为 20%。中国和英国签订的双边税收协定签有税

[①] 《案例详解"走出去"企业税收协定政策》，载《四川日报》，2015-05-22。

收饶让抵免制度。根据双边税收协定第10条第3款的规定，如果股息的受益所有人是缔约国另一方政府及其机构，或者缔约国另一方政府直接或间接全资所有的其他实体，则该股息在缔约国一方免税。因此，对缔约国居民来源于本国100%的投资后所得免征预提所得税。

（3）美国和英国相关的税收协定。美国与英国的双边税收协定签有税收饶让抵免制度，并且对缔约国居民来源于本国100%的投资后所得免征预提所得税。

2.执行税收协定对税后利益影响的比较分析

美国联邦公司所得税税率按照全年应纳税所得额的多少，采用超额累进税率制度，最低税率为15%，如果加上地方所得税，则综合企业所得税税率大于15%。这里设美国综合企业所得税税率为 y，英国的企业所得税基本税率为20%，考虑到A公司在国内适用15%的企业所得税税率，比美国综合企业所得税税率、英国的企业所得税基本税率低，因此分 $y \leqslant 20\%$ 和 $y>20\%$ 两种情况，来计算直接在美国投资设立全资公司，与通过在英国设立全资公司再在美国投资设立全资公司，税收对税后利益的影响。

假设2014年，A公司在美国底特律成立全资甲公司，2016年甲公司年度获得税前利润 x 万元，适用美国的综合企业所得税税率为 y。

（1）综合企业所得税税率 $y \leqslant 20\%$ 时，直接在美国投资与通过在英国设立全资乙公司再在美国设立全资甲公司，税收对税后利益的影响。

①直接在美国投资的当期税后利益

甲公司在美国应当缴纳企业所得税为 xy（万元）。税后利润为 $x-xy$（万元）。假设该笔利润全部汇回中国，则应当缴纳预提企业所得税为 $(x-xy) \times 10\%$（万元）。该笔所得按照我国税法的规定应当缴纳的企业所得税为 $x \cdot 15\%=0.15x$（万元）。由于该笔所得已经在国外缴纳的企业所得税 $=xy+(x-xy) \times 10\%=0.9xy+0.1x$（万元），大于在中国缴纳的企业所得税，故在中国不需要缴纳企业所得税。A 公司就甲公司的税后利益而言 $=x-0.9xy-0.1x=0.9x$ $(1-y)$（万元）。

②通过在英国设立公司再在美国设立公司的当期税后利益

甲公司在美国应当缴纳企业所得税为 xy（万元），税后利润为 $x-xy$（万元）。甲公司将利润全部分配给乙公司，不需要缴纳预提所得税。该笔利润在英国需要缴纳企业所得税为 $x\cdot20\%=0.2x$（万元）。由于综合企业所得税税率 $y\leqslant20\%$，因此，还需要向英国缴纳 $0.2x-xy$（万元）的税款。乙公司再将该笔利润全部分配给 A 公司，中间不需要缴纳预提所得税。该笔所得需要向中国缴纳企业所得税为 $x\cdot15\%=0.15x$（万元）。由于其在英国总计已经缴纳了 $0.2x$ 万元的企业所得税，因此，不需要向中国缴纳企业所得税。A 公司就甲公司的税后利益而言为 $x-0.2x=0.8x$（万元）。

$0.8x-0.9x(1-y)=(0.9y-0.1)x$（万元），由于综合企业所得税税率 $y>15\%$，$(0.9y-0.1)x$ 也就大于零，因此，通过在英国设立乙公司再在美国设立甲公司，比直接在美国投资的税后利益多 $(0.9y-0.1)x$ 万元。

（2）当综合企业所得税税率 $y>20\%$ 时，直接在美国投资与通过在英国设立乙公司再在美国设立甲公司，税收对税后利益的影响。

①直接在美国投资的当期税后利益

A 公司就甲公司的税后利益而言为 $x-0.9xy-0.1x=0.9x(1-y)$（万元）。

②通过在英国设立公司再在美国设立公司的当期税后利益

甲公司在美国应当缴纳企业所得税为 xy（万元）。税后利润为 $x-xy$（万元）。甲公司将利润全部分配给乙公司，不需要缴纳预提企业所得税。该笔利润在英国需要缴纳企业所得税为 $x\cdot20\%=0.2x$（万元）。由于综合企业所得税税率 $y>20\%$，因此，不需要向英国缴纳所得税。乙公司再将该笔利润全部分配给 A 公司，中间不需要缴纳预提所得税。该笔所得需要向中国缴纳的企业所得税为 $x\cdot15\%=0.15x$（万元），由于总计已经缴纳了 xy 万元的企业所得税，因此，不需要向中国缴纳所得税。A 公司就甲公司的税后利益而言为 $x-xy$（万元）。

$x - xy - 0.9x(1-y) = 0.1x(1-y)$（万元），综合企业所得税税率 $y < 1$，$0.1x(1-y)$ 也就大于零，因此，通过在英国设立乙公司再在美国设立甲公司，比直接在美国投资的税后利益多 $0.1x(1-y)$ 万元。

通过比较可以发现，直接在美国设立公司，分回利润在美国缴纳的预提所得税，影响当期的税后利益较多。而在英国设立子公司，再通过子公司在美国设立公司，则避免了缴纳预提所得税，无形中增加了当期税后利益。

A 公司根据上述计算，采纳税务机关的建议：在英国设立全资子公司，再通过子公司在美国设立全资子公司。

第二节　受控外国企业税务风险的防控

跨国架构对避税地的利用通常就是在避税地建立一个外国公司，然后利用避税地低税或无税的优势，将许多经营业务通过避税地公司开展，再通过转让定价等手段，把一部分利润转移到避税地公司的账上，并利用居住国推迟课税的规定，将利润长期滞留在避税地公司不做分配或只分配不汇回，从而规避居住国的税收。由此，受控外国公司往往成为跨国公司及其股东延迟纳税的工具，各国对其采取了受控外国企业管理措施。

一、受控外国企业的税收规范

要想阻止跨国公司利用避税地基地公司进行避税，居住国就必须取消对本国居民从国外应得股息推迟课税的规定。由于避税地公司实际上充当了跨国纳税人进行国际避税的基地（通常称为"基地公司"，base company），如果基地公司无论是否进行利润分配，也无论是否将股息、红利汇给母公司，母公司居住国都要对这笔利润征税，则跨国公司利用避税地基地公司避税的计划就不能得逞。这种取消推迟课税以阻止跨国纳税人利用避税地基地公司进行避税的立法，被称为受控外国公司法规（CFC legislation）或对付避税地的法规（anttax haven legislation）。受控外国公司法规最早由美国1962年颁布，其后众多国家也都相继颁布实施了本国受控外国公司的法规。目前，全世界已经有30多个国家实施了受控外国公司法规，其内容与美国受控外国公司法规有许多的相似之处。[①] 我国2008年1月1日起施行的《企业所得税法》，也加入了受控外国企业管理的规定。尽管各国对本国纳税人因在外国公司中拥有一定股权（或选择权）而应分到的股息、红利，在外国公司未分配或未汇回以前是否就其在本国申报纳税有不同的规定，但各国的受控外国公司法规基本上都包括以下内容。

（一）受控外国企业

为了防范本国居民公司（有的国家还适用于合伙企业、自然人等）利用设在避税地的基地公司保留利润以进行避税的行为，各国首先要明确哪类基地公司属于管理的对象。在实践中，各国受控外国公司法规均对准了受控外国公司（CFC），也就是说，只有本国居民从受控外国公司取得的应分未分利润才需要在本国申报纳税。至于哪些外国公司属于受控外国公司，各国的规定不尽相同，但多数国家都规定：

1. 受控外国公司一定要设在无税（公司所得税）或低税的国家或地区（避税地）。例如，法国税法规定，受控外国公司一定要在当地享受优惠的税收待遇，即税负要比在相同条件下法国公司的税负低50%以上；德国税法规定，受控外国公司的所得在当地的有效税率要低于25%；日本规定，受控外国公司的所得在当地的有效税率要低于20%；葡萄牙税法规定，受控外国公司的所得要按等于或低于葡萄牙适用税率的60%纳税；西班牙的税法规定，受控外国公

---

① 仍有20多个主要国家或地区没有受控外国公司法规，如比利时、保加利亚、智利、塞浦路斯、捷克、厄瓜多尔、印度、爱尔兰、卢森堡、马来西亚、毛里求斯、菲律宾、波兰、罗马尼亚、沙特阿拉伯、新加坡、斯洛文尼亚、瑞士、泰国、乌克兰、越南等。需要指出的是，发达国家中目前还有一些国家没有颁布受控外国公司立法，但其中有一些国家有严格的外汇管制，限制本国居民在避税地投资或规定投资利润必须汇回本国，这实际上也是对付那些以避税地公司为基地进行国际避税的方法。目前的趋势是，取消外汇管制（如英国、澳大利亚、新西兰以及苏联等过去都有外汇管制），同时强化受控外国公司的立法。

司要设在低税国（地区），即当地的公司所得税税率要比本国税率低 75% 以上。为了管理上的便利，一些国家还规定了"白名单"或"黑名单"，凡是外国公司设在"白名单"上的国家或地区，就不可能成为受控外国公司；而如果是设在"黑名单"上的国家或地区，该公司就属于避税地的公司，因而也就有可能成为受控外国公司，例如，意大利、澳大利亚的"白名单"制度，希腊、挪威的"黑名单"制度。但美国、加拿大等个别国家并不要求受控外国公司一定要设在避税地，换句话说，低税率并不是被列为受控外国公司的必要条件。这是因为，即使是在高税国，一个企业也可能在当地享受到产业或收入项目的税收优惠，从而实际税负也可能很低。

2. 受控外国公司要受本国居民的控制，这是关键条件。对于判断外国公司"受控"的标准，各国有不同的规定。有的国家要求本国居民在该外国公司持有（包括直接持有和间接持有）的股份（有的国家还要求是有表决权的股份）加在一起要达到或超过 50%。对于参加计算是否达到 50% 标准的本国居民，各国有不同的要求。例如，美国税法规定，只有在外国公司中至少持有 10% 有表决权股份的居民股东（包括公司、自然人、合伙企业、信托基金等），其持股比例才能在计算本国居民持股总和时予以考虑，持股比例达不到 10% 的股东，其持有的股份不参加计算；法国规定，在外国公司中直接或间接持股（普通股和优先股）5% 以上的居民股东（包括公司和自然人）所持有的股份总和如果达到或超过50%，则该外国公司属于"受控"的。近来也有一些国家采取更为严厉的 CFC 条款，例如，加拿大税法规定，在外国公司中持有 1% 或以上股权的加拿大居民公司，如果单独或与关联方共同持有该外国公司股权达到 10%，则该外国公司就可能属于受控外国公司。而德国在计算本国居民股东（公司和自然人，但不含合伙企业）在外国公司中持股（普通股或优先股）比例总和是否超过 50% 时并不要求每个股东的持股比例以及股东数量，其税法规定，只要全体德国股东（但相互之间要有关联关系）在该外国公司中的持股比例总和超过了 50%，则该外国公司就是"受控"的。西班牙、挪威等国税法也有与德国相同的规定，即只要本国居民在外国公司中直接或间接持有 50% 或 50% 以上的表决权股份、资本或利润分配权，则该外国公司就属于"受控"的。对于本国居民（公司或个人）在外国公司中直接或间接持有 50% 或 50% 以上股权问题上，美国等国家的法律并不要求这些国内股东相互之间具有关联关系，但是德国、西班牙等国的法律要求共同持股的公司或个人必须具有关联关系。在判定外国公司是否被本国居民控制时，有的国家也不一定要求本国居民对其共同持有 50% 或 50% 以上的股份，而是规定，只要本国某一个居民股东在外国公司中持股达到规定的比例，该外国公司就属于"受控"的，受控外国公司的法规就可能适用于这个居民股东。例如，瑞典的税法规定，如果在一个所得年度末，单个瑞典居民股东或其与关联方共同在外国公司中直接或间接持股（普通股或优先股）达到 25% 或 25% 以上的，则该外国公司就属于被瑞典居民控制。芬兰也采取单一股东在外国公司中持股达 25% 的标准。而在韩国和埃及，单一持股比例甚至低至 10%，而且也没有关联股东共同持股比例的要求。

（二）受控所得

受控所得是指应税的外国公司保留利润，是受控外国公司应分配给股东且不再享受股东居住国推迟课税规定的某些类型的所得；这种所得虽没有支付给居住国股东，但仍要归属到居住国股东应税所得之中并申报纳税（这类所得又称归属所得）。

如美国《国内收入法典》的 F 分部所得就属于应税的外国公司保留利润。根据美国的 F 分部规则（Subpart F Rules），除了与国际制裁相关的所得、贿赂和回扣所得以及与"恐怖国家"相关的所得之外，其主要是外国基地公司所得。外国基地公司所得包括以下内容：

1. 外国个人控股公司所得。个人控股公司是指被严密控制的公司，即股东在 5 人以下并拥有公司股票 50% 以上的公司。外国个人控股公司是指美国公民或居民不足 5 人作股东，但握有股权 50% 以上，并且其毛所得的 60% 以上属于规定的特别类型投资所得的外国公司。外国个人控股公司所得主要是指股息、利息和特许权使用费等消极投资所得（passive income），以及因控股而不是实际生产或销售产品和提供服务所取得的所得。但是，这些所得必须是来源于第三国，即来源于受控外国公司所在国之外的所得。

2.外国基地公司的经营所得，包括销售服务、货运、内部保险等项业务的所得。这些所得虽属于积极投资所得，但都来自第三方开展的业务活动。

（1）外国基地公司的销售所得，是指美国公司在第三国生产或销售产品，但在财务上处理为通过其外国基地公司的销售而取得的所得，例如，一家美国公司实际上向德国的某一非关联公司销售一批产品，但在财务报表上列明该批产品销给了设在瑞士的基地公司，然后再由瑞士的基地公司向德国公司出售这批产品。在这一过程中，该美国公司就可利用转让定价手段将利润累积在瑞士公司。但是，根据 F 分部规定，瑞士公司的这笔销售利润属于 F 分部所得，其美国母公司应就这笔利润向美国税务当局申报纳税。

（2）外国基地公司的劳务所得，是指美国公司在第三国提供劳务或管理而取得的但支付给了关联的外国基地公司的所得。

（3）外国基地公司的货运所得，是指美国公司在第三国从事交通运输活动但通过外国基地公司取得的收入。

（4）内部保险公司所得和第三国保险所得，是指美国公司在避税地建立内部保险公司，受保人就其在美国和外国的保险项目向内部保险公司支付的保险费。对于这类保险费，母公司有时可以作为费用扣除，而在避税地的内部保险公司又可以不负担或仅负担少量的税款。F 分部规定，对美国公司支付给内部保险公司的保险费要课征美国税收。

美国《国内收入法典》对 F 分部规则不断增补新内容，总的趋势是，美国公司要就更多的 F 分部所得纳税。其他一些国家的应税外国公司保留利润的规则也与美国大致相同，一般具有以下两个特点：一是这些所得一般都来自消极投资所得，如股息、利息、特许权使用费、租金、资本利得等，一般不包括正常的积极投资所得（工商业利润）；二是这些所得即使有来自商业经营的利润，这些经营利润也是 CFC 与关联企业之间开展交易取得的，或是由 CFC 与所在国之外（包括其股东的居住国）的企业开展经营活动取得的。由于这两类所得都不是受控外国公司在所在国开展经营活动取得的所得，其性质已具有明显的避税特征，所以国外有的学者又称其为"变质的所得"（tainted income）。但这种"变质的所得"可能只是受控外国公司全部所得的一部分，其余部分的所得是否也要列入 CFC 法规的适用范围，各国关于这一点有不同的做法。例如，法国、意大利、芬兰、日本、瑞典、挪威等国将受控外国公司取得的全部所得都纳入了应税外国公司保留利润；而美国、加拿大、德国等其他国家则实行区别对待，只将上述"变质的所得"列入 CFC 法规的适用范围。

（三）受控外国公司法规适用的纳税人

受控外国公司法规适用的纳税人是指该法规所要打击或限制的对象。正是这些纳税人企图利用推迟课税规定，逃避从外国受控公司取得的所得本应向本国缴纳的税收。受控外国公司法规就是要限制有这种企图和可能的纳税人通过这种延期纳税的手段进行国际避税。从各国的情况看，受控外国公司法规所适用的纳税人一般既包括法人，也包括自然人，只有少数国家（如法国、英国和丹麦）的对付避税地法规只适用于法人。受控外国公司法规要打击的对象一定是在受控外国公司中拥有股权的本国居民股东。如果本国居民股东拥有股权的外国公司不是 CFC，则不适用对付避税地法规。如果本国居民股东在受控外国公司中拥有股权，一般也要求其股权比重达到规定的标准才适用受控外国公司法规。但也有少数国家受控外国公司立法打击的对象没有单个股东的最低持股比例要求，例如德国税法规定，德国股东只要在受控外国公司中拥有一定比例的股权，就应将归属自己的受控外国公司所得向德国政府申报纳税而无论该笔利润是否分配。

（四）豁免

如果本国某居民股东在 CFC 中持有的股权比重达到了规定的标准，其从该受控外国公司应分到的所得是否适用受控外国公司法规，这时主要看居住国相关的豁免规定。在这方面，各国的豁免有两种方法：一是"实体法"，即如果受控外国公司符合一定的豁免条件，则居住国股东从其应分得的各类所得就不再适用受控外国公司法规，反之，如果受控外国公司不符合豁免条件，居住国股东从其应分得的各类所得（无论是积极投资所得还是消极投资所得）都要适用受控外国公司法规。受控外国公司的豁免条件可以包括：受控外国公司主要从事积极经营业务；受控外国公司收入的较大比重不是"变质的所得"；受控外国公司利润的大部分在当期进行了分配；受控外国公司的股票在证券市场上公开上市；受控外国公司设在与居住国有税收协定的国家，等等。目前，瑞典、葡萄牙、挪威、韩国、日本、意大利、希腊、法国、芬兰、丹麦等国家采取这种方法。二是"项目法"，即只有受控外国公司取得的积极投资所得（一般为在 CFC 所在国的营业利润）所应归属给居住国股东的部分才可以不受制于受控外国公司的法规，其他应归属于居住国股东的基地公司所得、消极投资所得等"变质的所得"都要适用受控外国公司法规。目前，美国、西班牙、英国、土耳其、德国、加拿大、澳大利亚等一些国家就采用这种方法。

（五）我国对受控外国企业的管理规范

根据《特别纳税调整实施办法》第 6 条，受控外国企业管理是指税务机关按照《企业所得税法》第 45 条的规定，对受控外国企业不做利润分配或减少分配进行审核评估和调查，并对归属于中国居民企业的所得进行调整等工作的总称。

根据《企业所得税法》第 45 条的规定，受控外国企业是指由居民企业，或者由居民企业和居民个人（以下统称中国居民股东，包括中国居民企业股东和中国居民个人股东）控制的设立在实际税负低于《企业所得税法》第 4 条第 1 款规定税率水平 50% 的国家（地区），并非出于合理经营需要对利润不做分配或减少分配的外国企业。

根据《特别纳税调整实施办法》第 76 条、第 77 条，"控制"是指在股份、资金、经营、购销等方面构成实质控制。其中，股份控制是指由中国居民股东在纳税年度的任何一天单层直接或多层间接单一持有外国企业 10% 以上有表决权的股份，且共同持有该外国企业 50% 以上股份。中国居民股东多层间接持有股份按各层持股比例相乘计算，中间层持有股份超过 50% 的，按 100% 计算。

受控外国企业并非出于合理的经营需要而不做分配或者减少分配的利润中应归属于该居民企业的部分，应当计入该居民企业的当期收入。我国也采用"项目法"来明确受控外国公司法的"打击"对象，规定中国居民企业股东能够提供资料证明其控制的外国企业满足以下条件之一的，可免于将外国企业不做分配或减少分配的利润，计入中国居民企业股东的当期所得：

1. 设立在国家税务总局指定的非低税率国家（地区）；

2. 主要取得积极经营活动所得；

3. 年度利润总额低于 500 万元人民币。

从 2008 年首次引入"受控外国公司"概念，到随后制定若干政策明确相关的管理问题，再到如今积极落实 BEPS 项目制订专门的行动计划，我国已建立了一套逻辑较为清晰完整的受控外国公司管理规则体系。

二、受控外国企业的税收风险

中国企业在海外的投资实践中，大多会选择借道低税率的中间控股公司间接向投资目的地国或地区进行投资，这其中既有优化整体税负的考量（如希望利用更优化的税收协定网络），也有出于诸如信息保密、融资或上市便利、方便对不同国家或地区的投资分别管理、未来海外进一步拓展的便利性等方面的需要。对于采用中间控股架构投资的"走出去"企业而言，必须谨慎防范潜在的被中国或其他国家的税务机关实施受控外国公司反避税调查的调整风险。

（一）受控外国公司判断标准的风险

受控外国公司规则的遵循风险主要体现在对"控制""低税率""并非合理经营需要"的认定上。在缺乏具体判断标准的情况下，受控外国企业对利润分配活动进行税务安排的合法性与非法性是不确定的，税务机关具有比较大的税收裁量权，如果纳税人不能证明对境外公司没有构成实质控制及合理经营需要，那么就可能会面临境外所得当年全部纳税的风险。

一方面，由于我国对受控外国公司的立法过于简单，关于"可归属所得"的界定比较模糊，缺乏具体的标准和管理要求，难免会导致纳税人与税务机关不同的理解，从而引发涉税风险。其具体表现在：第一，规则适用于哪些国家，我国税法目前还没有列出避税地的"黑名单"，而是以公司是否设在实际税负明显低于我国企业所得税率50%的地区为标准，"实际税负"的计算方法；第二，哪些所得应归属于母公司所得，"主要取得积极经营活动所得"中"主要"的比例；第三，判定"合理经营需要"的客观方法。另一方面，在确定"控制"的标准时，由于需要考虑的情形较多，不仅要考虑股份控股情形，还要考虑资金经营、购销等方面的实质控制；不仅需考虑直接控股情形，还应考虑间接控股情形，所以企业面临的"控制"判断风险较大。

（二）国内纳税申报和对外投资情况报送的风险

我国居民企业和居民个人在国内负有全球纳税义务。纳税人如果不依法及时申报来源于受控外国企业的所得，将面临被税务机关查处的风险。我国与100多个国家和地区签订了税收协定或情报交换协定，可依协定规定从缔约方处获取受控外国企业的经营情况。受到税收征管部门关注的受控外国企业规避纳税义务的做法是：企业在境外投资已有相当规模和时间，但鲜有境外经营所得申报和相关利润分配；还有企业在避税地设立公司，从事非积极经营活动（如投资、融资等），对避税地企业的利润不向境内股东分配或很少分配。例如：境内 A 公司在某避税港设立子公司 B 从事投资业务，B 公司所得主要来自下属子公司分配的股息，其形成利润后长期堆积于境外，不做利润分配。经进一步调查，企业利润不分配并无合理的理由，B 公司利润中归属于境内 A 公司的部分，应视同股息分配计入 A 公司的当期收入。

《企业所得税法》规定了对外投资情况的报送义务，不遵守将面临处罚。企业的境外投资属于国际税收事项，应归国际税收部门管理，但对境内企业到境外投资的境外所得征收企业所得税又隶属于所得税部门管理，多头管理权责不清，一方面导致政策解释、执行不一致，另一方面也会导致部门之间推诿扯皮，不利于"走出去"企业工作的开展。例如，海南省地税对海南 A 公司境外未分配利润征税案，[①]经审阅该公司报送的各年度企业所得税纳税申报表发现，企业未曾申报境外投资部分的企业所得税。经查阅该公司报送的财务报表，查询其资产负债表、利润表得知，企业未曾分配境外投资利润所得。税务机关要求该公司财务人员提供反映境外投资情况及经营状况的相关资料，确认该公司境外有投资业务，并且部分地区可享受免征企业所得税的税收优惠。经查，A 公司的注册地虽然在海南，但其实质控制机构及财务核算均在上海总部。本着不给企业增添负担和高效处理的原则，在前期工作的基础上，海南省地税局向企业发出税务事项通知书，约谈企业高层，听取企业关于该境外利润未分配事宜的说明，提示企业重视纳税遵从的边际成本，引导企业提高依法纳税的意识。通过约谈，海南 A 公司高层明白了其中的道理，理解了税收政策，同意按税务机关的要求，将境外子公司及其下属子公司对境外未分配利润进行分配，并按规定如期申报缴纳企业所得税。通过多次耐心的沟通与协调，A 公司对税法规定的认知度不断加深，该公司董事会最终同意将其境外子公司利润约 4 亿元人民币分红并分批转回，剩余留存的未分配利润将用于维持境外子公司及下属境外公司营运的日常资金需求，以及新增船舶投资等项目。为将税款及时入库，税务机关指派专人跟踪辅导，开设绿色通道，指导纳税人准确、快速地办理纳税申报。

（三）BEPS 项目背景下受控外国公司规则的强化与风险

BEPS 背景下，受控外国公司的税收管理越来越受到税务机关的重视，受控外国公司的规则也变得越来越精细、科学。尤其是随着新个税法和 CRS 的组合出击，受控外国公司境外逃避税行为面临越来越高的风险。

---

① 李昕玮、吴云维：《海南地税严查跨境投资长期不分配利润》，载《中国税务报》2015 年 1 月 30 日。

BEPS 项目第三项行动成果对受控外国公司规则的强化主要体现为：扩大受控外国公司规则的适用范围，该报告建议"广泛地定义满足条件的实体，例如某些透明实体和常设机构"，同时建议"应至少采用法律控制和经济控制两种方式"，以确定母公司是否对其存在控制；提高关于受控外国公司的豁免和门槛要求，该报告建议各国采用税率豁免，即对居民国税率与母公司居民国税率无明显差异的受控外国公司进行豁免，而现有三种豁免情形，即非低税率国家（地区）名单豁免、主要取得积极经营活动所得豁免及最低额豁免；明确受控外国公司所得归属，该报告列举了类别分析、实质分析、超额利润分析，以及按交易和按企业分析的方法来确定受控外国公司所得归属；推荐使用母公司所在居民国的受控外国公司规则计算受控外国公司所得，并建议各国在法律允许范围内，制定专门规则限制受控外国公司亏损的抵消，保证受控外国公司的亏损只能用于抵消同一家受控外国公司的所得或在同一个国家的其他受控外国公司的所得；关于受控外国公司所得归属要分五步进行[①]，并对每一步都提出了相应的内容更具体的操作建议。可以预见，随着 BEPS 各项成果的出台，以及在中国从资本输入国转变为资本输出国这一大背景下，中国税务机关开始重视受控外国公司规则这一有力的反避税工具，无论在法规层面还是实践层面，都会开始加大对受控外国公司的管理力度。

三、受控外国企业税收风险防控

（一）谨慎控制受控外国企业的有关要素构成

确定股份控制时，应注意中国居民股东，包括企业和个人，在纳税年度任何一天的持股比例达到规定标准即可；每个股东持股比例与合计持股比例的标准要求和具体计算方法。在缺乏具体判断标准的情况下，受控外国企业对利润分配活动的税务安排的合法性与非法性是不确定的，税务机关具有比较大的税收

---

① 确定所得应归属的纳税人；②确定归属所得的金额；③确定受控外国公司所得何时计入纳税人的所得税申报表；④确定受控外国公司所得的税收待遇；⑤确定受控外国公司所得适用的税率。

裁量权。此时，一方面，纳税人要积极承担举证责任，证明受控外国公司留存收益的合理性；另一方面，要加强与税务机关的沟通，将涉税安排向税务机关备案，争取与税务机关达成一致。

（二）充分利用有关豁免规则

税法规定了"安全港"，即能以资料证明其控制的外国企业符合以下条件之一的，即可免于视同股息分配：设立在国家税务总局指定的非低税率国家（地区），包括美国、英国、法国、德国、日本、意大利、加拿大、澳大利亚、印度、南非、新西兰、挪威；主要取得积极经营活动所得；年度利润总额低于500万元人民币。例如苹果公司正是通过"打勾规则"，变消极所得为积极所得，从而得将大部分利润置留海外避税。

（三）依法认真履行申报和纳税义务

依法认真履行申报和纳税义务，在年度企业所得税申报时真实填报对外投资情况表，及时将视同受控外国企业股息所得计入年度应纳税所得额申报纳税。

居民企业应当就其来源于中国境内、境外的所得缴纳企业所得税，在年度企业所得税申报时，应就来源于境外的营业利润、股息、红利、特许权使用费、财产转让等所得缴纳的境外所得税进行申报抵免；持有外国（地区）企业股份的中国居民企业，应主动申报《对外投资情况表》，进行境外税收抵免或免于征税的说明，避免被税务机关事后调查调整。

据此，中国居民企业在实际税负明显偏低的国家或地区设立企业（子公司），如果子公司没有向其分配利润，且子公司不做利润分配也没有正当理由，那么中国居民企业必须就其应从子公司按股权比重分到的利润向中国税务机关申报纳税。

（四）加强税务风险管理和与税务机关的沟通

随着BEPS项目成果的落实推进与国际反避税合作的加强，无论是在国际层面还是国内层面，对受控外国公司的管理将越来越完善，中国"走出去"企业一定要充分认知和全面理解税务风险管理的重要性，不要有"钻漏洞"的投机想法。对于中国的"走出去"企业而言，除了从自身做起，认清形势、了解政策之外，也应该加强与税务机关的沟通，因为对企业而言，税务机关既是管理者，也是服务者。

【案例分析】

案例一：受控外国企业税务调查案 ①

（一）基本案情

检查人员发现，A 投资公司在香港投资的子公司账上留有大额未分配利润，母公司却从未"分一杯羹"。这笔大额利润是否为正常经营所得？为何长期滞留账上？ A 投资公司是否存在避税行为？检查人员通过调查，找到了答案。江苏省苏州工业园区地税局，以企业提交的对外投资受控企业信息报告的疑点数据为线索，跟踪调查，查实 A 创业投资公司在香港的子公司有大额可分配利润未按规定申报缴纳税款，存在避税嫌疑。该局依法对 A 投资公司的境外投资收益进行纳税调整，对企业作出补缴投资收益企业所得税款 778.8 万元的处理决定。

疑点：对外投资有利润却不分配

苏州工业园区地税局检查人员在梳理企业报送的对外投资受控企业信息报告时发现，A 投资公司于 2006 年 9 月在香港投资成立全资子公司 B 公司，但该公司一直未实现盈利。自 2014 年起，B 公司开始扭亏为盈，并在 2015 年年底实现净利润 3115.6 万元，但该企业并未进行利润分配，这一情况引起了检查人员的注意。

根据《企业所得税法》的相关规定，企业将股权投资等行为产生的大额消极收入，堆积在我国内地之外的低税率地区的被投资企业，并出于非合理经营需

---

① 余菁、程平、缪瑾：《境外有利润为何迟迟不"回归"？税务机关该咋办？》，载《中国税务报》2017 年 6 月 30 日。

要对利润不做分配，达到认定条件的，应分配未分配的利润应计入居民企业的当期收入依法纳税。

综合 A 投资公司与其香港子公司的情况和报告中的数据，检查人员判断 A 投资公司涉嫌通过在低税率地区（香港）设立受控企业的方式，将大额利润留存在受控企业，以达到整体避税的目的。为此，苏州工业园区地税局成立专项工作小组，对 A 投资公司对外投资情况及账务处理实施调查。

核查：境外利润该不该纳税

检查开始阶段，A 投资公司对税务机关的调查活动并不配合。财务人员以无法获得香港 B 公司方面的财务数据，并且未完成审计报告为由，迟迟不提供 B 公司的财务资料及数据。

为尽快了解 B 公司实际经营状况，打开调查局面，检查人员启动了外部调查程序，从税务机关与招商局共同搭建的数据共享平台中，调取了 A 投资公司向招商局报送的对外投资备案数据。检查人员发现，B 公司在招商局登记注册时的主营业务是企业管理咨询，但其备案信息显示，2014 年和 2015 年取得的大部分收入却来源于投资收益和股权转让，该笔收入与主营业务并无关联。

获得 B 企业的相关信息后，检查人员立即约谈了 A 投资公司的负责人和财务总监，向企业表示，配合税务机关的税收检查，是纳税人应尽的义务和责任，如果拒不配合调查，并具有偷逃税款的行为，企业和相关人员将负法律责任。同时，检查人员向企业人员出示了外部调查获得的相关数据，指出 B 公司存在收益与主营业务无关等问题，A 投资公司必须积极配合税务机关的调查。A 投资公司权衡利弊后，最终向检查小组提供了香港 B 公司的历年财务报表、审计报告以及利润构成等会计资料。

检查人员分析企业提供的相关会计资料发现，2013 年 B 公司的可分配利润为 −1941 万元，2014 年的可分配利润为 618.05 万元，2015 年的可分配利润累积上年收入增加至 3115.6 万元。但 B 公司自成立以来从未向其母公司 A 投资公司分配过利润。

检查人员调查了解到，B 公司的设立地区为我国香港，根据香港税制，企业应就产生或来自香港的利润缴纳 16.5% 的利得税，但 B 公司取得的投资收益均为来源于香港之外的股权转让所得，因此，企业无须在香港缴纳利得税。检查人员认为，B 公司符合我国税法规定的情况，即企业为设立于低税负地区的受控对外投资企业，并且其利润不做分配是出于非合理经营原因。因此，B 公司不作利润分配的行为避税嫌疑较大，B 公司不做分配的利润应视同股息分配额，计入 A 投资公司的年度所得额，进行纳税调增，补缴企业所得税。

约谈：利润"回归"企业补税

A 投资公司得知消息后，向税务机关表示异议，并成立了由财务总监、律师和注册会计师组成的工作团队，与案件调查工作小组进行了约谈。

在双方第一轮约谈中，检查人员结合调查所获得的相关证据，向 A 投资公司指出，根据我国《企业所得税法》第 45 条规定，需接受反避税调查的受控企业，是指居民企业或居民企业和居民个人（统称中国居民股东）控制的、设立在实际税负低于 12.5% 的国家（地区），且非出于合理经营需要而对利润不作分配或减少分配的企业。所以 B 公司满足上述受控企业条件，应将其不做分配的利润视同股息分配额，计入 A 投资公司的年度所得，由 A 投资公司补缴企业所得税。

对此，A 投资公司提出异议。企业认为，香港 B 公司未进行利润分配是为了企业的长远经营发展，属于合理经营需要，不应作纳税调整。检查人员依据调查证据，对企业说法进行了反驳：其一，香港 B 公司并未在当地缴税，实际税负为零；其二，B 企业历年形成的未分配利润仅做挂账处理，既没有用于拓展业务也没有用于再投资，因此 A 投资公司的说法站不住脚。面对检查人员列举的事实证据，A 投资公司最终认可了检查人员关于 B 公司不作利润分配并非出于合理经营需要的认定意见。

但是，A 投资公司随后对其设立在香港的子公司 B 公司，是否为法规中所称"受控企业"提出了质疑。企业认为，根据《特别纳税调整实施办法（实行）》

第84条规定,符合以下条件的对外投资企业可不被判定为受控企业:1.设立在指定的非低税率国家;2.主要取得积极经营活动所得;3.年度利润总额低于500万元人民币。A企业认为B公司的收入完全来源于积极投资产生的所得,应为积极经营活动所得,故B公司不符合税法中所称的受控企业范畴。

对此,检查人员表示,我国税务机关明确的非低税率国家为美国、英国、法国、德国、意大利、加拿大和澳大利亚等。B公司设立的中国香港,不属于非低税率地区。同时,核查B公司财务报表的结果显示,企业的经营收入来源于股息红利和股权转让,并且2015年的经营收入主要为股息红利所得。按国际税收协定和国际税收管理惯例,股息、利息、特许权使用费和资本利得等均为国际公认的、非真实营业活动形成的消极所得。无论是从收入性质还是从额度来看,B公司均符合法规规定的受控企业判定标准。

面对检查人员提供的企业经营的翔实数据,以及充分的法律依据,A投资公司最终认可了检查人员的处理意见,同意调增A投资公司年度应纳税所得额3115.6万元,补缴企业所得税778.8万多元。

(二)案件分析

本案是一起比较典型的母公司通过受控对外投资企业滞留利润避税案件。受控对外投资企业税收管理之所以被税务机关列为反避税的重要管理领域,其就是为了防止我国居民企业通过在低税率国家(地区)设立受控企业,将大额利润滞留境外,以达到逃避纳税的目的。

目前,我国税务机关对于受控对外投资企业的反避税监管力度尚有不足,主要原因有两个:其一,无法准确掌握受控企业的基本情况和盈利情况。企业的对外投资信息,商务部门掌握了一些备案数据,税务机关可以通过部门信息交换获取这些数据,但关于企业在境外其他地区投资的企业的实际经营情况,税务机关的获取能力尚有限,税企之间存在信息不对称情况。其二,企业是否存在避税行为判断的难度较大。不少对外投资企业经营情况复杂、收入项目多样,企业收入判定的难度较大。由于在现行税法中对"合理经营需要"和"消极所得"这两个判断要件，缺乏具体明确的判断标准，在实际征管过程中，税务人员对企业行为进行判定时，常会引发税企争议。本案中涉案企业与税务机关争议的焦点也在于此。本案的查办，为税务机关加强此类企业税收管理和调查提供了可借鉴的经验和样本。

为加强受控对外投资企业的税收管理，防止税收流失，税务机关应在目前的基础上进一步增强对外投资企业的涉税信息获取能力，除与商务、外汇管理等部门加强协作，建立完善涉税数据和经营信息交换机制外，还应通过国际税务管理合作，与投资企业所在国家和地区建立跨境投资信息交换机制，以有效获取受控对外投资企业的经营数据，为强化税收征管提供抓手。

此外，税务机关应在参考国际惯例的基础上，对法规中判断企业是否存在避税行为的"合理经营需要"和"消极所得"两个要件，增加便于操作执行的判断指标和标准，以便税务人员加强管理，减少税企争议的发生。

案例二：首例居民个人境外间接股权转让案 [①]

（一）基本案情

2009-2010年，南京市某境外上市公司的14名大股东通过其注册在英属维尔京群岛（BVI）的离岸公司——FA公司，两次减持其境外上市主体Y公司6500万股和5700万股股份，累计实现转让收入逾18亿港元。Y公司是采用红筹模式上市的境外注册公司。

"FA公司是否向管理层股东进行分配？如果分配，分配了多少？"经过查找，税务机关在证券公司公布的Y公司境内子公司两期短期融资券募集说明书中发现重了要信息：2010年年末FA公司资产已不足2000万元，公告还披露"FA公司为投资公司，收益主要来源于投资收益，因此营业收入为零"。如该公告披露，该公司为特殊目的公司，除持股外一般不进行其他经营，故可以推理得出：净资产的减少是基于对股东的分配。调查组同时调取了近几年这14个股

---

① 钱家俊、林大蓼：《全国首例居民个人境外间接股权转让案》，载《国际税收》2015年第2期。

东的个人所得税申报和纳税情况，没有包括这部分收入的个人所得税，于是锁定了涉税风险点。

税务机关围绕"FA公司减持的钱去哪里了"这一关键疑点信息，同企业的相关人员进行约谈。企业相关人员承认有通过境外FA公司减持的事实，但解释称：FA公司为管理层私人公司，不在上市公司信息披露的范围之列，上述披露是财务人员误填所致。税务机关认为企业的陈述可能并不真实，上市公司信息披露需经企业内部层层审核，以上市公司严格的内控体系发生错误的概率不高。另一名企业主管人员约谈时称：这两次减持所得款项皆留存在FA公司账上，未对股东做分配，并且在2012年，已用留存在公司账上的这笔减持所得资金直接增持。对此，调查组提出能否提供FA公司资金流以证明其说法，企业表示无法提供，案情一度陷入困境。

为了厘清事实真相，围绕境外上市公司的股权结构与变化，税务机关对企业的相关财务资料进行实地核查，从中发现了2009年、2010年FA公司减持收益分回的内部报表，表中显示：2009年有7人、2010年有10人的减持收益部分已汇回国内，并且当时根据外管局的要求，只有提供完税凭证，方能取得这部分境外汇入款项。因此，已汇回的这部分收益已经按规定缴纳了个人所得税。这证明FA公司已经对股东做了分配，但有部分减持收益没有汇回国内，而是留在了股东境外账户上——调查有了突破性进展。

经过多轮的交涉，在证据与事实面前，纳税人承认了FA公司减持收益分配的事实，愿意依法就境外减持收益申报纳税。经计算，应纳税额为32110万元，扣除汇回境内部分已缴税7350万元，应补缴税款为24760万元。

南京市地方税务局采取了对居民自然人的管辖权原则，虽然FA公司与Y公司是非居民间转让，但FA公司的管理层股东为中国居民纳税人，如果FA公司就减持收益向其分配，中国税务机关应行使税收管辖权。

（二）案件分析

该案例中，14名境外上市公司的股东都是中国税收居民，所以南京市税务

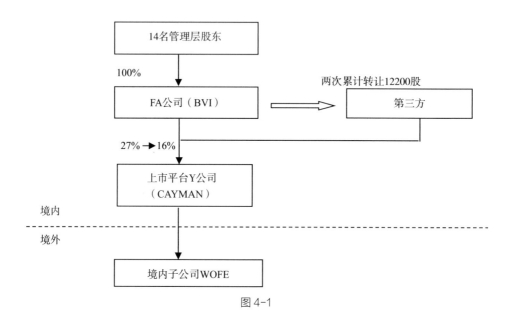

图 4-1

局对本案行使属人管辖权。该 14 名股东通过境外设立的 FA 公司持有境外上市公司,通过减持上市公司的股票,该 FA 公司获得了大量的收益,但是如果这些收益没有向该 14 名股东进行分配,那么该 14 名股东也没有取得应纳税的收益。这是一种被用来规避税收征管的常用方法。

我国的企业所得税法中对受控外国企业有着明确的规定,但是在以前的个人所得税法中没有相应的反避税规则。新《个人所得税法》中的反避税条款第一次为查处个人利用受控外国企业进行避税的行为提供了明确的法律依据。

上述案例中,南京市税务局最后作出征税决定的依据其实是通过各种资料,推论出该 FA 公司实际上已经对 14 名股东进行了分配,因此,对已经进行的分红进行征税。但是如果 14 名股东是企业,在企业所得税法中有受控外国企业规则的情况下,不需要得出 FA 公司实际上已经对 14 名股东进行了分配的结论,只需要证明 FA 公司产生了可供分配的利润,在该公司不能证明其不对利润进行分配有合理经营目的的情况下,就可以直接对企业股东视同已经分配了利润,进行征税。

在新个税法下,有了针对居民个人的反避税条款,如果出现类似案件,税务局只需要证明 FA 公司通过减持获得了收益,就可以向该 14 名个人股东进行征税,除非该 14 名股东能证明其对利润不做分配具有合理的经营目的。

新个税法和 CRS 组合出击,境外逃避税行为面临越来越高的风险。该案件虽反映了我国税收机关对境外发生的相关应税行为信息难以获知、难以取证的状况,但是在 CRS 信息交换已经正式开始的大背景下,在发生上述类似案件时,以上 14 名股东收到分配收益的当期期末,该信息就会被交换回国内税务机关,因此,以上案件如果再次发生,税务机关就能直接省略掉繁杂的调查程序。

我国新个税法的修订,为打击大量利用实际控制的境外公司截留利润逃避税行为提供了法律依据,而 CRS 下,境外被控制的企业如果不是积极的非金融企业,其实际控制人的信息均会被交换回其税收居民所在国,同时还有账户收入等相关信息。反避税越来越便捷有力。因此,企业相关的交易架构需要提前进行合理规划,以避免相关涉税风险。

第三节 境外注册中资控股居民企业的税收风险

在境外低税率地区成立特殊目的公司(又称 SPV),是我国企业在"走出去"的过程中为进行跨境投资、海外交易和海外上市而采取的一种特殊的投资架构安排。境外 SPV 不仅受到受控外国企业反避税规则的挑战,也会面临境外中资控股居民企业认定的问题。由于居民企业的认定可以给企业带来诸多税收方面的好处,所以境外中资控股居民企业的认定也成为税收筹划的重要内容,有关实务与风险需要特别注意。

一、境外注册中资控股居民企业的税收管理

依据《企业所得税法》对居民企业同时适用注册地和实际管理机构标准的规定,由中国内地企业或者企业集团作为主要控股投资者,在中国内地以外国

家或地区（含中国香港、澳门、台湾地区）注册成立的企业（境外注册中资控股企业），因实际管理机构在中国境内而被认定为中国居民企业，称为境外注册中资控股企业。为了协调我国与其他国家（地区）间的税收分配关系，解决重复征税问题，维护我国的税收利益，国家税务总局先后下发了有关公告，最新的是2014年《国家税务总局关于依据实际管理机构标准实施居民企业认定有关问题的公告》（简称"9号公告"），旨在解决我国在境外注册中资控股居民企业所得税的相关问题。

（一）境外注册中资控股企业的税务意义

在"走出去"企业跨境投资平台的构建过程中，境外中资控股居民企业认定对中资企业通常采取的"中外中"架构模式具有特别的税收意义。"中外中"架构模式表现为，通过国内公司将资产装入境外控股公司，形成国内集团公司控制境外控股公司，境外控股公司最终控制国内一系列子公司，被国内集团公司装入境外控股公司的这一系列国内子公司，正是整个架构体系中最主要的利润来源。这就是通常的境外特殊目的公司架构，尤其普遍适用于红筹海外上市，为企业带来了融资和走向国际化等诸多优势。然而，这种架构在税收上却存在比较严重的不利。因为利润主要来源于一系列的境内公司，并由这些公司在国内缴纳企业所得税，而当这些利润从底层公司分到控股公司，然后再分配给国内集团公司时还需要缴纳一次中国的企业所得税，我国的税收抵免制度又不允许境内抵免税收，所以会出现对来源于中国的利润在中国缴纳两次企业所得税的状况。境外中资控股居民企业的认定则可以有效解决这种重复征税问题。

由于中间控股公司被认定为中资控股企业，利润的分配就是在居民企业间的分配，根据我国税法，居民企业间取得的投资收益免征企业所得税，所以境外中资企业的居民企业身份认定可以有效地解决"中外中"架构模式下的企业所得税重复征税问题，从而获得事实上的"税收优惠"。在2014年9号公告发布之前，境外中资控股居民企业在被认定后还可以享受另外的优惠。

（二）境外注册中资企业的居民企业的认定和取消

1.境外中资控股居民企业的认定

（1）认定标准

依据实际管理机构标准，遵循实质重于形式的原则，境外中资企业同时符合以下条件的，应判定其为实际管理机构在中国境内的居民企业。境外中资企业应当是由中国内地企业或企业集团作为主要控股投资者。

①企业负责实施日常生产经营管理运作的高层管理人员及其高层管理部门履行职责的场所主要位于中国境内；

②企业的财务决策（如借款、放款、融资、财务风险管理等）和人事决策（如任命、解聘和薪酬等）由位于中国境内的机构或人员决定，或需要得到位于中国境内的机构或人员批准；

③企业的主要财产、会计账簿、公司印章、董事会和股东会议纪要档案等位于或存放于中国境内；

④企业1/2（含1/2）以上有投票权的董事或高层管理人员经常居于中国境内。

（2）认定方式

境外中资企业居民身份的认定，分为两种情况：一是企业为了解决股息重复征税等问题而主动提出申请；二是税务机关为了避免税收流失对未提出申请的企业主动实施判定。企业主动提出申请的情形更加普遍，境外中资企业应当根据生产经营和管理的实际情况，自行判定实际管理机构是否设立在中国境内，并向其中国境内主要投资者登记注册地的主管税务机关书面提出居民身份认定申请。采取税务机关调查予以认定的，其中国境内主要投资者登记注册地的主管税务机关发现境外中资企业符合境外中资控股居民企业规定但未申请成为中国居民企业的，可以在对该境外中资企业的实际管理机构所在地情况进行调查后认定。

根据最新规定，境外中资控股居民企业的认定，只能由其中国境内主要投资者登记注册地的主管税务机关做出初步判定，层报省级税务机关确认，经省级税务机关确认后抄送其境内其他投资地的相关省级税务机关。税务机关做出认定后，应向被认定的境外中资控股企业发放《境外注册中资控股企业居民身份认定书》，通知其从企业居民身份确认年度开始按照我国居民企业所得税管理规定及相关规定办理有关税收事项。

2. 境外中资控股居民企业身份的取消

境外中资控股居民企业身份的取消有两种方式：一是企业主动报告取消，二是税务机关在年度汇算清缴后判断取消。非境内注册的中资控股居民企业发生企业实际管理机构所在地变更为中国境外的，或中方控股投资者转让企业股权，导致中资控股地位发生变化的，应当自变化之日起15日内报告主管税务机关，主管税务机关应当层报省级税务机关确定是否取消其居民身份。

（三）境外中资控股居民企业的税务处理

境外中资控股企业在被认定为中国境内居民企业后，即属于《企业所得税法》中的居民企业，应该向中国税务机关按季（月）申报预缴企业所得税，年度汇算清缴。然而，其因是注册在境外的企业，在税收上会出现和其他境内居民企业不同的税务处理。

境外中资控股居民企业从中国境内其他居民企业取得的股息、红利等权益性投资收益，按照《企业所得税法》及其实施条例的规定，可作为其免税收入。非境内注册居民企业的投资者从该居民企业分得的股息、红利等权益性投资收益，根据《企业所得税法实施条例》的规定，属于来源于中国境内的所得，应当征收企业所得税；该权益性投资收益中符合《企业所得税法》及其实施条例规定的部分，可作为收益人的免税收入。非境内注册居民企业在中国境内投资设立的企业，其外商投资企业的税收法律地位不变。

关于境外中资控股居民企业所得税以外税种的特别考虑。需要注意的是，在境外中资控股居民企业认定中，境外企业仅在《企业所得税法》上是我国的居民纳税人，需要按照《企业所得税法》的规定在中国按季（月）申报缴纳企业所得税并代扣代缴相关税收。但是，这并不能改变境外居民企业在境外正常申报其他税收的纳税义务。换言之，一家境外中资控股企业在被认定为居民企业后，其企业所得税由中国主管税务机关管理，但还涉及境外税务机关对其他税收的管理。例如，注册地所在国（地区）有类似中国的流转税法体系，按该国（地区）规定，该企业是该国（地区）的增值税纳税人，则该企业在境外还要按期向境外税务机关申报增值税。

境外中资控股企业中的非居民企业所得税问题。在境外注册的中资控股居民企业被认定为中国居民企业前，该境外企业向其他境外企业支付股息、利息、租金、特许权使用费、转让财产收入及其他收入时不需要代扣代缴中国的企业所得税。然而，在被认定为中国居民企业后，其向非居民企业支付股息、利息、租金、特许权使用费、转让财产收入及其他收入，需要按照《企业所得税法》的相关规定扣缴企业所得税。对于境外非居民企业为境外中资控股的居民企业提供劳务的，如果劳务发生地在中国境内，该境外非居民企业在中国同样具有纳税义务。如果该境外非居民企业所在国家（地区）与中国签署了税收协定，按照税收协定处理，即不构成常设机构的不纳税，构成常设机构的在中国缴纳企业所得税。

境外中资控股居民企业取得来源于境内的所得的对外支付处理。非境内注册居民企业取得来源于中国境内的股息、红利等权益性投资收益和利息、租金、特许权使用费所得、转让财产所得及其他所得，应当向相关支付方出具本企业的《境外注册中资控股企业居民身份认定书》复印件，相关支付方凭上述复印件不予履行该所得的税款扣缴义务，并在对外支付上述外汇资金时凭该复印件向主管税务机关申请开具相关的税务证明。其中涉及个人所得税、营业税等其他税种纳税事项的，仍按对外支付税务证明开具的有关规定办理。非居民企业转让非境内注册居民企业股权所得，属于来源于中国境内所得，被转让的非境内注册居民企业应当自股权转让协议签订之日起30日内，向其主管税务机关报告并提供股权转让合同及相关资料。

二、境外注册中资控股居民企业的税收风险

(一)居民身份认定标准的判断风险

在非境内注册居民企业居民身份认定标准的判断方面,我们依据税法有关规则,需要考量多方面因素,实务中往往存在各种不确定因素,从而影响有关判定的做出。

主要控股投资者的不确定性,中国企业或企业集团作为主要控股投资者,在一些特殊的情况下没有明确的量化标准,导致对主要控股投资者的判定并不是件容易的事情。比如,没有境内主要控股投资者的判定标准,有的依照持股比例来判断,而在表决权和持股比例不匹配的情况下,有时还会依据表决权来判断。在有些情况下,一些拥有股权比例并不高的股东却能够对企业实施实质性的控制,这类控制往往是通过资金、经营、购销方面的控制来形成对企业事实上的管理和控制,那么这类控制是否属于境外中资控股居民企业认定中的境内主要投资控股者的标准?目前相关的税收规则并没有给出明确的答案。对企业集团控制的概念和判断标准也不明确。

由于境内主要控股投资者的标准和企业集团控制标准的不明确性,相应也带来了境外中资控股居民企业认定的主管税务机关的不确定性,从而影响认定的做出。而且,考虑到上市公司股权变动的频繁性,以及在境外中资控股居民企业认定之后主要投资者所在地会发生变动,主要控股投资者的判定更加复杂化,将导致主管税务机关更具不确定性。

在境外中资控股居民企业的认定条件中,存在太多没有量化的不确定性因素,给税企双方的合理性判断带来了操作上的诸多困惑,不利于税企双方的判断以及跨境投资者的事前预测。如在我国首例受控外国企业判定案例中,企业可能认为自己符合境外中资控股居民企业认定的条件,因而向税务机关提出了居民企业认定的申请,但税务机关并没有同意企业的请求。导致境外中资控股居民企业认定不确定性的因素具体包括:高层管理人员和高层管理部门范围的

不明确性，企业的实际情况各异，在不同的企业里高层管理人员和高层管理部门是不一致的；在庞大的跨国企业运作中，高层管理人员履行职责的场所也不可能仅局限在中国；主要财产存放于中国境内的概念模糊，难以做出判定。

（二）境外注册中资控股居民企业认定面临的税务管理风险

在认定方式、登记、账簿及申报征收方面，有相应的较为严格的税务管理要求，这也给境外注册中资控股居民企业认定带来了合规性税收风险。

对于境外中资企业居民身份的认定和变化、取消都受到税务主管机关的监管，无论是采取自行申请还是由主管税务机关调查发现的方式，都需要符合相应的程序规范。境外中资控股居民企业的主管税务机关应当在其企业年度申报和汇算清缴结束后60日内，判定其构成居民身份的条件是否发生实质性变化。对实际管理机构转移至境外或者企业中资控股地位发生变化的，主管税务机关应层报省级税务机关终止其居民身份。对于境外中资企业频繁转换企业身份，又无正当理由的，主管税务机关应层报省级税务机关核准后追回其已按居民企业身份享受的股息免税待遇。

非境内注册居民企业认定或取消后，需要在30日内办理税务登记扣缴税款登记，15日内注销，并按该公告规定提供相关资料，否则就将产生不利后果。

在账簿凭证和发票的管理方面，强调非境内注册居民企业存放在中国境内的会计账簿和境内税务机关要求提供的报表等资料，应当使用中文；对于非境内注册居民企业与境内单位或者个人发生交易的，应当按照发票管理办法的规定使用发票，发票存根应当保存在中国境内，以备税务机关查验。

非境内注册居民企业申报征收管理方面，要求非境内注册居民企业应当以人民币计算缴纳企业所得税，并根据其特点实行年审的管理办法，时间为汇算清缴结束后60日内。对于非境内注册居民企业向非居民企业支付股息、利息、租金、特许权使用费、转让财产收入及其他收入依法扣缴企业所得税的情况，税务机关按季核查，发现该企业未依法履行相关扣缴义务的，应按照《税收征收管理法》及其实施细则和《企业所得税法》及其实施条例等有关规定对其进行

167

处罚，并向非居民企业追缴税款。为了解决关联交易的不正当避税行为，对非境内注册居民企业的税收管理适用《特别纳税调整实施办法（试行）》的相关规定，要求履行关联申报及同期资料准备等义务，并需依据与相关国家的税收协定安排，按照有关规定办理享受税收协定优惠待遇手续方能享受税收优惠。

（三）境外中资控股居民企业居民身份获得境外认可的风险

由于各国对居民企业认定的标准不一致，因此会出现一个企业同时被两个甚至多个国家认定为居民企业的情况。在法人居民身份的确认上，各国采取的标准主要有注册地标准、中心管理和控制所在地标准、公司所在地标准、实际管理机构所在地标准、主要机构或总机构所在地标准等。在我国，实际管理机构所在地标准并不是《企业所得税法》中的实际管理机构标准，而中心管理和控制所在地标准更接近于《企业所得税法》中的实际管理机构标准。在国际上，对中心管理和控制所在地标准一般采取董事会和股东大会召开地、账簿保存地、股利宣告分配地等来判断，这接近于境外中资控股居民企业认定规则中对居民企业的判别标准。为了解决这一问题，税收协定通常会在居民身份判定的条款中规定，同时为缔约国双方居民的，其居民身份应通过协商确定，或是直接规定应认定为仅是其实际管理机构所在缔约国一方的居民。由此，实践中，非境内注册居民企业也难免会被境外税务当局认定为所在国家（地区）的税收居民，或拒绝给予非境内注册居民企业税收协定待遇，此时能否按有关规定书面申请启动税务相互协商程序予以有效解决，也是境外中资控股居民企业运作中的税收风险。

（四）居民身份认定中的非居民税收风险

虽然境外中资控股企业通过居民身份认定可以享受税收优惠，但也必须关注该境外企业认定为居民企业带来的非居民税收问题。这类中资控股企业一般设在避税地或低税率国家或地区，这些地方通常具有向中国境外股东分配股息不征收预提所得税、向境外居民支付利息和特许权使用不征收预提所得税、境外股东转让股权所得不征收企业所得税的特点，然而，一旦该境外中资控股企业被认定为居民企业，原来获得股息的境外股东、取得利息和特许权使用费的境外税收居民、转让该境外企业股权的股东都构成了《企业所得税法》下的非居民纳税人，需要就其来源于该境外中资控股居民企业的所得缴纳企业所得税（如所在国与我国签署了税收协定，符合条件的也可以享受税收协定待遇）。

同时，境外中资控股居民企业认定并不能改变境外居民企业在境外正常申报其他税收的纳税义务。另外需要注意，如果境外中资控股居民企业是上市公司，境内企业连续持有境外中资控股居民企业公开发行并上市流通的股票不足12个月取得的股息应当缴纳企业所得税。

（五）与受控外国企业的竞合风险

基于"走出去"企业的境外中资控股企业架构的特征，在税务实践中，境外中资控股居民企业容易与受控外国企业发生竞合。从调查情况看，不少受控外国企业与母公司关系密切，规模不大，只有几个员工，高管都在母公司，账簿也往往存放在母公司，经初步判断，基本符合受控外国企业和境外注册中资控股的标准，因此存在双重征管的风险。

三、境外注册中资控股居民企业税收风险的防控

境外中资控股居民企业身份的抉择与判定是许多跨国企业税收筹划的重要内容，针对以上主要税收风险问题应当注意做好对应的防控。

（一）对境外注册中资控股企业的居民身份认定的税收影响做综合评估分析

在境外中资控股居民企业的认定中，不能仅仅关注居民企业认定中的优惠问题，也要关注该境外企业认定为居民企业带来的非居民税收问题。由于这类中资控股企业基于所在避税地或低税率国家或地区所享有的税收优惠条件与税负情况也可能发生改变，所以在做出对境外中资控股企业的居民身份抉择时应就税收影响做综合评估分析。如果企业主动提请税务机关认定为境内税收居民企业，在提交申请前，除了要全面地审视自身是否符合居民企业的认定条件外，还需要对被认定为中资控股居民企业后可能对企业的经营活动力产生的影响因

素进行详尽的分析，尤其需要考虑境外中资控股居民企业认定带来的"税收优惠"、非居民税收变化对公司的影响等。

（二）全面认识居民身份的判断标准并认真准备相关资料

在境外中资控股居民企业认定的申请过程中，应该结合有关实际管理机构的其他规定来全面理解和掌握居民企业身份判断的标准要求。境外中资企业或其中国主要投资者需要认真做好以下相关资料的准备和向税务机关提交的工作：（1）企业法律身份证明文件；（2）企业集团组织结构说明及生产经营概况；（3）企业最近年度的公证会计师审计报告；（4）负责企业生产经营等事项的高层管理机构履行职责的场所的地址证明；（5）企业董事及高层管理人员在中国境内的居住记录；（6）企业重大事项的董事会决议及会议记录；（7）主管税务机关要求的其他资料。

（三）加强企业在身份认定或取消、登记、账簿及申报征收各个环节的税务管理工作

企业税务管理工作应当注意全面跟进。企业应加强在身份认定或取消、登记、账簿及申报征收方面的税务管理工作，严格按照相应的程序规范申请境外中资企业居民身份的认定或取消，尤其应注意避免无正当理由的频繁转换企业身份。非境内注册居民企业认定或取消后，需要及时办理税务登记、扣缴税款登记或注销，并按该公告规定提供相关资料；做好会计账簿凭证、报表资料、与境内交易发票存根等在中国境内的存放管理备查工作。非境内注册居民企业在税收申报征收管理方面，需加强对企业在境内和境外的、居民税收和非居民税收、所得税和其他税收的全面税务管理，尤其是有关特定事项的税务申报管理工作。

（四）积极利用税收协商程序机制避免双重居民身份风险和维护税收协定待遇

当非境内注册居民企业同时被我国与其注册所在国家（地区）的税务当局确认为税收居民的，应当按照双方签订的税收协定的有关规定确定其居民身份；如经确认为我国税收居民，可适用我国与其他国家（地区）签署的税收协定，并按照有关规定办理享受税收协定优惠待遇的手续。如果境外税务当局拒绝给予非境内注册居民企业税收协定待遇，或者将其认定为所在国家（地区）的税收居民，该企业可按有关规定书面申请启动税务相互协商程序，由主管税务机关受理企业提请协商的申请后，及时将申请及有关资料呈报国家税务总局，由国家税务总局与有关国家（地区）税务当局进行协商。

（五）积极配合税务机关调查，避免受到双重税务征管

对于调查中发现受控外国企业与境外注册中资控股企业的竞合，应积极配合税务部门调查，既要避免双重征管，又要明确掌握相应的税务处理规范。按规定，主管税务机关应优先确认是否属于中国居民股东，一旦确认了，就不作受控外国企业管理。把握居民身份的认定非常重要。根据法规，境外中资企业被判定为非境内注册居民企业的，按照《企业所得税法》以及受控外国企业管理的有关规定，不视为受控外国企业，但其所控制的其他受控外国企业仍应按照有关规定进行税务处理。

【案例分析】

案例一：运用税收居民企业概念对境外间接转股征税 [①]

（一）基本案情

股权转让方 A 公司（卖方）是在开曼群岛注册的企业，转让前 A 公司持有一家在香港上市的开曼 M 公司的股权（目标公司）。而 M 公司间接持有中国境内 J 公司及其他 3 家中国公司的股权。2011 年 7 月，A 公司将其持有的 M 公司股权转让给一家美国上市企业（买方），从而引发 A 公司间接出售了境内 4 家中国公司的股权。交易完成后，M 公司退市。

[①]　孙隆英：《运用税收居民企业概念对境外间接转股征税》，载《中国税务报》2015 年 6 月 29 日。

（二）处理情况

在本案例中，我国税务机关首次运用税收居民企业的概念质疑境外间接转股的实质，税务机关也是首次主动将一家境外公司认定为税收居民企业以征收企业所得税。我国税务机关根据卖方提供的交易报告立案调查。由于 M 公司（目标公司）是一家香港上市公司，且具有一定程度的经济实质，不能依据《国家税务总局关于加强非居民企业股权转让所得企业所得税管理的通知》（国税函〔2009698〕号）和一般反避税规则来否定境外控股公司的存在，继而通过"穿透"对该笔间接转让交易重新定性。于是，税务机关通过审查 M 公司及其关联企业多年的财务报告、合同及相关资料，发现 M 公司负责日常生产经营、管理运作的高层管理人员及履职场所主要位于中国境内 J 公司的分支机构。因此判定，M 公司的实际管理机构位于中国，按照"实质重于形式"的原则，税务机关认定 M 公司是中国的税收居民企业，进而对股权转让交易征税。

案例二：中粮集团所属境外企业认定为居民企业的案例①

（一）基本案情

《国家税务总局关于中粮集团所属境外企业认定为居民企业的批复》（税总函〔2013〕183号）认定中粮集团（香港）有限公司等 164 家中粮集团境外注册中资控股企业为中国税收居民企业。

（二）案件分析

具体依据如下：

1. 境内实际管理机构所在地在北京的中粮集团（香港）有限公司等 164 家境外企业系由中粮集团有限公司分别在中国香港、萨摩亚、百慕大、英属维尔京群岛依照当地法律投资成立的境外注册中资控股公司。中粮集团有限公司为该164 家境外企业的主要投资者和实际管理机构，注册地址为北京市朝阳区朝阳门南大街 8 号中粮福临门大厦。

---

① 段从军编著：《国际税收实务与案例》，中国市场出版社 2016 年版，第 372～373 页。

2. 高层管理人员常住北京, 重大决策在境内做出, 中粮集团有限公司明确规定集团下属企业需由集团派出董事。中粮集团（香港）有限公司等164家境外企业, 除外方董事、独立董事外, 主要董事均由集团领导成员、职能部门经理人、集团经理人担任, 主要董事人数均占具有投票权董事的1/2以上。负责企业生产经营管理运作的高层管理人员, 即中粮集团有限公司经理人、前述主要董事, 均在中国北京常住。中粮集团（香港）有限公司等164家境外企业的日常生产经营管理及重大事项决策均由中粮集团有限公司负责。

3. 财务和人事决策由境内批准, 中粮集团（香港）有限公司等164家境外企业的财务决策（如借款、放款、融资、财务风险管理等）和人事决策（如任命、解聘和薪酬等）均需得到中粮集团有限公司的批准。

4. 主要财产位于大陆且会计账簿等存放于中国境内, 中粮集团（香港）有限公司等164家境外企业的财产主要为其直接或间接拥有的位于中国境内的工厂, 这些企业的资产及日常运营均在中国境内, 其会计账簿、公司印章、董事会和股东会议纪要档案等均存放于中国境内。根据《企业所得税法》《企业所得税法实施条例》以及《国家税务总局关于境外注册中资控股企业依据实际管理机构标准认定为居民企业有关问题的通知》（国税发〔2009〕82号, 简称"82号文"）的规定, 中粮集团（香港）有限公司等164家境外企业具备中国居民企业相关的规定条件, 其实际管理机构均在中国, 应判定其为中国的居民企业。

案例三：中国移动境外中资控股居民企业认定案例[①]

（一）基本案情

中国移动通信集团为了在境外上市, 搭建了极为复杂的红筹结构。在该结构中, 31个省区的移动通信公司和其他3个内地公司是收入和利润的主体, 而注册于香港的中国移动有限公司（China Mobile Limited）则是上市的主体。具体而言, 中国移动通信集团公司间接持有在港上市的中国移动有限公司

---

① 段从军编著：《国际税收实务与案例》, 中国市场出版社2016年版, 第384～387页。

74.2% 的股份，而且该公司又直接或间接持有中国内地 34 个公司的股份。其详细股权结构如图。

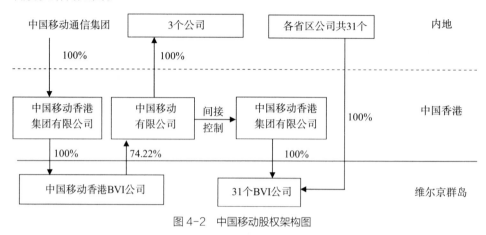

图 4-2　中国移动股权架构图

2010年，中国移动香港集团有限公司、中国移动有限公司、中国移动香港有限公司、中国移动香港 BVI 公司和其他 31 个 BVI 公司全部被认定为境外中资控股居民企业。

（二）案件分析

1. 中国移动股息分配情况

在该股权架构中，34 个内地公司是移动通信集团最主要的实体运营公司，在内地需要按 25% 的税率缴纳企业所得税，其向境外公司分配股息时分别要在中国缴纳 5% 或 10% 的预提所得税[①]。而中国香港、维尔京群岛并不对这些分回的股息征税，因此，这些股息会往上一层级逐级分配，最终分配到内地的中国移动通信集团。然而，中国的税收抵免政策并不允许抵免在中国内地缴纳的税收，因此，根据中国的税收政策，这些股息最终分配回中国内地时，需要在内地再次补缴 25% 的企业所得税。

---

　　① 由于中国和维尔京群岛没有税收协定，因此向维尔京的 BV 公司分配股息时需要按 10% 扣缴企业所得税；而根据中国香港和内地的税收安排，如果受益所有人直接拥有支付股息公司至少 25% 股份的，税率为股息总额的 5%。

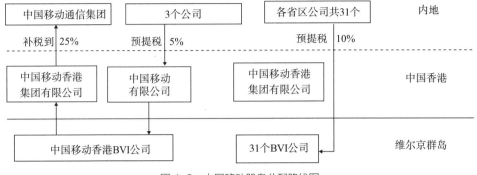

图 4-3 中国移动股息分配路线图

2. 中国移动被认定居民企业前后税负对比 [①]

（1）居民企业认定前的税负情况

为了分析中国移动股息分配中的税负情况，我们作出如下假设：内地 3 个子公司向香港公司分配的股息为 100，在分配时需要缴纳预提税 5；而其他 31 个内地公司向维尔京群岛分配的股息为 1000，在内地需要缴纳的预提所得税为 100，这样，中国移动有限公司取得股息为 995（=1100-5-100），该 995 作为股息从香港的中国移动有限公司最终分回内地的中国移动通信集团时，由于按照境内税收抵免制度的规定，该集团在内地的 34 家公司缴纳的预提所得税 105 不允许在分配 995 回内地时的税款中抵免，因此，该 995 在分回内地时，还需要按 25% 的税率缴纳企业所得税 248.75，最终中国移动通信集团拿到的利润为 746.25（=995-248.75）[②]。其具体的股利分配纳税图如下。

---

① 分析的数据为假设数据，和实际并不一致，只是为了分析上的方便。

② 由于中国移动通信集团仅间接持有香港的中国移动有限公司 74.22% 的股份，因此理论上 995 不可能全部分给中国移动通信集团。这里只是为了分析的方便体现税负对比的效果，假定中国移动通信集团持有中国移动有限公司的股比是 100%。

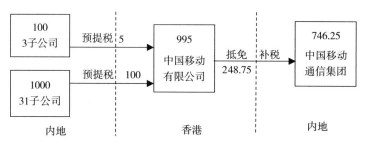

图 4-4　被认定为居民企业前中国移动股利分配涉税图

（2）居民企业认定后的税负情况

2010年中国移动香港集团有限公司、中国移动有限公司、中国移动香港有限公司、中国移动香港 BVI 公司和其他 31 个 BVI 公司被认定为境外中资控股居民企业后，由于居民企业之间分配的股息红利是免税的，因此，中国移动在内地的 31 个子公司可以将利润免税分配给中国移动有限公司，中国移动有限公司最终将该股息免税又分配给内地的中国移动通信集团（如图 4-5 所示）。

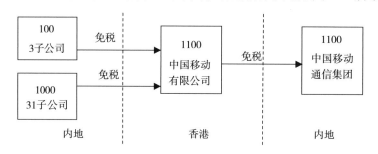

图 4-5　被认定为居民企业后中国移动股利分配涉税图

从上述的股息分配过程可以看出，被认定为居民企业后内地的 34 个公司分配的股息 1100 可以以免税的方式分配给作为最终控制人的中国移动通信集团，从而中国移动通信集团可以获得 1100 的股息。而在中国移动通信集团被认定为境外中资控股居民企业之前，同样从内地分配出利润 1100，最终回到内地的最终控制人中国移动通信集团手中的只有 746.25。在本案假定的条件下，认定为居民企业带来的利润增加了 47%，而增加的利润来自在被认定为居民企业之前缴纳的预提所得税和在中国内地按照税收抵免规则补缴的企业所得税。毫无疑问，从这个角度看，被认定为境外中资控股居民企业对企业来说是个极大的"税收优惠"。

除此之外，如果境外公司以前还累积了大量的未分配利润，无论这些利润是来源于境外还是境内的，最终分回中国移动通信集团时也是免税的，而无须像过去一样，在分配回中国内地时要补缴企业所得税。

【延伸阅读】

1. 易奉菊：《国际税收理论、实务与案例》，立信会计出版社 2017 年版。

2. 邵凌云主编：《税收风险管理理论与实务》，中国税务出版社 2017 年版。

3. [美] 维克托·A.坎托、阿瑟·B.拉弗编著：《货币政策、税收与国际投资策略》，陈佶译，上海财经大学出版社 2018 年版。

4. 邴杰、王海军、刘思文、王永庆：《利润应该归属谁？——国内首例运用受控外国企业反避税案的启示》，载《国际税收》2015 年第 6 期。

第五章

跨国研发投资和融资决策的税收风险防控

【内容摘要】

　　研发投资与融资决策是跨国投资决策的重要方面，有必要结合跨国研发投资和融资决策的特殊性，针对我国企业开展跨国研发投资和融资活动的税收筹划实务进行探讨。技术是"走出去"企业的核心竞争力，研发投入是推动高新技术企业战略发展的核心动力，研发投资是跨国投资的重要形式，研发投资安排方式不同，相应的税收筹划方式和面临的税收风险问题也不同，组建无形资产控股公司的税收筹划及风险防控较为复杂。融资的税收筹划是跨国投资决策乃至整个投资营运过程中的一个重要环节，融资方式和融资结构的安排都需要注意防范税收风险，其中资本弱化方式受到了各国税制的普遍规制。

第一节　跨国研发投资的税收筹划与风险防控

　　自20世纪90年代中后期以来，跨国公司海外研发呈现出真正的全球化趋势，纷纷由以母国为研发中心的传统布局转变为根据不同东道国在创新型人才、科技研发实力、科研基础设施上的比较优势，在全球范围内稳步设立研发机构，投资开展新技术、新产品的研发工作，并将研发决策纳入整体的税收筹划中。随着中国整体经济实力和我国自主创新能力实现跨越式发展，在国家战略的强力带动下，跨国研发投资活动逐渐成为对外投资浪潮中的后起之秀，研发投资的税收筹划与风险防控日益重大。

一、跨国研发投资的税收筹划

（一）跨国研发投资的主要模式

企业跨国研发投资是指设立于母国的企业在境外通过独资、合资与合作等多种形式在目标国设立研发机构，或者通过兼并、收购海外科技型、创新型、研发型企业等手段，利用海外研发资源获得相关的产业技术，研发出适合当地市场需求的新产品，以精准快速地打开目标国市场，获取经济效益。纵观全球，跨国公司的国际研发通常包括两种安排方式：一是以母公司作为研发中心，并将母公司居住国开发的技术向集团内其他公司转让；二是跨国公司利用各国优势，在全球范围内安排研发机构。为了迎合研发投资活动国际化、全球化的趋势，国内一些行业巨头纷纷在国外设立研发机构，开展跨国并购，掀起了一股海外研发投资的热潮。我国高新技术企业的海外研发投资活动呈现出若干种模式，最为常见的三种模式是：

1. 设计、生产、销售三位一体模式。如海尔作为国内家电行业的领军企业，早在1999年就在美国投资建立了海尔工业园。后来，海尔采取了设计、生产、销售三位一体模式的海外投资战略，先后在美国洛杉矶设立了研究中心，在南卡罗来纳州成立电冰箱生产企业，又在纽约设立贸易公司，完成了研发、生产、贸易一体化投资模式的创建。

2. 国外孵化器模式。在科技成果转化的过程中，国内的高新技术企业、科研院所及高等院校积极走出国门，发展海外"孵化器"，利用国外企业先进的生产设备和管理模式完成科技成果的中试及批量生产。2017年，我国已在欧亚建成36个初具规模的境外合作园区，覆盖加工制造、农业种植、资源能源等多个领域，成为企业集群式发展和产业集聚的重要平台。

3. 并购国外高新技术企业模式。该模式既包括同业并购，也包括上游环节或下游环节的并购，通过跨国并购高新技术企业可以实现品牌、资源、技术、人才、管理、资金等多种资源的优势互补、结构重组及优化配置,扩大本土企业在国际市场的占有率。

(二)跨国研发投资的税收筹划特点

在全球范围内安排研发活动是跨国投资发展的必然,基于研发投资的重要地位和特殊影响,跨国企业在税收筹划方面往往面临特殊的考量和安排,主要体现在以下几个方面。

1. 利用技术研发投资的税收优惠

由于跨国研发的高投入和高风险,世界各国一般都会针对企业的研究与开发活动制定科技税收政策,一方面,降低企业税负成本,减轻企业的资金压力,降低财务成本,激发企业的科技研发投入,成为推动企业健康成长的催化剂;另一方面,促进企业调整结构,支持企业扩大投资,实现研发技术升级,增强企业发展后劲,实现良性循环。从实施优惠的税种上看,其主要是企业所得税、增值税和个人所得税,有关税收优惠包括提供税收减免、投资抵免、加速折旧和费用扣除等。

企业所得税是优惠的重点,常采用的优惠手段有:直接税收抵免,即研发投入的一定比例直接从应纳税所得额中扣减或一定期限内免征所得税;盈亏互抵,即准许企业以某年度的亏损抵消以后或以前年度的盈利,从而企业可以减少其以后年度应纳税所得额或者冲抵以前年度的盈余,申请退还以前年度已纳税的部分税款,比如英国规定可以冲抵的年限为前3年,后则无限,这对极具风险的企业技术创新活动具有很强的激励作用;费用列支,即准许企业将技术创新中研究、开发与实验的费用以及用于培训职工掌握新技术的教育培训费等在税前部分或全部列支,从而减少应纳税所得额;投资税收抵免,即当企业购进生产性固定资产设备时,准许其在税前扣除设备价款一定比例的金额,以减轻其税负。

但各国的税收优惠政策又存在不同的侧重点,因此跨国企业可以利用这些差异来选择研发机构设置地点并安排开展具体的研发活动。利用加速折旧和税前扣除方面,有些国家对企业投资于研发活动的固定资产实施加速折旧和税前扣除。例如,日本对先进的机器设备和风险较大的主要技术设备,实行短期特别折旧制度,在科技开发区的高新技术公司用于研究开发活动的新固定资产,除进行正常折旧外,在第一年可根据购置成本按规定的特别比例实行折旧扣除;美国对高新技术产业研究开发所用仪器设备实行加速折旧;英国税法规定,企业用于科技开发的资本性支出可以100%从税前的营业收入中扣除,而对购买知识产权和技术秘诀的投资,则按递减余额的25%从税前扣除;澳大利亚准许企业的研发费用按实际支出的15%的比例在税前列支。

有些国家对符合条件的企业研发活动给予一定幅度或一定期限的税收减免,比如加拿大、新加坡、日本等,这个措施将直接减轻企业的税收负担,由此,生产过程简单、收益比较稳定、获得市场周期较长的公司比较适宜在这种提供税收减免的国家或地区设立研发机构,从事研发活动。

有些国家对企业的科研活动给予投资减免的税收优惠措施。例如,日本为促进基础技术研究,对于基础技术研究的折旧资产,按当年这项支出的5%从应纳所得税额中抵免。美国的《经济复兴税法》规定:凡是当年研究与开发支出超出前3年的研究与开发支出平均值,其增加部分给予25%的税收抵免。此外,美国还规定,用于技术更新制造的设备投资可按其投资额的10%抵免当年的应纳所得税。

2.特许权使用费的税收扣除和预提所得税的税收优惠

因为技术研发的投资收益和运作是通过技术授权许可来实现的,因此,研发活动的税收筹划应当考虑跨国企业内部企业间研发成果的转让所面临的特许权使用费的征税问题。

一方面是特许权使用费支出可否作税收扣除。跨国企业在进行税收筹划时,通过充分考虑受让使用技术的分公司用于科学实验或购买专利、许可证、专有技术等费用在所获利润中扣除的可能性,从而可以避免较高的税收负担。获得这种扣除,必须按相应的税法条款来证明支出的合理性。其中的主要问题是，由于知识产权的无形性，特许权使用费金额的大小及其定价的依据难以控制和做出正确的评估，跨国公司完全有可能以特许权使用费的形式，将自己的部分利润从所在的高税区转移到国外，为此，不少国家不承认专利基地公司以及支付给它的特许权使用费。例如，德国税法不允许在计算应税所得时从总收入中扣除支付给外国基地公司的特许权使用费。依据德国法，基地公司必须是德国母公司参与的股份超过 50% 的公司，而且基地公司所在国的所得税率不得高于 30%。

另一方面，还需要考虑预提所得税的征收。跨国企业各国的分公司的利润以特许权使用费的形式汇回时，需要考虑缴纳预提所得税。各国不仅在预提所得税率上存在 0～30% 的差异，而且对特许权使用费定义的解释也不一致，如果有关国家间签订有避免重复征税的双边税收协定，则特许权使用费的汇出就可以享受优惠税率。如果外国分公司所在国对特许权使用费的汇回征收较高的预提所得税，那么就会鼓励在分公司所在东道国从事研发活动，因此，跨国企业在安排研发活动时，倾向于向那些特许权使用税率低或根本不征特许权使用费预提所得税的国家出口技术，或选择与研发机构所在国签订税收协定的国家出口技术。

3. 基于研发和运用的跨国构架安排

基于技术研发投资在国际竞争中的核心影响，跨国企业的跨国控股构架也往往围绕技术研发和使用来进行搭建，有关的税收筹划体现在跨国企业内部研发工作（研发机构）、研发成果的所有权归属（IP 所有权公司）、接受授权使用 IP 的公司（通常为制造商或销售商）之间的结构安排上。为了有效降低特许权使用费，跨国企业一般倾向于在投资所在国组建无形资产控股公司，这种公司从母公司获得无形资产，并以提供和转让这些无形资产为主要经营内容，一般分为两种：

（1）在拥有广泛税收协定网络的国家建立一家专门从事无形资产转让的子公司，将母公司开发的特许权专利转让出来，该公司再向设在其他国家的子公司提供和转让这些特权和专利,并收取使用费和转让费,同时以最低的预提所得税向母公司和设在避税地的无形控股公司传导特许权使用费。

（2）在避税地成立一家无形资产控股公司,母公司将积聚免税的特许权使用费所得保留在基地公司账户上,可以少缴或不缴税,或将其用于再投资。

除了特许权使用费的税收筹划,研发成果的转让还可能需要缴纳资本利得税、转让税、关税和增值税。这就需要跨国企业综合考量,进行税收筹划,使总体税负最小化。例如,在英国,专利的转让要按单一的税率缴纳关税,计税的依据为得到的专利所得额。知识产权在内部企业间转让时,其转让价格必须按市场价确定,即需要符合转让定价的独立交易原则,不允许过多地偏离市场价格。再例如,在向非居民企业支付特许权使用费时,不少国家对增值税的缴纳采用反向征税方法,即由客户负责缴纳增值税,以后允许将这笔税款从其营业额应纳的增值税中扣除。

二、跨国研发投资税收筹划的风险

由于中国本土企业的跨国研发投资活动起步较晚,在税务决策方面往往因为缺乏筹划意识和实操经验,给企业造成额外的税收负担和成本开支,为企业战略目标的实现带来了诸多负面影响和障碍。尤其是中国本土企业对跨国研发投资面临的税收风险仍然缺乏全面的认知和准确的判断,往往导致企业在对海外投资目标国及目标市场进行选择的时候,过于以业务需求和战略目标为导向,从而忽略了对税收因素的考量,使得企业的海外投资活动要面临以下几点主要风险。

（一）违反税收法规的风险

由于基于研发和运用的跨国构架安排方面涉及诸多因素和环节,如果对母国税法及目标国税制缺乏深入的研究和全面了解,就会导致企业在进行跨国研发投资时,偷税、漏税、避税等违法行为屡屡出现,不得不面临法律制裁、行政性处罚及信用等级丧失等严重后果。国际税收环境变幻莫测,各国的征税政策和手段层出不穷，各国之间签订的税收协定构建而成的网络体系错综复杂，这自然增加了税收管理合法性、合规性的难度和复杂程度。

根据《中华人民共和国企业所得税法》第31条第（一）项的规定，企业用于开发新技术、新产品、新工艺发生的研究开发费用，可以在计算应纳税所得额时加计扣除。《中华人民共和国企业所得税法实施条例》第95条规定，研究开发费用的加计扣除，是指企业为开发新技术、新产品、新工艺发生的研究开发费用，未形成无形资产计入当期损益的，在按照规定据实扣除的基础上，按照研究开发费用的50%加计扣除；形成无形资产的，按照无形资产成本的150%摊销。根据《企业所得税优惠政策事项办理办法》（2018年第23号公告），2017年度企业所得税汇算清缴及以后年度企业所得税优惠事项，均采用纳税人自行判别、申报享受、相关资料留存备查的办理方式。纳税人无论是通过网上申报还是到主管税务机关进行2017年度企业所得税汇算清缴及享受所得税优惠事项前，均无须再履行备案手续、报送《企业所得税优惠事项备案表》《汇总纳税企业分支机构已备案优惠事项清单》和享受优惠所需要的相关资料。纳税人可通过自行判别，在年度纳税申报时直接申报享受优惠的事项。原备案资料全部作为留存备查资料，保留在企业，以备税收机关后续核查时根据需要提供。因此，这对企业的税收管理提出了更高的要求。

（二）丧失税收优惠的风险

由于技术研发和转让在税收优惠方面的多样性和复杂性，因对税收筹划的专业知识和相关技巧缺乏专业人士的指导，使得企业在投资活动中的税收决策不当，承受了原本可以得到减免的税负，没有享受到原本可以享有的税收优惠，甚至遭遇双重征税的待遇，税负过高导致企业的投资成本加大，税后获利减少。

一方面，其表现为有关税收法规政策对研发加速折旧或税收减免等税收优惠都有相应的条件限制，而且还存在不断的调整变化。比如2018年1月1日起，企业委托境外研发费用可以加计扣除的企业可考虑在境外建立研发中心。根据国务院推出的减税措施，从2018年1月1日起实施，取消企业委托境外研发费用不得加计扣除的限制,对企业跨境研发产生重大的利好是,在境外建立研发中心变得更加有利。企业委托境外机构或个人从事研发在加计扣除方面的限制被取消,对企业境外研发和境内研发同样给予加计扣除的税收优惠待遇,扩大了研发费用加计扣除的地理范围。由于研发活动适用范围的不断放宽,但对加计扣除的税收优惠因地区(比如科技园区内外)、企业(高科技企业与一般企业)存在差别,而且研发费用加计扣除范围也在不断扩大,而按照现行政策规定,企业享受优惠事项采取"自行判别、申报享受、相关资料留存备查"的办理方式,所以企业由于税务管理方面的缺失,往往容易错失税收优惠的机会。

另一方面,还存在税收优惠政策的透明度问题,即税收优惠政策管理上的透明性,包括监管的规范化和制度化、征管手段的精简化,比如对加速折旧政策的实施,各国都规定了详细的加速折旧清单,但在具体处理上,是否加速折旧以及如何折旧等则取决于企业的判断,税务机关保留最后审查的权利。

(三)遭遇税收不公平待遇的风险

由于税收措施本身所具有的经济管理和调节功能,东道国基于税收征管主权的行使,税收征管往往难免有不公平不合理的做法,这不仅严重影响到了技术研发投资的效益,甚至关涉投资的正常开展和持续,比如构成对有关投资实际上的征收而未能给予相应合理的补偿。因遭遇税收歧视处于不利境地,最严重者可能使企业陷入涉外税务纠纷,造成企业因参与应诉活动而产生额外开支和不必要的麻烦。

三、跨国研发投资税收筹划风险防控

防控风险的关键就是加强研发投资相应的税收筹划,通过合理安排、统筹规划企业的业务活动来实现节税效果最大化。虽然现阶段中国本土企业的海外研发投资活动还处于初步探索和积累经验的阶段,相较于诸如美国、德国、日本等海外研发投资大国,投资规模较小,发展相对滞后,中国本土企业在"走出去"的过程中,在开展跨国研发投资活动之前,在先行制定企业投资发展的总体战略目标时，不能仅以实际业务需求为主要导向，还必须考虑前述种种税收风险的存在，把税收筹划提上议事日程并高度重视，因为税务决策稍有不慎，即有可能给企业利益造成不可挽回的巨大损失。

（一）以合法合规为税收筹划前提

企业进行税收筹划的前提和首要宗旨是需要在法律、法规、政策允许的范围内对税务管理进行统筹规划。中国本土企业在进行跨国研发投资活动之前，首先，需要对母国，即我国的税收制度进行全面了解，包括我国的一般税收制度和税收制度中的国际税部分，后者在形成的过程中已经受到国际税收条约的深刻影响；其次，需要对研发投资目的地国（以下简称"目标国"）的税收制度进行深刻解读，对目标国已经签署的税收协定的内容进行全方位掌握，方可为企业在跨国研发投资活动中，在法律、法规、政策、协定允许的范围内进行后续的税收管理和筹划提供便利条件。

高新技术企业在应用研发税收优惠政策减少税负的同时，应完善以下几个方面的工作：一是需要向财务人员普及合理纳税，加强自身道德意识的重要性，管理层以身作则，对税务业务处理保持严谨的态度，带动员工根据国家的研发税收优惠政策进行资料收集与申报；二是建立完善的税务风险管理机制，对税务业务的处理以及税收优惠政策的应用进行事前预防风险、事中控制风险、事后评价优化，通过对全流程进行控制管理，规避税务风险，促进高新技术企业的健康发展；三是提升财务人员的业务水平，加强纳税筹划。财务人员对税收优惠政策的理解程度与业务水平直接关乎高新技术企业的税收优惠政策的利用效果，因此，企业需要提升财务人员业务水平，加强对研发税收优惠政策的认知程度。

（二）加强境内境外税收的综合考量

为了实现企业税负最轻化的纳税目标，"走出去"企业需要以境外税负最小化、境内纳税延迟化、税收抵免最大化为宗旨，做好制定方案、进行比较、最终进行方案的优化组合及选择。而跨国研发投资税收筹划的特殊性在于需要额外考虑国际"税收协定"的因素,即两个或两个以上主权国家为了避免双重征税或防止偷漏税而签订的具有法律效力的国际条约。因此,中国本土企业在进行跨国研发投资的税收筹划时,要对境内和境外的税收进行通盘考虑,根据业务发展的模式及实际需求确定企业研发投资收入构成的侧重方向,比如是侧重生产经营性的积极收入还是侧重权益性投资的消极收入,从而明确哪些收入属于课税对象的范围;通过比较不同目标国对不同收入种类在税基、税率、税制等方面的差异,对企业的身份、架构方式和投资目的地进行选择。由此,基于跨国研发投资的税务架构安排方面,我们需要做出特殊的考量(详见下一节)。为了提高企业的自主研发能力和自主创新能力,促进研发投入,我国不断加大对研发成本税前扣除的优惠力度,对于高科技企业来说,由于研发支出相对较高,研发费用的加计扣除优惠显得更为重要。

(三)强化国内的税务合规管理和申报工作

母国的有关税务申报和管理是企业跨国研发投资税务管理的重点所在。首先,应开展定期培训和讲座活动,加强企业财务人员对研发税收优惠政策的理解程度,能够通过税收优惠政策对企业的研发业务进行甄别,判断有无实施税收优惠政策的业务点,然后进行材料收集与纳税优惠申报。其次,正确领会税收优惠的加计扣除与技术性收入免征增值税的区别,根据研发费用以及技术性收入两项创新活动分别进行纳税筹划,完善相应的税收处理操作流程,提升纳税筹划水平,规避概念混淆、税收处理错误等风险。最后,加强财务部门人员与税务机关单位的联系,当税务处理业务出现差错时,及时与税务机关沟通,取得他们的理解,认真改正,最终提升企业的整体纳税筹划水平。

"走出去"企业在自主申报扣除时应注意:一是纳税人享受技术开发费加计扣除的政策,必须账证齐全,并能从不同会计科目中准确归集技术开发费用的实际发生额。二是纳税人在年度纳税申报时应当报送技术项目开发计划(立项书)和技术开发费预算,技术研发专门机构的编制情况和专业人员名单,上年及当年技术开发费实际发生项目和发生额的有效凭据等有关材料。三是纳税人发生的技术开发费,凡由国家财政和上级部门拨付的部分,不得在税前扣除,也不得计算应纳税所得额。四是纳税人在一个纳税年度内实际发生的技术开发费在按规定实行 100% 扣除的基础上,允许再按当年实际发生额的 50% 在企业所得税税前加计扣除;企业年度实际发生的技术开发费当年不足以抵扣的部分,可在以后年度企业所得税应纳税所得额中结转抵扣,抵扣的期限最长不得超过 5 年。五是企业发生的符合加计扣除条件的技术开发费应统一在"管理费用"科目中进行归集,不能随意归集到"生产成本""制用"等科目中,否则会发生重复扣除的问题和税务机关不予认可的风险。六是研究机构的人员工资,作为技术开发费计入"管理费用"可以享受加计扣除。另外,2017 年后,汇总纳税企业享受优惠事项的,由总机构负责统一归集并留存相关的备查资料,但是分支机构按照规定可以独立享受优惠事项的(主要涉及分支机构可以独立享受的一些地域性优惠),则由分支机构负责归集并留存相关的备查资料,并将清单报送总机构。

另外,还应积极运用争议解决机制。根据我国对争议解决机制进行的调整,如果税务机关对研发项目有异议,不再由企业找科技部门进行鉴定,而是由税务机关转请科技部门提供鉴定意见,以促使享受优惠政策的通道更加便捷高效。

(四)加强企业部门间的联系联动

技术研发税收筹划是以技术部门的布局和运作为核心的,无论是专业的研发项目,还是专利转让技术都需要从技术部门中延伸出来,在税收优惠政策具体实施的过程中,都需要加强技术部门与财务部门的联系,才能促使财务人员对税务政策有足够的了解,并且根据企业的研发情况进行纳税筹划。技术部门开展研发业务时应该根据研发的具体实施细则对财务部门进行汇报,这样有利于财务部门甄别是否有税收优惠的情况,通过两个部门的交流制定出合适的研发路线,对研发活动进行规划设计,在保证研发效果的前提下根据研发优惠政策降低企业的税务负担,提升高新技术企业的经济效益。另外,为了规避税务风险,还需要制定合理的内部控制制度,优化内控监督控制流程,对研发活动以及研发税收优惠政策的利用进行监督控制,例如:研发人员构成名单、薪酬情况、资产的购置与使用等,形成监督纪要,最终实现部门的联动作业,使得研发工作既能顺利实现目标,又有相关制度保驾护航,促进高新技术企业的发展与进步。

【案例分析】

案例:某科技公司的科技研发与税收筹划

(一)基本案情

A 公司是全球领先的信息与通信基础设施和智能终端提供商,近20年来,A 公司通过全球本土化的经营战略,打造全球价值链,在全球设立了多个海外研发中心。除开发海外市场、利用东道国的科技优势实现技术升级等因素外,东道国政府提供的税收优惠也成为吸引 A 集团建立海外研发中心的重要因素。欧盟 C 国是其研发中心所在地之一,为了鼓励研发、促进企业创新、吸引海外投资,C 国出台了多项税收支持措施,符合条件的外资企业均可享受,包括:研发税收抵免项目、增值税减免、小规模投资补助和节能环保方面的税收减免及补贴等。下面将具体测算企业通过研发费用加计扣除、高新技术企业所得税减免、研发费用补助等政策叠加后的税收优惠。

(二)案情分析

1.研发费用加计扣除

C 国税收的相关法律规定,科技型企业开展研发活动实际发生的研发费用,未形成无形资产计入当期损益的,在按规定据实扣除的基础上,再按照实际发生额的75%在税前加计扣除;形成无形资产的,按照无形资产成本的175%在税前摊销。假设,A 公司当年研发费用由300万元增加到400万元,新增研发投入100万元,企业实际利润为500万元。经测算,未办理研发费用加计扣除时，企业应纳所得税额为 500×25%=125（万元）。按照新政策办理研发费用加计扣除后，研发费用加计扣除额为（300+100）×75%=300（万元），企业应纳税所得额为 500-300=200（万元），则实际上缴所得税为 200×25%=50（万元）。A 企业当年 400 万元的研发投入，经办理研发费用加计扣除后，少缴企业所得税 75 万元，其中当年新增的 100 万元研发投入，用企业所得税收减征的形式，实际返补企业 100×75%×25%=18.75（万元）。

2. 高新技术企业所得税减免政策和研发费用加计扣除政策叠加

C 国税收的相关法律规定，企业被认定为高新科技企业后，在 3 年有效期内可享受企业所得税减免，按 15% 征缴的优惠。同时，职工总数不超过 500 人、营业收入不超过 2 亿元、资产总额不超过 2 亿元的高新技术企业可直接确认为科技型中小企业，享受研发费用加计扣除比例 75% 的政策。假设，A 公司当年研发投入由 300 万元增加到 400 万元，且被认定为高新技术企业，利润为 500 万元，A 企业原应缴纳所得税额是 500×25%=125（万元）。现经办理高新技术企业所得税减免和研发费用加计扣除后，企业实际上缴所得税（500-400×75%）×15%=30（万元）。A 公司当年 400 万元研发投入，经办理研发费用加计扣除和高新技术企业所得税减免后，政府财政用企业所得税收减征的形式，实际返补企业 125-30=95（万元）。

3. 企业研发费用补助

C 国财政将企业研发费用补助的标准分为两档：（1）企业研发费用不超过 500 万元的，补助比例为其研发费用的 10%；（2）企业研发费用超过 500 万元，对其中的 500 万元按 10% 补助，超过 500 万元的部分按 5% 补助。企业最高补助金额不超过 500 万元。假设，A 公司当年研发费用由 300 万元增加到 400 万元，经税务部门核定的可税前加计扣除的研发费用为（300+100）万元，按照上述分配规则，该企业属于补助标准中的第一档，可获得的财政研发费用补助比例为其研发费用的 10%，因此，企业可获得的省财政研发费用补助额是（300+100）×10%=40（万元），其中当年新增的 100 万元研发投入，通过财政研发费用补助的形式可获得的补助额应为 100×10%=10（万元）。

按照上述政策测算，A 公司当年经税务部门核定的研发费用投入为（300＋100）万元，实际利润 500 万元，经过办理研发费用加计扣除和高新技术企业所得税减免，企业减征的所得税为 125-30=95（万元）。另外，再加上企业可获得财政研发费用补助额 40 万元，三项政策叠加后，企业可减税增收 135 万元，占据 A 企业研发费用投入总额的 33.75%。

（三）总结与启示

随着知识经济的兴起和国际市场竞争的加剧，跨国公司寻求增强竞争力的要素，已经从销售、生产领域延伸到技术的研究开发领域，研究与开发（R&D）国际化，已经成为继贸易全球化、生产全球化、金融资本化之后，世界经济一体化的新趋势。从对上述案例的具体测算可知，企业开展跨国经营，尤其是高研发投入的企业，在选择境外研发中心时，东道国对高科技企业的税收政策，应当成为企业跨国研发选址的重要考量因素。

【延伸阅读】

1. 贺团涛、曾德明：《跨国公司 R&D 国际化理论述评》，载《中国科技论坛》2008 年第 8 期。

2. 杨震宁、李东红、王以华：《中国企业研发国际化：动因、结构和趋势》，载《南开管理评论》2010 年第 4 期。

3. 薛薇等：《科技创新税收政策国内外实践研究》，经济管理出版社 2013 年版。

4. 曾德明、张磊生、禹献云：《高新技术企业研发国际化进入模式选择研究》，载《软科学》2013 年第 10 期。

5. 张纪凤：《中国企业海外 R&D 投资影响因素的实证研究》，载《国际经贸探索》2014 年第 7 期。

第二节　无形资产控股公司设置税收实务

无形资产控股公司的设置是跨国研发投资税收筹划的重要途径。随着全球经济格局的深入调整，以生产分散化为特征的全球价值链形式成为当今国际经济的主要特点，全球价值链成为主导的商业模式。知识产权、软件和组织技巧等以知识为基础的财产对竞争和经济的发展发挥着更加重要的作用。随着各国有关的促进措施不断加强，以无形资产的方式进行出资和对外投资，势必成为跨国投资领域的新潮流、新常态，而跨国企业涉及 IP 的公司架构也成为跨国投资决策安排的重点。尤其是高新技术企业，由于所处的行业不同于以依靠固定资产投资、资金投入为主要特点的传统行业，其主要依靠的是无形资产的投资和收益，因此，以 IP 为核心的无形资产控股公司的设置是高新技术企业跨国投资税收及跨国研发税收筹划的基础，其中的关键就是关于知识产权配置的税务筹划。

一、无形资产控股公司的设置

根据跨国控股架构税收筹划的一般原理，无形资产控股公司的设置同样也要从最小化外国税、递延母国税和充分利用税收抵免三个方面进行考量，并可以通过选择低税率的国家或地区、利用合并纳税规则、利用相关的税收优惠三种途径来实现外国税最小化。因此，跨国企业乐于在投资所在国组建无形资产控股公司，这种公司从母公司获得了无形资产，并以提供和转让这些无形资产为主要经营内容，可以有效降低特许权使用费及税费。基于知识产权等无形资产的特殊性，为了便于技术的研发、转让和授权使用过程中的税收优化，在控股架构的搭建中，IP 公司的配置是关键。

（一）知识产权的配置与税收

控股架构的税收筹划是通过配置功能、资产和风险实现的，但在配置的过程中还要充分考虑业务方面的需求，相对而言，由于无形资产受业务的约束最少，通过配置知识产权进行税务筹划就十分重要。

功能、资产和风险配置对于跨国企业的税务管理十分重要，因为利润水平决定了税收负担，而税务要与价值创造相一致。根据产业价值链理论①原理，企业的价值创造是通过设计、制造、装配、研发、劳务、采购、分销、营销、广告、运输、融资和管理等一系列生产经营活动构成的互不相同但又相互关联的动态过程，即价值链。从业务角度看价值链，企业某些特定的真正创造价值的经营活动，就是企业价值链的"战略环节"，企业在战略价值环节上的优势是决定企业能否保持竞争优势的关键环节。②从税务角度看价值链，企业创造的价值，是通过价值链的各个环节实现的，因此需要以分析价值链为起点来判断各个企业的利润水平是否合理。因此，一个企业的利润，应当与该企业在价值链中参与的各环节的重要性和参与程度相关联。③

跨国企业架构税收筹划安排正是通过在不同国家、地区的企业之间配置功能、资产和风险达到节税目的。基本原理是，不同国家、地区之间的税率不同，如果在低税率地区配置较多的功能、资产和风险，则可以将较多的利润留在该地区，同时相应地降低在高税率国家或地区的利润，最终实现集团层面整体税负的降低。功能、资产和风险配置是一个先分解再组合的过程，因为一个企业

---

① 价值链是哈佛大学商学院教授迈克尔·波特于1985年提出的概念。波特认为："每一个企业都是在设计、生产、销售、交付其产品和售后服务的过程中进行种种活动的集合体。所有这些活动可以用一个价值链来表明"，不同行业的活动会各有侧重，价值链也略有不同。以工业企业为例，它主要可以分为采购、制造、交付、服务、财务五个环节。

② 这些决定企业经营成败和效益的战略环节，可以是产品开发、工艺设计，也可以是市场营销、信息技术，或者知识管理等，视不同的行业而异。在高档时装业，这种战略环节一般是设计能力；在卷烟业，这种战略环节主要是广告宣传和公共关系策略（也就是如何对付各种政府和消费者组织的戒烟努力）；在餐饮业，这种战略环节主要是餐馆地点的选择。

③ 税务上的价值链分析，关注各环节的功能、资产和风险，据此确定该企业在价值链中参与环节的重要性和参与程度。在进行价值链分析时，功能方面要关注功能在价值链中的地位，还要关注功能的频率、性质和价值等；资产方面要考虑所使用资产的类型，如有形资产、无形资产、金融资产等，以及所使用资产的性质，如年限、市场价值、所在位置、是否有产权保护等；风险方面要考虑市场风险投资风险、研发风险、财务风险。

在成长为企业集团的过程中,往往自发形成功能、资产和风险的有机配置,但随着企业的成长,需要重新审视调配,以提高税务效率。这通常体现为三个步骤的实施,即分解和重构价值、选定相应模型和确定相应角色。

以知识产权(IP)为核心的无形资产配置是跨国企业架构税收筹划的重点,也是跨国研发税收筹划的重要环节。在配置功能、资产和风险的税收筹划过程中,其需要充分考虑业务方面的需求,往往也受到业务的约束。由于相对约束最少的是无形资产,所以,通过配置知识产权进行的税务筹划特别重要。例如,在苹果案例中,苹果公司通过将知识产权置于避税地百慕大,从而使巨大的利润不承担任何税收。从跨国企业配置功能、资产和风险的有关模式来看,其中关于IP公司的设置安排都是控股架构设计的重心。

(二)IP公司的设置模型

目前流行的模型主要有两类:主体公司模型和IP模型,共同的特点是基于业务的集中化,对集团内各实体赋予各种角色,并根据角色安排其功能、资产和风险,其中以IP为核心的无形资产控股公司的设置是关键。

1. 主体公司模型下的IP公司配置

主体公司模型下,跨国企业集团内关联实体被分配为主体公司和有限功能公司两类角色。主体公司的主要特征就是具有承担各种风险的功能、责任和能力,对其他的常规功能公司承担控制和指导的责任。有限功能公司实体执行单一功能或若干简单功能,承担有限风险,归集常规利润。

主体公司模型下的IP公司设置可以是单独的知识产权所有者公司,也可以由主体公司兼任(绝大多数情况如此)。主体公司和知识产权所有者公司一般设在低税率公司,拥有核心资产和无形资产,承担剩余风险,因而归集了剩余利润(有时为超额利润)。这一模型的优势在于,合理地将利润归集于低税率地区,从而实现税负最低,例如荷兰星巴克公司。

2.IP中间控股模型下的IP公司配置

在这种模型下,我们为一个集团内涉及IP的法律实体设置三种角色,即IP

所有权公司、研发公司和授权使用公司。通常情况下，我们将 IP 所有权集中在一个控股公司内，该控股公司位于低税率地区。研发公司通常位于较易于获得合格研发人员的地区，这通常是高税地区。IP 所有权公司和研发公司之间以委托研发的方式进行关联交易，即研发公司以 IP 公司的名义开展研发活动，研发活动产生的知识产权归 IP 公司所有。接受授权使用 IP 的公司通常为制造商或者销售商。这些实体的选址一般根据业务需要确定，可能在高税率地区。向 IP 控股公司支付特许权使用费，这些公司的利润水平可能不高。例如：微软公司的知识产权关联交易。

（三）无形资产控股公司设置的风险问题

配置功能风险与税务风险是紧密相连的。根据将充足的功能和风险置于位于税收优惠区域内的区域中心实体之中的税收筹划基本原则，应当使在整个价值链中所创造的大部分利润能够在相关的转移定价制度下被合理地在区域中心层面上（而不是在可能位于高税负管辖区内的制造实体或分销商层面上）加以归集和征税。因此，在无形资产控股公司设置过程中，需要考虑 IP 公司无形资产的分配和使用、对有关税收协定的利用和对当地的税收政策的利用，如研发加计扣除、免税收入、行业税收优惠、地区总部税收优惠，等等。由于价值链在税务筹划中的重要地位，税务机关也会在转让定价调查过程中关注价值链。如果配置不当，一方面，将面临星巴克和微软公司那样的税收调查风险；另一方面，还会导致企业机构身份认定方面的税务风险，如构成常设机构，居民企业认定及受控外国企业方面的风险。尤其是星巴克案例反映出了在目前 BEPS 背景下主体公司架构面临的风险。我们在实际操作中要密切关注这些风险。荷兰政府与荷兰星巴克制造公司签订的预约定价安排不正当地减少了荷兰星巴克制造公司在荷兰的税负，这相当于荷兰政府以本国税收资源对荷兰星巴克制造公司进行了补贴，而这种补贴可能威胁欧盟内部的公平竞争，因此，该预约定价安排构成了荷兰政府对荷兰星巴克制造公司的非法国家援助。

二、中国高新企业"走出去"的控股架构与风险防范

中国本土企业以无形资产对外进行投资的模式和形式呈现出多样化的特点，主要有直接以无形资产在境外设立全资子公司（公司控股）；以无形资产与他人在境外合资设立公司（公司不控股）；以无形资产换入其他公司股权。中国本土高新技术企业在"走出去"的初期阶段，在进行无形资产对外投资模式的选择过程中，业务方面的考虑往往置于首位，导致企业对以无形资产进行出资时所涉及的一系列税收问题没能引起足够的重视，尤其对那些缺乏税收筹划实战经验的高新技术企业来说，往往需要承受额外的税收负担和成本开支，为企业经济效益带来负面影响，在跨国投资活动中陷入不利境地。境内企业直接以无形资产在境外设立控股公司，主要会面临以下税收问题和税收实务。

（一）企业身份的选择

居民企业与非居民企业适用的税法不同，面临不同的税收管辖权并产生不同的税收后果，纳税义务、税收待遇和适用税收协定方面都不同，因此，想要成为一国的税收居民，应全面了解目标国的国内税制和税率，以及目标国对外签订了哪些税收协定，力争满足全部条件；否则，应避免满足任何一条可能会被判定为居民企业的特征。通常情况下，我国本土企业会选择低税负的国家或地区设立居民企业，在对外进行研发投资的时候可以享受诸如研发费用加计扣除的优惠。

企业在考虑设立非居民企业的时候要留意我国是否与目标国签订过任何税收协定，以及该税收协定中是否有关于前述避免双重征税的规定。企业在进行税收筹划的时候要注意两点：一是区分消极所得和营业利润，技术转让中是否产生营业利润。二是要注意根据实际的业务需求确定筹划的方向，首先要判断拟在目标国开展什么样的业务，是否需要配置资源，建立常设机构。例如：是否需要设立研发中心，输送技术人员，还是单纯对项目进行投资参股。三是根据企业的实际业务安排，可以得知企业主要的收入形式是以营业利润为主还是以消极所得为主，比较消极所得的预提税率和营业利润的实际使用税率之间的差

距。如果确定以营业利润为主，核心的问题是需要派遣人员到目标国，并且需要设立企业进行全部或部分营业活动的固定营业场所（即常设机构），如管理场所、分支机构、办事处、工厂、研发中心等；如果确定以消极所得为主，需要对不同目标国关于消极所得所采取的预提税率进行比较，比较抵免税额和可抵扣税额，并且要设法避免建立或避免被认定为在目标国设立常设机构，方可避免在目标国的有限纳税义务。最终，综合上述各项比较的结果，企业可选择税负较低的业务方案作为筹划的方向。

（二）中间控股公司所在地的选择

通过前文对不同控股架构的对比分析可以得出，对于想要"走出去"的高新技术企业来说，通过间接控股的方式可以产生更多的税后利益，而中间控股公司所在地显然成为企业需要考量的关键要素。企业在进行选择的时候可以参考以下因素：

1. 中间控股公司所在地一般设立在总体税率水平较低的国家或地区，如爱尔兰、中国香港。

2. 由于中国本土企业的海外投资活动主要是通过以境外股息汇回和未来股权转让的资本利得的方式收回现金流，因此，最好选择对股息和资本利得适用低税率或者不征税的国家或地区，如开曼群岛。

3. 由于高新技术企业的对外投资活动多采取以无形资产作价入股的方式，因此，企业最好关注拟投资的国家或地区是否有对利息及特许权使用费征收预提税的相关规定。

4. 税收体系中是否设置了受控外国企业规则。例如，美国在《国内收入法典》中特别规定了针对受控外国公司的 F 分部立法，以防止本国股东利用在海外低税区设立受控外国企业[①]来囤积海外所得、延迟向美国境内纳税的避税行

---

① 根据美国 F 分部条款的规定，如果一个外国公司持有 50% 以上的投票权或股票价值为美国公民所有，且在公司纳税年度的任何一天内，至少各拥有 10% 的投票权，则该公司将被视为"受控外国公司"。

为。受 F 分部立法的规制，美国母公司的境外控股公司所赚取的各项特许权使用费、利息、股息、租金等消极所得，必须立即向美国政府进行纳税，不允许延期。即使其境外控股公司没有分配利润，但是也被视为向母公司分配利润，从而在美国境内即刻产生纳税义务。

5.有无完善的协定网络。

6.国内商业环境及公司设立的成本。

（三）IP 中间控股公司模型的选择

在完成了企业身份和投资地的选择之后，母公司需要进一步选择在跨国集团内部以无形资产出资入股的交易模型，知识产权中间控股模型为一个跨国公司集团内部涉及知识产权的法律实体设置了三种身份，即知识产权所有权公司、研发公司和授权使用公司。交易模式如图 5-1 所示。

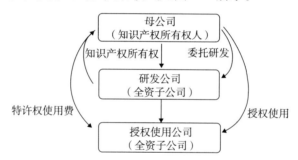

图 5-1　知识产权中间控股模型交易方式

在采用知识产权中间控股模型的跨国公司集团内部，知识产权的所有权通常集中于母公司 H 集团，母公司可以选择自行在 B 国成立研发公司 b 企业，或者也可以将知识产权出资入股，先行在 A 国成立全资子公司 a 企业，使其成为知识产权所有权公司（以下简称为"IP 公司"），再由 a 企业于 B 国设立 b 企业。研发公司通常设立于研发人员和资源较为聚集的地区，该类地区往往税率较高。IP 公司委托研发公司以其名义开展研发活动，进行关联交易，产生的知识产权归 IP 公司所有。IP 公司继而将从研发公司处新获的知识产权授权给授权使用公司使用，这类公司通常为制造商或者销售商，授权使用公司需要向 IP 公司支付特许权使用费。

在初步了解前述交易模式后,下面还是通过 H 集团的案例对知识产权中间控股模型下跨国公司集团内部的涉税问题进行进一步阐明。

为了提升企业的国际竞争实力,扩大企业的国际市场占有率,中国本土高新技术企业 H 集团决定通过设立知识产权中间控股模型搭建一套完整的跨国公司股权架构体系,以知识产权作为对外投资和关联交易的核心。在税务筹划方面,H 集团希望通过将集团利润大规模地转移到境外低税率管辖区,进而大幅度地降低在中国境内应当承受的税收负担。经过慎重考虑和集体决策,H 集团选定以自身持有的专利权出资入股,在整体税率水平较低的甲国成立全资子公司 R 公司,再通过 R 公司在整体税率水平较低的乙国设立全资子公司 r 公司。在该模型下,该跨国公司集团内部各企业的角色分别是:中国 H 集团是 IP 公司,享有知识产权的所有权;甲国 R 公司为研发公司,负责研究开发新型产品,新型产品的知识产权归 IP 公司所有;IP 公司将 R 公司研发出的新产品的经济权利授予乙国 r 公司,由其生产及销售新产品给相应的分销商,最终由分销商销售给用户,如图 5-2 所示。

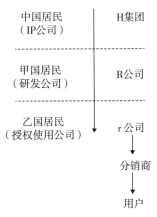

图 5-2 知识产权中间控股模型架构

1. H 集团投资入股阶段的税负

在我国税法下，知识产权所有权和使用权的转让均属于无形资产转让，通常涉及的税种包括所得税、营业税和印花税。H 集团作为中国居民企业，以自身持有的专利权评估作价后对甲国 R 公司进行出资，相当于将该专利权的使用权转移给甲国 R 公司，R 公司因此需要向 H 集团支付特许权使用费[①]，根据我国《企业所得税法》的规定，H 集团需要就该所得向中国政府缴纳企业所得税[②]，而根据财政部、国家税务总局发布的《关于非货币性资产投资企业所得税政策问题的通知》(财税〔2014〕116 号)中的规定，中国居民企业以非货币性资产对外投资可以就资产转让取得的所得享受递延纳税的政策，即"居民企业(以下简称'企业')以非货币性资产对外投资确认的非货币性资产转让所得，可在不超过 5 年期限内，分期均匀地计入相应年度的应纳税所得额，按规定计算缴纳企业所得税"。为了大力扶持国内高新技术企业的发展，国家税务总局于 2015 年发布了《关于许可使用权技术转让所得企业所得税有关问题的公告》(国家税务总局公告 2015 年第 82 号)，其规定：中国居民企业转让 5 年以上(含 5 年)非独占许可使用权取得的技术转让所得，纳入享受企业所得税优惠的技术转让所得范围。年度技术转让所得不超过 500 万元的部分，免征企业所得税；超过 500 万元的部分，减半征收企业所得税。

关于 H 集团是否需要缴纳营业税的问题，根据《财政部、国家税务总局关于股权转让有关营业税问题的通知》(财税〔2002〕191 号)的规定，"以无形资产、不动产投资入股，参与接受投资方利润分配，共同承担投资风险的行为，不征收营业税"。因此，H 集团不需要缴纳营业税。

[①] 《中华人民共和国企业所得税法实施条例》第 20 条："企业所得税法第六条第(七)项所称特许权使用费收入，是指企业提供专利权、非专利技术、商标权、著作权以及其他特许权的使用权取得的收入。特许权使用费收入，按照合同约定的特许权使用人应付特许权使用费的日期确认收入的实现。"

[②] 《中华人民共和国企业所得税法》第 6 条："企业以货币形式和非货币形式从各种来源取得的收入，为收入总额。包括：……(七)特许权使用费收入……"

2. H 集团利润分配阶段的税负

因甲国 R 公司的研发活动，H 集团取得了新产品的知识产权所有权，乙国 r 公司取得了新产品的知识产权使用权，因此，乙国 r 公司需要向甲国 R 公司支付特许权使用费，甲国 R 公司作为甲国的税收居民，需就该所得在甲国境内缴纳企业所得税。

当乙国分销商将产品销售给用户后，r 公司因商品的销售产生生产经营所得，应就该所得在乙国境内缴纳企业所得税。而当乙国 r 公司向甲国 R 公司进行利润分配时，R 公司相应地取得股息收入，而甲国通常对股息不会征税，因此，R 公司无需缴纳企业所得税。另，根据我国《企业所得税法实施条例》第 17 条关于"股息、红利等权益性投资收益，除国务院财政、税务主管部门另有规定外，按照被投资方做出利润分配决定的日期确认收入的实现"的规定，只要 R 公司不将 H 集团应得的股息汇回中国境内，H 集团就不会产生应纳税所得额，无需立即履行向中国境内缴纳企业所得税的义务。

3. 税收筹划之后的税负

因跨国研发投资活动缺乏稳定性，成本较高，风险性也随之增大，因此，H 集团必须通过税收筹划的方式最小化其所在的跨国集团在境内外应当承担的各项税负。最常见的方式是，与其国外控股子公司签订世界性的成本分摊协议，进行无形资产及无形资产所得收益的转移，协议的每个参与实体基于其占全球收入的份额分摊知识产权全球研发成本的一部分，从而相应地获得在各自区域内销售研发产品的权利。例如，H 集团可在甲国和丙国分别同时设立全资子公司 R 公司和 S 公司作为研发实体，并与他们签订成本分摊协议，约定由甲国 R 公司分摊研发成本的 30%，丙国 S 公司分摊研发成本的 40%，剩余 30% 由 H 集团自行承担。因签署成本分摊协议的每一参与方均被视为被研发无形资产的所有人，因此，无形资产产生的所得归属全体参与方所有，这样一来，甲国 R 公司和丙国 S 公司所开发或受让的专利权等各项知识产权无须另行向其上一级公司即中国 H 集团支付特许权使用费，因此可以为整个企业集团节省巨额的无形资产税负。

4. 投资退出阶段的税负

因对外投资潜在的风险性和不确定性，企业在以无形资产对外进行出资入股之后，可能因市场行情的变化或投资决策的调整，决定收回投资、进行清算。根据财政部、国家税务总局发布的《关于非货币性资产投资企业所得税政策问题的通知》（财税〔2014〕116号）中的规定，企业在对外投资5年内转让股权或投资收回的，应停止执行递延纳税政策，并就递延期内尚未确认的非货币性资产转让所得，在转让股权或投资收回当年的企业所得税年度汇算清缴时，一次性计算缴纳企业所得税。如果中国本土企业在对外投资5年内注销的，也应停止执行递延纳税政策，并就递延期内尚未确认的非货币性资产转让所得，在注销当年的企业所得税年度汇算清缴时，一次性计算缴纳企业所得税。

另外，还要特别注意，跨国企业集团内部进行无形资产使用权或者所有权的关联交易风险，无形资产的转让定价以及成本分摊协议安排的税收筹划与风险在后面章节会专门介绍。

在真实的商业环境中，企业进入一个国家或地区，初期的决策都是业务主导的。因此，功能资产风险的配置都是自发形成的，倾向于全功能。但是，随着国际化程度的加深，企业会意识到，按照集中的原则对价值链进行重整，会产生业务和税务上的益处。无论是什么力量驱动的价值链重构，都是税务筹划的时机，税务经理应当参与其中予以充分把握。

（四）无形资产本地化研发和受托研发给予合理回报

BEPS《无形资产转让定价报告》将开发、提升、维护、保护和利用并列为创造无形资产价值的五大环节，对无形资产价值创造的贡献成为分享无形资产超额利润的依据。实践中，中国成员企业在集团原有技术的基础上进行本地化的改造、升级、拓展，或者接受集团委托进行研发活动，均可能构成无形资产价值创造。建议：

1. 本地化研发或受托研发即使是在总部总体决策指导下，仍有具体决策、风险承担、资产使用、重要人员投入等特征，在价值创造中发挥着特定作用。总部决策应获取应有的利润，但不应忽视本地化或受托研发对无形资产价值的贡献，更不能仅靠法律形式人为地将超额利润归集到集团内的某一公司，特别是位于低税地的公司。

2. 研发不是一般性集团内劳务，不能仅按低成本加成率予以回报，要结合研发人员投入、研发成果利用以及研发中的成本节约等因素，对受托研发活动给予充分的补偿。

3. 有无形资产的法律所有权或仅提供资金而未承担相关风险、履行相应职能的企业，只能按独立交易原则获取与之相应的补偿，不能享有无形资产的超额回报。

【案例分析】

案例：微软公司的跨国架构与税收筹划

（一）案例背景

微软公司是一家全球知名的科技企业，在世界五百强中位列前茅，是美国引以为傲的企业。1995年，微软在北京投资设立了子公司，注册资产高达2000万美元，由于微软中国的财务报表显示，除个别年度实现微利以外，其多年来一直是亏损的，引起了我国税务机关的高度重视和反避税调查，最终向我国税务机关补税和利息共计 8.4亿元，被称为"中国反避税的第一大案"。事实上，这只是微软集团在全球避税架构中的一小部分，是其避税的一个简单缩影，本案例将站在一个全局的角度，全面剖析其在全球的避税框架，深度挖掘其转移利润规避税收的方法与途径。

（二）案情分析

微软早在 20世纪 90年代就开始谋划其在全球范围内的业务布局，分区域建立运营组织，负责全球业务的开展，努力提升其国际市场的竞争力并尽可能地减少其在各国的应缴税收。微软的销售渠道主要包括在线销售、经销商、分销商和OEM业务等。其中,OEM业务主要的经营范围是授权各个电脑制造商在个人电脑上预安装Windows的操作系统,而且该部分实现的收入将会列支在美国总公司的合并企业所得税申报表中缴税。而非OEM业务,即零售,则主要由新加坡、爱尔兰以及波多黎各的各区域运营中心负责,实现的收入也将相应地在各地缴纳税收。[①]各区域运营中心在微软避税中的作用如下:

1. 爱尔兰区域运营中心

位于爱尔兰的微软区域运营中心主要负责的是微软公司在非洲、欧洲以及中东地区产品的生产和销售经营。其在爱尔兰有多个实体:(1)爱尔兰公司(Round Island One,简称"RIO"),是美国微软在爱尔兰设立的一家全资受控外国公司(Controlled Foreign Company,简称"CFC"),但其总部是设立在百慕大群岛。(2)爱尔兰研发中心(Microsoft Ireland Research,简称"MIR")是属于爱尔兰公司的全资受控外国公司,并且它是作为非独立实体而存在着的,在爱尔兰区域运营中心内扮演着十分重要的角色。(3)爱尔兰经营有限公司(Microsoft Ireland Operations Limited,简称"MIOL")是爱尔兰研发中心设立的一家全资子公司,它也是作为非独立实体而存在的,主要负责生产微软产品的副本并销售给位于中东、非洲和欧洲地区的分销商,由分销商最终出售给消费者。这部分架构的核心在于,爱尔兰研发中心和美国微软公司签订了成本分摊协议,爱尔兰研发中心大约分摊微软在全球范围内研发成本的30%,并享有在非洲、中东和欧洲地区出售微软产品的权利即特许经营权。但由于绝大部分无形资产的研发活动都是在美国总部的微软公司进行的,所以事实上,爱尔兰研发中心负责的研发活动还不足微软总研发量的1%,即爱尔兰研发中心承担的研发费用与其实际所负责的工作量极度不匹配。

2. 波多黎各区域运营中心

波多黎各区域运营中心(Microsoft Operations Puerto Rico,简称

---

① 曾佩婷:《跨国公司无形资产转让定价的研究》,暨南大学2018年硕士论文。

"MOPR")是爱尔兰公司出资在波多黎各建立的全资受控外国公司。它在2006年就与美国微软签订了成本分摊协议以获得其在美国和美洲其他地区销售微软产品的权利，并根据它在美洲地区的销售额占微软全球总销售额的比例，据统计大约分摊了微软公司总研发成本的25%。同时，为了补偿微软知识产权的现有价值，波多黎各区域运营中心向美国微软支付了9~10年的买进支付。此外，位于波多黎各的区域运营中心 MOPR 和微软美国的子公司（Microsoft Licensing，GP，简称"MLGP"）共同签订了分销协议，在获得微软美国的授权之后，波多黎各区域运营中心生产的数字和物理副本要销售给微软美国子公司，由微软美国子公司将其销售给美国的消费者，但微软美国子公司要把在美国实现的销售额的 47.27% 支付给波多黎各区域运营中心。

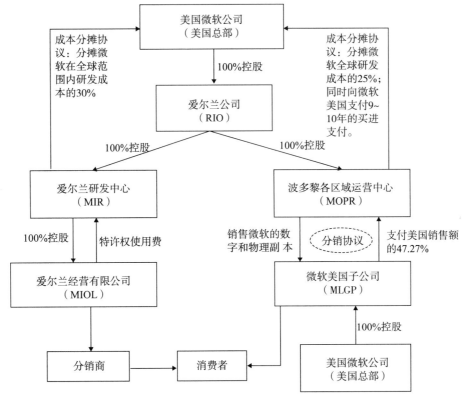

图 5-3　美国微软公司在爱尔兰的避税结构图

3.新加坡区域运营中心

新加坡区域运营中心(Microsoft Singapore Holdings Pte. Ltd.,简称"MSHPL")是美国微软的全资受控外国公司,主要负责微软公司在印度、中国、日本以及其他亚太地区的业务。新加坡区域运营中心下设两家子公司:

(1)微软亚洲有限公司(Microsoft Asia Island Limited,简称"MAIL"),是一非独立实体,位于百慕大群岛,没有员工和任何研发活动,是一家导管公司。其早在2004年就与美国微软签订了成本分摊协议,大约分摊微软全球研发总成本的10%,同时享有亚洲地区销售微软产品的权利。(2)微软运营有限公司(Microsoft Operations Pte.Ltd.,简称"MOPL"),也是一非独立实体,主要负责获得微软亚洲有限公司的授权后生产产品副本并销售给亚洲各地的分销商,通过分销商最终出售给消费者。

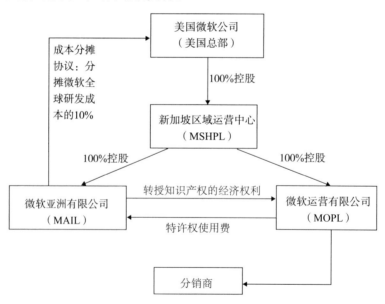

图5-4　美国微软公司在新加坡的避税安排框架图

通过上述的转让定价安排,微软成功地把绝大部分利润转移至爱尔兰、波多黎各和新加坡这三个低税率管辖区,只要境外子公司不分配股息,美国政府就无法对这些海外利润征税。事实上，微软通过无形资产的转让定价获得了巨额的免税。

（三）总结与启示

世界经济的基础架构已从最初的劳动密集型产业逐渐转向以知识密集型为主的产业，在知识产权的制度越来越完善，能够得到全球范围内法治保护的前提下，依靠无形资产获取特许权使用费等各类收入已渐渐成为跨国公司和发达经济体关注的途径，而无形资产具有的价值不可比性、收益的不确定性和非实体性等特征使得无形资产转让定价这种避税方式具有高度的隐蔽性。我国企业正积极地"走出去"，全面、深入地参与全球化竞争的浪潮，这需要我国政府和企业都认真对待跨国公司全球纳税的问题，从典型避税案中吸取经验和教训，从各个角度充分认识无形资产转让定价这一重要的避税手段，建立完备的股权架构，在防控风险的前提下，实现税务筹划。

第三节　跨国融资税收实务

随着对外投资结构多元化和投资方式创新化的发展，跨国融资成为"走出去"企业发展的重要运作环节。面对风云变幻的国际市场和纷繁复杂的投资环境，刚踏出国门的国内企业往往缺乏统筹全局的经验，在跨国投融资的过程中，因对业务因素的考量往往多于税收因素，导致企业税收负担加重，融资成本升高。目前，国内国际市场上常见的融资方式大体可以分为权益型融资和债务型融资两大类，不同的融资方式所面临的课税对象、所对应的税收问题以及产生的税收效果都大相径庭。

一、跨国融资方式与税收筹划

（一）融资方式

融资是企业根据自身业务实际需求、生产经营现状和资金运作情况，出于对未来经营和发展战略的考量,利用内部资金或向企业的投资者及债权人进行资金筹措的一种经济活动。国际融资是指企业通过国际金融和贸易市场来筹集资金,融资活动带有国际性的成分和色彩。

从税收筹划的角度分析,我们可以将筹资方式分为负债筹资(包括向银行借款、向非金融机构或企业借款、企业内部筹资、发行债券)、权益筹资(包括企业自我积累、发行股票)和其他筹资(如租赁)。虽然这些筹资方法基本上都可以满足企业从事生产经营活动对资金的需求,但企业资金筹集的方式不同,产生的税后效果却有很大差异,这必然会影响其以后各年度的净利润和所得税。对某些筹资方式的利用可以有效地帮助企业减轻税负,获取税收的好处。一般来说,企业以自我积累的方式所承受的税收负担要重于向金融机构贷款所承受的税收负担。贷款融资所承受的税收负担要重于企业间拆借所承受的税收负担,企业间拆借资金的税收负担要重于企业内部集资的税收负担。这是因为公司债和其他形式的债务产生的利息支出,可以作为利润总额的扣除数,而向股东、投资者分派的股利则不能在税前利润中扣除。

(二)融资方式的税收筹划

分析筹资中的税收筹划时,应着重考察两个方面:一是资本结构的变动究竟是怎样对企业业绩和税负产生影响的;二是企业应当如何组织资本结构的配置,才能在税收筹划的同时实现所有者税后收益最大化的目标。例如:在企业筹资计划中,筹资的利息支出是必须考虑到的问题。我国税法规定,凡在筹建期间发生的筹资利息,计入开办费,自企业投产营业起,按照不短于5年的期限分期摊销;在生产经营期间发生的筹资利息计入财务费用。财务费用可以直接冲减当期损益,进而减少税前利润,减少应纳税额,而开办费和固定资产、无形资产价值则须分期摊销。因此,为了实现税收筹划,企业应尽可能加大筹资利息支出计入财务费用的份额。

企业税后利润的留成形成了企业的自我积累,这种筹资方式使业主权益增大,资金所有权与经营权合二为一。但自我积累的速度慢,不适应企业规模的迅速扩大，而且自我积累存在双重征税问题，税收负担最重。自我积累的方式由于资金的占有和使用融为一体，税收负担难以转嫁与分摊，难以进行税收筹划。

由于历史原因以及现阶段我国特殊的资本市场结构与银行体制等方面的原因，我国企业比较普遍的筹资方式是向金融机构（如银行）进行融资。这种筹资方式的成本主要是利息负债。我国税法规定，向银行借款的利息一般可以在税前冲减企业利润，从而减少企业应纳税所得额；向非金融机构以及企业筹资操作的余地很大，但由于透明度相对较低，国家对此有限额控制。若从税收筹划的角度考察，企业借款及企业之间拆借资金的效果最佳。

向社会发行债券和股票属于直接融资，避开了中间商的利息支出。由于借款利息及债券利息可以作为财务费用，即企业成本的一部分在税前冲抵利润，减少所得税税基，而股息的分配应该在企业完税后进行，股利支付没有费用冲减问题，这相对增加了纳税成本。所以一般情况下，企业以发行普通股票的方式筹资所承担的税负重于向银行借款所承受的税负，而借款筹资所承担的税负又重于向社会发行债券所承受的税负。

二、跨国融资的主要税收风险

由于不同的融资方式面临的税收筹划问题不同，跨国融资的税收风险首先是融资方式选择运用不当的风险。股权融资在一定程度上和前面的控股架构问题有相通之处，以下主要强调债务融资方式的税收风险问题。

（一）跨国借贷的税收风险

由于历史原因，我国企业比较普遍的筹资方式是向金融机构（如银行）进行融资。这种筹资方式的成本主要是利息负债。我国税法规定，向银行借款的利息一般可以在税前冲减企业利润，从而减少企业应纳税所得额；向非金融机构以及企业筹资操作的余地很大，但由于透明度相对较低，国家对此有限额控制。若从税收筹划的角度考察，企业借款及企业之间拆借资金效果最佳。

如果境内企业要向境外企业提供信贷融资，此时就可能面临借款企业所在国课征较高的预提所得税。特别是上述两个国家之间如果没有签订税收协定，那么贷款企业面临的利息预提税税率可能会很高，境内母公司实际得到的净利息收入就将大大减少。在这种情况下，贷款企业通过中介（管道）金融公司向借款企业进行融资，利用中介金融公司所在国与借款企业所在国间的税收协定规避预提所得税，就成为国际避税的一项重要措施。

再则，如果利用中介金融公司安排贷款要比利用中介金融公司安排借款更为复杂，往往需要采取复合金融公司结构。因为与别国有税收协定的国家，其公司所得税税率一般较高，所以母公司通过中介金融公司取得利息虽可以减轻子公司所在国预提税的负担，但很可能要在中介金融公司所在国负担较重的公司所得税，从而达不到国际避税的目的。如果要让中介金融公司安排很小的借贷利差，则势必要把大量的利息支付给母公司，而母公司又设在高税国，大量的利息所得汇往母公司同样也达不到避税的目的。因此，在利用中介金融公司安排贷款时，需要在有广泛税收协定的国家（地区）设立一个管道金融公司，再在无所得税或低所得税的国家（地区）设立一个内部金融公司。位于高税国的母公司首先将资金支付给内部金融公司，内部金融公司再把这笔资金贷给管道金融公司，最后再由管道金融公司向外国子公司提供贷款。利息的支付方向正好与贷款的运动方向相反，子公司首先把利息支付给管道金融公司，因管道金融公司设在有广泛税收协定的国家，所以子公司所在国对向管道金融公司支付的利息就可能免征或征收较低的利息预提税。管道金融公司取得利息以后，可能要缴纳较高税率的公司所得税。但如果管道金融公司的借贷款利差安排得很小，而且其从内部金融公司借款的利息可以作为费用打入成本，那么尽管所得税税率较高，也不必缴纳很多的公司所得税。最后，管道金融公司再按借款利率向内部金融公司支付利息。由于内部金融公司设在纯避税地或低税国，所以这笔利息在当地不必负担较重的公司所得税。由于我们假定母公司设在高税国，所以内部金融公司不应再向母公司支付利息或利润，而应把利息或利润积累在本公司。而在上述避税安排中，有一个问题不好解决，即内部金融公司是设在无税国还是低税国，而这类国家或地区一般没有税收协定，因此，管道金融公司向内部金融公司支付利息时可能就要缴纳较高的利息预提税，从而使跨国公司的整个避税计划陷于失败。

跨国公司集团在利用中介国际金融公司发放贷款时，还涉及税收饶让优惠的利用问题，往往需要通过做出一种特殊的安排，才能巧妙地利用中介金融公司所在国的税收饶让规定，达到国际避税的目的。

另外，我们还要注意"内保外贷"形式下的"利用跨境投融资侵蚀税基"的风险，表现为境内企业贷款后转投给境外关联企业，使原本应由境外公司承担的借款成本转移到境内企业；境内企业将相当于税后利润部分的资金存入境内金融机构，以"内保外贷"的形式将境内企业资金冻结，作为境外关联公司取得贷款的担保，利润变相转至境外公司。对此，税务机关可以按照实质重于形式的原则，从企业资金来源、流出途径、使用目的等方面，结合企业自身的经营状况，分析企业跨境投融资实质并做出相应的调整，抵消企业筹划带来的好处。

（二）境外发债的税收风险

鉴于境内融资成本持续走高，国内对部分行业市场的调控力度持续加大，越来越多的中国本土企业转而在国际金融市场上开展债券的境外发行。境外发债有利于境内企业的海外扩张，通过筹集外汇资金拓宽融资渠道，并且可以规避境内融资环境收紧失调的风险。对于拟采取境外发债模式进行融资的境内企业，最关键的一点是确定发债主体，因此分为直接发债和间接发债两种模式，不同发债主体的选择将直接影响企业发债的税务成本。

直接发债是指境内企业作为发债主体直接在境外发行外币债券，境内企业需要向境外的债券持有者支付利息。根据我国《企业所得税法实施条例》第38条："企业在生产经营活动中发生的下列利息支出，准予扣除：（一）非金融企业向金融企业借款的利息支出、金融企业的各项存款利息支出和同业拆借利息支出、企业经批准发行债券的利息支出……"，境内企业为发行债券所需支付的利息被视为企业的经营成本，可以在计算企业所得税时进行扣除。而境外企业从境内获得的利息收入则需要缴纳预提所得税，如果境外企业所在的居民国与我国签订了税收协定，对利息收益规定了更加优惠的税率，境外企业可以申请享受税收优惠。由于直接发债在我国面临着较为严格复杂的审批程序，不可控因素较多，间接发债逐渐成为部分境内企业境外融资的首选方案。

（三）利息扣除风险

在进行负债筹资的税收筹划时，有关利息能否正常地税前扣除面临着有关的税收规则限制。

影响利息支出税前扣除的第一因素是注册资本，《企业投资者投资未到位而发生的利息支出企业所得税前扣除问题的批复》（国税函〔2009〕312号）规定：关于企业由于投资者投资未到位而发生的利息支出扣除问题，根据《中华人民共和国企业所得税法实施条例》第27条规定，凡企业投资者在规定期限内未缴足其应缴资本额的，该企业对外借款所发生的利息，相当于投资者实缴资本额与在规定期限内应缴资本额的差额应计付的利息，其不属于企业合理的支出，应由企业投资者负担，不得在计算企业应纳税所得额时扣除。资本性利息支出，如为建造、购置固定资产（指竣工－结算）或开发、购置无形资产而发生的借款利息，企业开办期间的利息支出等，不得作为费用一次性从应税所得中扣除。

第二是关联企业间借款对于利息支出税前扣除的影响。一般从关联方取得的借款金额超过其注册资本50%的，超过部分的利息支出，不得在税前扣除。[①]

第三是利息扣除标准问题。根据我国的税法规则，其对准予扣除的利息支出有利率的限制规定[②]，非金融企业向非金融企业借款的利息支出，不超过按

---

① 《财政部、国家税务总局关于企业关联方利息支出税前扣除标准有关税收政策问题的通知》（财税〔2008〕121号）。

② 《企业所得税实施条例》第38条规定："企业在生产经营活动中发生的下列利息支出，准予扣除：（一）非金融企业向金融企业借款的利息支出、金融企业的各项存款利息支出和同业拆借利息支出、企业经批准发行债券的利息支出；（二）非金融企业向非金融企业借款的利息支出，不超过按照金融企业同期同类贷款利率计算的数额的部分。"

照金融企业同期同类贷款利率计算的数额的部分。《关于所得税若干问题的公告》（国家税务总局公告 2011 年第 34 号）中明确指出："同期同类贷款利率"是指在贷款期限、贷款金额、贷款担保以及企业信誉等条件基本相同下，金融企业提供贷款的利率。其既可以是金融企业公布的同期同类平均利率，也可以是金融企业对某些企业提供的实际贷款利率。根据以上文件规定，企业允许税前扣除的利息支出所参考的利率，既包括法定利率，也包括浮动利率，即实际执行利率。目前，确认利率最大的争议在于，地方政府金融办审批设立的小贷公司是否属于税法认定的金融企业。这个问题需要企业与主管税务机关进行沟通，自行把握。

（四）租赁融资的税收风险

租赁作为企业资金筹集的一种形式，在市场经济中的运用日益广泛，许多专门的租赁公司也应运而生。对承租人来说，租赁既可避免因长期拥有机器设备而承担资金占用和经营风险，又可通过列支租金的方式，冲减企业的计税所得额，减轻所得税税负。对出租人来说，出租既可免去为使用和管理机器所需的投入，又可以获得租金收入。租赁还可以使承租人及时开始正常的生产经营活动并获得收益。因此，在企业理财中，租赁已成为借以实现税收筹划的一种重要手段。但就我国目前日益灵活的折旧制度 [1] 来看，其却对融资租赁租出的固定资产做出了限制 [2]。

（五）混合融资的规范与风险

在实践中，以债权和股权相混合的融资形式最为典型，有些国家和地区针对混合融资模式出台了专门的税收政策。想要采取混合融资模式的企业需要特别注意目标国税法中对混合性投资业务的范围和条件是如何界定的，例如，

---

[1]　不仅有效缩短了固定资产的折旧年限，使得分摊到每年的折旧费用增多，企业应缴的税额减少，还通过发布《关于进一步完善固定资产加速折旧企业所得税政策的通知》（财税〔2015〕106 号）等政策，允许固定资产的加速折旧，从而给予企业更多税收方面的优惠。

[2]　根据我国《企业所得税法》第 11 条："……下列固定资产不得计算折旧扣除：……（二）以融资租赁方式租出的固定资产……"

根据我国国家税务总局《关于企业混合性投资业务企业所得税处理问题的公告》（国家税务总局公告 2013 年第 41 号）："一、企业混合性投资业务，是指兼具权益和债权双重特性的投资业务。同时符合下列条件……（一）被投资企业接受投资后，需要按投资合同或协议约定的利率定期支付利息（或定期支付保底利息、固定利润、固定股息，下同）；（二）有明确的投资期限或特定的投资条件，并在投资期满或者满足特定投资条件后，被投资企业需要赎回投资或偿还本金；（三）投资企业对被投资企业净资产不拥有所有权；（四）投资企业不具有选举权和被选举权；（五）投资企业不参与被投资企业的日常生产经营活动。"

三、跨国融资税收风险防控措施

（一）跨国借贷中介金融公司的设置安排

首先是要注意设置中介金融公司。为了规避较高的利息预提税，企业有必要在一个与境外子公司所在国有税收协定的国家建立中介金融公司，然后通过该中介金融公司向外国子公司放款，这样就可以利用中介金融公司所在国与子公司所在国之间的税收协定减轻子公司所在国的利息预提税税负。

在采取复合金融公司结构安排贷款时，企业应当特别注意内部金融公司的选择对反避税风险的规避。企业一定要选择有广泛税收协定，或在无税收协定的情况下对向非居民支付利息征收较低或根本不征收利息预提税，而且还允许将借款利息打入成本的国家作为管道金融公司的居住国。但是，目前符合这些条件的国家并不多。例如，在没有税收协定的情况下，许多国家对向非居民支付的利息都征收较高的预提税，如英国、俄罗斯、波兰、菲律宾和爱尔兰的利息预提税税率为 20%，比利时和加拿大为 25%，美国为 30%，只有荷兰、卢森堡、丹麦、库拉索岛等少数国家对向非居民支付利息不征收预提税（瑞士对关联企业之间的正常贷款利息免征预提税，只对瑞士居民支付的债券利息和银行存款利息课征 35% 的预提税）。另外，也不是所有国家都允许本国公司将向非居民支付的借款利息打入成本，许多国家在这方面有严格的限制。目前，跨国公司一般都选择在荷兰、瑞士或库拉索岛建立管道金融公司，而多把内部金融公司设在巴哈马、百慕大、开曼群岛等纯避税地。

为了利用税收饶让条款的优惠，企业在采取复合金融公司结构安排贷款时更要注意安排的周密性。

（二）间接发债方式的利用

间接发债是指境内企业以其在境外成立的子公司作为发债主体在境外从事发债业务。子公司通常设立在对企业所得实行来源地管辖权且对居民企业的境外所得实行免征或减征的国家或地区，例如：万科地产于2013年3月通过其在中国香港成立的全资子公司万科地产（香港）有限公司的全资子公司Best gain Real Estate Limited在香港证券交易所发行了8亿美元5年期的定息债券。企业通过境外间接发债获取的资金可以通过外汇资本金和关联借款的方式汇回境内。外汇资本金是指境外发债主体以股权投资或增资的方式将资金汇回境内，从境内企业获取股息收益，后期需要缴纳预提所得税；关联借款是指境外发债主体将所筹集的资金以关联借款的方式提供给境内企业使用，境内企业需要支付借款利息，但该利息可以在计算企业所得税时进行扣除。

（三）利息扣除与租赁的合理利用

纳税人在进行所得税汇算清缴，确定借款利息支出的税前扣除金额时，首先要弄清楚需要考虑的所有因素，然后根据影响利息支出税前扣除金额的各种因素的先后顺序进行确认，不要顾此失彼，只考虑部分政策法规的规定。

企业在进行筹资的税收筹划时，利用租赁不仅使承租人可避免因长期拥有机器设备而承担资金占用和经营风险，又可通过列支租金的方式，冲减企业的计税所得额，减轻所得税税负。对出租人来说，租赁既可免去为使用和管理机器所需的投入，又可以获得租金收入。租赁还可以使承租人及时开始正常的生产经营活动并获得收益。但为了避免受到税收法规对租赁的限制，境内企业可以选择在允许以融资租赁方式租出的固定资产计算折旧扣除的国家或地区设立子公司作为出租人，开展融资租赁业务。

（四）融资方式的选择与组合

规避所得税的最终目的，无非是为了实现企业净利润的最大化，应综合考虑所选择的方式对所得税的影响程度，才可以合法、合理地达到税收筹划的目的。举债虽然有利息支出可以从税前利润扣除的优势，却存在到期还本的问题；发行股票、吸收直接投资，虽然分派出去的股利、利润不能在税前利润中扣除，却无还本之忧，而且吸收资金的速度与规模，都是举债所无法比拟的。在国际市场融资方式呈现出多样化特点的大背景下，融资方式的选择会影响企业的应纳税所得额和税收效益，不同的融资渠道会面临不同的税务处理方式，产生不同的税收效果，企业需要权衡每一种融资方式的利弊，对比融资成本和收益，评估风险、全面分析、优化方案、最佳组合。尤其对跨国企业集团来说，在全球范围内建立起最优化的资本结构是投融资决策所要追求的最基本目标，最优化的资本结构是指使企业集团的加权平均资本成本（资本成本为债务成本与股权成本之和）最小的资本结构，从而实现企业价值和效益的最大化。[①]需要特别注意的是，企业的债务资本大大超过股权资本时，会构成资本弱化，关于资本弱化的讨论将在本章第四节中展开。

【案例分析】

案例一：跨国公司融资架构中对资本弱化规则的利用 [②]
（一）案情与分析

中国 A 公司在俄罗斯和法国分别设有投资机构，并且 A 公司均百分之百控股，获得的所有税后利润均汇至 A 公司。下文为 A 公司通过选择恰当的融资资本结构和搭建有效的控股架构方式进行税务筹划的分析。

---

① 加权平均资本常用的模型为：$K_c = \left(\dfrac{D}{D+E}\right) \cdot K_d\,(1-t) + \left(\dfrac{D}{D+E}\right) \cdot K_e$。其中，$D$ 为企业的负债额，E 为权益资本，t 为公司所得税税率，为权益融资成本，为税前债务成本。对于采用混合型融资模式的跨国企业集团来说，在进行融资决策时，其可以采用上述模型对企业融资的加权平均资本进行计算，以对融资方案进行调整和优化。参见徐怡红、李靖坤：《跨国企业集团融资战略中的税收筹划》，载《财务与会计（理财版）》2011 年第 7 期。
② 林海：《中国企业对外投资的税收筹划问题研究》，广东财经大学 2019 年硕士论文。

方式一：选择恰当的融资资本结构

表 5-1　案例涉及的投资国关于资本弱化的规定

国家	固定比例法	正常交易原则	关联方持股	超额利息处理方式	债务类型
俄罗斯	3:1（金融 12.5:1）	无	20%	视为股息，征15% 的预提税	外国关联方债务
法国	1.5:1，息税前利润 25%，关联方利息支出不超过借款方利息收入	有	50%	视为股息，征30% 预提税	关联方贷款和关联方担保贷款

由于工程发展需要，投资于俄罗斯的甲工程和投资于法国的乙工程分别需要 1 亿美元的资本。假设两个工程的 EBIT 均为 0.5 亿美元，资本弱化规定俄罗斯债务权益比例为 3:1，资本弱化规定法国债务权益比例为 1.5:1（投资国资本弱化相关规定见表 5-1）；俄罗斯国内规定股息预提税税率为 15%，法国国内规定股息预提税税率为 30%，均与中国协定持股比例为 25% 以上，预提税税率为 5%，否则，预提税税率为 10%。（见表 5-2）

表 5-2　案例涉及的投资国的相关税率

国家	企业所得税税率（%）	国内规定股息预提税税率（%）	国内规定利息预提税税率（%）	与中国协定的利息预提税税率（%）
俄罗斯	18	15	20	5
法国	33.33	30	50	10

税收筹划前，俄罗斯的甲工程和法国的乙工程所需的资金均由中国 A 公司投资增加注册资本，则此时甲乙两个工程的税收分析如表 5-3 所示。

表 5-3　税收筹划前两个子公司的税负情况

单位：万美元

项目	俄罗斯	法国
注册资本	10000	10000
息税前利润（EBIT）	5000	5000
利息支出	0	0
应纳税所得额	5000	5000

续表

项目	俄罗斯	法国
应纳所得税	5000×20%=1000	5000×33.33%=1666.5
A公司取得的股息	4000	3333.5
缴纳预提税	4000×5%=200	3333.5×5%=166.675
A公司实际收入	3800	3166.825
境外纳税总金额	1200	1833.175
境外纳税总金额占EBIT	24%	36.67%

在税收筹划前，A公司在法国的工程投资项目的税收负担很高，达到了36.67%，在俄罗斯的工程投资项目的税收负担为24%。根据受资国资本弱化的规则，企业运用资本结构进行税务筹划，将工程项目所需资金划分为注册资本和从国内A公司直接融资借款两部分。假设子公司没有其他的关联负债，并且支付给A公司10%的借款利息符合受资国的税法规定，现在运用资本结构进行税务筹划：在俄罗斯的子公司注册资本是2500万美元，从A公司借款7500万美元，刚好没有超过资本弱化规定的俄罗斯债务权益比例3∶1；在法国的子公司注册资本是4000万美元，从A公司借款6000万美元，刚好没有超过资本弱化规定的法国债务权益比例1.5∶1。具体税负情况如表5-4所示。

表5-4 运用资本结构进行税务筹划下的海外各子公司的税负情况

单位：万美元

项目	俄罗斯	法国
注册资本	2500	4000
从A公司借款	7500	6000
息税前利润（EBIT）	5000	5000
利息支出	7500×10%=750	6000×10%=600
应纳税所得额	4250	4400
应纳所得税	4250×20%=850	4400×33.33%=1466.52

续表

项目	俄罗斯	法国
A 公司取得的股息	5000−750−850=3400	5000−600−1466.52=2933.48
缴纳预股息预提税	3400×5%=170	2933.48×5%=146.674
缴纳利息预提税	750×5%=37.5	600×10%=60
A 公司实际收入	5000−850−170−37.5=3942.5	5000−1466.52−146.674−60=3326.806
境外纳税总金额	5000−3942.5=1057.5	5000−3326.806=1673.194
境外纳税总金额占 EBIT	21.15%	33.46%
税负下降百分点	2.85%	3.21%

由表5-4可以得出，在只运用资本结构进行税务筹划之后，投资于俄罗斯的工程项目税负降低到了 21.15%，比未用税收筹划时税负下降了2.85个百分点；投资于法国的工程项目税负降低到了 33.46%，比未用税收筹划时税负下降了 3.21个百分点。

方式二：搭建有效的控股架构方式

进一步设计如何再降低税收成本，需要考虑能否降低债权利息预提税和股权股息预提税。法国是欧洲联盟成员国之一，欧洲联盟针对欧盟成员国家有税法规定，卢森堡控股的法国子公司，当法国子公司向卢森堡母公司支付股息和利息时，免征股息预提税和利息预提税。卢森堡的税法规定里有参股免税的政策，具体来说，就是法国子公司汇回至卢森堡公司的股息不需要征收卢森堡的企业所得税，而从法国子公司汇回至卢森堡公司的利息收入，需要征收卢森堡企业所得税，但是可以通过转借的方法，免交这部分利息收入在卢森堡的企业所得税。具体可以按以下方法进行操作，卢森堡公司按照10%的利率从中国 A 公司借款，然后卢森堡公司再按照 10%的利率借款给法国的子公司，使卢森堡公司的利息收入与利息支出相等。企业通过这样转借的方法，不缴纳卢森堡的企业所得税。

根据中国香港与俄罗斯签订的税收协定，在持股比例达到规定的情况下，俄罗斯向中国香港支付的股息，股息预提税税率适用零税率。另外，对来源于境外的股息收入，在中国香港免征利得税，对外支付款免征预提税。所以，企业可以选择在中国香港设立一个中间控股公司，控股俄罗斯子公司，并且俄罗斯子公司依然选择向卢森堡借款。因为根据中国香港与俄罗斯签订的税收协定，如果俄罗斯子公司向中国香港借款，需要对支付的利息征收 3% 的利息预提税，而如果俄罗斯子公司向卢森堡控股公司借款，支付的利息免征预提税。由于卢森堡对境外利息征收卢森堡企业所得税，仍可以选择转借的方式，免征卢森堡的企业所得税。具体的中间控股架构及转借款架构如图 5-5 所示。

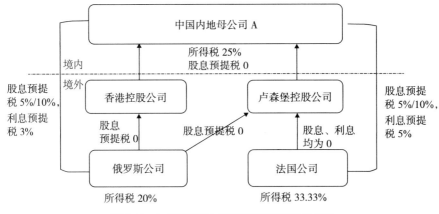

图 5-5 A 公司搭建中间股权架构及转借款架构

搭建中间控股架构并且采用间接借款的方式后，工程项目所在国的税负情况如表 5-5 所示。

表 5-5 搭建中间股权架构和间接借款的筹划情况

单位：万美元

	项目	俄罗斯	法国
工程项目所在国的税负情况	注册资本	2500	4000
	从卢森堡公司借款	7500	6000
	息税前利润（EBIT）	5000	5000
	支付卢森堡公司利息支出（10%）	7500×10%＝7500	6000×10%＝600
	应纳税所得额	4250	4400

续表

项目		俄罗斯	法国
工程项目所在国的税负情况	应纳所得税	4250×20%＝850	4400×33.33%＝1466.52
	向中国控股公司分配股息	（0%）0	（0%）0
	缴纳股息预提税	（0%）0	（0%）0
	缴纳利息预提税	（0%）0	（0%）0
	工程项目所在地纳税总额	850	1466.52
中间控股公司的税负情况	控股公司取得税后股息	（中国香港）3400	（卢森堡）2933.48
	卢森堡借款公司获得利息和支付利息	750	600
	中间控股公司所得税	（中国香港）0	（卢森堡）0
	股息保留在控股公司的整体税负	850	1466.52
	向中国内地A公司汇回的股息	（从中国香港汇）3400	（从卢森堡汇）2933.48
	向中国内地A公司汇回的利息	750	600
	利息和股息缴纳预提税	（0%）0	（0%）0
中国境外总税负情况	境外纳税总额	850	1466.52
	境外纳税总额占EBIT	17%	29.33%
	境外税负共降低百分点	7%	7.34%
中国内地A公司的税负情况	A公司收到股息还原成应纳税所得额	4250	4400
	中国A公司收到利息	750	600
	中国内地应缴纳所得税	5000×25%＝1250	5000×25%＝1250
	境外已缴纳税额	850	1466.52
	应补缴税额	400	退216.52

通过搭建中间控股架构并且采用间接借款方式进行税收筹划，工程项目所在国的税负降低幅度均比单纯运用资本结构进行税收筹划后的税负降低幅度更大。由表5-5可以知道，投资俄罗斯的甲工程项目在运用搭建中间控股架构并

且采用间接借款方式的税收筹划方法后,相比税收筹划前的税负下降了7个百分点。投资法国的乙工程项目在运用搭建中间控股架构并且采用间接借款方式的税收筹划方法后,相比税收筹划前的税负下降了7.34个百分点。

（二）总结与启示

在企业跨境融资中,合理合法地利用资本弱化规则,通过搭建有效的控股架构和选择恰当的融资资本结构,可以有效地降低企业的税负。但在利用该规则时,企业要关注母公司所在国和东道国,以及国际上对资本弱化反避税的相关规定,在合法的范围内进行税务筹划,避免因偷漏税给企业带来更大的经营风险,甚至法律风险。

案例二：某企业海外并购中的融资架构

（一）基本案情

A集团是中国最大的化工企业,瑞士的C集团是世界领先的农业科技公司,A集团并购C集团对中国农业现代化发展,保障粮食安全具有重大的国家战略意义。由于交易金额巨大,此次并购融资设置了复杂的交易结构,共设立了三层结构、多家SPV（特殊目的的公司）[①]。第一层结构是境内主体,由A公司的全资子公司B公司来执行这个交易;第二层结构为中国香港设立的四家SPV1~4;第三层结构为欧洲主体,上层一个中国香港SPV公司全资持有一个卢森堡SPV5公司,而这个卢森堡公司又全资持有一个荷兰公司SPV6公司（执行要约收购的最终买方）。同时,被收购方C集团在瑞士设置一个财务子公司SPV7。该架构对于股资注入阶段和利息红利分配阶段的税务减免均发挥了重大作用。

（二）案情分析

1. 股资注入阶段的税务筹划

合理利用债权融资的税盾效应和组建有效的控股架构是融资资金安排环节的核心问题。A集团主要通过设置多国、多层的股权架构,利用债务融资利息

---

① 杨昕妍:《中国企业跨境并购税务筹划方案研究》,广东外语外贸大学2020年硕士论文。

抵税效应进行了税务筹划,具体来说:第一步,A公司以50亿美元的专项资金投资SPV1;第二步,SPV1以50亿美元的注册资本金加上70亿美元的永久债,共计120亿美元注资SPV2;第三步,SPV2以银行A提供的100亿美元的永久债券,银行B提供的10亿美元永久债券,以及投资机构提供的20亿美元可转换优先股,共计250亿美元注入SPV3;第四步,A银团为SPV3提供125亿美元的银团授信,SPV3将共计375亿美元的融资注入SPV4,由此层层控股递推到SPV5和SPV6;第五步,SPV6获得B银团的68.12亿美元贷款;第六步,在C集团所在国瑞士设立SPV7作为中间财务公司,上层控股公司荷兰子公司向其贷款,贷款资金用于收购C集团股权;第七步,从C集团原股东处收购后,将财务公司SPV7与C集团合并。

从税务的角度来看,相较全部由股权融资,当前融资方案可以产生利息抵税效应,首先利息由中间控股公司负担,接下来使利息下沉至C集团子公司,尽可能抵免融资利息,尽可能多地节税。

2.股息红利分配回国阶段的税务筹划

中国A集团要收购的C公司位于瑞士,根据《中瑞税收协定和议定书》第10条第2款规定,瑞士居民企业向中国居民企业分红,瑞士可以就该分红征收不超过10%的预提所得税;同时第23条规定,中国居民企业就该分红在瑞士缴纳的所得税可以在境内所得税中进行抵免,要求是该中国居民公司拥有支付股息公司股份不少于10%。由于相关条款规定了瑞士公司在向中国母公司分红时存在预提所得税。那么,假设中国A集团没有设立中间控股公司,而是直接投资的话,如果C集团向中国A集团分红1000万美元,不考虑境内所得税补缴,该笔分红首先要在瑞士境内缴纳100万美元的预提所得税,实际分回国内的分红只有900万美元。此案例中,A集团没有采用直接控股投资的方式,而是采用设立多层中间控股公司的间接投资的方式。A集团为了这笔收购一共设立的6家SPV公司,其中有4家设在中国香港,一家设在荷兰,一家设在卢森堡,都是国际上有名的避税港。假如同样分派股息1000万美元,那么在现有离岸架构的情况下，该笔资金的流动顺序如下：第一步，按照股权层级，该笔资金将首先从瑞士分给荷兰的 SPV6，根据荷兰税法规定，荷兰公司持有外国公司的股份达到 5% 并且连续持有时，从外国企业取得的分红免税，因该笔分红在荷兰当地免征企业所得税，同时由于荷兰与瑞士签署了双边税收协定，从瑞士汇往荷兰的股息享受 5% 的优惠预提税税率，那么该笔分红到达荷兰后的金额为 1000−1000×5%＝950 万美元；第二步，该笔分红再从荷兰的 SPV6 分给卢森堡的 SPV5，由于荷兰税法规定对汇出国外部分的股息红利免征预提税，因此 SPV5 仍然能够收到 950 万美元，同时根据卢森堡公司的税法规定，如果卢森堡的母公司持有境外子公司的股比在 10% 以上，或者投资额在 120 万欧元以上，并且持有境外子公司的股权超过 12 个月，而境外子公司注册地属于欧盟国家，那么境外子公司的分红免征卢森堡公司税，由于荷兰的 SPV6 同时满足上述三个条件，所以该笔分红分到卢森堡后无须就该笔收入纳税；第三步，SPV5 再将这笔钱汇给香港的 SPV4，由于卢森堡和中国香港之间的避免双重征税协定，卢森堡企业向中国香港母公司分红同样无须缴纳预提税，因此这笔钱到香港 SPV4 之后仍然是 950 万元，同时，由于香港不对来源于香港之外的收入征税，因此该笔收入也免征香港利得税。通过上面的分析可以看出，与直接投资相比，通过搭建中国香港－卢森堡－荷兰－瑞士的离岸架构，借助不同地区的税收政策和双边税收协定，每笔 1000 万美元的分红可以节省 50 万美元，减税程度高达 50%。

在该笔资金到达中国香港之后，A 集团可以选择把这些资金留在境外，也可以选择继续汇回境内。汇回国内的话，由于香港不向股息和利息征收预提税，因此该笔分红只需补缴境内所得税。而如果将利润暂时保留在香港的话，由于香港的积累盈余可以无限制地保留，无须就境内外税差补缴所得税。综上，相比于不设立 SPV 公司，通过搭建适当的离岸架构开展海外投资，与境外直接控股投资相比，同样一笔分红能够节省数目不菲的支出，对于之后的项目管理也起到了降低整体税负的作用。

（三）总结与启示

在企业进行跨境并购时，设立合理的控股架构和有效利用税盾效应就能够有效降低企业的税收负担。在合规的前提下，在企业正式实施并购前，进行税务筹划是有必要的。企业可以选择合适的资金安排方式，通过境外借款，将利息费用下沉到子公司，产生税盾效应，从而实现税负减轻。一般来说，债权融资相比股权融资，在税务方面更加具有优势。但是需要注意的是，第一，相关国家的资本本弱化规则，超出债资比的利息无法产生税盾效应，第二，利息费用需要拥有足够的扣除空间，第三，并购目标公司向中间控股公司支付利息时，尽量不征收利息预提税，中间控股平台对境外利息所得不征税。

第四节　资本弱化的反避税风险管理

因权益性资本和债务性资本对应的资金来源分别所需支付的股息和利息在税务上面临不同的处理手段和税收效果，资本弱化成为跨国企业融资筹划的重要方法，同时也受到各国反避税的规制。

一、资本弱化与税收筹划

资本弱化（thin capitalization），又称资本隐藏、股份隐藏或收益抽取，是指企业为达到减少应纳税所得额的目的，通过加大借贷款融资、减少股本投资，从而在被投资企业的资本中提高债务性资本的比重，降低权益性资本的比重。

（一）权益性资本和债务性资本的比较

资本弱化现象的本质是企业的资本结构中权益性资金和债务性资金的比率失调，企业无论采取何种投融资方式，首先需要对这两种资金的性质进行了解和区分。根据 OECD 于 2019 年 4 月发布的资本弱化报告，权益性资本和债务性资本的主要区别体现在以下三点：

1. 主体性质的不同

拥有权益性资本的主体即公司的股东,通过对公司进行股权或股份的投资,享有参与公司经营管理决策以及从公司获取与其出资比例相称的利润、股息或红利的权利,同时需要以其出资额为限对公司承担责任。由于股东对公司出资的比例在一定时间内是固定的,而公司的生产经营状况及企业利润所得受市场因素、政策因素的影响较大而起伏不定,所以股东所能获取的收益也会随之产生波动。除非所投资的公司面临解散或清算,否则,股东一般无法重新获得其对公司的原始投资,也不得以任何方式抽回资本,但可以通过股权转让的方式来重新获得原始投资的现有价值,只不过届时的价值可能高于或低于其原始投资的价值。而债务性资本的提供者即公司的债权人,通常提供给公司的借贷款总额是固定的,借贷利率也是经双方协商达成一致的,因此其因借款可以获得的收益也是相对固定的。借款期限届满后,借款本金和利息的偿付可以使债权人重新取得其原始投资,债权人甚至还可以为了早日赎回其投资额,以债权转让的方式将其债权全部或部分转让给第三人。除非交易的性质是集团企业或关联企业的内部借贷款,即债权人是借款人的股东,否则,通常而言债权人并非公司的所有者,因而也无需对公司承担责任。

2. 经济效益的不同

如前所述,债权人将借款提供给公司后,可以期待在借款期限届满后赎回投资的本金和利息,因此,债务性资本属于企业短期使用的"暂时性资本",对还本付息现金流出的期限和结构要求相对固定而明确。相比之下,权益性资本则属于企业长期占用的"永久性资本",构成法人的财产权,没有还本付息的压力,但对公司的股东而言,一般只有在决策者决定可以对公司的利润进行分配而不是转为再投资的时候才能取得收益,因此,收益实现的期限是相对无法预估的。这就意味着主要采用权益型融资方式和债务型融资方式的企业在运作模式方面存在很大差异,保守型企业为了降低生产经营的成本和债务风险,往往更倾向于通过权益型融资获取更多的权益性资金,并且尽可能少地举借债务性资金，而相对激进型的企业敢于通过债务型融资的方式筹措更多的债务性资金，使企业在短期内拥有更多的现金流以扩大生产经营的规模，但企业在短期内的成本和风险也会更高。

3. 税务处理的不同

权益性资本和债务性资本在本质上的差别之处导致这两种资本面临着截然不同的税务处理方式和税收效果。当公司产生收入或实现利益时，股东因权益型投资所能获得的利润分配（通常是以股息的方式），并不能在公司纳税之前在所得额中进行扣除，而公司因债务型融资对外举债所需支付的利息却可以在计算企业的课税利润时进行税前扣除，因为这些利息被视为企业为了产生经营收入或实现销售利润所必须支付的成本。

由此一来，在国内税收环境下，权益型投资产生的回报首先会在企业层面作为生产经营所得而需要缴纳企业所得税，随后因向公司股东分配股息还需要在股东层面缴纳相应税收，只不过为了避免双重征税现象的产生，部分国家或地区的税务当局会对前述税收给予减征或免征的优惠政策[1]。在国际税收背景下，企业的利润首先会在来源国面临第一重征税，在向境外股东进行利润分配、股息汇回的时候，不仅来源国可能会征收股息预提税，股东所在国可能还会就该股息征收企业所得税，只不过因税收政策和税收协定的存在可以对前述税种进行减征或免征，而且企业也可以选择将应获股息留在境外被投资企业，迟延进行利润分配，从而递延向境内进行纳税的时间。而对于采取债务型融资模式的企业来说，因借款或贷款所需支付的利息通常不会被征税，而且无论是在国内税收环境下还是在国际税收背景下，债权人是唯一可能因利息的取得而面临课税的主体。此外，在国际税收背景下，利息的支付可能还会像股息汇回一样被征收预提所得税，只不过预提所得税的税率可能会因为税收协定的存在可以降低或直接归零。

---

① 根据我国《企业所得税法》第26条："企业的下列收入为免税收入：……（二）符合条件的居民企业之间的股息、红利等权益性投资收益；（三）在中国境内设立机构、场所的非居民企业从居民企业取得与该机构、场所有实际联系的股息、红利等权益性投资收益……"

（二）资本弱化的税收筹划

基于对权益性资本和债务性资本的比较，不难发现，债务型融资相较于权益型融资可以给企业带来更大的资金流动性和更多的税收好处。因权益性资本和债务性资本对应的资金来源分别所需支付的股息和利息在税务上面临不同的处理手段和税收效果，企业因负债所需支付的利息通常可以被列为经营成本费用，可以在税前所得额中进行扣除，从而可以减少企业的应纳税所得额，而企业因股本投资应得的股息收入只能在缴纳完企业所得税后、在税后利润分配的阶段才能获取，因此不能在税前所得额中进行扣除。相比之下，债务型融资可以产生税盾效应，企业负债融资越多，债务性资金越多，债务到期所需支付的利息越多，相应地可以在税前扣除的金额就越高，企业所需缴纳的税款就越低。因此，为了实现节省税收的目的，企业的投融资手段普遍偏向于借贷款、发债模式，弱化增资募股的方式。

资本弱化的现象近几年呈现出频发的趋势，跨国公司通常的做法是将境外子公司的利润以利息而非股息的形式向母公司进行转移，从而可以在计算子公司的应纳税所得额时将利息于税前进行扣除，以此来降低整个集团的税负。尤其对跨国企业来说，为了降低整个集团的税收负担，跨国企业通常会选择从位于低税率国家或地区的关联方处取得借款，或者向位于高税率国家或地区的关联方支付借款，以实现利息支出在税前所得额中得到更多的扣除，使得整个集团的税收负担实现最小化。

二、资本弱化的限制规则与反避税风险

从理论上来说，税盾效应的存在并不违反法律法规的规定，但跨国公司往往滥用该手段，例如：明明要进行股权投资，却通过资本运作将其转变为债权投资，在实现节税甚至避税目的的同时，却对一国的税基造成了侵蚀的风险。为了防止跨国公司滥用资本弱化对国家税收利益造成损害，各国税务当局普遍重视对资本弱化现象的防范，纷纷从立法和政策的层面出台规定、采取手段对资

本弱化进行限制和规避。境内企业在开展境外投融资活动的过程中，在搭建集团内部的控股架构时，一旦缺乏对所涉及地区的资本弱化法规政策的全面考虑和深入研究，将导致企业投融资决策的不当，给企业正常的生产经营和资金需求造成负面影响，严重者可能会遭到税务部门主管机关的罚款，甚至面临税务纠纷，给企业造成额外开支。

（一）各国对资本弱化的限制规则

各国限制资本弱化的方式最主要有两种：一是对税前扣除利息的债务规模作限定，纳税人超过限定规模举债的债务利息不能当期税前扣除；二是直接对税前扣除的利息规模作限定。采取第一种方式的国家也有两种做法：一是所谓的公平交易方法，即在相同的条件下，如果债务人与债权人没有关联关系时，其应当或能够承受的债务规模；二是所谓的比例法，即规定允许税前扣除利息的最大债务规模不能超过股本的一定比例，这种方法也称债务／股本比例法，通常也被称为安全港模式。采取第二种方式的国家通常实行收入剥离法（earnings stripping approach），即规定允许税前扣除的利息不能超过营业利润或息税折旧及摊销前利润（EBITDA）的一定比例。

1. 公平交易法

英国是世界上为数不多的在资本弱化税制中采用公平交易原则的国家，在实操中，税务部门要依据公平交易原则，按照转让定价的原理对英国企业向境内和境外的关联方支付的利息进行审核和判定，如果英国企业没有按照正常的交易支付利息，利率过高或者根本没有进行借贷，则不允许将过量的利息（即借款方实际支付的利息与按照公平交易原则应当支付的利息的差额）在税前进行扣除，还会将不允许扣除的该部分利息视为股息，按股息的相关规定进行征税。

2. 固定比例法

实行资本弱化税制的大部分国家和地区都采用安全港规则，但各国制定的比率大同小异，例如，美国、德国、法国实行 1.5∶1 的比率，葡萄牙、土耳其采用

2:1的比率,而实行3:1比率的国家最多,包括澳大利亚、日本、墨西哥、新西兰、荷兰、韩国、西班牙等。各国不但制定了不同的固定比率,而且就如何计算这一比率有着不同的规定:(1)限定债务范围,税务机关通常会对适用于固定比率法的债务范围作出限定,债务范围规定得越宽,意味着资本弱化的税制越严格;(2)确定股本范围,大部分税务机关通常会根据企业的年度会计报表确定该企业的股本范围,具体内容包括法定股本、保留公积金、上年结转的保留收益、准备金,并且一般以账面价值为准,少数国家和地区规定以资产的市场价值为准;(3)限定适用对象,固定比例法并不当然适用于一国内的全部税收居民和非税收居民,各国税务当局从贷款提供人是否与被投资企业存在关联关系、贷款提供人在被投资企业中的持股比例以及贷款提供人提供的借款规模大小来加以区别。

(二)我国的资本弱化税制

我国2008年《企业所得税法》引入了资本弱化税制[①],后在有关法规中提出了资本弱化管理的概念[②],并明确了企业关联方债权性投资与权益性投资的比例标准。《企业所得税法实施条例》将防范资本弱化规则中的债权性投资定义为,企业直接或者间接从关联方获得的,需要偿还本金和支付利息或者需要以其他具有支付利息性质方式予以补偿的融资。对企业而言,如果接受关联方的债权性投资比例超过规定标准,那么实际支付给关联方超过规定比例部分的利息支出,不得在税前扣除。股权性投资则被定义为企业接受的不需要偿还本金和支付利息,投资人对企业净资产拥有所有权的投资。2016年6月《国家税务总局关于完善关联申报和同期资料管理有关事项的公告》(国家税务总局公告2016年第42号)第15条规定,企业关联债资比例超过标准比例需要说明符合独立交易原则的,应当准备资本弱化特殊事项文档。

---

① 体现在《企业所得税法》第46条及《企业所得税实施条例》第119条。
② 《特别纳税调整实施办法(试行)》(国税发〔2009〕2号)第7条:"资本弱化管理是指税务机关按照所得税法第四十六条的规定,对企业接受关联方债权性投资与企业接受的权益性投资的比例是否符合规定比例或独立交易原则进行审核评估和调查调整等工作的总称。"

在我国现行的税收制度下，如果企业接受关联方债务性投资与权益性投资的比例不符合法律规定的比例的，即金融企业超过 5:1，其他企业超过 2:1，或者企业的交易不符合独立交易原则的，则可以推定为属于资本弱化的现象，对于超出规定比例部分的利息，不允许在税前进行扣除。

（三）BEPS 行动计划

为了有效防止跨国企业利用利息扣除的手段转移利润，各国政府除了在国内推行各具特色的资本弱化税制之外，还在国际层面开展广泛合作。BEPS 行动计划中的第四项内容即特别针对各国资本弱化现象的"利息扣除行动计划"。各国税务机关一方面可以将"固定扣除率"作为应对企业通过支付利息进行利润转移、获得过多利息扣除的方案，允许企业扣除不超过基准净利息 /EBITDA 比率的净利息费用，基准"固定扣除率"一般在 10%～30%。另一方面，其还可以选择适用集团扣除率规则，即允许企业扣除不超过其所在集团的净利息 /EBITDA 比率的净利息费用，但是该比率要高于基准"固定扣除率"。OECD 认为，以收益为基础的利息限制方法可以确保一个企业的利息支出与其经济活动产生的应税所得直接挂钩。此外，OECD 还鼓励各国税务机关专门制定用以支持一般利息扣除限额及解决特殊风险的针对性规则，扩大适用的范围。

三、资本弱化的税收风险防范

在资本弱化国际规则不断确立和有关国际反避税合作不断加强的国际趋势下，跨国企业在进行资本弱化的税收筹划时更需要密切注意有关资本弱化限制的规则的遵守和有关安全例外的有效利用。

（一）基本策略

"走出去"企业在搭建控股架构时，应当充分考虑涉及地区的资本弱化法规，据此安排投资架构和投资额。企业在开展投融资活动时需要决定权益性资本和债务性资本在整个企业资本结构中的比例和配置，而资本弱化最显著的表现就是企业的资本结构中债务性资本明显偏高，而权益性资本明显偏低，即如果企业的债务／股权的比率越高，则该企业利用资本弱化进行节税或避税的风险可能性就越大。由于各个国家限制本国公司利用资本弱化以及加大利息支出来避税的法规不同，具体做法不统一，因而反避税的力度大小也不同，需要充分了解和善加利用。另外，企业还要关注资本弱化法的变化动向，尤其是 BEPS 法规的落实情况，评估其影响，并且适时出调整。

（二）重要环节

1. 独立交易原则下的合规性管理

依据我国实施的独立交易原则，如果向关联方支付的利息符合独立交易原则，则可以不受资本弱化法规规定的债务／股本比率的限制。根据《特别纳税调整实施办法（试行）》规定，企业关联债资比例超过标准比例的利息支出，应当准备、保存并按税务机关要求提供特殊事项文档，证明关联债权性投资的金额、利率、期限、融资条件以及债资比例等均符合独立交易原则，方可在计算应纳税所得额时扣除。因此企业需要提供的特殊事项文档包括：企业偿债能力和举债能力分析；企业集团举债能力及融资结构情况分析；企业注册资本等权益投资的变动情况说明；关联债权性投资的性质、目的及取得时的市场状况；关联债权性投资的货币种类、金额、利率、期限及融资条件；企业为取得债权性投资而提供的抵押品情况及条件；担保人状况及担保条件；同类同期贷款的利率情况及融资条件；可转换公司债券的转换条件；其他能够证明符合独立交易原则的资料。

2. 融资性质的控制

一是避免超额的利息支付问题，如果关联企业之间进行的交易确实为利息的支付，但约定的利率远高于公平交易情形下的利率，则有些国家会将超额部分的利息认定为利润的转移。二是避免"混合融资"的推定问题，如果税务机关无法立即判断出企业的融资方式属于债务型融资还是权益型融资，则一般会推定为混合融资的模式。三是避免间接借款问题，即间接从关联方获得的债权性投资，通常变现为担保费、抵押费和其他具有利息性质的费用，也受到资本弱化的限制。在这些情况下，税务机关将不允许企业将超额部分的利息在税前进行扣除，并且会将其认定为股息。

【案例分析】

案例一：某国跨国公司的中国子公司接受母公司担保借贷避税案

（一）基本案情

2016年，陕西省国家税务总局通过对本省重点企业账目的专项检查，发现某国跨国公司的中国子公司有进行纳税筹划避税的现象。首先，企业资产负债率存在异常。该子公司2012年至2014年的对外公开数据显示，其近3年平均资产负债率等指标明显高于一般内资企业，而且经营往来账册中存在着比较多的无法说明来源的融资费用，3年间的利息支出高达2100多万元，每年均有高额的质押费用和担保费用被转移至境外母公司。其次，企业长期亏损却不断融资。从相关公开的上市公司数据窥探，该子公司至少有近4年的回款期，但是从2008年正式运营以来，其账面却显示一直无法盈利。奇怪的是，该企业却仍然能从有关方面收获巨额融资。其中2013和2015两年分别增资100万美元和1377万美元，总投资金额高达5480万美元。最后，尽管亏损严重，该企业仍然受到关联机构的青睐。

根据常理，一个无法盈利和分红的企业，金融机构唯恐避之不及，但在其所属跨国公司的担保下，仍然同外界签署了巨额借款合同，该企业很有可能存在避税动机。面对上述问题，税务部门决定对这家公司及其关联方启动反避税调查。通过搜集和整理可疑的账目及资料，依据我国税法和双边税收协定的要求，经过国税局不懈的努力，该企业最终承认其长期负债经营，利用不合理的借贷安排增加税前扣除，进行避税。这是典型的利用资本弱化手段逃避我国税收监管的手法，根据特别纳税调整办法，税务部门对该企业及其关联方进行了处罚，除去弥补亏损的部分，共为国家挽回了1000多万元的税款。

（二）总结和启示

在实践中，寻求资本弱化避税的企业通常非常规地提高其税前利息扣除额，这样在缴纳企业所得税时，其申报的以股息形式获得的报酬，不需要反映其真实的经营实绩，以从中攫取税收利益。权益性投资和债权类投资在利息税前扣除的上述差异性，对跨国公司而言，由于借贷双方属于同一个利益集团，意味着在设置子公司的资本结构时，可以非受限地选择资本弱化。从另一个角度来说，子公司只可就税后净利润向域外股东或母公司发放股息，且境外母公司在收取时应向东道国支付预提所得税；而子公司的利息费用却可以进行税前列支，此时境外股东只需就利息收入缴纳预提所得税，从而达到通过人为操纵融资方式降低集团整体税负的目的。本案可以被当作是跨国公司进行境外资本弱化避税的反面教材。通过由母公司向子公司直接提供资金借贷或融资担保，子公司完全承担了向第三方银行还本付息的义务，这样一来，对于投资来源地来说，无疑丧失了对企业的经营利润进行征税的权利，而子公司则利用财务费用的不当列支，从容地逃避税收监管。有统计资料显示，越来越多的境内上市公司的债资比例逐年上升，这说明内资企业在筹集资金时也已经开始偏向于使用负债来筹集，剔除行业特征的影响，较高的负债率仍然值得税务机关对此保持警惕。作为企业，利用资本弱化的规则合理避税时，也要关注各国关于资本弱化的反避税规则，防范偷漏税带来的法律风险和经营风险。

案例二：企业利用债权性投资代替权益性投资避税案

（一）基本案情

自2011年起，漳州市国税局为加强反避税管理，实施建立反避税案源库制度，要求各基层单位关注关联交易，定期上报反避税案源。在此机制下，2013年6月，A汽车配件产品生产企业进入了漳州市国税局稽查人员的视线。

征管信息显示，这家企业是2009年成立的跨国公司，主要从事汽车配件的生产销售，2009—2012年销售收入增势良好，账目显示却是连年亏损，各年度毛利率均为负值,4年累计亏损达1.8亿元。这种巨额亏损与其连年增长的销售收入显然不匹配。另外,该企业同期的销售成本与销售收入严重倒挂,费用金额较大。据此,稽查人员怀疑这家企业存在转让定价避税的可能。

了解情况后,漳州市国税局在上报案源报告前,一方面组织人员实地走访A企业,详细了解企业的生产经营、工艺流程、关联申报、货物流以及资金流等情况,核实潜在的关联关系;另一方面综合工商查询、香港网上查询注册中心等渠道提取第三方疑点信息,通过对反避税案源数据库中被查企业的财务数据、涉税信息等相关资料进行可比性分析和功能差异调整,拟定反避税案源审计报告。同年6月13日,经国家税务总局批准,漳州市国税局正式对A企业特别纳税调整事项启动立案调查。

(二)案情分析

经过一年多的案头审计、实地核查、调取账簿、约谈协商,漳州市国税局终于厘清了A企业"通过不合理的产品作价方式、资本弱化等手段进行转让定价,向其境外关联方转移利润,造成巨额累计亏损以避税"的事实。根据A企业的实际生产、经营情况,该局充分考虑其合理诉求,决定采用所选取的可比的企业2009—2012年完全成本加成率中的位值,作为完全成本加成率的调整口径,对A企业2009年创办初期的特殊因素进行相应的适当调整。历经5轮谈判,双方终于就反避税调整方案达成共识,具体涉及两项调整,即企业关联销售收入调整和资本弱化问题调整。两项合计调增应纳税所得额2.21亿元。调整后A企业应税所得率为2.7%,应补缴企业所得税1300万元,并按规定另付利息。此外,其相应核增A企业2009—2012年的免抵税额3700多万元。

资本弱化问题调整方面。税务调查证实,A企业账面上长期亏损,自2010年起处于资不抵债的状况,依靠其境内关联企业提供的委托贷款维持生产、经营,2010—2012年累计委托贷款额高达6.6亿元,支付关联方利息1500多万元,关联债资比分别为1.5:1、3.12:1和4.71:1。这表明,A企业是利用债权性投资代替权益性投资的多列利息支出。鉴于A企业除2011年外的其他年度,税负率与其境内关联方所在地所得税率相同,2010年、2012年所发生的关联借款利息准予扣除。因资本弱化不得抵扣的关联利息支出,由1%的税负率差异产生应补所得税额,由此确定对A企业调增2011年应纳税所得额近140万元。

【延伸阅读】

1. 朱青编著:《国际税收》,中国人民大学出版社2018年第9版。

2. 赵卫刚、王坤编著:《"走出去"企业税务指南》,中国市场出版社2017年版。

3. Haufler, Andreas and Runkel, Marco, Firms' financial choices and thin capitalization rules under corporate tax competition, European Economic Review, 2012.

4. 毛程连、马新月:《资本弱化税制:缺陷与完善》,载《税务研究》2016年第10期。

第六章

跨国运营过程中的税收风险防控

【内容摘要】

　　"走出去"企业在跨国运营过程中会面对各种不确定的风险,其中的税收筹划及税务管理问题更为复杂具体,而且直接关涉企业的经营效益,因此,需要跨国公司实施相的应措施来应对投资经营过程中的税收风险,以保证企业营运税收环境的稳定。由于跨国经营过程中企业内部业务和财务联系的广泛性,以及不同国家或地区间税制差异的存在,转让定价成为"走出去"企业进行税收筹划最重要的方式,相关的税收风险防控也是跨国企业实践应对的重点。其中,预约定价协议、成本分摊协议等方式的运用与风险防控更是跨国经营中税收风险防控的突出问题。

第一节　跨国经营过程中的税收筹划与税务管理

一、国际投资运营过程中的税收筹划与税务管理问题

　　在跨国营运过程中,企业的税务工作包括税收筹划和税务管理这两大并行并重的方面,没有筹划的税务管理是盲目、混乱而低效的,缺乏管理的筹划则风险重重、难以实施。国际投资营运过程中产生的跨国所得及交易活动涉及不同的税种并构成不同税制下的不同征税对象,不仅需要在投资决策中预先做出

相关税收筹划，更有赖于跨国企业在投资经营过程中的税收筹划与具体的税务管理。

（一）国际投资运营过程中的税收筹划

跨国公司在生产和销售过程中税收筹划的基本原理是利用公司架构设计建立灵活的内部结构，并由此开展一系列的使税收最小化的业务活动，包括利润再分配和利润减少等。利润再分配是指将跨国公司的全球利润安置到税负水平相对低的国家；利润减少是指将部分费用、利息、特许权使用费的付款归入跨国公司内部低税国居民公司的财务收益之中。跨国公司生产经营过程中的税收筹划方法的运用多种多样，主要有利用转让定价、利用税收协定、利用跨国并购、利用国际租赁、利用跨国信托和电子商务等，而且随着国际产业模式的更新和国际反避税合作的加强，越来越复杂和专业化。

1. 利用转让定价

转让定价是指公司集团内部机构之间或关联企业之间相互提供产品、劳务或财产而进行的内部交易作价，通过转让定价所确定的价格被称为转让价格。由于转让定价是跨国公司内部经营管理的需要，本身也是跨国公司价格战略的一个重要组成部分，所以成为跨国税收筹划的主要方法。转让定价的税收筹划可以广泛应用于跨国关联企业之间的各项交易，包括销售产品、提供劳务、发放贷款和转让技术等。在这些交易中，通过实施一定的转让定价策略，跨国公司就可以把公司集团的利润从一个国家的关联公司转移到另一个国家的关联公司。例如，为了使海外某一国家的子公司获得较高的利润，跨国母公司可以向其低价销售产品的零部件，或由子公司向母公司高价出售产成品。又比如，为了减少海外子公司的利润，跨国母公司在向其提供劳务、贷款或专利使用权时可以收取较高的劳务费、利息或特许权使用费，从而把子公司的一部分利润转到母公司的账上。此外，在关联企业的运输费、保险费、管理费和佣金等费用的支付上也可以采用上述转让定价策略。

2. 利用税收协定

为了利用不同国家间的税收协定和国内税法中的优惠，跨国纳税人将向另一国的投资通过第三国迂回进行，后续的跨国交易也随之做相应的筹划安排。

3. 利用跨国并购

进行跨国收购是跨国公司在投资国进行迅速扩张的有效方法，通过购并，跨国公司可以在当地市场中获取一个现有的服务网络，快速扩大和取得市场份额，并可以达到削弱竞争对手、取得先进技术的目的。从税收筹划的角度看，收购外国公司有两大好处：一是可以避免一系列企业登记注册手续费用，例如注册登记费、最低注册资本的交验和在某些情况下必须多缴纳的资本税和地方税；二是可以利用被收购企业的亏损，如果被收购公司在收购前已经失去支付能力，那么其债务在亏损后还可以冲抵整个跨国集团的应税所得。

4. 利用国际租赁

跨国租赁是指由设在一国的关联公司用银行贷款购买某一机器设备，然后再租赁给在另一个国家的关联公司。很多国家的税法中都有鼓励企业购买设备进行投资的条款，如加速折旧制度、投资税收抵免制度等，享受这两种优惠制度的公司必须要拥有此项设备的法定所有权，因此，利用国际租赁不仅可以得到税务方面的优惠，还可以使租赁企业以支付租金的方式冲减企业利润，减少纳税额。利用国际租赁不仅可以做跨国融资税务筹划，还可用作经营过程中的避税筹划，即通过租赁手段，在同一集团内部将一个企业的资产光明正大地转移给另一企业，以达到减轻税负的目的。

租赁避税筹划法源于经营租赁或融资租赁中谁可以要求折扣，谁又可以扣除成本，谁必须承担损失风险的安排。一种国际上惯用的避税手段是高税国的一个公司购置一项资产，比如以借入资金购买并将其按尽可能达到的最低价格租赁给低税国或无税国中的一个联营公司，后者以尽可能高的价格再租赁给另一联营公司。这个过程能获取双重税收上的好处：一是 A 国出租人和 B 国承租人都得以扩大折旧，作为扣除避开所得税；二是除了折旧以外，通过租赁业务，有权享受对投资的税收鼓励。借助于各种租赁方式可以将货物置于别人的支配之下，其中最主要的方面是工业、商业或科学设备的租赁。由于这种避税法的使用有流行并日益扩大的趋势，给各国国内和国际税收领域旧有的规则带来了一连串新的问题，并成为国际避税活动的又一个"乐园"。

5.利用信托避税

信托是指一个人或公司法人（信托人）把资产或权利（信托财产）移交给另一个人或公司等法人实体（受托人），让受托人成为财产的独立所有者，并负责用受托人自己的名义管理和使用这笔财产，以利于受益人。跨国纳税人（委托人）利用信托形式转移所得或财产，将自己拥有的财产转给受托人进行保管和经营，造成纳税人与其财产或所得的分离，从而在法律形式上消除人与物之间的某种联系因素，但又使分离出去的财产或所得仍受法律保护，可以留在高税国，而在某个低税国管理其资产和所得，以创造机会避税。另外，其还可以利用信托契约享受他国间的税收协定优惠。例如，一国纳税义务人与某一银行签订信托合约，该银行受托替该纳税人收取利息。当该受托银行所在国与支付利息者所在国签订有双边税收条约时，按此条约规定，利息扣款税率享有优惠待遇，则该纳税人即可获得减免税的好处。

6.电子商务避税

经济全球化背景下科技与电子商务的快速发展，对传统国际税收有关纳税人、常设机构、地域管辖权等的概念和规则提出了挑战，也很难准确地区分销售货物、提供劳务或转让特许权，因此也为跨国公司利用电子商务进行税收筹划创造了机会。

（二）跨国营运过程中的税务管理

企业跨国营运过程中的税务管理是指以税法遵从为目标的税收合规性管理，这是税收制度规范背景下的客观需要，也是对税收筹划的落实和保障。在我国税制不断完善、国际税收监管合作机制不断加强的背景下，从"走出去"企业的角度来看，营运中的税务合规性管理工作日益重要，而且内容更多、要求更具体、专业性更强。根据《风险管理指引》要求①，跨国企业的税务合规性管理工作包括税务登记、账簿凭证管理、纳税申报和缴纳、税务优惠的申请和报备、税务会计，以及税务档案管理，分为境内和境外两个方面。

1. 境内税务合规性管理的主要内容

为配合"走出去"战略的实施，鼓励和规范企业的境外投资，维护我国税收权益和"走出去"企业的合法税收权益，税务机关对"走出去"企业进行税收管理的过程中，初步形成了一套全面的制度和流程，覆盖了税务登记、信息报告、申报管理、外国税收抵免管理等各环节。

（1）税务登记管理。根据《税务登记管理办法》②，如果"走出去"企业在境外设立分支机构或以其他方式在境外进行投资，涉及税务登记表和税务登记证副本中填写信息发生改变的，应该按《税务登记管理办法》的规定，自境外投资项目被境内有关部门批准之日起30日内到所在地主管税务机关依法办理变更税务登记，向税务机关反映其境外投资的有关情况。

（2）境外投资和所得信息报告。根据《国家税务总局关于居民企业报告境外投资和所得信息有关问题的公告》（国家税务总局公告2014年第38号），符合规定的"走出去"企业应按要求向主管税务机关填报居民企业参股外国企业信息报告表和受控外国企业信息报告表，并按规定附报其他与境外所得相关的资料信息③。"走出去"企业未按照规定报告境外投资和所得信息，主管税务机关可根据《税收征收管理法》及其实施细则以及其他有关法律、法规的规定，按已有信息合理认定相关事实，并据此计算或调整应纳税款。

---

① 《风险管理指引》4.7.3完善纳税申报表编制、复核和审批，以及税款缴纳的程序，明确相关的职责和权限，保证纳税申报和税款缴纳符合税法规定；4.7.4按照税法规定，真实、完整、准确地准备和保存有关的涉税业务资料，并按相关规定进行报备。

② 《税务登记管理办法》第2条规定，企业，企业在外地设立的分支机构和从事生产、经营的场所，个体工商户和从事生产、经营的事业单位，均应当按照《税收征收管理法》及其实施细则和该办法的规定办理税务登记。同时，该办法第18条规定，纳税人税务登记内容发生变化的，应当向原税务登记机关申报办理变更税务登记。

③ 关于报告境外投资和所得信息的具体规定和其他有关事项，详见38号公告，以及《国家税务总局关于做好居民企业报告境外投资和所得信息工作的通知》（税总函〔2015〕327号）。

（3）境外所得申报管理。境外所得税收管理包括纳税申报、税款缴纳和抵免等。

（4）关联申报和同期资料管理。为落实 BEPS 行动计划对参与国的最低要求，国家税务总局结合多年的反避税工作实践，发布了《关于完善关联申报和同期资料管理有关事项的公告》（国家税务总局公告 2016 年第 42 号，简称"42号文"），明确了同期资料和国别报告的相关要求，同时对关联申报的内容加以细化，由此加大了企业信息披露范围。企业需要填报三个部分共 22 张表式[①]。

（5）居民身份认定管理。"走出去"企业在境外享受协定待遇，当地税务机关往往会要求出具《中国税收居民身份证明》。根据《关于开具〈中国税收居民身份证明〉有关事项的公告》（国家税务总局公告 2016 年第 40 号，简称"40号公告"），"走出去"企业可以向中国境内的主管税务机关申请开具《中国税收居民身份证明》。

（6）境外注册中资控股居民企业税收管理。《企业所得税法》规定，我国的居民企业同时适用注册地和实际管理机构标准。相关法规也细化了以上规定。在法规运用层面，针对境外中资企业依据实际管理机构标准实施居民企业认定分为两种情况：一是企业为了解决股息重复征税等问题而主动提出申请；二是税务机关为了避免税收流失对未提出申请的企业主动实施判定。

（7）受控外国企业管理。根据我国《企业所得税法》关于受控外国企业管理的规定，中国居民企业在实际税负明显偏低的国家或地区设立企业（子公司），如果子公司没有向其分配利润，且子公司不做利润分配，也没有正当理由，

---

① 基础信息部分包括《报告企业信息表》《中华人民共和国企业组年度关联业务往来汇总表》《关联关系表》，共 3 张附表；关联交易数据部分包括《有形资产所有权交易表》《无形资产新所有权交易表》《有形资产使用权交易表》《无形资产使用权交易表》《金融资产交易表》《融通资金表》《关联劳务表》《权益性投资表》《成本分摊协议表》《对外支付款项情况表》《境外关联方信息表》《年度关联交易财务状况分析表（报告企业个别报表信息）》《年度关联交易财务状况分科析表（报告企业合并报表信息）》，共 13 张附表；国别报告表部分包括《国别报告所得、税收和业务活动国别分布表》《国别报告所得、税收和业务活动国别分布表（英文）》《国别报告跨国企业集团成员实体名单》《国别报告跨企业集4团成员实体名单（英文）》《国别报告附加说明表》《国别报告附加说明表（英文）》，共 6 张附表。

那么中国居民企业必须就其应从子公司按股权比重分到的利润向中国税务机关申报纳税。对于采用中间控股架构投资的"走出去"企业而言,必须谨慎防范潜在的被中国或其他国家的税务机关实施反避税调查的调整风险。

(8)对外支付税务备案管理。为了简化企业办理的付汇手续,《国家税务总局 国家外汇管理局关于服务贸易等项目对外支付税务备案有关问题的公告》(国家税务总局、国家外汇管理局公告2013年第40号),取消了要求企业取得税务证明,对外支付前缴纳相应税款的规定,但就对外支付做了备案审查的要求。

2.境外税收合规性管理的主要内容

(1)税务登记和税务登记号。作为合规最基础的工作,"走出去"企业要在投资所在地根据当地规定进行税务登记,取得税务登记号。许多发达国家都建立了规范的企业境外投资登记申报制度,而且各国的管理体制结构不同,"走出去"企业要了解这些合规要求,并按照规定进行税务登记。很多国家都采用税务登记号。例如在韩国,为方便对企业境外投资进行管理,韩国国税厅向所有海外企业赋予税务登记编码,代码包括投资国家代码、企业类型和投资国家的税务登记证号。企业必须输入税务登记编码才能进行纳税申报。同时,韩国国税厅重视档案管理,要求海外企业在申报企业所得税时,提供企业明细单、海外企业财务报表、海外分支机构明细单等相关资料,并随时对企业境外投资变动情况进行跟踪管理。

(2)编制符合要求的会计报表。"走出去"企业的会计核算,一方面要满足内部管理的需要,另一方面要满足各种外部会计报表使用者的需要,并符合会计准则的规定。例如:为满足中国境内报表使用者(如国资委、税务部门、统计部门)的需要,编制中国会计准则的报表;为满足东道国报表使用者(如当地政府部门尤其是税务部门)的需要,编制当地会计准则的报表;境外上市的,为满足上市所在地的监管需要,编制证券交易所要求的会计准则的报表,例如:按照美国会计准则或国际会计准则编制报表。在纳税申报过程中,企业必须处理好内账和外账的差异。

（3）纳税申报与缴纳。中国企业在"走出去"过程中所面临的税务环境，因企业所投资国家、所投资行业，以及企业整体的合规性情况而异，企业需要了解其在投资所在国，甚至在投资所在国境外的所有经营业务是否具有投资国的应税义务，应遵守相关的合规性申报要求，按时履行纳税义务，尤其是纳税申报、关联交易申报和转让定价同期资料、派遣员工和当地雇员的个人所得税和社保税管理风险几个主要方面。

（4）税务优惠申请与报备。世界各国出于吸引外资或者贯彻产业政策等目的，会制定各种各样的税收优惠政策。但很多优惠政策只给予特定的主体。例如：免税进口设备的优惠一般只给予当地居民企业，一些重大的基础设施项目的税收优惠只给予投标的主体企业。因此，企业必须按规定条件提出申请及报备。

（5）税务会计及税务档案管理。对税务事项的会计处理应符合相关会计制度或会计准则及相关法律法规的规定，同时，会计处理也是防范和发现税务处理错漏的有力手段。

（6）税收协定待遇。了解和认识税收协定的内容和条件，正确利用税收协定维护自身的合法权益。

二、跨国经营过程中的税务风险

企业跨国经营过程中的税务风险可以分为税收筹划不足风险和税务合规性风险，以及相关的税收争议风险，由于有关的税收筹划方式和税收争议风险防控问题都分别有所介绍，这里主要归纳一下跨国企业营运过程中的税务合规性风险。由于企业跨国营运过程中决策者缺乏税务风险意识，经营决策和日常经营活动考虑税收因素影响和税务合规性不足，部门之间缺乏协调，信息流通不畅，缺乏相应的涉税流程规范和有关的专业操作人员，对一些税收法规政策模糊地带未事先与主管税务机关沟通等原因，往往会导致各种税务风险。根据国家税务总局 2009 年发布的《大企业税收风险管理指引（试行）》，企业经营过程中的合规性风险主要体现为重大决策中的税务风险、经营活动中的税务风险和税务合规工作中的税务风险。

（一）重大决策中的税务风险

企业营运中的各种决策必将产生税务后果，因为税收法规是基于对企业经济活动的理解制定的，企业的税务处理正是基于其经济活动应用税务法规的过程。企业重大决策中的税务风险，按其形成原因可划分为以下几种情况。

1. 决策人员未充分考虑税务处理。企业的重大决策，主要是受战略或者经营目标驱动的。在这一过程中，税务目标经常受到忽视，一些重大决策会没有税务经理参与或者参与太晚，参与程度太低，这样的决策往往隐藏着重大的税务风险。

2. 决策人员对税务处理分析错误。鉴于法规的复杂性与模糊性，有时候即使有税务专业人员参与，决策中对税务问题进行了考虑和分析，仍然会出现税务处理结果出乎意料的情形，而且个人的判断未必能为主管税务机关所接受。

3. 税收法规不清晰或者发生变动。即便税务分析正确，有一些税务风险仍然难以彻底消除。一种情形是，有些国家的法律法规中存在大量的模糊和空白，又缺乏明确的机制，致使不同层级、不同区域税务机关的解释不一致，投资者决策中无法消除不确定性。另一种情形是，法规的变动超出了原先的决策假设范围，从而出现意外的结果。

（二）经营活动中的税务风险

由于跨国经营活动中的税务问题的具体性，不可能让专业税务人员对每一笔业务都实施监控，所以业务部门的各项经营活动与相关税务管理的衔接问题往往会导致各种风险。根据有关业务划分，经营活动中对应的税务风险也可相应地分为如下几种。

1. 常规涉税业务风险。税务处理是业务处理的延伸，这是由于对日常性、重复性的业务活动中的常规性税务问题处理安排不足而导致的税务风险。比

245

如，企业原材料和产品的进出口业务中，由于进出口物流部门与财务部门间的配合衔接不到位，可能导致财务部门遭遇海关税收稽查的风险。

2.非常规业务的税务处理风险。由于企业的经营环境复杂多变，面对非常规经营业务则需要专门的税务处理应对。比如，企业在境外的代表处、子公司或项目公司超范围经营的问题，会导致当地的功能风险超出之前税务规划的范围，从而引发转让定价调查的风险。再比如，因进口资质、合同投标资质、设备使用调测安装资质等方面的限制，当地子公司提供的一些服务会无法直接交付，而是通过海外关联公司代为交付时，如果没有做相应的专门的税务处理，可能会导致重复征税的风险。

3.商业合同风险。由于商业营运是通过商业合同的订立和履行来完成的，商业合同是业务营运的重要文件，其中的风险除了有商业风险、法律风险外，还有税务风险，涉及双方纳税义务的分担和具体义务的确定与履行。通常表现为，税务条款不明会导致交易双方关于纳税义务的争议，比如价格是否含税和税种，需提供哪些税收资料，等等；标的及价格条款不明确也会导致海关税收征管方面的风险，比如与货物有关的特许权使用费的构成问题。

（三）税务合规工作中的税务风险

税务合规的工作包括税务登记、账簿凭证管理、纳税申报和缴纳、税务优惠的申请和报备、税务会计，以及税务档案管理。由于税务合规性管理的要求的不断加强，税务合规性工作中的税务风险也日益增大，分别体现在上述各个环节。

三、跨国经营过程中税务风险防控要点

在后BEPS时代，面对税收征管不断强化的国际发展趋势，对"走出去"纳税人的境外收入和所得加强税收风险管理，提升纳税遵从度，防范和打击跨境逃避税，是保护我国税基的根本要求，也是健全国际税收管理的重要支柱。从税务机关的境外投资税收风险管理来看，在以促进纳税遵从为核心、加强境外

税收服务管理的理念下，企业主要是结合"走出去"纳税人的基础信息，针对居民企业（含非境内注册居民企业）境外投资和所得信息报告、纳税申报的遵从风险分析及应对情况，按照不同风险等级对"走出去"纳税人实施分类分级管理，以及结合"走出去"纳税人的特点和跨境投资、交易的特征，对涉及受控外国企业、境外承包工程等发生频率较高或者风险影响较大的事项开展相关的税收风险分析及应对。税务机关征管的信息化、专业化、分层管理和强化风险管理的特征，对"走出去"企业的税收风险防控提出了巨大挑战。因此，根据税务机关对税收管理的指引和风险提示，"走出去"企业在跨国营运中不仅要树立风险意识和加强有关专业人才的配置，还应注意在跨国营运过程中有关方面的风险防控。

（一）与税务机关的合作

"走出去"企业在"走出去"的全过程中都应与中国税务机关紧密配合，共同应对可能遇到的税务风险。加强与税务机关的合作与信息交流，才能获得有效的税收服务。"走出去"企业一方面可以时刻洞悉国际反避税的新动向，并及时做出反应；另一方面可以获得税收方面的支持和帮助。

1. 即时获取有关税收协定条款的信息并即时开具《中国税收居民身份证明》。这样能够了解并正常享受税收协定的待遇，降低境外的税收成本。

2. 了解出口退税政策，及时向税务机关申请出口退税。如果用机器设备进行投资，或者向境外设立的企业出口货物，可享受出口退税待遇，应及时向我国税务机关出口退税部门申请出口退税。

3. 利用预先裁决制度[①]提高税务分析的确定性。由于法规的模糊性和复杂性，如果将待定事项该如何适用税法申请主管税务机关的解释，可极大地提高纳税人税收政策适用的确定性。

---

① 税务预先裁定，即税务机关就纳税人提交的待定事项该如何适用税法所进行的解释，可极大地提高纳税人税收政策适用的确定性。发达国家早有事先裁定的成熟做法，目前 OECD 的 34 个成员国中有 28 个国家，OECD 之外有 76 个国家，都已构建了一整套税务预先裁定程序。近年来，预先裁定在我国也开始起步。

4.关注预约定价安排等合作形式，提高纳税的确定性，以降低其关联交易转让定价的相关税收风险。

5.申请相互协商程序，解决国际税务争议。当"走出去"企业发现或认为缔约对方国家（地区）所采取的措施已经或将会导致不符合税收协定规定的征税行为，及时向税务部门反映并提出申请，由国家税务总局与缔约对方主管税务当局协商解决，通过政府间的正式接洽来解决①。另外，有条件的跨国企业还可以通过与税务机关签订《税收遵从合作协议》②，税企双方本着平等协商的原则，约定彼此的权利与义务。协议的核心内容是约定税务机关为企业提供更多的确定性和个性化服务，同时约定大企业要更主动地遵从税法，并积极、如实地向税务机关披露信息，这样可以更好地管控和应对税收风险。

（二）经营过程中的税务筹划

首先，经营过程中的重大决策应充分考虑税务处理。根据《风险管理指引》的明确要求，一方面，企业税务部门应参与企业战略规划和重大经营决策的制定，并跟踪和监控相关的税务风险。企业战略规划包括全局性组织结构规划、产品和市场战略规划、竞争和发展战略规划等；企业重大经营决策包括重大对外投资、重大并购或重组、经营模式的改变，以及重要合同或协议的签订等。另一方面，企业税务部门应参与企业的重要经营活动，并跟踪和监控相关的税务风险，包括参与关联交易价格的制定，并跟踪定价原则的执行情况；参与跨国经营业务的策略制定和执行，以保证符合税法规定。

其次，要保证决策中的税务分析水平，除了税务专业人员参与，还可通过申请税务预先裁定，以防范和应对出现税务处理结果出乎意料的情形；另外，还要应对税收法规的模糊或变动的风险。

---

① 《国家税务总局关于发布〈税收协定相互协商程序实施办法〉的公告》（国家税务总局公告2013年第56号）规定了相关程序。

② 税收遵从合作协议，是源自西方发达国家的关于大企业遵从风险管理的成功经验，在我国许多跨国企业都签订了这种协议。

（三）合规工作的管理

根据《风险管理指引》要求，企业应做好税务登记、账簿凭证管理、纳税申报和缴纳、税务优惠申请和报备、税务会计，以及税务档案管理等方面的合规工作。

1."走出去"企业要在投资所在地根据当地规定进行税务登记，取得税务登记号。

2."走出去"企业的会计核算，一方面要满足内部管理的需要，另一方面要满足各种外部会计报表使用者的需要，并符合会计准则的规定[①]。处理好内账和外账的差异，当地的税收法规与当地会计准则的规定之间的差异，以及中国税法和当地税法的差异。科目的设置要适度细分，确保明晰性，既要方便外账与内账的衔接核对，又要方便操作，会计核算要保持统一，及时调整关联公司间的应收应付金额，积极和当地税务机关及专业人士接触，了解当地具体的列支口径、分摊方法和票据等形式要求，以防范税务风险，减少不必要的税收负担。

3. 要了解当地纳税申报要求，及时申报，按时履行纳税义务。企业需特别注意申报方式[②]和时间、关联交易申报和转让定价同期资料、派遣员工和当地雇员的个人所得税和社保税管理等方面的不同要求和规定，具体可参考国家税务总局网站发布的国别（地区）指南。

4.税务优惠申请与报备管控，以及税收协定待遇的申请与合规管理。

5.对税务事项的会计处理应符合相关会计制度或会计准则及相关法律法规的规定，这也是防范和发现税务处理错漏的有力手段。作为一项日常工作，"走出去"企业需要将其会计记录（包括外账与内账）与相关的纳税记录进行定期调节和及时处理，以确保会计记录正确，包括：将业务收入与流转税计税基础之

---

① 例如：为满足中国境内报表使用者（例如：国资委、税务部门、统计部门）的需要，编制中国会计准则的表；为满足东道国报表使用者（如当地政府部门尤其是税务部门）的需要，编制当地会计准则的报表；境外上市的，为满足上市所在地的监管需要，编制证券交易所要求的会计准则的报表，例如：按照美国会计准则或国际会计准则编制报表。

② 就申报方式而言，有网上申报、自行申报、代理申报等。

间进行调节；将应交税金、已交税金等会计记录与纳税申报表进行调节；将递延所得税资产或负债与企业所得税计算底稿上的调整项目之间进行调节。税务经理需要审核相关的财务报表和审计报告，尤其要关注涉税信息的披露是否真实、准确、适当。

（四）经营业务中的税务处理

1. 常规涉税业务处理流程化。对于日常性、重复性的涉税业务活动，要进行流程化管理，可以让企业内部的税务专业人员减少重复性的工作，将精力转向应对非常规的业务，是提高风险管控效率的最有效手段。首先，相关的税务流程要嵌入整个企业的业务流程当中，最好是通过企业的信息系统来实现，能最有力地保证其得到遵守。其次，税务经理要为参与税务风险管控的非税务专业人员提供有力的工具，通常有：常见的涉税问题简介及应对指南、涉税事项的桌面程序、重大交易的税务审核工具，一般需要根据企业内部分工和部门设置分环节制作。

2. 加强对非常规的业务专业应对的处理，尤其是关联企业间交易的转让定价调查的风险问题的防止与及时应对。

3. 利用商业合同管理跨境经营中的税务风险，商业合同是业务运营中的重要文件。商业合同的审阅是控制风险的重要手段。

【案例分析】

涉外企业关联交易面临的税收风险 [①]

（一）基本案情

X 公司 1995 年成立，是一家中日合资的高新技术企业，享受企业所得税 15% 的优惠税率，日方投资比例 15%，主要产品为某种农药。面对 X 公司这样一家年收入过亿元的合资企业，按照江苏省局《风险应对工作模板》，新沂市税

---

① 吴国明等：《涉外企业关联交易带来税收风险的启示》，载《中国税务》2020 年第 8 期。

务局先后开展了调查取证、案头分析与纳税人约谈等工作。

新沂市税务局组建了由局内业务骨干组成的应对团队。队员们有针对性地学习了关联交易、转让定价、高新技术研发费归集和扣除标准、房产税等相关知识，梳理了新沂市财税办提供的涉及 X 公司的信息，同时在中国化工网、新沂市政府网上搜索了 X 公司的生产工艺、产品价格、企业动态等信息，还利用稽查系统的电子数据采集器采集了 X 公司的电子数据，为找准事实查清问题打下了坚实基础。

经过调查取证，应对团队发现 X 公司五项疑点。一是有外商投资却无利润分配。X 公司 2016 年有代扣代缴外商投资企业所得税的申报记录，2017 年和 2018 年却没有，而这三年的年末未分配利润逐年增长，是什么原因让 X 公司没有分配利润？二是产品外销价格偏低。通过电子数据采集，发现 X 公司 2016—2018 年产品外销价格明显偏低，而且销售对象正是 X 公司的日本投资方，X 公司是否未按照独立企业往来作价销售？三是房屋建筑物申报比对有差异。2017 年 X 公司一户式房源登记中原值为 1645 万元，同期企业所得税年报中为 2459 万元，相差 814 万元。四是 X 公司 2018 年研发费用占比较大，超过 1800 万元，同比增幅达 247%，占当期成本的比例达到 5.87%，数据异常。五是结合新沂市人民政府网信息，X 公司在 2017 年搬迁新址，旧设备销售是否申报纳税？

针对上述疑点，应对团队约谈了 X 公司部分财务人员和仓储人员，并核对了相关账簿报表。确认了上述第三项疑点（房屋建筑物申报比对的差异，原因在于 X 公司 2017 年购买了价值 814 万元的两套别墅，用于接待客户，暂未取得房产证，未进行房源登记。这一点也在新沂市财税办的个人房产转让信息中得到印证，X 公司应补缴房产税和滞纳金 27.8 万元）、第四项疑点（针对 2018 年研发费用占比较大的问题，X 公司提供了研发费用申报明细，结合电子数据采集器生成的研发费用归集明细，对照记账分录和摘要，双方一致确认 2018 年非研发费用混入研发成本以及新产品试制销售收入未冲减研发成本，应补缴企业所得税 45.88 万元）、第五项疑点（针对企业搬迁信息，X 公司提供了转让旧设备 1418 万元的原始记录，经电子数据采集器的分录还原，应对团队确认该资金挂在往来账上，X 公司应补缴增值税 195 万元、企业所得税 183 万元）。应对团队还通过 X 公司约见了日方代表，就上述前两项补税的依据进行了交流。日方代表听取意见后对补缴的税款表示理解，并就 X 公司以后外销价格申报重新进行了约定。

约谈过程中，双方的争议焦点如下：

1. 针对第一项疑点：关于 2017—2018 年利润未分配问题，企业解释是未分配，未分配就不履行代扣代缴义务。为此，应对团队到工商部门调取了企业的原始公司章程，章程约定企业利润每年在第一季度的股东大会后进行分配，不得延迟。同时走访了新沂市化工行业协会，了解到近几年化工行业行情较好，盈利颇丰，行业内普遍要求进行分红。评估人员再次约谈了 X 公司财务人员，财务人员道出了实情，X 公司的利润确已分配，但日本企业所得税税率是 30%，高于我国高新技术企业 15% 的优惠税率，到日本还要再补缴税款，日方要求压一下，延迟一段时间，考虑到双方都受益，账面才未做利润分配。X 公司同意按照原分配方案中日方分得的 2550.81 万元申报代扣代缴企业所得税 255.08 万元。

2. 针对第二项疑点：关于内外销价格差异较大，X 公司解释是由于外销对象也就是投资方对本企业提供了无偿技术援助和信息服务，价格低于国内也在情理之中。X 公司是中外合资企业，每年都要委托会计师事务所出具"同期资料"，根据会计师事务所出具的审计报告，以及《关于完善关联申报和同期资料管理有关事项的公告》（国家税务总局 2016 年第 42 号公告）的规定，认定 X 公司的日本外销对象为关联企业。查看企业定价协议，发现 2014 年日方在投资 X 公司时，双方约定销售给日方的产品以成本加成 10% 进行销售。但 X 公司 2017—2018 年毛利率分别达到了 36% 和 54%，外销价格明显偏低。依据《中华人民共和国企业所得税法》第 41 条规定：企业与其关联方之间的业务往来，不符合独立交易原则而减少企业或者其关联方应纳税收入或者所得额的，税务机关有权按照合理方法调整。依据《特别纳税调查调整及相互协商程序管理办法》（国家税务总局2017年6号公告），X公司同意参照可比非受控价格进行调整，补缴2017—2018年企业所得税和利息302.05万元。

（二）案件评析

这是一起合资企业关联交易带来税收风险的典型案例，风险主要体现在以下几点：

一是企业在税收合规性管理方面缺乏系统化安排，有关账簿数据信息与业务运作安排不够匹配，在信息网络化时代，容易暴露出问题，并可能影响到企业的信誉。

二是企业缺乏专业的税收筹划，未能对关联企业在功能、资产和风险方面作出明确的定位，对相应的利润分配缺乏合理的设计安排，更难以面对高素质、专业化的税务调查。

三是面对程序日益规范的关联交易调查，由于税务机关对于调整方法的选择运用具有较大的自由裁量权，企业应积极配合提供有关资料，争取选择适用最适当的方法。

第二节　转让定价

一、转让定价的税收筹划与规则

转让定价的应用，一方面是为跨国公司带来了利益，另一方面却损害了相关国家的税收收入。因此，跨国公司转让定价一直以来都是各国政府关注的焦点，也使公司面临一定的风险。因此，跨国企业需要实施相应的措施来应对，以保证企业税收环境的稳定。

（一）关联交易与转让定价

关联交易是指具有关联关系的关联方之间发生的各类交易。转让定价是指企业与其关联方在销售、购买和共享资源时所确定的价格。跨国公司在集团内部销售商品或服务，以及发生任何关联交易的过程中会使用转让价格，把集团内部利润从高税国关联企业转移到低税国关联企业，从而达到降低公司整体税负的目的。个人与其所控制的公司，或其他机构，或与其关系密切的家庭成员进行交易时，也会使用转让价格。利用转让定价进行合理避税是国际投资经营过程中最常用的税收筹划方式，利用转让定价进行税收筹划的要点主要遵循以下三个方面的思路：

1. 通过转让定价降低跨国公司所得税的税收负担。跨国公司通过转让定价调整总公司与子公司之间、子公司相互之间的利润分布，把盈利从位于高税率国家的公司转移到低税率国家的公司，以便利用各国公司所得税的差异，减少跨国公司整体的所得税税额。例如，假定母公司所在国 A 国的所得税税率为 50%，子公司所在国 B 国的所得税税率为 30%，子公司要把一批产品卖给母公司，这批产品的成本为 6000 元，子公司定价为 7000 元，现增加到 9000 元，母公司最后以 10000 元售出。通过比较可见，子公司提高转移定价后，跨国公司整体的所得税税额下降了：该跨国公司的原税负 =（7000-6000）×30%+（10000-7000）×50%=1800（元），提高转移定价后的税负 =（9000-6000）×30%+（10000-9000）×50%=1400（元）。

2. 通过转让定价减轻跨国公司预提税税收负担。由于各国对外国公司在本国境内取得的消极投资所得（如股息、利息、租金、特许权使用费等），往往征收预提税，在没有税收协定的情况下，税率多半在 20% 以上，如芬兰、日本、荷兰等国的预提税税率为 25%，另外有些国家的预提税税率则在 30% 以上，如美国；而法国对股息征收 25% 的预提税，对贷款、债券、证券、利息征收 45%，对特许权使用费征收 33.33%。而预提税是就毛利所得征收的，不做任何扣除，所以在两国间没有税收协定来相互降低税率的情况下，税负是不容忽视的。企业通过转让定价，在一定程度上可以减轻预提税的影响。例如，A 国甲公司是 B 国乙公司的母国，乙公司从当年盈利中向甲支付 200 万美元的股息，B 国预提税税率为 20%，应缴纳预提税 40 万美元。为了避免这笔预提税，乙公司不像甲公司直接支付股息，而是将一批为甲公司生产的价值 400 万美元的配件仅以 300 万美元的价格卖给甲公司，以低价供货来代替支付股息。

3. 通过转让定价减轻跨国公司的关税负担。当两个或多个有经济联系的实体有一方或多方发生进出口行为时，可以利用相互间特有的连属关系，通过转让定价的方式，减轻进口税负担。一方面，可降低作为进口税计税基础的转让价格，从而使间接税最小化。例如，一种通常按 200 美元出售的产品，由于征收 20% 的进口税，其进口价格为 240 美元，但如果其进口发票表明的是 100 美元，而非 200 美元，则可按 120 美元的价格进口。另一方面，可通过贸易公司来达到目的，即把贸易公司设在享有对外贸易特惠制的国家（一国对来自另一国的进口商品给予特别优惠税率的关税）。例如，日本某汽车公司在向美国出口汽车时要面临较高的关税，为了减少费用，该公司在北美建立了一个装配工厂，用日本的组件装配汽车，然后通过加拿大向美国出口。在北美自由贸易区内，美加贸易不存在关税壁垒，而该公司正是利用了这个地区贸易的优势。

总之，关联交易的产生，使得决定交易价格的因素不再完全是市场化的。比如，集团内不同成员公司之间尤其是跨国的成员公司之间，可能会通过人为地安排交易价格来影响收入和成本费用在不同交易实体之间的分配格局，将利润集中在税负较低的成员公司，从而实现税收成本最小化，税后利润最大化。如果这种安排涉及集团内跨国的成员公司，则还会影响到不同国家之间的利益分配。因此，很多国家会制定相关的法律制度，使得税务局有权力调整关联方之间所制定的价格，即特别纳税调整。在当今世界经济一体化的新形势下，跨国企业内部交易的转让定价问题更成为各国政府关注的焦点。

（二）关联企业判定

交易双方是不是关联企业是税务部门是否运用转让定价法规进行反避税的

首要条件。若交易双方之间不具有关联关系,那么转让定价法规对此不适用。若双方具有关联关系,那么税务部门有权对交易价格进行审核,如果发现交易价格明显偏离市场的正常价格,税务部门有权依据转让定价法规对不合理的定价进行调整。

目前,OECD 税收协定范本和 UN 税收协定范本对关联企业的判定都进行了规定,凡符合下列条件之一的,便构成关联企业:1. 缔约国一方企业直接或间接参与缔约国另一方企业的管理、控制或资本;2. 同一人直接或间接参与缔约国一方企业和缔约国另一方企业的管理、控制和资本。

我国对关联企业的规定与上述规定基本相同,根据《中华人民共和国企业所得税实施条例》第 109 条的规定,关联方是指与企业有下列关联关系之一的企业、其他组织或个人:1. 在资金、经营、购销等方面存在直接或间接的控制关系;2. 直接或间接地同为第三者控制;3. 利益上具有相关联的其他关系。此外,42 号文对关联关系作了更细化的规定:一方直接或间接持有另一方的股份总和达到 25% 以上(含 25%),或者双方直接或间接同为第三方所持有的股份达到25% 以上;若一方通过中间方对另一方间接持有股份,只要一方对中间方持股比例达到 25% 以上,则一方对另一方的持股比例按照中间方对另一方的持股比例计算。

例如,设有 A、B、C 三家公司,A 公司拥有 B 公司 25% 的股份,B 公司拥有 C 公司 25% 的股份,根据持股比例 25% 的要求,A 公司与 B 公司属于关联企业,B 公司与 C 公司也属于关联企业;同时,A 公司持有中间方 B 公司的股份达到25%,所以,A 公司对 C 公司的持股比例按照 B 公司对 C 公司的持股比例(25%)计算,即 A 公司间接持有 C 公司 25% 的股份,A 公司与 C 公司也属于关联企业。

(三)转让定价审核、调整的原则与方法

1. 调整原则

关联企业之间转让价格的确定,直接影响关联企业间收入、费用和利润的分配问题。反之,关联企业间的收入和费用分配是否合理,依据什么原则,必然也影响着它们之间的转让定价以及利润分配问题。因此，为了正确地执行转让定价制度，我们还必须明确关联企业之间收入和费用分配应采取什么原则。目前调整关联企业间收入和费用分配的原则主要有总利润原则和独立公平交易原则。

（1）总利润原则

总利润原则是指将企业的总利润分配给各关联企业。也就是说，税务机关不直接审核关联企业之间的每一笔收入与费用，只在年终把各关联企业的利润汇总相加，然后按照税务机关采取的标准，在各关联企业之间进行重新分配，据此征税。总利润原则具有以下优点，它在纠正利用转让定价所造成的国际收入和费用分配的不公平的同时，可以避免对关联企业间的交易逐笔审核、逐笔调整分配的繁杂工作，简化税务管理。但总利润原则有一个无法克服的缺点，即难以确定一个可为各国和各方企业都能接受的统一的利润分配标准，因此，总利润原则现在还未被世界各国所普遍接受。OECD在《转让定价与跨国企业》的报告中反对采取总利润原则分配关联企业的利润，它认为按照总利润原则分配利润将会造成武断的后果，而且还需要成员重新进行谈判以修改以前达成的税收协定。

（2）独立公平交易原则

独立公平交易原则（arm's length principle）又称"公平独立原则""公平交易原则""正常交易原则"等。该原则的含义是，跨国关联企业之间发生的收入和费用应按照无关联关系的企业之间进行交易所体现的独立竞争的精神进行分配，企业之间的关联关系不能影响利润在两者之间的合理分配。[①] 独立公平交易原则要求把跨国关联企业视为相互独立的企业，因而，两者之间的每一笔经营业务都要按照市场竞争的原则正常地计价收费。独立公平交易原则作为一种理论概念和模型，有很强的指导意义，已经被大多数国家所承认和采用。

---

① 《企业所得税法实施条例》第110条规定，独立交易原则是指没转定的有关联关系的交易各方，按照公平成交价格和营业常规进行业务往来所遵循的原则。

但其在应用过程中存在不少难题,首先,在许多情况下,由于交易产品和服务的特殊性以及所涉及的无形资产的特殊性,在独立企业之间往往找不到可比的交易,导致很难应用独立交易原则。其次,很多时候纳税人和税务局很难收集到足够的信息,特别是独立企业的信息来确定独立交易价格。这些问题的存在,在一定程度上妨碍了独立公平交易原则的有效贯彻执行。但与总利润原则相比,人们还是倾向于用独立公平交易原则作为跨国关联企业之间利润分配的理论依据。为了克服独立公平交易原则存在的缺点,解决的办法不是放弃这一原则,而是扩大对正常价格的认识,使独立公平交易原则更加灵活、适用。

2.转让定价审核和调整方法

目前,各国对跨国关联企业转让定价审核和调整的方法主要有四种,即可比非受控价格法、再销售价格法、成本加成法以及其他方法。前三种方法又称传统交易法,最后一种其他方法又称利润法。1979年OECD发布的《转让定价与跨国企业》以及国家税务总局关于发布《特别纳税调查调整及相互协商程序管理办法》的公告(国家税务总局公告2017年第6号,已部分废止)又推荐了这四种调整方法,从而使其被广泛采用。

(1)可比非受控价格法

可比非受控价格法(comparable uncontrolled price)是以非关联方之间进行的与关联交易相同或者类似的业务活动所收取的价格作为关联交易的公平成交价格。可比非受控价格法是审核和调整跨国关联企业转让定价的一种最合理、最科学的方法,但这种方法要求关联交易与非关联交易具有严格的可比性,否则非受控交易使用的价格就不具有参照性。可比非受控价格法的可比性分析,应该按照不同的交易类型,特别考察关联交易与非关联交易中交易资产或劳务的特性、合同条款、经济环境和经营策略上的差异。

①有形资产使用权或所有权的转让,包括转让过程,转让环节,转让环境,有形资产的性能、规格、型号、结构、类型、折旧方法等,提供使用权的时间、期限、地点、费用收取标准等,资产所有者对资产的投资支出、维修费用等。

②金融资产的转让，包括金融资产的实际持有期限、流动性、安全性、收益性。其中，股权转让交易的分析内容包括公司性质、业务结构、资产构成、所属行业、行业周期、经营模式、企业模式、资产配置和使用情况、企业所处经营阶段、成长性、经营风险、财务风险、交易时间、地理区域、股权关系、历史与未来的经营情况、商誉、税收利益、流动性、经济趋势、宏观政策、企业收入和成本结构及其他因素。

③无形资产使用权或所有权的转让，包括无形资产的类别、用途、适用行业、预期收益，以及无形资产的开发投资、转让条件、独占程度、可替性、受有关国家法律保护的程度及期限、地理位置、使用年限、研发阶段、维护改良及更新的权利、受让成本和费用、功能风险情况、摊销方法和其他影响其价值发生实质变动的特殊因素等。

④资金融通，包括融资的金额、币种、期限、担保、融资人的资信、还款方式、计息方法等。

⑤劳务交易，包括劳务性质、技术要求、专业水准、承担责任、付款条件和方式、直接和间接成本等。

关联交易与非关联交易在以上方面存在重大差异的，应当就该差异对价格的影响进行合理调整，无法合理调整的，应当选择其他合理的转让定价方法。例如，甲国 A 公司与乙国 B 公司是关联企业，A 公司销售给 B 公司的服装定价为一批 2000 元，共计销售了 600 批，总金额 1200000 元。但甲国税务部门发现，同样的服装，A 公司销售给另一家非关联的 C 公司，价格却为一批 6000 元，共计销售了 550 批，总金额 3300000 元，该价格是 A 公司销售给关联公司 B 价格的 3 倍。此时，税务部门就可认定 A 公司与其关联公司 B 之间的业务往来违背了正常交易原则，存在转让定价行为，并有权进行调整。根据可比非受控价格法的规定，关联交易价格设定为 A 公司与非关联方 C 公司进行相同或类似业务活动收取的价格，即每批服装 6000 元，调整其与关联 B 公司的销售价格，调整的销售额为（6000-2000）×600=2400000 元。

（2）再销售价格法

再销售价格法是从关联企业购得产品，再从销售给独立企业的价格中减去适当的毛利，并对减去毛利后的余额按照与产品购买活动相关的其他费用作调整后，视为关联企业间最初转让资产时的公平交易价格。其计算公式如下：

公平交易价格 = 再销售给非关联方的价格 ×（1- 可比非关联交易毛利率）

企业在选取合理的毛利率时也需要进行可比性分析，应当特别考察关联交易与非关联交易中企业执行的功能、承担风险、使用的资产和合同条款上的差异，以及影响毛利率的其他因素。例如，甲国 A 公司与乙国 B 公司是关联企业，A 公司把一批产品以 2000 万元的转让价格销售给 B 公司，B 公司再以 2500 万元的市场价格将这批产品进行销售。乙国的独立企业销售同类产品实现的毛利率为 10%。此时，按照再销售价格法，甲国税务部门要把 A 公司的销售价格调整为 2500 ×（1-10%）= 2250（万元）。

（3）成本加成法

成本加成法是以受控交易中财产（或服务）的成本为基础，加上一个适当的成本加成额，作为受控交易的公平交易价格。其计算公式如下：

公平交易价格 = 关联交易发生的合理成本 ×（1+ 合理毛利率）

例如，甲国 A 公司向乙国 B 公司出售一批产品的零部件，这批产品的成本为 2000 万元，A 公司向 B 公司的销售价格也是 2000 万元，即按成本销售。由于市场上没有同类产品，甲国税务部门决定按照成本加成法来调整这笔关联交易的转让定价。甲国税务部门掌握的资料显示，当地合理的成本毛利率为 10%。因此，按照成本加成法，甲国税务部门要把 A 公司的销售价格调整为 2000 ×（1+10%）= 2200（万元）。

（4）其他方法

①交易净利润法

交易净利润法是通过参考可比非关联交易取得的净利润率来确定纳税人从某项受控交易中实现的净利润，净利润的计算与适当的基础相关（如成本、销售额、资产）。其计算公式如下：

营业利润率 = 营业利润 / 营业收入 ×100%

息税前利润率 = 息税前利润 / 营业收入 ×100%

完全成本加成率 = 息税前利润 / 完全成本 ×100%

资产收益率 = 息税前利润 /[（年初资产总额 + 年末资产总额）/2]×100%

贝里比率 = 毛利 /（营业费用 + 管理费用）×100%

例如，甲国的 A 公司专门生产汽车零部件，它在乙、丙两国分别设立 B、C 两个子公司。B、C 两个公司都使用 A 公司研发的专有技术生产零部件。B 公司生产的零部件都销往 A 公司，C 公司生产的零部件都销往第三国的企业。A 公司使用资产利润率来评价各公司的经营管理，所以在不适宜使用交易数据资料的情况下使用资产利润率以决定转让价格就非常合适。C 公司取得的资产利润率为 10%，B、C 两个公司是唯一生产这种零部件的公司，所以没有可比数据。A 公司用以下方法向 B 公司支付价格：B 公司使用的资产原始成本为 500 万元，根据 10% 的资产利润率，B 公司销售给 A 公司的零部件应当取得 50 万元的净利润。B 公司每年销售给 A 公司 50 万批零部件，B 公司的总成本为每批零部件 10 元，这样 B 公司卖给 A 公司每批零部件的价格应当为 11 元，每批零部件的净利润应为 1 元。

②利润分割法

当两个企业存在多项交易，多项交易之间又存在紧密关联时，不能对各交易单独进行评估，此时可以考虑利润分割法。利润分割法首先要确认各关联企业从事关联交易所获得的利润总额，然后按照独立企业间采用的利润分割方式，在关联企业间分割这些利润。分割的利润可以是交易的利润总额，也可以是不易简单分配给任何关联方的剩余利润。每个企业贡献的大小建立在功能分析的基础之上，并借助一切可获得的可靠的外部市场数据来评估其贡献价值。

利润分割法主要包括一般分割法和剩余利润分割法。一般分割法通常根据关联交易各方在交易中履行的具体功能（制造还是批发等）、承担的风险和使用的资产来确定各方应当取得的合理利润。当难以获得可比信息但能合理确定合并利润时，企业可以结合实际情况考虑与价值贡献相关的收入、成本、费用、资产、雇员人数等因素，分析关联交易各方对价值做出的贡献，将利润在各方之间进行分配。剩余利润分割法将关联交易各方的合并利润减去分配给各方的常规利润后的余额作为剩余利润，再根据各方对剩余利润的贡献程度进行分配。例如，甲国 A 公司与乙国 B 公司是关联企业，A 公司的资产为 1000 万元，B 公司的资产为 2000 万元。A 公司的销售成本为 500 万元，取得的利润为 50 万元；B 公司取得的利润为 250 万元。我们现按照利润法来确定合理的销售价格，且将资产规模作为衡量利润贡献大小的唯一标准。由于 A、B 公司资产比例为 1:2，因此各自取得的利润也为 1:2。这样 A 公司的利润应为 300×（1÷3）=100（万元），B 公司的利润应为 300×（2÷3）=200（万元），合理销售价格应为 500＋100＝600（万元）。

二、转让定价过程中的风险

跨国企业为使自己的利益能够达到最大化，会想尽办法进行税收筹划，其中转让定价是跨国企业在税收筹划中最常用的方式之一。目前各国都非常重视反避税工作，并且一直都在努力地完善国家转让定价相关的法律法规。但即使在较完善的法律体系下，跨国企业利用转让定价进行税收筹划的过程中仍存在着以下风险。

（一）合规性风险

目前很多"走出去"企业在转让定价方面还没有做好相应的准备，由于对投资国税法合规要求的忽视，将遭受到合规性风险，具体包含以下几个方面：

1. 缴纳大额滞纳金与罚款。鉴于转让定价的复杂性，各国政府要求纳税人提供关联业务转让定价同期资料并进行披露。[①] 如果未能及时准备，在税务机

[①] 根据中国转让定价的管理实践，税务机关在进行关联业务调查时，企业及其关联方以及与关联业务调查有关的其他企业，应当按照规定提供与关联业务往来有关的价格、费用的制定标准、计算方法和说明等资料。这种按纳税年度准备并按税务机关要求提供的资料，被称为关联交易的同期资料。

关要求提供时会陷入被动，最终结果不仅是公司缴纳，还可能导致相关收入在中国和投资地国间的双重征税。

例如，国内某高新技术企业在美国成功完成一笔并购交易之后，根据业务发展需要，发生了一些国内关联公司与美国公司之间的交易并购，交易发生后第5年，美国公司的关联方交易转让定价安排在美国受到了税务机关的质疑，并导致美国子公司就过去3年的关联方交易进行税务调整，补缴了相应的税款与滞纳金。根据企业管理人员的分析，国内公司与美国公司之间的交易定价虽然存在支持资料不够充足的问题，但根据美国公司的职能风险定位，美国公司确实不应留存大量利润，美国税务机关提出的税务调整并不合理。虽然该集团在美国根据税务机关提出的纳税调整要求相应地补缴了税款，但国内公司无法对境内应税所得进行相应的调减，集团实质上承担了双重征税。企业管理层对此感到无奈，希望通过改进资料文档的质量避免可能再次出现的调整。如果企业管理层对收购后的境外税务事项足够重视，及时对相关的转让定价问题进行深入的研究并准备充分的支持资料文档，上述风险导致公司承担额外税务成本的可能性将大大降低。

2. 额外经营成本增加。目前各国政府要求企业不仅要提供跨国公司集团的经营报告，还要分国别提供报告，届时企业经营的利润指标就会一目了然，本地企业的利润如果低于集团的平均水平，则应对评估及测试的工作量将大大增加。更重要的是，如果这些信息被税务机关认定为国际避税的信息，会降低跨国公司的信誉度，导致社会评价下降，对企业进一步筹资、经营活动都会产生不良影响。

（二）反避税风险

目前，许多"走出去"企业缺乏集团整体的转让定价政策，对跨境关联交易可能带来的转让定价风险严重认识不足，在进行海外投资前没有长远的转让定价规划，导致在"走出去"的过程中，被中外双方税务机关开展反避税调查的风险很高，具体表现为：

1. 双重征税风险。如果一国税务机关发现本国企业利用转让定价向境外关联企业转移了利润，那么税务机关就有可能进行反避税调查并对本国企业与关联企业之间的转让定价进行调整。本国企业对调整增加的应税利润要补征所得税，有的国家甚至要将调增的利润视为境外母公司隐蔽的利润分配，征收预提所得税。例如：加拿大规定，对本国企业通过"高进低出"转移出去的利润，要征收 25% 的股息预提所得税。也就是说，如果一个企业进口原材料为 200 万加元，但税务机关认定公平的市场价格为 100 万加元，那么加拿大税务机关就要对这 100 万加元征收预提所得税。但如果一国调增了企业的应税利润，而该企业的关联企业所在税务机关不对该关联企业的应税利润相应地调减并退还多纳的税额；或一国对转出利润征收了预提所得税，而关联企业所在国的税务机关不允许对这种预提所得税办理税收抵免。此时，就会形成国际双重征税。国际间的双重征税涉及国家间的税收主权问题，退税方式更难操作，因此，双重征税问题在很长时间内仍会存在，这会加重跨国公司的财务负担。

2. 补缴税款及利息。由于关联企业之间存在着转让定价，集团公司操纵和滥用价格形式，尤其是外资企业子公司"虚亏实盈"，很多的外资企业利润减少、账面亏损，造成各国的税收流失。因此，许多国家不断加大反避税的调查力度，虽然近年来因转让定价不合理导致向税务机关补缴税额的案件在减少，但是补缴税额的金额数直线上升。由于企业关联交易纳税调整可以追溯调整，因此，涉及的时间基本上都比较长，相比税务稽查，其查补税额要大得多，因为稽查通常跨度在 3 年左右，而反避税大都 10 年，这也是反避税涉案金税额都比较大的主要原因。

除了补缴税款，企业还要缴纳利息。根据我国《特别纳税调整》的规定，税务机关依照规定作出纳税调整，需要补征税款的，应当补征税款，并按照规定自税款所属纳税年度的次年 6 月 1 日起至补缴税款之日止的期间，按日加收利息。每一个年度的计算利息的时间不同，相对应的利息数额也不同。因此，调整的税款年限越长，利息越高。如果企业未按期报送税务机关要求提供的有关资料，贷款利率再加上 5% 为计息利率。为了鼓励企业按时提交材料，《企业所得税法实施条例》规定，企业按期提供资料的，可以不加 5% 只按贷款基准利率计算。

例如，深圳市国税局历时近 20 个月，成功地完成了一起对"走出去"企业的反避税调查，调增某企业 5 年应纳税所得额近 12.6 亿元，补缴 3 年企业所得税 4446 万元，利息 388 万元。深圳市国税局国际税务管理处税务人员在翻阅报刊时关注到一篇报道，该报道主要是对国内一家著名企业董事长的采访，核心内容是该企业集团在几年前成功地收购了一家世界 500 强企业的一个业务部门，并借此全面实施"走出去"的跨国经营战略。特别是在经历了国际金融危机后，该企业集团克服种种困难，实现收购后的首次盈利。出于职业的敏感，税务人员产生了一些疑虑：该企业集团收购的业务部门，通过境外转投资深圳市，成立了一家独资企业，长期盈利状况不理想，这与刚看到的报道有些出入。税务人员随即从税务征管系统中调阅了该企业的相关资料，隐约觉得该企业存在通过关联方之间的交易进行避税的嫌疑。税务人员将自己对该企业的初步调查情况向深圳市国税局国际税务管理处领导及分管局领导做了汇报。局领导专门为此召开了工作会议进行讨论，最终决定对其进行反避税调查，并向国家税务总局报告。①

三、转让定价过程中的风险防控

利用转让定价在关联企业之间进行收入和费用的分配以及利润的转移，是跨国企业进行国际避税最常用的一种手段。尽管国际避税是一种不违法的行为，但其给政府税收收入带来的有害后果与非法的国际偷税行为是一样的，目前各国也将矛头指向了国际避税。因此，跨国企业必须审视和监控转让定价存在或潜在的税务风险，并且做好防范这些税务风险的相关措施。

---

① 资料来源参见 http://www.bisatgov.cn.

（一）合规工作的管理

根据 42 号文要求，在关联交易申报和同期资料准备的过程中，应注意以下要点。

1.关联业务往来报告表与同期资料的一致性。2016 版关联业务往来报告表最大的特点是增强了关联业务往来报告表与同期资料的逻辑关系，将部分同期资料的内容纳入了年度关联申报表的范围，如企业内部部门信息、企业高级管理人员信息、境外关联方信息和年度关联交易财务状况分析表等，企业应注意关联申报内容与同期资料披露内容的一致性。

2.确认集团最终控股企业信息。2016 版关联业务往来报告表要求报送企业集团最终控股企业的名称和所在国家信息，企业在关联申报前应确认相关信息。

3.确认企业所属集团是否准备主体文档。企业年度发生跨境关联交易的，应确认合并该企业财务报表的最终控股企业所属企业集团是否准备了主体文档，如果准备了，只要翻译成中文即可；如果没有准备且企业自身关联交易金额超过 10 亿元，则企业需要自行准备主体文档。

4.确认境外关联方信息。企业与境外关联方发生业务往来的，应向境外关联方确认境外关联方信息表的相关信息，如境外关联方的实际税负、享受所得税性质的优惠、是否为上市公司等。

5.同期资料准备时限。42 号文修订了同期资料的准备时限，其中本地文档和特殊事项文档应当在关联交易发生年度的次年 6 月 30 日之前准备完毕；主体文档应当在企业集团最终控股企业会计年度终了之日起 12 个月内准备完毕。

6.不按规定进行关联申报、提供同期资料的法律后果。企业未依照 42 号文进行关联申报、提供同期资料的，税务机关实施特别纳税调查补征税款时，按照税款所属纳税年度中国人民银行公布的与补税期间同期的人民币贷款基准利率加 5 个百分点计算加收利息。如果按规定进行了关联申报并提供同期资料，则只需按补税期间同期的人民币贷款基准利率计算的利息，不需要加收 5 个百分点的罚息。

7. 关联交易应符合独立交易原则。企业与其关联方之间的业务往来不符合独立交易原则的，税务机关有权在该业务发生的纳税年度起10年内进行纳税调整。

8. 不符合独立交易原则的成本费用不得税前列支。企业向境外关联方支付劳务费用和特许权使用费，不符合独立交易原则的，按照《国家税务总局关于企业向境外关联方支付费用有关企业所得税问题的公告》（国家税务总局公告2015年第16号）的要求，在计算应纳税所得额时不得扣除。

关联交易申报和同期资料既是一项合规要求，也是"走出去"企业防范转让定价风险的一种重要手段。同期资料记录了企业转让定价相关的重要信息，为企业证明自己转让定价的合规情况提供了有力的证据，"走出去"企业应当引起重视。

（二）反避税风险管理

关联企业之间的转让定价要按照独立企业之间的交易来进行，否则税务机关会对企业实施的不具有合理商业目的而获取税收利益的避税安排，实施特别纳税调整。

1. 做好基础工作。"走出去"企业有时为了履行合同的方便，会发生关联交易，而相关人员又缺乏运用独立交易原则的意识，会忽视转让定价政策的要求，出现关联企业之间代收代付费用不结算，提供服务不收取服务费，无对价地为关联企业承担差旅费、交际应酬费、清关费等不可列支的费用等问题。因此，税务经理应向企业内部的相关人员宣传转让定价政策，强化独立交易原则意识。

2. 申报关联交易信息。42号文对关联申报、国别报告及同期资料进行了全新规定。"走出去"企业除必须按照我国的规定履行关联交易申报义务外，还需要了解其在投资国当地是否需要申报关联交易。

3. 准备转让定价同期文档。鉴于转让定价的复杂性，各国政府要求纳税人收集转让定价的相关信息并进行披露，或应要求提供。如果未能及时准备，在税务机关要求提供时会陷入被动，甚至导致额外的税收负担。

（三）与税务机关的合作

"走出去"企业应与税务机关紧密配合,共同应对可能的税务风险。

1.借助预约定价安排,以降低关联交易转让定价的相关税务风险。预约定价安排是税务机关和企业通过合作的方式处理企业转让定价问题及潜在转让定价争议的有效手段。预约定价安排是在税企双方自愿、平等、互信的基础上达成的协议,为税企双方增进理解、加强合作、减少对抗提供了有效途径。对企业而言,其可以有效地降低转让定价调整风险和应对转让定价调查所带来的时间损失,从而降低遵从成本,避免受到处罚;对税务机关而言,则可以带来稳定的收入预期。

2.寻求税务机关的帮助。中国"走出去"企业应当在决策阶段及时寻求税务机关、注册会计师等税法专业人士的帮助,借助税法专业人士或税务机关了解各国国内转让定价的税收环境,搭建合理的投资、融资和业务发展平台,梳理并规范关联交易流程,在确保关联交易商业实质的基础上以独立交易原则为测试关联交易定价行为的基本准则,防范并规避可能由转让定价引发的税收风险。如遇转让定价税收调查,也应尽早地引入专业人士团队,综合利用各种资源、救济手段保护自身的合法权益。

【 案例分析 】

案例：贵阳市 ZFC 公司转让定价行政诉讼案件 [①]

（一）基本案情

2007年11月28日,全国第一起因反避税调整引起的行政诉讼案件在贵阳市云岩区人民法院公开开庭。

原告系一家中外合资企业——ZFC 通信设备有限公司(以下简称"ZFC 公司")。此前,由于不服贵阳市国税局于2007年5月28日作出的《转让定价应

---

① 刘天永主编:《中国转让定价与反避税纳税指南》,中国税务出版社 2010 年版。

税收入或应纳税所得额调整通知书》，ZFC公司在向贵州省国税局提请行政复议后，又向法院提起行政诉讼。

12月6日，贵阳市云岩区人民法院作出一审判决，维持贵阳市国税局作出的决定。12月24日，原告方不服判决，再次向贵阳市中级人民法院提起上诉，就在贵阳市国税局做好了应诉准备的时候，2008年1月21日，ZFC公司到贵阳市中级人民法院提出撤诉。经贵阳市中级人民法院裁定，同意撤诉。至此，我国转让定价调查工作开展以来遇到的第一起行政诉讼案落下帷幕。此次反避税调查共计调整企业利润额1.48亿元；调整企业应纳税所得额1.05亿元；补缴外商投资企业所得税420.77万元，补缴预提所得税468.05万元，共计补缴税款888.8万元。另外，对该企业的偷税行为，处以所偷税款0.5倍的罚款146.9万元，补税罚款共计1035.72万元。

（二）争议焦点

作为一家生产、开发、销售CDMA手机及其相关通信产品的中外合资企业，ZFC公司从成立之初，就被贵州省科技厅认定为高新技术企业，享受"两免三减半"的税收优惠政策，所得税税率为15%。然而，从2002年实现利润26万元后，这家企业就开始在亏损的泥潭里挣扎：2003年，亏损832万元；2004年，亏损1623万元。2005年，该公司奇迹般地盈利879万元，2006年再次巨亏3569万元。

令人费解的是，连年的亏损似乎并未让外方望而却步，ZFC公司的生产经营依然欣欣向荣：2002—2005年年均销售收入一直在5亿元以上。即使在发生巨亏的2006年，销售收入也超过了2亿元。而根据贵阳市国税局的资料显示，2002—2006年5年间，其增值税税收负担率为0.21%，所得税税负为0。经查证，ZFC公司还存在逃避纳税义务的行为。

国税局认为，从该企业5年间的平均销售收入51455万元、利润盈亏呈跳跃式增长的情况分析，其交易有别于非受控企业的正常交易行为，存在着转移定价的嫌疑。

（三）评析

1. 调查情况

2004 年 8 月 24 日，贵阳市国税局反避税调查组正式下发调查通知，对 ZFC 公司进行反避税调查。

反避税小组分别对 ZFC 公司所承担的功能按原材料采购、产品生产、产品研发、产品品质保证、市场推广、产品销售、售后服务、应收和应付账款管理、运输等方面进行了分析，同时对 ZFC 公司所承担的风险，按生产风险、品质风险、物流风险、市场风险、信用风险、外汇风险等进行了分析。

（1）ZFC 公司的产品定价明显有悖于正常企业的定价原则

通过调查了解，ZFC 公司在产品材料的采购中，关联企业间的采购占有绝对的比重。而在 ZFC 公司的产品销售收入中，直接材料又占有绝对比重。关联交易中，关联购进材料价格的高低，直接关系到 ZFC 公司的盈利或亏损。

（2）技术交易有悖独立原则

2001 年 9 月，ZFC 公司的母公司 ZC 公司与 ZFC 公司曾签订技术转让合同，约定由 ZFC 公司向其母公司支付技术转让费和技术许可费，合同期限为 10 年。然而，2002 年 12 月 20 日和 2003 年 12 月 31 日，ZC 公司与 ZFC 公司又以签订备忘录的形式，免除了 ZFC 公司应当支付给其母公司的特许权使用费。相反，在 2002 年和 2003 年免税期结束后，ZFC 公司于 2004 年又恢复支付特许权使用费，计入管理费用，并代扣母公司应缴纳的预提所得税。从 2002—2004 年，母公司分别以让利、免除、加价补贴等形式，不按独立企业进行运作，给予 ZFC 公司共计资金 1.3 亿多元。

ZFC 公司的注册资本折合人民币不过 1.2 亿多元，而其母公司两年让利、免除、加价补贴的资金早已超过其注册资金。

2. 企业避税情况

（1）技术交易

如果母公司不对 ZFC 公司进行免除、补贴、加价，对于一直处于亏损状态的 ZFC 公司来说，必将中断其正常运营的资金链，造成 ZFC 公司不能正常地生产经营。为了使其资金链不断，又要维护企业利益最大化的转移定价原则，母公司不得不采用让利、免除、加价补贴等不同于一般独立企业的经营形式。

ZFC 公司 2002 年、2003 年享受免缴所得税的优惠政策，ZFC 公司支付的特许权使用费在"管理费用"里列支，费用的大小对免税期缴纳所得税无影响；如果 ZFC 公司支付特许权使用费，将要代扣其关联企业——母公司 10% 的预提所得税。因此，采用免税期免除支付，而征税期恢复并追加收取特许权使用费，增加了征税期企业的"管理费用"，其行为明显是在避缴代扣的预提所得税，以减少征税期的应纳税所得。

表面上母公司免除了 ZFC 公司支付两年的特许权使用费，合资中方还得感谢外方的免除行为，但实际上，据海关调查数据显示，CDMA 在中国的专有技术使用费平均在 4.5%~5% 之间，而 ZFC 公司对其母公司的支付比例却平均高达 8%。

（2）采购及销售

ZFC 公司虽然是一个合资公司，但其决策管理层和内部各个部门管理层的主要负责人全部由外方担任，ZFC 公司的国外采购均通过母公司进行，母公司完全控制着 ZFC 公司材料采购及销售的价格。

反避税小组的调查表明，通过调整产品材料关联采购价格和低价出口销售给关联企业产品以及免除费用、加价销售等方法，母公司直接控制 ZFC 公司的生产经营成果的盈亏，从而完全控制 ZFC 公司的生存空间。2002—2006 年，ZFC 公司与其关联企业未按照独立企业之间的业务往来支付价款、费用，发生转让定价行为，其中包括"原材料高进"、"产品低出"、关联企业向 ZFC 公司进行加价、让利、补贴、免除特许权使用费和广告费用。

3. 调整谈判

反避税遵循 OECD 的独立经营原则，每一个案件没有固定的模式，它是一门综合艺术。本案中涉及关联企业间的购进、关联企业间的产品销售和关联企业间的特许权使用费的支付,有一定的特殊性和复杂性,从一开始税务机关和企业就意见悬殊,曾经有过非常激烈的争论。通过调查人员大量艰苦细致的调查分析,经过了大小20多轮的谈判,企业及为其作税务代理的会计师事务所终于就合理利润水平与税务机关达成了共识。

(1)转移定价行为认定

调查开始阶段,外方的态度强硬,表示其经营亏损完全是由于中国市场原因造成的,不承认有转移定价的行为。反避税小组按照法定的程序,首先调取了ZFC公司2002—2004年的账簿、凭证、合同等相关资料,对各个年度的数万份凭证进行核对,对材料购进、生产、仓储、销售等环节的相关人员,分别进行了询问并进行了笔录;从企业的关联认定、销售产品去向、材料的购入来源、资金融通统计、产品成本分析、内外销产品的重新核算到案件的汇总归档等都列项明确。最终,反避税小组在对材料采购、产品销售去向、无形资产转让、主要产品成本以及企业签订的合同、协议进行分析的基础上,确定调查方向,决定把重点放在2002年、2003年度材料的高价购进,无形资产转让;2004—2006年材料高价购进和产品低价出口等重大关联交易事项上,并固定了调查所需的相关证据。除了通过案头审计、实地调查、数次约谈外,反避税小组还耗时近两个月进行外调取证,走访调查了12家国内生产CDMA手机的厂家,充分掌握了同行业的第一手信息资料。

根据对ZFC公司转移定价行为的调查情况分析,贵阳市国税局多次与ZFC公司进行约谈,ZFC公司均不能合理地解释其行为。同时,贵阳市国税局还分阶段以书面通知的形式,要求ZFC公司提供境外关联企业采购原材料、产成品和固定资产的资料;要求其提供境外关联企业再销售价格、利润等方面的资料。在规定的期限之内(包括延长期),ZFC公司没有按要求提供相关举证资料,或主动放弃了举证的权利,表示无法完整地提供。

(2)调整方法的确定

反避税案件重要的一步是关于调整方法的确定。反避税调查小组根据ZFC

公司的功能和风险分析，设定了12套调整方案，在与ZFC公司及其税务代理方的多次约谈及争论后，双方约定，忽略其他次要条件，选定与ZFC公司可比性最接近的一套方案，以4.03%为ZFC公司合理的营业利润水平，忽略或不计其他次要的条件，按4.03%进行调整，并且以BVD数据库2002—2005年的取值指标，衡量和调整2006年的营业利润水平。

2007年3月28日，在确认ZFC公司有不按独立企业方式进行经营的情况下，经与ZFC公司及其税务代理方的多次约谈，逐渐缩小分歧，并在ZFC公司提交书面调整建议书的基础上，三方终于就ZFC公司2002—2006年应取得的合理的营业利润、调整方法等达成共识，ZFC公司接受贵阳市国税局反避税调查组的调整方案，并予以书面签字确认。2007年5月28日，经按程序上报贵州省国税局和国家税务总局国际司批准，贵阳市国税局下发了《转让定价应税收入或应纳税所得额调整通知书》，对该企业不按照独立企业作价的行为进行了调整。2007年5月29日，对该企业的偷税行为，主管税务局贵阳市乌当区国税局下发了《税务行政处罚事项告知书》；2007年6月4日，下发了《税务行政处罚决定书》。

4.行政诉讼

2007年8月10日，ZFC公司突然向贵州省国税局提出了行政复议。贵州省国税局按照法定程序，在对贵阳市国税局的此项行政行为进行了全面的审查后，于2007年9月30日作出维持贵阳市国税局《转让定价应税收入或应纳税所得额调整通知书》的决定。

ZFC公司对行政复议决定不服，于是又在2007年10月26日向贵阳市云岩区人民法院提起了行政诉讼。经过法院调查，一审法院认为税务机关作出的《转让定价应税收入或应纳税所得额调整通知书》是在经过详尽的调查取证后与原告和其税务代理人协商讨论达成共识的基础上作出的调整决定，该调整的客观合理性应当予以肯定。贵阳市国税局的《转让定价应税收入或应纳税所得额调整通知书》，认定事实清楚、证据确凿、适用法律、法规正确，符合法定程序。一审法院维持贵阳市国税局作出的《转让定价应税收入或应纳税所得额调整通知书》的具体行政行为。

【延伸阅读】

1. 曹凯:《国际税收管理之企业关联交易税收服务与管理研究》,陕西科学技术出版社2019年版。

2. 贺连堂、王晓悦等:《美国葛兰素史克公司转让定价案分析》,载《涉外税务》2017年第10期。

3. 关于更多美国转让定价调查的案例,请参见 https://www.Ustransfer pricing.com/decisions. html。

第三节　预约定价协议

一、预约定价协议的形式与订立

预约定价协议(又称预约定价安排)是指纳税人与税务机关签订协议,约定在未来一定期间内关联交易所适用的转让定价原则和计算方法,以协商的方式解决在未来年度关联交易所涉及的税收问题,它是解决跨国关联企业转让定价调整引发的国际纠纷和双重征税的重要手段之一。

(一)预约定价协议的形式

预约定价协议分为单边预约定价、双边预约定价和多边预约定价三种类型。单边预约定价是指涉及的参与方只有一国的税务当局与其管辖范围内的国际跨国公司,没有其他利益相关国家税务机关参加。双边和多边预约定价协议是指,跨国公司及各关联方进行内部交易若涉及两个或两个以上的国家的税收利益,参与预约定价协议的磋商有两个或两个以上的国家税务机关及跨国纳税人,这种预约定价协议被称为双边或多边预约定价协议。

通过双边或多边预约定价协议的签订，可以避免未订立协议前各国税务机关各自行使自己的税收管辖权而形成对跨国关联企业的双重征税问题[①]。税务机关通过预约定价协议了解纳税人的国际交易，可以更好地为纳税人服务。例如，当预约定价协议涉及外国关联企业交易，而这个国家又同本国订有双边协定时，纳税人可以将已订的预约定价协议报送主管税务部门，请求其与缔约国主管部门谈判签订一项协定作为预约定价协议的平行协定，这样有利于预约定价协议的执行，从而避免国际双重征税的产生。

（二）预约定价协议的谈判签订

预约定价区别于传统转让定价管理方法的特点在于其程序创新。预约定价程序规则主要由谈签程序规则和执行程序规则组成，各国预约定价的基本程序不完全相同，但大体都包括预备会议、谈签意向、分析评估、正式申请、协商签署和预约定价的执行6个阶段[②]。

1. 预备会议

预备会议是在双方正式进行预约定价之前，跨国公司及税务机关就预约定价达成的必要性、可能性进行初步磋商，为预约定价协议的签订做好前期准备。预备会议并不是启动预约定价的必经程序，但其可以提高预约定价的谈签率。特别是在双多边预约定价中，如果缔约各国税务当局对预约定价申请的合作意愿不大，就可以避免继续进行一些不必要的准备工作。由于是非正式会议，所讨论的内容对双方不具有法律约束力。如果征纳双方经过商讨认为预约定价是可行的，纳税人一般应在预备会结束之后两月内向相关税务机关提出正式的书面申请。由于预备会议阶段需要申请人披露大量的资料，为了免除申请人的顾虑，一些国家如美国、中国同意纳税人以匿名方式申请预备会议，纳税人可以在其认为谈签成功的可能性较大时，才向税务机关提出实名申请，这大大降低了

---

① BEPS行动计划中最低标准之一的第14项行动计划"使争议解决机制更有效"，也将"实施双边预约定价安排"列为提高相互协商程序效率和效率的最佳实践。

② 《国家税务总局关于完善预约定价安排管理有关事项的公告》（国家税务总局公告2006年第64号）就原先的预约定价安排管理的相关内容进行了修订，该公告已于2016年12月1日起施行。

纳税人的财务风险,也在一定程度上鼓励纳税人申请预约定价。

2. 谈签意向

税务机关和企业在预备会议期间达成一致意见的,主管税务机关向企业送达同意其提交的谈签意向的通知书,企业收到通知书后向税务机关提出谈签意向。企业申请单边预约定价协议的,应向税务机关书面提出谈签意向;申请双边或多边预约定价协议的,应同时向国家税务总局和主管税务机关书面提出谈签意向。

3. 分析评估

主管税务机关接受跨国公司提交的谈签意向后,在规定时限内,就纳税人提交的预约定价申请资料,进行分析和评估。税务机关在对有关资料进行评估审核时,特别是在涉及对转移定价方法、重要假设、可比价格信息等进行评估时,可以向纳税人或其税务代理直接提出质询,并形成书面审查评估报告。分析评估是保证预约定价合理性的至关重要的过程,审核质量直接关系到预约定价的结果。在涉及双边或者多边预约定价安排时,各相关国家税务机关应开展相互协商谈判。为加快预约定价的磋商,在进行评估前,纳税人应该保证相关国家的税务机关能够了解到相同的事实。当一国税务机关从纳税人处获得额外资料时,该国税务主管当局与纳税人也应该保证其他相关国家税务主管当局能够获得相同的资料。为避免国际双重征税,如有必要,我们也可以举行相关各国税务机关与纳税人共同参与的磋商会议。如果各个税务当局采取独立的方式进行调查与评估,纳税人有权知道其进展情况。

4. 正式申请

预约定价必须是依纳税人的申请才能启动,税务机关无权强迫纳税人采用预约定价的方式解决转让定价的相关问题。纳税人提出具体申请时,需要向税务机关提交足够的信息用以论证和支持企业所适用的转让定价方法符合公平交易的原则。如果涉及多边预约定价,纳税人还应按此程序向国外的相关税务机关正式申请。申请过程中提交的文件大致分为以下几类企业近三年的基本经营情况、财务数据、预约定价将要涉及的关联方及关联交易、分析说明各个关联方承担的风险和功能、对企业未来经营的预测、相关法律问题及使用的转让定价方法等其他需要说明确认的问题。

5. 协商签署

征纳双方就纳税人转移定价方法、预约定价的风险、可比定价信息、重要假设，以及公平交易领域涉及的与预约定价有关的问题，经过相互磋商、论证，达成共识后会形成预约定价安排的草案。其内容一般包括各参与方的基本信息、涉及的关联方以及关联交易、预约定价适用的年度、转让定价具体适用及计算方法、关键假设、相关各方的权利义务、安排的法律效力、保密条款、相互责任条款、协议的修改程序、争议解决的途径和方法、避免双重征税等。各方就预约定价草案内容达成一致后，应由其法定代表人或授权代表正式签订。安排一经签订，即具有法律约束力，各方在履约环境、经营情况未发生实质性变化的时候应当遵照执行。

（三）预约定价的执行

1. 预约定价安排的修订

在预约定价安排的执行过程中，如果税收征纳双方设定的关键性假设发生了变化，应根据该发生变化的关键性假设是不是实质性的，对安排进行合理的调整或撤销。在纳税人提交的年度报告中，如果存在关键性假设变化的情况，纳税人有义务向税务机关进行汇报，并应该提交相应的文件资料和对安排进行修改的建议。在征纳双方进行充分商讨之后，就修改预约定价安排达成双方一致，修改后的预约定价安排将替代或者对原来的安排进行补充。修改后的安排应说明新的安排的生效日期以及原有安排的失效日期。如果征纳双方不能就修改内容达成一致意见，预订价安排将会自动失效。

2. 预约定价安排期限的延长

纳税人如果需要延长预约定价安排的执行期限，就应在法律规定的一定期限内向税务机关提出申请，以便税务机关有足够的时间进行评估以决定是否同意延长。延长预约定价是有一个基本前提的，那就是需要纳税人合理地履行安排设定的权利和义务，并且在未来一定的经营期间内，关键假设没有实质性发生变化，纳税人的生产经营条件、产品的销售情况、市场经济环境等重要因素没有重大改变，并且在事实情况没有发生重大变化的情况下，经税务机关同意，具体的申请程序细节可以简化。延长后的预约定价安排的具体条款可能会与先前的安排不完全一致。

3. 预约定价安排的撤销

一般在具有下列情形时可以撤销预约定价：一是纳税人在申请预约定价时提供的资料信息严重不符合事实情况，导致税务机关对此产生误解；二是在执行过程中，纳税人履行安排约定的权利和义务不完全符合预约定价安排约定的内容，在此情况下，税务机关可以做出撤销安排的决定。在双多边安排执行的过程中，首先提出撤销安排的一方税务机关有义务就撤销安排将会牵扯的问题与其他参与的各方进行充分的协商。在安排被撤销后，征纳双方将会自动恢复到传统的转让定价程序中，税务机关可以对纳税人的转让定价问题进行事后的调整。

4. 预约定价安排的终止

在预约定价安排执行期限届满前的一定期限内，如果纳税人没有提出对预约定价安排进行续期的申请，安排将会在到期之后自动终止。这属于预约定价安排的正常终止。如果由于客观情况发生改变或者纳税人自身的情况发生重要变化，纳税人不再符合关键性假设设定的条件，且征纳双方无法通过协商达成新的预约定价安排，从而导致预约定价安排提前终止，这属于预约定价安排的非正常终止。

二、预约定价协议存在的风险

预约定价协议为跨国公司和税务机关进行信息交流提供了一种沟通方式，这种对交易价格各方进行的事前确定，避免了关联企业交易后税务机关对其转让定价行为进行事后的调整，是解决跨国公司利用利润转移的方式进行国际避税的一种有效途径。但跨国公司与税务机关在签订预约定价协议的过程中，仍有可能出现以下风险：

（一）信息泄露风险

在全球市场上，竞争是十分激烈的，对于跨国企业来说尤其如此。在同一行业之间某一企业的定价安排如成本利润构成等通常是其他企业极其希望了解而该企业希望尽量保密的内容。然而，在预约定价安排程序中，为了能够争取税务当局的同意与谅解，参加预约定价安排的纳税人需要提出转让定价方法，并提供一系列资料来证明自己提出的方法可行、适当且为最优方案，从而和税务当局达成协议。这些资料通常会涉及纳税企业交易成本构成、利润，还有可能会涉及企业内部的重要商业机密。将这样的敏感信息交给税务当局是为了说服当局和自己签订协议，而这些信息如果被税务当局不当使用，或者因疏于保管而导致泄漏，对纳税人来说所带来的损失都是极其严重的，甚至会超出纳税人参加预约定价安排与税务当局达成协议所带来的好处。

（二）缔结成本较高风险

预约定价协议虽然能够提供明确的转让定价依据，避免该交易审计程序的复杂性，然而，为了达成这样的协议，跨国公司需要经历复杂的预约定价协议程序。这样的程序不仅要经过多轮的磋商，还需要进行充分的分析、论证，而这样的努力不一定能够得出被税务当局所采纳的结果，从而达成协议。这对纳税人来说需要承担大量的举证责任，程序耗时长，并且申请采用预约定价协议还需要不低的申请费用。这样的缔约成本是不能为所有的可能发生关联交易的企业所能接受的。由于这样的缔约成本可能只为大型的关联企业所接受，而小型关联企业往往会出于成本与收益的考虑而放弃采用预约定价协议，结果是只有大型关联企业才可能与税务当局达成协议，大型的关联企业会享受协议带来的便利，从而可能在大型关联企业与小型关联企业之间造成不公平的现象。

（三）双重征税风险

单边预约定价安排操作简便，程序上由于只有一国的税务当局涉及其中，可能会有更大的灵活性，更容易与纳税人达成一项预约定价协议。然而，单边预约定价安排所带来的最大弱点是不易避免双重征税。双边或多边预约定价安排可以避免双重征税，但是，双边或者多边预约定价安排程序的进行需要国际间的协作。由于各国出于对各自的税基的保护，各国的税务当局的利益具有冲突，同跨国企业之间签订预约定价协议，很难在各国税务当局之间达成一致意见。而在实际经济生活中，跨国企业之所以要和税务当局签订预约定价协议，是因为其关联企业常常在不同国家进行交易活动。这样频繁的国际间交易活动如果只是同一国的税务当局达成了预约定价协议，只能适用于在一个国家的关联企业交易的税收，而在他国的交易的另一方可能会被所在国的税务当局再次就同一笔交易征税，由此带来双重征税风险。

三、预约定价过程中的风险防控

为了能顺利地采用预约定价协议解决跨国关联企业因转让调整引发的国际纠纷和重复征税问题，对在预约定价过程中可能遇到的风险应采用相应的措施进行防控。

（一）完善预约定价制度中关于信息保密的相关规定

保密性关乎企业的交易安全，是企业尤其重视的问题。如果这个问题没有得到很好的解决，就不会有更多的企业选择预约定价协议来对自己的转让交易定价的。各国应借鉴《跨国企业与税务机关转让定价指南》（简称《OECD 指南》）有关纳税人信息保护的规定，《指南》指出："只要各国的制度或国际公约明确不允许税务主管当局不正当地使用纳税人的信息，就可以打消纳税人选择与各国税务机关合作的最大顾虑，也能够有效减少利益摩擦。"例如，各国可以在其国内法中规定，税务机关工作人员有泄露纳税人商业秘密的情形的，对直接负责的主管人员或其他直接责任人依法给予行政处分对纳税人合法权益造成损害的，应依法承担赔偿责任构成犯罪的，依法追究刑事责任。这样的规定使税务人员在泄露纳税人商业秘密时，不仅可能承担行政责任，还有可能被追究刑事责任。这对税务机关及其工作人员将起到很大到警示作用，从而能更好地保护纳税人的权益不受侵犯。

（二）提高效率，降低预约成本

比如，在预约定价安排的过程中，根据申请人所处的行业和实际情况分别适用不同的程序，合理分配税务资源和人员配备，提高工作效率；针对中小企业制定特殊的规定，简化其申请流程并减少对提交资料的要求，降低其申请的时间成本和复杂程度，同时，为了平衡中小企业的负担可以降低申请费用，从而刺激中小企业的积极性；针对无形资产转让定价问题，缩短税务机关和企业的谈签时间，降低关联交易的额度标准，加强预约定价安排的适用弹性。

（三）尽可能促成双边或多边预约定价协议的签订

在避免交易双方所在国税务机关的事后调查调整，防止跨国重复征税方面，双边预约定价的效果比单边预约定价更好，因为它得到了交易双方税务当局的认可，在约定的范围内不会再受到调查与调整征税。而单边预约定价只能在签约一方所在国内避免被事后调查与调整征税，交易对方所在国的税务机关对该结果并不一定认同，仍然存在双重征税的风险。

例如，甲乙两公司是同一集团的关联公司。A国甲公司生产的产品全部销售给B国乙公司，乙公司再全部销售给非关联的客户。2004年，甲公司账面利润1000万元，利润率2%，乙公司账面利润3000万元。由于甲乙公司之间全部是关联交易，双方税务机关都有可能对其关联交易的价格和利润的合理性进行审查（假设A、B两国所得税率均为30%）。

情况一：单边预约定价只能在签订预约定价的一方企业所在国避免被事后调整利润征税，但不能限制交易对方所在国税务机关的调整行为，即不能完全避免双边重复征税。甲公司被A国税务机关调整后，为防止未来年度再次被A国税务机关调整而导致重复征税，于2005年向A国税务机关申请2005—

2007年度的单边预约定价，获得批准，合理利润区间定为3.5%～6.5%，年度实际执行结果为4.8%。A国税务机关审核通过，不再对其利润进行调整。但乙公司因当年利润过低，尽管乙公司解释为市场变化，2007年B国税务机关仍将其审定为商品关联购进价格过高，调减成本而增加利润1000万元，补征企业所得税300万元。该调整仍然造成了所在集团的双边重复征税，重复征税的利润为1000万元，税款为300万元。

情况二：双边预约定价完全避免了双边重复征税。鉴于上述原因，甲、乙公司2006年同时向A、B两国税务机关申请双边预约定价，获得批准。根据两公司各自承担的功能、风险，以及对同类可比企业的调查情况，A、B两国税务机关共同确定承担功能简单的甲公司2006—2009年度关联销售产品合理的利润率区间为3%～7%，剩余利润归乙公司。若甲公司实际执行的利润水平在此区间内，A、B两国税务机关都不再调整；若在此区间外，两公司应作出对应的调整。

【案例分析】

欧盟裁定星巴克预约定价协议违法案

（一）基本案情

2015年10月21日，历时近两年的荷兰星巴克避税案落下，欧盟委员会判决荷兰政府与星巴克签订的预约定价协议违法。欧盟委员会认定这份预约定价协议规定的受控交易定价方法不恰当，低估了星巴克的应税利润，人为地降低了它的税负，间接地使得这家公司比其同类公司获得了更优越的竞争优势。因此，欧盟委员会裁定，这份协议违反了欧盟竞争法中关于国家援助制度的规定。这个裁定不但使得这份预约定价协议被叫停，而且星巴克还得向荷兰政府补缴2000万～3000万欧元的税款，具体补缴金额将由荷兰政府依据欧盟委员会在判决中认可的转让定价方法确定。

（二）争议焦点

本案争议焦点在于，欧盟委员会认为荷兰政府与荷兰星巴克制造签订的预约定价安排不正当地减少了荷兰星巴克制造在荷兰的税负，这相当于荷兰政府以本国税收资源对荷兰星巴克制造进行了补贴，而这种补贴可能威胁欧盟内部的公平竞争，因此该预约定价安排构成了荷兰政府对荷兰星巴克制造的非法国家援助。而星巴克集团与荷兰政府对欧盟委员会的上述判决均持否定态度，认为荷兰星巴克制造与荷兰政府达成的预约定价安排遵从了《OECD指南》及独立交易原则，并将就该案件采取进一步的措施。

（三）评析

星巴克集团在欧洲、中东和非洲市场的运营架构由AlkiStarbucks Coffee Trading Company SARL（瑞士星巴克）、Starbucks Manufacturing BV（荷兰星巴克制造）、Starbucks Coffee BV（荷兰星巴克总部）及众多星巴克门店组成。这些公司在整个集团的价值链中所承担的功能如下：

Alki LP：Alki LP拥有星巴克在欧洲、中东和非洲地区的无形资产所有权，这些无形资产包括星巴克商标和咖啡豆烘焙技术等。Alki LP将咖啡豆烘焙技术使用权授予荷兰星巴克制造，将其他无形资产使用权投予荷兰星巴克总部，并从荷兰星巴克制造和荷兰星巴克总部收取特许权使用费。

瑞士星巴克：瑞士星巴克主要承担星巴克集团在全球范围的生咖啡豆采购工作，并将采购的生咖啡豆销售给星巴克设在各个地区的加工厂进行烘焙加工。

荷兰星巴克制造：荷兰星巴克制造主要对瑞士星巴克采的生咖啡豆进行烘焙和包装，并分销给位于欧洲、中东和非洲的星巴克门店。此外，荷兰星巴克制造还向这些门店提供纸巾和纸杯等相关销售协议，由荷兰星巴克总部与各星巴克门店谈判并签署，星巴克制造并不具备销售功能。

荷兰星巴克总部：荷兰星巴克总部负责与各星巴克门店谈判并签署经烘焙的咖啡豆和其他相关产品的销售协议。此外，荷兰星巴克总部还向各星巴克门店授予星巴克商标等无形资产的使用权，并从各星巴克门店收取特许权使用费。

此次被欧盟委员会调查的预约定价安排由荷兰星巴克制造与荷兰政府签署，该预约定价安排涉嫌通过荷兰星巴克制造与境外关联企业间不符合经济实质的关联交易定价，将荷兰星巴克制造的利润转移至荷兰境外，从而减少荷兰星巴克制造在荷兰的税负。

具体来说，荷兰星巴克制造在这些关联交易中的定价方法如下：

1. 关联采购：荷兰星巴克制造向瑞士星巴克采购生咖啡豆的价格根据成本加成法制定，采购价格为瑞士星巴克采购生咖啡豆的成本加上20%的利润率水平。

2. 关联销售：在预约定价安排中，荷兰星巴克制造被定位为来料加工企业，并通过交易净利润法确定关联交易的合理利润水平。但是，由于来料加工企业在成本构成方面和可比公司存在较大差异，可比公司的利润率水平被进行了相应的调整。此外，荷兰星巴克制造在计算自己的利润率水平时，也只使用与加工咖啡豆相关的成本，而未包含原材料等成本。

3. 受让无形资产使用权：荷兰星巴克制造向 Alki LP 支付的特许权使用费金额为荷兰星巴克制造保留上述合理利润水平后的所有剩余利润。

上述预约定价安排中存在诸多疑点，欧盟委员会着重对以下四点提出了质疑。

（1）英国 Alki LP 股权结构的避税结果

Alki LP 作为一家成立于英国的有限合伙企业，其营业利润不需要在经营地缴纳企业所得税，而是分配至合伙人后，作为合伙人的所得缴纳相应的税款。Alki LP 的最终出资人为成立于美国华盛顿州的 Starbucks Coffee International（SCI Inc.），因此，Alki LP 来自荷兰星巴克制造的特许权使用费收入最终将在美国纳税。然而，根据相关法规，华盛顿州并不征收企业所得税。

（2）荷兰星巴克制造的功能风险定位

在预约定价安排中，荷兰星巴克制造被定位为来料加工企业。但是，欧盟委员会发现，在荷兰星巴克制造的资产负债表中，存货金额占总资产金额的近半数，并且荷兰星巴克制造还计提了存货跌价准备，这表明荷兰星巴克制造承担了与存货相关的风险，被定位为低风险的来料加工企业可能并不恰当。

（3）可比利润水平调整方法

即使荷兰星巴克制造可以被视为来料加工企业，预约定价安排中对可比利润水平的调整方法也存在值得商榷之处。预约定价安排在对可比公司利润水平进行调整时，不仅调整了原材料成本（第一次调整），还调整了原材料对应的资金成本（第二次调整）。与《OECD指南》中提出的资本性调整不同，第二次调整仅考虑了作为存货的原材料的资金成本，而未考虑应收账款和应付账款的资金成本，因此这种调整缺乏理论依据。

（4）特许权使用费的合理性

根据《OECD指南》，特许权使用费通常应当基于使用者的产量、销售额，在极其特殊的情况下，也可以基于使用者的利润确定。但是，荷兰星巴克制造向 Alki LP 支付的特许权使用费并未基于其产量、销售额或利润，而是将保留常规利润水平后的所有剩余利润都支付给了 Alki LP，当荷兰星巴克制造不能达到常规利润水平时，Alki LP 还会对荷兰星巴克制造进行补贴。这使得该预约定价安排实质上是与政府达成的协议，由荷兰星巴克制造每年向荷兰政府支付相对稳定的配额。

目前该案件的判决书尚未对外公布，但是根据欧盟的官方报道，欧盟委员会认为，荷兰星巴克制造至少通过以下两种方式减少了其在荷兰应缴纳的税款：①荷兰星巴克制造向 Alki LP 支付了过高的特许权使用费，而星巴克集团内其他企业或非关联企业并不需要就该烘焙技术支付特许权使用费；②荷兰星巴克制造向瑞士星巴克支付了过高的生咖啡豆采购费用。

【延伸阅读】

欧盟裁定菲亚特的预约定价协议违法案，请参见李娜：《预约定价协议是否还是跨国公司的避风港？》，载《国际税收》2016年第1期。

第四节　成本分摊协议

一、成本分摊协议管理

根据 OECD 对 BEPS 行动计划中的成本分摊协议的研究,成本分摊协议是指"合同各参与方用来约定在共同研发、生产或受让无形资产、有形资产和服务时各自应做出的贡献和需承担的风险,并预期上述无形资产、有形资产和服务会为各参与方创造的收益"。也就是说,OECD 主要从以下三个方面认识成本分摊协议:第一,成本分摊协议以合同的形式加以明确,并约定各参与方的权利和义务;第二,成本分摊协议涉及的范围较广,包括无形资产、有形资产和服务;第三,成本分摊协议风险与收益并存,各参与方通过收益与风险的配比,进行成本分摊。相比于 OECD 的规定,我国的成本分摊协议范围有所调整——OECD 中的成本分摊协议涉及无形资产、有形资产和服务,而我国更强调无形资产的研发与受让以及劳务的提供与接受 [①]。

（一）成本分摊协议的原则

成本分摊协议作为转让定价领域的一个重要制度,既要遵循转让定价的一般原则,即独立公平交易原则;也要遵循成本分摊协议的独特原则,即风险与收益相配比的原则。尤其是 BEPS 行动计划向政策层面落地的进程中,坚持独立交易原则和风险与收益相配比的原则至关重要。

1. 独立公平交易原则

独立公平交易原则是实现成本分摊协议的基础原则,不符合独立公平交易原则的成本分摊协议将无法税前扣除。独立公平交易原则是指在相同或类似的交易条件下,关联交易的价格应当与独立竞争的企业间的交易价格相似。

[①]　根据我国《特别纳税调整实施办法（试行）》第七章的规定,企业与其关联方,可以就共同开发和受让无形资产、提供和接受劳务,签订成本分摊协议。

2.风险与收益相配比原则

成本分摊协议的各参与方，其分担的风险应当与其收益相配比。成本分摊协议要按照一定的比例分摊成本。比如由于共同的利益需求，A、B、C三家关联公司联合开发一项技术，成本总计100万元，A公司实际分摊50万元，B公司实际分摊成本30万元，C公司实际分摊成本20万元，则A、B、C三家关联公司的成本分摊率分别是50%、30%和20%。然而，成本分摊仅仅是成本分摊协议的形式表现，成本分摊的比率必须与参与方的合理收益相配比。以收益为参照，当参与方的收益和成本不一致时，必须进行调整；参与方不进行调整时，税务机关有权根据经济实质依法调整。

（二）管理与执行

企业应自成本分摊协议达成之日起30日内，向国家税务局报送成本分摊协议副本。税务机关判定成本分摊协议是否符合独立交易原则须层报国家税务总局审查。执行协议的过程中，企业应判断成本分摊协议是否符合独立交易原则及成本与收益相匹配原则，如果不符合，需要做出补偿调整；参与方不主动做出补偿调整的，税务机关将实施特别纳税调查调整：

1.加入支付，即新参与方为获得已有协议成果的受益权做出合理的支付。

2.退出补偿，即原参与方退出协议安排，将已有协议成果的受益权转让给其他参与方应获得合理的补偿。

3.其他情形下，参与方实际分享的收益与分摊成本不相匹配的，也应根据实际情况做出补偿调整。

如果成本分摊协议符合独立交易原则及成本与收益相匹配原则，企业按照协议分摊的成本应在协议规定的各年度税前扣除，但有下列情形之一的，其自行分摊的成本不得税前扣除：

（1）不具有合理商业目的和经济实质；

（2）不符合独立交易原则；

（3）没有遵循成本与受益分配原则；

（4）未按有关规定备案或准备、保存和提供有关成本分摊协议的同期资料；

（5）自签署成本分摊协议之日起经营期限少于20年。

二、成本分摊协议存在的风险

目前跨国关联企业多是利用成本分摊协议政策的漏洞进行避税，但刻意安排成本分摊协议的税收筹划往往是不良的税收筹划，存在很大的税务风险。

（一）反避税调查风险

随着世界各国税收法律法规的不断完善，很多国家都对成本分摊协议作出了具体规定，对其加以限制，以达到维护本国税收权益的目的。例如，《美国成本分摊协议2011年最终规则》对关联企业间以成本分摊方式联合开发无形资产的涉税问题进行了规制，代表了美国乃至国际社会在该问题上的最新成果。该规则规定，美国税务局有权对成本分摊协议是否合格予以审查，重点在于审查受控参与方是否以与其合理预期收益成比例的方式，分摊联合开发无形资产的成本和风险。简言之，税务机关需确定受控参与方在成本分摊协议中是否实现了"收益与成本配比原则"，如果配比，则不会受到税务机关的税收调整，并且享受最终规则赋予的税收待遇（如税前扣除等）；如果不配比，则要受到税务机关的调整，并且会影响到其税收待遇。《OECD指南》明确指出，如果发现成本分摊协议的参与者对全部贡献的份额与全部预期收益的份额不一致，必须作出"平衡支付"（balancing payment）调整。我国也规定，企业不按独立交易原则作出处理而减少其应纳税所得额的，税务机关有权做出调整。

（二）被罚款、加征滞纳金的风险

面对关联交易，企业如果不及时配合税务机关进行处理，未按照税务机关规定的期限准备相关资料，或者进行特别的纳税调整，将会面临被处罚和加征滞纳金的风险。一旦因关联交易被税务机关处罚，在数额较大的情况下，对企业来说，这不仅是金钱的损失，还有企业品牌形象、信誉等一系列的损失。

三、成本分摊协议的风险防范

为避免关联企业不当使用成本分摊协议遭受反避税调查的风险，应采取以下措施进行风险防控。

（一）遵循独立交易原则

跨国企业在签订成本分摊协议时应遵循独立交易原则，母公司向境外输出专有技术、商标等无形资产使用权，应合理地收取无形资产使用费，确定使用的关联交易定价要符合母国和投资国的税法规定，规避反避税调查风险；母公司将无形资产所有权全部或部分转移到境外的，应遵循国际惯例和通行做法，对无形资产价值进行评估，根据评估作价依法进行税务处理。

（二）增加税企沟通和信息透明度

G20税改倡导提高透明度，解决信息不对称导致的税收问题。税企间的良好沟通和信息透明，既是纳税人自我遵从的重要表现，也是合作遵从的核心所在。建议主动加强与税务机关的沟通，涉及集团统一规划、全球部署的事项，在华成员企业应尽可能邀请集团总部派员参与税企沟通，提高沟通效果，为税务机关做出正确判断、采取合理的税务处理提供支持；特别要提醒的是，在税收检查中依照法定程序要求企业提供证据，企业依法应当提供而拒不提供，在诉讼程序中提供的证据，中国法院一般不予采纳。

【案例分析】

苹果公司避税筹划中的成本分摊协议 [①]

（一）基本案情

苹果公司连续数年被评为"全球最具价值品牌"，同时也是全球市值最大的公司，高额的利润本应当对应高额的税额，但苹果公司通过各种避税手段规避了高额税负，由此先后受到美国和欧盟的调查。2013年5月美国国会参议

---

① 易奉菊主编：《国际税收理论、实务与案例》，立信会计出版社2017年版，第144-147页。

院举行听证会，就"海外避税"问题，对美国苹果公司的高管们进行质询，所列举的几项重要避税事实是：1.向海外（即美国以外）转移利润：苹果公司2012年末拥有的1450亿美元现金或现金资产中有1020亿美元游离于美国海外，而且几乎没有缴税；2.海外关联公司的非税收居民身份：苹果公司在爱尔兰的两家关键的关联公司自我否定了爱尔兰的居民纳税人身份，也不承认为美国的税收居民，它们是苹果国际运营公司（Apple Operation International，下称AOI）和苹果国际销售公司（Apple Sales International，下称ASI）；3.滥用成本分摊协议：成本分摊协议是苹果公司把数百亿美元的利润转移到爱尔兰的主要工具。欧盟委员会调查发现爱尔兰政府违反了国家补助规定，与苹果公司签署了非法的税收优惠协议，让苹果公司逃避了大量税金，于2016年裁决苹果公司向爱尔兰补缴130亿欧元税金。当时奥巴马政府就此对欧盟发出"警告"，欧盟对苹果、亚马逊、星巴克等美国公司的税收调查会造成非常"不幸"的国际税收先例。对于该裁决，苹果公司和爱尔兰政府均表示不满，并提起上诉。2020年，欧盟第二高等法院"欧盟总法院"（General Court）推翻了裁决并指出，欧盟委员会错误地认定爱尔兰政府向苹果公司提供了"特定经营优惠"，而且即使欧盟普通法院"遗憾地看到"苹果公司与爱尔兰政府达成的税收协定存在不完整、不一致等缺陷，但这些缺陷本身不足以证明爱尔兰政府违反了欧盟竞争法"禁止国家援助"条款，欧盟委员会未能证明爱尔兰与苹果公司的税收安排是非法的国家援助，欧盟委员会没有在法律层面证明他们的做法是合理的。欧盟委员会决定向欧盟最高法院"欧洲法院"提起上诉。

（二）案件分析

根据有关调查指控可以发现，苹果公司的跨国营运架构设计包涵了诸多避税筹划技巧，由此规避了本应有的高税负，但其行为似乎并没有触犯相关法律的规定。总结苹果公司的跨国税收筹划主要有四步：（1）利用美国和爱尔兰两国不同的税收制度，形成双重非税务居民，绕开税收管辖权；（2）利用"成本分摊协议"，将其知识产权资产转移到税率较低的国家或地区，以便按照低税率缴纳所得税;(3)利用"打勾规则",绕开受控外国公司制度,得以将利润长期滞留海外;(4)通过预约定价协议以非常合法的方式绕开了爱尔兰税务。其中,"成本分摊协议"扮演了利润转移的重要角色。

首先从成本分摊协议的双方来看,一方是苹果公司的最上层美国控股公司Apple Inc(API),也是苹果公司知识产权唯一的法律意义上的所有人。苹果公司和苹果商品的核心价值,就是苹果商品中所嵌入的知识产权和苹果商品代表的商誉,而苹果知识产权的根本来源是苹果公司的研发活动。苹果公司的研发活动几乎全部都是在美国本土进行,由API的工程师和专家完成的。基于美国对知识产权的保护力度世界第一,故苹果公司的专利技术都是美国注册,以利于对苹果公司专利技术的保护,这也是大部分美国跨国公司的做法,由此可享受了美国比较完善的法律体系这一"基础设施"。而且API注册地为美国加利福尼亚州的库比蒂诺市(Cupertino),苹果公司为了规避加州的所得税,在离加州只有200英里的一个赌城,内华达州的里诺设立了一个办公室,而内华达州不征州所得税。另一方是负责全球销售的爱尔兰ASI公司。对专利权来说,法律上的保护是其中之一,关键是经济利益的实现,而ASI没有参与研发,该如何获得有关无形资产权并实现经济利益呢?正常情况下需要通过向API支付获得特别许可使用权,但将面临预提所得税的征收。美国的企业所得税,如果将联邦和州所得税率相加,达到了39%左右,而爱尔兰的所得税率只有12.5%。

从苹果美国公司与苹果爱尔兰公司关于成本与收益分摊协议的内容看,苹果公司会根据当年的美洲外和美洲所销售产品的收入比例来分摊它们的知识产权的开发成本,由此将世界的市场分为美洲市场与美洲以外的市场,美洲市场的收入归苹果美国公司所有,而世界其他市场的收入归苹果爱尔兰公司ASI所有。结果是,美国公司虽然是知识产权法律意义上的所有人,但是它只获得40%的经济收益;爱尔兰公司虽然不是法律所有人,但拿走了60%的收益。可见,苹果公司通过同负责全球销售的ASI公司签订成本分摊协议,双方共同承担无形资产的研发费用，从而使 ASI 公司和苹果母公司共同享有无形资产带来的收益权，ASI 不再需要特别许可。

API 与 ASI 间签订的成本分摊协议有什么意义呢？自 2009 年至 2012 年，ASI 依据成本分摊协议承担了 49 亿美元的苹果研发活动成本，而此期间内，ASI 却因拥有苹果的知识产权中的经济权利而获得了 740 亿美元的利润，投入产出比达到了惊人的 1:15；同期，API 依据成本分摊协议承担了 40 亿美元的苹果研发活动成本，而此期间内 API 获得的利润为 387 亿美元，从这个角度看，API 在研发活动中的投入产出比为 1:10，这要比 ASI 的小得多。事实上，API 有能力自行负担全部研发活动的成本，为什么 API 为了获得 49 亿美元研发成本的分担，却放弃 740 亿美元的利润呢？就是因为 ASI 是 API 的关联公司和为了达到避税的目的。该成本分摊协议的真正功能是，通过转让定价工具，人为地安排苹果公司价值核心的知识产权中的经济权利在关联公司间的拥有和归属，满足现有转让定价国际通用规则的形式要件，使在美国本土进行的研发活动所创造出的价值极高的知识产权被部分地置于爱尔兰公司名下，所赚取的商业利润可以大部分被截留在美国以外低税地，成功避税。其具体的转移过程是：首先，ASI 公司与中国的企业富士康签订协议，让富士康为其代工苹果产品，并低价购入这些苹果产品比如 200 美元的账面价格，然后再加价销售给 AOI 的全球分销子公司，诸如 Apple Distribution International 和亚洲新加坡销售公司等，最后美国的公司再以 900 美元购买，在这次加价中实际就包括了从各分销公司中收取的高额无形资产使用费，最后美国公司再以 1000 美元的价格卖给世界各地经销商，这样苹果公司在美国只需要按照 100 美元利润的缴税，而另外 700 美元的利润在诸如新加坡、爱尔兰、开曼群岛等低税率国家缴纳很少的所得税或者不需要征税。

值得注意的是，苹果公司签署的成本分摊协议在美国税务部门每年审核的结果都是合法的。根据美国法律规定，关联方之间签订的成本分摊协议要根据知识产权能带来的合理预期收益来确定各方承担的成本比例。而这一规定在操作执行过程中面临诸多难点：不仅知识产权交易本身缺乏可比交易价格，知识产权开发成本、合理预期收益的份额也难以确定，这就为通过操控成本分摊协议条款达成避税目的提供了条件。

可见，相较于其他无形资产的转让定价方式，成本分摊协议具有独特的优势。第一，知识产权法律上仍旧归属于苹果公司，从而受到美国法律的严密保护，确保知识产权在美国这一极端重要市场的安全性。第二，采取成本分摊协议可以规避采用转让资产所得或者特许权使用费所得需要缴纳的税收。第三，企业实际产生的研发成本仍然能够从税前利润中予以扣除。

【延伸阅读】

1. 易奉菊主编：《国际税收理论、实务与案例》，立信会计出版社 2017 年版。

2. 崔晓静、何朔：《"美国微软公司避税案"评析及启示》，载《法学》2015 年第 12 期。

3. 陈智超主编：《无形资产转让定价问题研究——以美国和 OECD 的制度为中心》，厦门大学出版社 2012 年版。

第七章

跨国并购税收风险防控

【 内容摘要 】

　　跨国并购是企业走出去的便捷途径，也是企业在跨国经营过程中实现结构优化或扩大发展的有力手段，还是投资退出的主要途径。税收是企业在并购的决策及实施中不可忽视的重要筹划对象，通过对资本利得税、融资和资金回流等方面的筹划和安排可以创造巨大的节税价值，有些企业甚至将获得税收优惠作为实施并购行为的直接动机之一。合理的税收筹划不仅可以降低企业并购的成本，实现并购的最大效益，甚至可以影响企业并购后的兴衰存亡。

第一节　跨国并购的税收问题

一、跨国并购的主要模式及税务处理

　　跨国并购是指跨国兼并和跨国收购的总称，指一国企业（又称并购企业）为了达到某种目标，通过一定的渠道和支付手段，将另一国企业（又称被并购企业）的所有资产或足以行使运营活动的股份收买下来，从而对另一国企业的经营管理实施实际的或完全的控制行为。并购模式及其交易结构是并购主体基于并购目的和目标，通过不同的支付手段来收购客体取得对客体的控制权或收益权的内容安排。每一类资产权属的变动，都会引起纳税义务的发生，而且跨

国并购模式及有关税收法律政策不同,不同主体资格的条件及不同的客体及客观条件,导致税收法律关系的不同改变,相关的税务处理也不同。

(一)企业收购

企业收购是指由企业出资对目标企业的产权或资产进行购买并纳入本企业的经营管理之内的行为,或指一个企业通过购买公司股权而使该企业的经营决策权易手的行为。它包括股权收购和资产收购。股权收购是指以实现对被收购企业控制,一家企业购买另一家企业的股权,包括直接收购和通过收购股权投资者的股权的间接收购两种类型。股权收购中,又有控股式收购与非控股式收购两种。资产收购是指一家企业的购买另一家企业的实质经营性资产的交易。资产收购区分两种情况,在资产重组的过程中,如果是通过合并、分立、出售、置换等方式,将全部或者部分实物资产以及与其相关联的债权、负债和劳动力一并转让给其他单位和个人,不属于增值税的征税范围;如果是单纯的资产收购或资产转让,则应当征收增值税。

资产收购和股权收购的相同点:(1)计税基础的确定原则相同。不论是资产收购还是股权收购,都可以适用一般性处理和特殊性处理两种税务处理方法①。(2)适用特殊性处理要求的条件相同。

资产收购和股权收购的不同点:(1)权利内容不同。资产收购获得的是对企业资产的实质性经营权和处置权;而股权收购购买的是对被收购企业的控制权,收购企业不直接参与被收购企业的生产经营活动,对其财产也没有直接处置权。(2)承担风险的不同。资产收购完成后,收购企业直接参与被收购企业的生产经营活动,直接承担和处理一切风险。股权收购只承担投资收益风险。(3)在利益分配中所处的地位不同。资产收购完成后,收购企业是被收购企业的经营管理者,可以直接处理和分配被收购企业的经营成果。股权收购完成

---

① 根据《财政部、国家税务总局关于企业重组业务企业所得税处理若干问题的通知》(财税〔2009〕59号)和《企业重组业务企业所得税管理办法》(财税〔2010〕4号)的规定,可以使用特殊性税务处理的规定并享受相关的税收待遇。

后,收购企业不直接参与管理,一般被动地接受经营成果的分配。

(二)债务重组

债务重组又称债务重整,是指债权人在债务人发生财务困难的情况下,债权人按照其与债务人达成的协议或者法院的裁定做出让步的事项。也就是说,只要修改了原定债务偿还条件的,即债务重组时确定的债务偿还条件不同于原协议的,均作为债务重组。

债务重组的方式主要有:(1)转让资产清偿债务,即债务人转让其资产给债权人以清偿债务;(2)债转股,债务人将债务转为资本,同时债权人将债权转为股权;(但债务人根据转换协议,将应付可转换公司债券转为资本的,则属于正常情况下的债务资本,不能作为债务重组处理)(3)债务转移,指负债企业将其对债权人的负债转给第三方承担的行为①。在债务重组过程中,我们可以采用其中一种方式或多种方式的组合。

用资产抵债和非货币性资产交换或置换的债务重组,因不涉及产权的转让问题,相关债务重组和资产置换仍属于增值税征缴的范围,应照常缴纳增值税,但债转股及资产置换中导致产权交易发生的,则不属于增值税范围。根据债务重组的条件和内容不同,其中的所得税处理也分为一般性处理和特殊性处理两种情况。债转股业务的税务处理还包括印花税处理。

(三)合并

税法上按照合并的方式不同分为吸收合并(存续合并)和新设合并(创立合并),而将会计上的控股合并作为股权收购,主体的改变将导致税务处理的变动。吸收合并一般是指两个或两个以上的企业通过法定的方式重组,重组后只有一个企业继续保留其法人地位(即 A+B=A 或 B)。新设合并一般是指两个或两个以上的企业通过法定方式重组,重组后原来的企业都不再继续保留其法

---

① 第三方一般是负债企业的关联企业或者有意对负债企业进行重组的其他企业。作为购买债权的对价,第三方可以现金、实物、有价证券或其他财产权利向债权人进行支付。如果法律、行政法规规定转移债务或者转让债权应当办理批准、登记等手续的,应按规定办理。比如,根据我国有关外债管理法规的规定,外债的转让必须到外汇管理局办理外债变更登记。

人地位,而是另组成一家新的企业(即 A+B=C)。合并又分为同一控制下的企业合并和非同一控制下的企业合并。前者是指参与合并的企业,在合并前后均受同一方或相同多方的最终控制,且该控制并非暂时性的,属于关联交易。后者则是指发生于两个或两个以上独立的企业或企业集团之间,可以理解为一个企业购买另一个企业的交易行为。

(四)红筹架构的拆解与回归

红筹架构及其拆解与回归都是我国企业基于历史原因产生的跨国并购的特殊模式。早年鉴于国内资本市场不够成熟,以互联网企业为代表的一些中国企业在境外资本市场(如纽交所、纳斯达克、港交所等)上市,被称为"红筹上市",并构建红筹架构。其基本原理是:由境外上市主体设立的外资企业(简称"WFOE")通过一系列协议控制境内的一个或多个内资运营公司(简称"VIE公司"),通过对 VIE 公司进行实质控制,实现将内资运营公司的财务成果合并进入境外上市公司财务报表的目的。随着国内资本市场的发展和外资法的调整,一些"红筹上市"企业开始撤离境外资本市场,向境内资本市场回归,由此形成特殊并购模式。典型的回归过程分为境外私有化、拆解红筹架构、境内重组上市三个阶段。境外私有化就是将上市公司转化为非上市公司,即退市。一般的做法是:成立私有化主体,创始人将其持有上市主体的股权置换为私有化主体公司的股权;上市主体以其自有资金、债务或权益融资资金回购其他公众股东的股份;私有化公司吸收合并上市的主体,合并后私有化公司不再存续。拆解红筹架构的目的是将外资企业转化为内资企业。对于一些有外资准入限制的行业,这是必需的一步。对于 VIE 结构的公司,拆解红筹架构之前必须先解除相关的控制协议,并清退外资。境内重组上市阶段是将境内运营公司合并整合,形成境内上市主体。此阶段分两种情况:一种是 VIE 公司收购 WFOE,另一种是 WFOE 公司收购 VIE 公司。有关过程中都涉及股权的退出或转让的所得税务。

二、跨国并购的主要税收风险

由于跨国并购交易和税务处理的复杂性，在跨国投资和税收法律政策的背景下，一般需要从以下几个方面关注有关的税收风险。

（一）时机与目标的选择

并购时机与目标的选择是做出并购战略决策的基础，选择不同，交易的成本、并购后的营运效益与税负风险也不同。

首先是根据宏观经济指标对目标国的选择。宏观经济指标是基本可以反映目标国的经济和金融所处的经济周期的宏观数据，可以据其判断目标国的经济状况、经济潜力以及目标国在世界经济和国际金融环境中所处的地位，这样帮助决策者选择相应的并购时机。一般认为，宏观经济指标主要包括以下几类：GDP 增长率、国外净要素收入、就业率和失业率、存贷款基准利率、LPR、同业拆借利率、法定存款准备金率与实际利率和利率差、通货膨胀率与通货紧缩、储蓄率、实际汇率、国际收支差额等经济指标。这些指标对具体目标企业的影响而言，则体现为三大财务指标，即营运能力指标、偿债能力指标、营利能力指标，投资者须重点关注存货在报表上的反映、应收账款比例、资产周转率、资产负债率、速动比等关键指标是否正常。因为这些指标清晰准确地反映了企业的偿债能力、运营能力、资金周转能力以及未来的营利能力，特别是一个国家宏观经济周期和宏观经济态势对企业微观经营和发展的影响。

其次是根据目标国经济周期的判断，和对目标企业三大财务指标的变化的观察，选择并购时机。掌握经济周期的变化规律对并购时机的把握尤为重要。企业应该根据交易的价格、增长趋势、交易后的利润预期等综合考量，通常把经济周期①的萧条末期至复苏中期作为并购的最佳时机。

---

① 经济周期（business cycle）即国民收入及经济活动的周期性波动，持续时间通常为 2~10 年，它以大多数经济部门的扩展或收缩为标志。经济周期是经济中不可避免的波动，每个周期都是繁荣与萧条的交替。经济周期具体可分为如下阶段：繁荣、衰退、萧条、复苏和危机，且经济周期的各个阶段各自的特点均能通过宏观经济指标予以体现。

在目标企业的具体选择方面,除了有关经济指标的考量,所面临的主要风险有:(1)和政府鼓励和支持的产业领域不相符;(2)目标企业的生产经营方式和技术手段不符合政府鼓励和支持的要求;(3)产品的生命周期是否处于成长阶段。这些将影响到有关投资及税收政策优惠的享有。

(二)主体与客体的选择

1. 并购主体的选择及风险

就并购主体而言,它又是纳税主体,而主体的资格条件不同,针对税收具有不同的权利和义务。如自然人和法人,或居民和非居民,外资企业和内资企业等。不同的并购主体可能适用不同国家或地区的法律(如阿里巴巴注册地为开曼岛),或者同一国内的不同法律(如公司和合伙企业适用不同的法律),为了规避有关法律及税收监管,往往选择专门的并购主体模式,主要有隐名持股、离岸公司、协议控制(VIE)、有限合伙 PE 模式,会面临不同的法律风险。

(1)隐名持股

隐名持股,是指投资人实际认购出资却不在公司的章程、股东名册或其他工商登记材料中记载,相关记载和显示的仅仅是代理人投资及其作为股东的情况。但是隐名持股规避了政策法律在目标企业的持股或持股比例的限制和禁止,避开监管层的审批和管制,为避免因持股比例过高受到反垄断审查,存在受目标企业所在国或母公司所在国监管的风险。

(2)离岸公司

将公司设立在一个国家,又将营业地设定在另一个国家。营业地持有公司的所有资产,除了向注册设立离岸公司的股东支付股息分红之外,与公司注册设立地没有任何往来,公司的实际股息和资金来源于营业地与第三国企业之间的业务和交易。但是,大多数国家对外国投资者并购本国企业规定了诸多限制,可能受到目标企业所在国的反垄断调查,对投资者相当不利。典型的案例如蚂蚁金服并购速汇金(Moneygram)、中国华芯投资并购 Xcerra 集团(美国半导体公司)均被美国外资投资委员会(CFIUS)否决。而离岸公司并购尚未遇到上述情况,因为离岸公司并购大多是小额并购,且大多数国家对离岸公司所在国(一般是小岛国)没有太多政治方面的顾虑。

(3)协议控制(VIE)

协议控制,简称 VIE,指离岸公司通过外商独资企业,与内资公司签订一系列协议,成为内资公司业务的实际收益人和资产控制人,以规避国内《外商投资产业指导目录》对于限制类和禁止类行业限制外资进入的规定。通过 VIE 结构,国内企业可完成赴海外市场上市或融资。该种模式的主要风险包含:第一,利润由境内转移至境外时可能面临外汇管制的风险;第二,VIE 结构的公司将会涉及大量的关联交易以及反避税的问题,也有可能在股息分配上存在税收方面的风险;第三,由于是协议控制关系,上市公司对 VIE 没有直接的控股权,可能存在经营上无法参与或公司控制经营管理的情况。

(4)有限合伙 PE 模式

PE(Private Equity),也称私募股份投资,指通过私募形式对非上市企业进行的权益性投资,在交易过程中,要附带考虑将来的退出机制,即通过上市、并购或管理层回购等方式,出售持股获利。PE 一般都采取有限合伙企业的形式设立基金,PE 投资者为有限合伙人、PE 的管理者为普通合伙人。为了解决并购融资需求,PE 并购基金的设立日益流行。PE 模式的风险包括:第一,普通合伙人投资少却拥有企业的控制权,有限合伙人对企业的权利是很有限的。有限合伙人的利益保障存在风险;第二,若有限合伙人参与合伙企业的管理事宜,可能导致其实质上承担无限责任。

2. 并购客体的选择及风险

跨国并购的客体,直接表现为企业的资产或股权,并购客体的选择与风险是跨国并购税收问题的重要环节和内容,因为目标企业所在国在产业政策、产业安全、产业发展战略以及竞争政策、监管方式等方面都是根据具体的产业或行业进行规定的,并落实到目标企业资产或股权转让中的具体税收政策的规定。

不同的客体,对主体的权利能力的要求不一,给予的鼓励和限制甚至禁止的政策规定也不一样;不同的客体对并购的程序和流程要求也不一样,会计处理与税务处理的要求和效果也不一样,这直接影响到并购的效果。每一类资产权属的变动,都会引起纳税义务的发生,而税收政策又对此有不同待遇的规定。

股权收购中,纳税义务人是收购行为中的收购方和目标公司的股东,除了合同印花税,目标公司股东很可能因股权转让所得缴纳所得税;资产收购中,纳税人是收购公司和目标公司本身,根据目标资产的不同,纳税义务人需要缴纳不同的税种,主要有增值税、所得税、契税和印花税等。

从产业角度而言,每一个产业领域的资产或股权或企业,或者每一个不同地区的产业的资产、股权或者企业,对其进行投资和经营,又都因国家产业政策和宏观经济政策的调整而有不同的税收待遇[①]。需要注意的是,并购客体的选择是一个动态的分析:首先要关注当前目标国的相关政策;其次要分析目标国对客体的政策走向,才能争取有关政策的优惠并避免受到限制或禁止[②]。

(三)融资与支付方式的选择与风险

融资与支付是实现跨国并购交易的关键环节,并购融资工具与支付工具的选择运用具有对应关系,主要取决于并购企业决定利用何种金融工具实施并购,有关的风险考量也各不相同。

1. 不同的融资方式及其风险

跨国并购融资方式除了来源于本国市场外,同时还有东道国以及国际市场,相对国内并购来说,其融资途径和方式要多得多。企业融资方式与其资本结构、资金成本、经营者筹资政策紧密相关,负债融资、权益融资和混合性证券是企业融资的三个基本途径。不同的融资方式具有不同的优缺点,其税收影响和筹划方式及风险也不同,需要根据具体情况做出选择安排。并购融资安排不

[①]　比如我国《企业所得税法》第25条至第34条,从产业的角度规定税收优惠政策。

[②]　比如,在2020年1月中美签署的第一阶段经贸协议中,中国承诺未来一定时间内应加大金融开放力度,逐步取消证券公司、基金管理公司、期货公司的外商持股比例限制,这对外国企业来华投资并购来说是一个重要的风向标。

合理会导致企业的资本结构不合理，加大企业的财务风险，危及企业的并购安排及其生存和发展。

2. 支付方式的选择与风险

支付方式的选择不仅受到制度限制①和并购方当前财务状况②的影响，同时由于各国税法中对不同类型的资产和收益规定的税率有很大的差别，这便为公司合理避税提供了途径，也是选择并购支付方式所要考虑的一个重要因素。并购双方最终选择的并购支付方式要综合考虑并购时的资本利得税、并购方所得税的节约以及并购后目标企业原股东收到股利或债务利息应缴纳的所得税等因素。

三、跨国并购税收风险的防控

针对跨国并购中的税务处理和税收风险，企业需要做好并购前的尽职调查和并购方案的设计，以及特殊性税务处理几个方面的工作。

（一）尽职调查

并购前期需要了解被并购公司的组织和产权结构、资产状况、公司的债务和义务、公司的经营状况、财务数据、税务状况、法律纠纷等各个方面的问题。开展"并购尽职调查"是在并购过程中进行风险管理的主要手段，税务尽职调查是并购全面尽职调查的重要组成部分。税务尽职调查的要点是发现被并购企业存在的既往税务风险、并购对既往事项追溯的税务影响以及并购对未来产生的税务影响。并购前期对被并购企业开展全面审慎的税务尽职调查，不但能为估值模型和股权买卖协议谈判提供详细的数据支持，而且有利于发现被并购企

---

① 对公司的并购活动，各国在其《公司法》《商法》《证券法》等法规中都作了一般规定。这些规定条款是支付方式选择不可回避的法律背景。特别是采用股票交易方式时，对新股发行的主体资格、发行条件、发行对象以及各种性质股份的比例，证券法规中都有明确的规定，以现金方式购买上市公司股票，其收购要约的发出、收购价格的确定也都存在法律限制。股票支付方式与现金支付方式相比，其受到的法律条文制约更多。

② 包括资产中期与长期的流动性和短期的货币流动性、股权结构、杠杆比率、资本成本、当前股价与股利水平，等等。对于现金并购，应考虑短期的现金流动性、中期或长期的资产流动性和资产变现能力、资本成本等因素。采用股票并购应考虑股权结构、杠杆比率、当前股价、当前股利水平等因素。

业存在的税务问题,从而降低交易风险,同时也有助于企业提前做好税务筹划,有利于降低以后环节的税负。

(二)并购方案设计

对相关税务处理事项纳入整体的并购设计安排进行筹划。将跨国并购涉及的相关因素予以考虑和安排以形成具体的并购方案,是决定税收政策法律使用和税收负担的基础,也是税收管理与税收筹划的关键性内容。为实现对目标公司的并购,其需要在对价及其依据、支付方式、切入时机、路径选择、交易结构和交易流程等方面,基于财税与法律等因素做出综合性与系统性的安排,这既是在股权转让竞投程序中,投标方制作投标文件的依据,也是在协议收购中,与目标股权的出让方初次协商和谈判,签订初始协议的基础。在尽职调查工作后,其应根据尽职调查报告做相应的修改调整,以备谈判和投资协议的签订。

并购方案设计应围绕降低并购成本、提高并购效率展开,力求维持和增强并购方资产的流动性、营利性和增值能力。并购及其融资的方案设计主要包括并购模式的选择、交易价格的确定、并购资金来源的策划、信息披露、债务处置、员工安置等内容。并购过程中会有包括所得税、流转税和财产税的税收发生,这些税费的承担或怎样分担、税费的承担与并购标的对价的确认和确定之间是什么关系,都应该在并购方案中做出规划。

(三)特殊性税务处理

跨国并购模式及有关税收法律政策不同,会导致不同的税务处理和税收结果。有关国家的税法往往基于产业发展原因对企业并购做出特殊性税务处理规定,这种不同于一般税务处理的税收优惠条件是跨国并购中需要特别加以关注的。

根据我国税法的有关规定,取得控股权的并购中,股权交易或者转让是否立即确认所得或享受税收递延的待遇,与支付的手段和方式及其比例有关。一企业(以下称"收购企业"),为实现对被收购企业的控制,购买另一企业(以下称"被收购企业")的股权或资产时,用股权支付并符合财税〔2009〕59号文中相关规定的,可以使用特殊性税务处理的规定并享受相关的税收待遇,否则,只能适用一般性税务处理。

1.特殊性税务处理的条件

(1)主体要件:并购企业及其被并购企业的持股和控股比例。非居民企业向其 100% 直接控股的另一非居民企业转让其拥有的居民企业的股权;非居民企业向与其具有 100% 直接控股关系的居民企业转让其拥有的另一居民企业的股权;向其 100% 直接控股的非居民企业进行投资的居民企业。

(2)主观要件:主观上具有合理的商业目的,且不以减少、免除或者推迟缴纳税款为主要目的。

(3)客体要件:被收购、合并或分立部分的资产或股权比例符合本通知规定的比例,收购企业购买的股权不低于被收购企业全部股权的 75%。

(4)客观要件:用股权进行支付,且股权支付比例不低于支付对价的 85%;企业重组后的连续 12 个月内不改变重组资产原来的实质性经营活动;重组交易对价中涉及股权支付的金额符合规定的比例,即收购企业在该股权收购发生时的股权支付金额不低于其交易支付总额的 85%;企业重组中取得股权支付的原主要股东,在重组后连续 12 个月内,不得转让所取得的股权。非居民企业向其全资子公司(非居民企业)转让居民企业股权,没有因此造成以后该项股权转让所得预提税负担的变化。

2.税务处理

第一,被收购企业的股东取得收购企业股权的计税基础,以被收购股权的原有计税基础确定。第二,收购企业取得被收购企业股权的计税基础,以被收购股权的原有计税基础确定。第三,收购企业、被收购企业的原有各项资产和负债的计税基础不变。第四,收购企业可以享有被收购企业包括亏损递延抵补在内的其他相关所得税事项保持不变。

【案例分析】

案例一：中联重科收购意大利 CIFA 案

（一）基本案情

中联重科主要从事建筑工程、能源工程、交通工程等国家重点基础设施建设工程所需重大高新技术装备的研发制造，是中国工程机械装备制造的龙头企业。CIFA 公司是一家历史悠久的意大利家族企业，也是欧洲领先的混凝土设备制造商。CIFA 总部设在意大利塞纳哥，在意大利拥有 7 个生产基地，在美国和墨西哥拥有 2 个销售／售后中心，并在 70 多个国家建有健全的营销网络，其产品约占西欧市场份额的 20%，在东欧、俄罗斯和保加利亚等新兴市场也拥有很高的市场份额。

2007 年下半年，CIFA 第一大股东 Magenta 股权投资基金决定解散 CIFA 并出售股权，CIFA 正式启动公开竞标的出售程序。2008 年 1 月底，中联提交第一轮无约束力投标书；2008 年 2 月，中联开始对 CIFA 进行尽职调查，中联递交第二轮有约束力的投标文件，双方开始谈判，中联与 CIFA 签署最终的《买卖协议》并提交股东大会批准，随后又提交证监会、发改委、商务部、外管局和省国资委等监管部门批准和备案；2008 年 9 月 28 日，中联与 CIFA 正式签署收购交割协议，完成此次并购。该笔并购所涉资金高达 2.71 亿欧元，并购后中联将成为全球最大的混凝土机械制造企业。中联最终以多层股权结构的终端，意大利特殊目的公司收购 CIFA100% 的股权，并最终与 CIFA 合并。其中，2.515 亿欧元为股权转让价款，0.195 亿欧元为交易费用。中联占最终被并购企业 60% 的股份，其余 40% 由弘毅投资、高盛、曼达林基金投资。在完成对 CIFA 集团的并购之后，中联重科集团在全世界范围内的市场份额占有率有了大幅度的上升，成功地成为世界第一。

（二）并购结构中的税务安排分析

首先，中联重科集团在我国香港设立了一家全资控股子公司——中联重科（香港）控股有限公司；然后，又由中联香港控股公司在香港设立了一家全资子公司——香港特殊目的公司A［中联重科海外投资管理（香港）有限公司］，该香港特殊目的公司A与共同投资方在香港合作设立了一家香港特殊目的公司B。其中，香港特殊目的公司A持股60%，共同投资方弘毅投资持股18.04%，高盛集团持股12.92%，曼达林基金持股9.04%。在此之后，香港特殊目的公司B又在卢森堡设立了一家全资子公司——卢森堡公司A，然后在卢森堡公司A之下又设立了其全资子公司卢森堡公司B。最后，卢森堡公司B在意大利设立了另一家全资子公司——意大利特殊目的公司，并且由该意大利特殊目的公司直接完成了对意大利CIFA集团的100%股权收购。在收购完成之后，意大利特殊目的公司与CIFA集团进行了吸收合并。

中联重科在我国香港设立了特殊目的子公司，这是基于我国香港的税收规定，与内地有所不同，同时，香港与内地之间的税收优惠政策的存在也助推了这一事件的发生。我们知道，香港有着和内地不一样的税收管辖权。由于自身有着相对与众不同的特点，香港为了发展自己就要吸引外来资本来到香港进行投资，只有这样才能促进香港的发展进步。所以，香港的税法就体现了它自身的这一目的，与内地相比较来说，其税制相对是较为简单的，并且征税面相对较窄。在税收管辖权的确立方面，香港选择的是单一行使收入来源管辖权，即如果在香港纳税的话，你只需要将你在其内部所挣得的收入按照其法律规定的税率进行纳税。凡不是在港挣得的收入，政府是不会对它进行征收税收的。正是因为香港只针对从香港本土取得的收入进行收税，并且对香港境内的实际税负又很低，如果人们在香港之外取得了收入并且将钱汇回香港的时候，也不会对这一部分收入征收利得税。因此，在相同条件下投资者在香港投资可以取得相较于其他地区的更高的收益，并且香港还为投资者逃避境外的高额的税收提供了便利。正是因为这样，香港成为典型的"避税港"。在香港所需要面对的税收压力与其他地方相比是相对较低的，这吸引了更多人在投资时选择香港。中联重科在香港建立特殊目的子公司可以有效地减免内地的税收，然后按照香港的税务规定进行投资，进一步减免了香港税收，充分发挥了香港"避税港"的地位。

不仅如此，因为我国香港与卢森堡之间签订了《香港－卢森堡双边税务协议》，所以我国香港公司与卢森堡公司之间进行商业往来时同样取得了比内地公司与卢森堡公司进行商业往来的优势。正是因为这样，香港特殊目的公司 B 在卢森堡设立了全资子公司——卢森堡公司 A。根据双方之前签订的双边协议，这样操作就可以有效地免除这两个公司之间所产生的预提所得税，有效地进一步减免了交易费用。

而卢森堡同样作为身处欧洲的"避税天堂"，有着一定的免税政策，只要公司可以达到卢森堡的规定，那么它就可以享受免税政策，免除一部分税收。这对中联重科并购意大利 CIFA 集团有着至关重要的意义。通过在卢森堡设立全资子公司卢森堡公司 A 可以有效地避税，达成减免费用的目的。在二战结束之后，欧洲不断地谋求联合，不断地向着一体化前进，到现在，欧洲的经济已经成为一个整体。所以随着一体化的进程越来越深，欧盟成员国之间的经济逐步地相互交织在了一起。因为意大利与卢森堡同属欧盟成员国，相较于我国的内地公司或者我国香港公司直接与意大利公司进行交易，二者之间存在着大量的税收减免、优惠政策可以减少收购过程之中的税收。在意大利设立一家卢森堡公司的子公司，有效地处理并购时产生的相关事宜，最终他们成功完成了对 CIFA 的收购。

正是这样通过一层一层地递进，中联重科集团成功地收购意大利 CIFA 集团的同时，巧妙地设计交易结构，充分利用了世界范围内的"避税天堂"，通过合法的手段有效完成了避税的目的，从而成功地减免了交易之中发生的大量交易费用，节约了成本。

案例二：股权转让适用特殊税务重组行政复议案 [①]

（一）基本案情

境外关联企业之间转让中国居民企业股权并申请特殊性税务重组，某市国税局在历经半年左右时间的谈判、协商及行政复议后，否定了企业适用特殊性税务处理的申请，追缴了非居民企业所得税。

A 公司是 2006 年 4 月在某市设立的外商独资企业，注册资本为 335 万美元，主要经营箱包贸易。比利时 B 公司系 A 公司原股东，持有 100% 的股权。2009 年 9 月，A 公司与比利时 B 公司所在集团同 13 家金融机构签订贷款协议，借款 3.2 亿美元。贷款协议称，集团成员公司均须将其持有的各子公司的股权质押给银行作为其履行贷款协议的担保，以便银行能够更灵活地管理和执行该等质押担保。之后，比利时 B 公司在中国香港设立一中间控股公司——香港 C 公司，并以换股的方式将 A 公司的全部股权转让给香港 C 公司。股权转让价格为转让方的成本价，即 335 万美元。

2010 年 3 月 25 日，A 公司向主管税务机关申请税务登记变更的改变投资方信息。税务机关在分析了 A 公司股权交割时期的资产负债表，并进行实地调查、约谈企业相关人员后，认为股权收购价格偏低，不符合独立交易原则。根据《国家税务总局关于加强非居民企业股权转让所得企业所得税管理的通知》（国税函 2009698 号）第 7 条的规定，非居民企业向其关联方转让中国居民企业股权，其转让价格不符合独立交易原则而减少应纳税所得额的，税务机关有权按照合理的方法进行调整。税务机关向企业表明了态度。4 月 15 日，A 公司向主管税务机关提交税收优惠备案资料，要求就该股权收购事项进行特殊性税务处理。

主管税务机关认真审核企业提交的申请资料后，提出了以下几个疑问：

1. 企业重组是否具有合理的商业目的？

[①] 《跨境重组享受特殊性税务处理的判定》，载国家税务总局国际税务司编：《非居民企业税收管理案例集》，中国税务出版社 2012 年版。

2.财税（20095号文件）第7条第1款规定，非居民企业之间转让居民企业股权选择适用特殊性税务处理，受让方与转让方需存在100%的直接控股关系，而企业提交的申请资料无法证明双方存在100%的直接控股关系。

税务机关多次约谈企业的相关人员，但是企业均未就以上疑问进行有效回应。主管税务机关于5月24日做出税收优惠备案无效告知并送达企业。7月22日，比利时B公司委托A公司申报非居民企业所得税税款712万元和相应的滞纳金。

A公司向该市国税局提起行政复议，称其根据股权交易的分析，认为比利时B公司为实现融资担保目的，应银行之商业要求，将A公司100%的股权转让给其100%控股的香港C公司，符合特殊性税务处理的条件，据此要求税务机关撤销税收优惠备案无效告知书，并退还已征收的税款和滞纳金。在接到企业的复议申请后，主管税务机关积极应对，税企双方进行了沟通。企业进一步提出，该转让行为是企业全球性的战略部署，股权转让到香港C公司后，在香港进行股权质押获取贷款的执行手续和程序要比在内地简单得多。而税务机关认为，在香港设立一家公司进行股权质押本身就多了一道环节，而且需要走法律程序，不能被认为是合理的商业目的，需要进一步提供依据和资料。此外，转让双方存在100%的直接控股关系的依据不足。并且，比利时B公司也未向主管税务机关提交3年内不转让其拥有C公司股权的书面承诺。主管税务机关根据上述观点在8月5日作出税务行政复议书面答复。8月10日，企业委托事务所撤销了税务行政复议申请。该案以企业撤销行政复议申请并接受税务机关的处理意见而告终。

（二）案例启示

在制定并购方案时，针对交易中的所有安排，包括标的选择、重组形式选择、对价支付方式、融资方式、定价方式等，企业都必须考虑其合理的商业目的，否则会面临上述案例中类似的风险。

【延伸阅读】

1. 林德木：《美国联邦公司并购税收制度研究》，科学出版社 2010 年版。

2. 段爱群：《跨国并购中的会计处理与税收筹划》，中国财政经济出版社 2012 年版。

3. 尹磊、徐红根、周光炜：《企业重组税收政策的国际比较与启示——以美国、日本和德国为例》，载《国际税收》2020 年第 10 期。

第二节　跨国并购税务尽职调查与税收风险防控

一、税务尽职调查的主要目的和内容

在并购重组前，开展税务尽职调查不仅可以防范历史遗留的税务问题，还可以对并购过程中选择的收购方式、融资方案、支付方式等进行税负分析和税务优化，并且有助于发现并购后潜在的税务筹划机会。

（一）税务尽职调查的主要目的

1. 了解目标公司的税收环境和税负水平，通过调查分析目标公司真实的盈利能力、现金、资产质量，发现目标公司未来税务优化的机会。

2. 揭示目标公司存在的税务风险和潜在问题，全面评价目标公司的整体税务情况。

3. 全面审核历史税务风险，以确定对交易价格的影响，为并购方决策、并购估值、交易谈判提供协助。

4. 对不同并购方式及其影响、如何管理被并购公司的税收事项做出评估，为交易结构和并购后的税收结构重组提供依据。

（二）税务尽职调查的主要内容

税务尽职调查通常着重审阅目标公司是否遵守当地的税法规定和税法操作实务、是否存在被税务机关稽查和处罚的情况、是否存在税务处理方面的未决事项和潜在风险因素，以及基于目标公司的经营环境、管理层的合规管理意识、第三方税务咨询顾问提供的意见、目标公司的纳税申报和相关的财务信息，全面评价目标公司的整体税务情况。

一般情况下，在税务尽职调查过程中要查看目标公司的税务登记证、税务账目的明细、税务机关的税务审查报告、税收减免或优惠的相关证明、税务处理的相关内部政策和流程描述等文件，以初步了解目标公司的税务概况。

二、税务尽职调查中应关注的税收风险

（一）目标公司税务合规性风险

1. 目标公司以往的税务合规问题。包括报送各种申报表（如目标公司适用的企业所得税、个人所得税及流转税等各个税种的申报表）和备案资料、需要经过审批的税务事项和留存相应的备查资料等方面是否符合规定办理。

2. 存在应缴未缴税款。在了解目标公司业务的基础上，按业务或者业务类型梳理其各种纳税义务，在其税务基础和纳税申报之间进行分析性复核，必要时进行抽样核对，确定是否足额申报和缴纳了相应的税款。2006年，一家中国企业 A 海外并购一家外国企业 B，但并不清楚 B 企业存在税务问题。2009年，东道国调查发现 B 企业遗留有税务问题，需补缴折合人民币 20 多亿元的税款，当时 B 企业已经不存在，但其税务问题需中国企业 A 来承担。后来，中国税务部门与东道国税务部门经过长达两年的艰难谈判，最终对方同意 A 企业象征性地补缴了折合人民币 1 亿元的税款。[①]

3. 重大税务事项处理问题，如重大的税收优惠政策的适用条件和相关程序、以往的并购重组等事项。目标公司历史上如果发生过重大重组事项（以及交易前卖方为交易目的进行重组），也可能会造成潜在的税务风险。例如，美国税法规定，如企业发生的境内外重组交易涉及美国公司将其持有的股权／资产转让至外国公司，则获得的资本利得需缴纳美国联邦公司所得税。企业如果申请递延纳税，则需要符合税法规定的一系列限制条件，包括可能限制未来对被

---

① 崔文苑：《让"走出去"企业告别税收烦恼》，载《经济日报》，2016-10-13。

交易资产的再重组，以及延长税务审计的法定时效期间。如果违反了相关的限制条件，则可能引起美国国内收入局就该资产交易产生的内部增益（built-in gain）征税。因此，我们需要在收购前清楚地了解目标公司历史上的重大重组事项，以及相关交易可能存在的具有追溯力的纳税义务。

4. 潜在的纳税义务，如未决的争议等问题。在企业并购重组的过程中，特别是股权并购中，目标公司历史遗留的税务问题都将被并购方继承。因公司的历史原因导致账面上看不见的税务连带责任，现有的税收优惠和特权失效，或者企业亏损弥补、资本化费用的扣除存在涉税争议，这些如果并购方未在并购之前调查清楚，或者未在收购合同中涉及，一旦税务问题凸显，由此带来的损失只能由新股东承担。因被并购方存在历史遗留税务问题而对并购方造成重大损失的例子并非鲜见。

（二）目标公司关联性交易风险

在多数投资项目中，被收购目标公司可能不是一家独立经营的实体，而是持有分布于不同地区，甚至不同国家子公司股权的企业集团，其经营业务也可能涉及复杂的关联交易网络。目标公司关联交易从税务角度如果未能做合规和准确披露，则存在隐患；如果未能发现其税务风险，可能需在交易后由买方继承。

对于关联交易，除了具有可能由于未遵循独立交易原则的定价安排而被税务局进行纳税调整的风险外，还可能由于被税务局认定为构成了受控外国公司，从而产生其他相关的潜在纳税义务。常见的高风险迹象有：未按规定完成合规义务，如没有按规定报送转让定价报告或者没有准备转让定价同期文档；可疑的架构和安排，如在低税率地区配置知识产权、复杂的关联交易安排、没有经济实质的关联付款等；不合理的关联交易结果，如长期亏损、低税率地区的高利润等。

（三）税收政策环境变化的风险

跨国并购涉及多方面的税收政策，税收政策环境的稳定关系到后续安排的正常进行。除了目标公司目前适用的税收政策外，东道国、中间持股公司所在国及中国对并购、重组适用的税收政策都关涉税收影响。在我国企业跨国并购重组进行的过程中，相关的税收政策难免会出现变动，由此带来政策适用的不确定性，导致税收风险和负担。

由于并购引起的纳税事项的变化影响税收风险和负担。例如，很多国家对特定项目的进口设备给予免征进口税的优惠，但是，一旦设备的控制权或者用途发生变化，相应的税收优惠可能被收回，甚至会引发补税。

三、尽职调查中应采取的税收风险防控措施

（一）谨慎分析评估目标企业的税务风险

在对企业合规情况进行判断时，我们要重点关注是否存在重大的历史遗留问题，分析这些问题可能产生的影响，并在并购合同中约定好这些税务问题的处理事项。根据历史数据对未来做出预测是不可或缺的一环。在税务尽职调查中，我们要充分考虑并购完成后新的运营模式下的税收负担和风险，并据此得出对未来财务预测的影响。因此，针对所有已发现的税务风险，我们不仅要测算出其现存的风险数额，还要测算出未来如果进行合规运营，改变运营方式后可能增加的税收成本，并据此对财务预测做出调整。

此外，我们还要考虑新的运营模式下税负的变化。如果目标公司目前在东道国享有某种税收优惠或税收特权，还要考虑并购后公司能否继续适用该项税收优惠政策。如果不能适用，还需要评估其对企业整体经营状况的影响，企业亏损弥补、资本化费用的扣除有无涉税争议，有无因公司历史原因导致账面上看不见的税务连带责任，有无无效的税收优惠和特权等。

（二）厘清关联交易的税务影响

中国企业需了解目标公司的关联交易实质及其潜在的税务风险。在尽职调查的过程中，我们要检查目标公司与关联企业业务往来的文件，确认转让定价的方法与政策是否完备，是否按规定进行关联交易的披露与申报等，是否曾经

接受过针对转让定价的税务调查等。

（三）应对税收政策环境的改变

在税务尽职调查中，我们除了要了解目标公司目前适用的税收政策外，还要了解东道国、中间持股公司所在国及中国对并购、重组适用的税收政策，分析各个交易方案下的税收负担和风险。在此基础上，我们要积极与双方的主管税务机关沟通，在各相关国家力争进行并购重组相关的事先税务，以此裁定，增强适用税收政策的确定性。另外，在并购过程中，我们还要考虑各种方案下纳税事项的变化，是否会引发补税，并要测算一旦税收优惠被收回，税负将如何变化。

（四）设置合同条款管理税务风险

对于在税务尽职调查过程中发现的不确定性税务事项，尤其是对于目标公司历史遗留问题导致的税务风险及并购过程中新出现的税务风险，可以通过合同条款予以规避。合同税务条款的设计是整个并购过程中税务处理的重要环节，通常需要明确以下方面的问题：（1）税务合作条款，对税务调查合作事项提出具体要求；（2）多个买方之间的税务责任划分[①]；（3）历史遗留问题的责任承担方式；（4）约定清楚并购过程中产生的税务成本由谁负担，是否需要向交易对方出具完税证明，扣缴义务如何完成，信息披露义务如何完成。

【案例分析】

XYZ公司拟收购某波兰公司财税尽职调查实例[②]

2009年，总部位于中国香港的XYZ公司拟收购总部位于波兰的某运营风电资产的子公司100%股权，XYZ公司在对波兰目标企业经营活动及经济合同进行初步熟悉后，确定了开展财税尽调的主要思路。根据税务尽职调查结果，对目标企业存在的主要税务风险事项及潜在影响作出如下分析：

---

① 例如，当有两家及以上公司共同收购目标公司时，双方是各自分别收购还是成立合资企业统一收购？每种收购方式涉及税务的权利、义务和风险如何划分？

② 徐莉：《我国企业海外并购投资财税尽职调查分析研究》，载《商业会计》2020年第12期。

1.融资机制与影响。目标企业存在关联方借贷，相关利息的确认主要应考虑资本弱化的限制及利息支付的预提税，对应的潜在影响是：受资本弱化的限制，利息抵扣需要符合资本弱化原则，否则会导致可抵扣费用的减少；支付境外利息需要缴纳预提税，如果免税依据不充分，可能会导致税务机关追缴税款。

2.担保状况与影响。目标企业存在为子企业提供担保的情况，但未收取担保费，对应的潜在影响是：可能会被税务局核定额外的应税收入。

3.增值税。目标企业增值税进项大于销项，且处于增值税退税阶段，潜在影响是：可能会被税务局核定额外的应税收入；潜在的重大增值税退税可能会引起税务机关的注意，并导致额外的税务风险。

基于对上述事项及其潜在影响分析，XYZ公司可考虑在股权收购协议中增加相应的保护性条款，以规避并购税务风险，主要考虑以下三方面：（1）在股权收购协议中增加相应的关联方保护性条款，规避关联方税务风险，并要求卖方在交割前提供转让定价同期资料。（2）增加关联方内部融资利息相关的保护性条款，规避利息抵扣限制导致的潜在风险。（3）要求目标企业在交割前处理完毕相关增值税退税事宜，或在交易对价中进行排除。

综上，海外并购财税尽调的详尽程度对并购项目的成败有重要影响，企业应不断总结海外并购财税尽调的核心关注点，力求能够快速地找到尽职调查方向，抓住重点，短时间内取得标的企业尽职调查的突破，为成功完成海外并购奠定坚实的基础。

第三节　跨国并购税收筹划

一、跨国并购税收筹划的主要内容

企业在并购过程中,可行性分析是至关重要的一环。它不但包括对企业自身经济承受能力的分析,而且包括对企业税收负担能力的分析。企业并购是一个复杂的过程,涉及很多环节,包括选择并购目标企业、选择并购出资方式、选择并购所需资金的融资方式、选择并购会计处理方法等环节,不同的环节可以开展不同的税收筹划。

跨国并购交易的架构可能对卖方和买方均会产生重大税收影响,跨境并购重组中的税务筹划,不仅会关乎交易的成败,还关系到企业的存亡,必须以系统、严谨的方法来进行。从跨国并购的主要税务目标来看,其主要有三个,即实现并购标的控制权从卖方向买方转移;最大化买方并购后的税务效率,最小化买方未来的税务风险;最小化并购交易过程中的税收负担。因此税收筹划主要是围绕特殊的税务处理来开展的,应当着重抓好重组方案设计的四个方面。

(一)选择交易标的

并购交易可以是收购标的公司的资产,也可以直接购买拥有目的资产的公司的股权,税收效果不同,各有其相应的有利和不利之处,并购筹划中需要权衡两方面的利弊。

购买资产的好处是可避免承继被收购公司潜在的负债和原有风险;因对收购价格进行分摊,有可能增加可折旧资产的税务基础;可以分别获得不同的资产,因此可能实现全球配置。但购买资产不能延续享有被收购企业的税务待遇,例如,税收优惠、税收抵免及可弥补亏损等,而且可能面临较高的间接税负担,如增值税、货物劳务税及印花税。而购买股权税收负担较轻,但会承继被收购公司潜在的负债和原有的风险,包括隐藏的纳税义务和潜在的税务风险。所以从交易的税务负担角度出发，收购方会倾向于收购股权；而从历史风险角度出发，收购方会倾向于收购资产。

（二）选择重组形式

虽然决定重组方式的关键是交易双方的商业考量和主要目的，但需要考虑其产生的税务成本差异，进而评估其对收购价格的影响。根据我国的重组税收法规，重组形式包括债务重组、股权收购、资产收购合并、分立、投资、收回投资及划转，其中税务处理各不相同，存在享有免税的特别规定。同样，美国税收法典（以下简称"IRC"）第三部分"公司组织及重组"中将并购按形式分为两大类：一类是免税并购，另一类是应税并购。如联想并购IBM一案，在并购方式的选择上就体现了对免税并购的规制的利用。

（三）选择对价形式

买方需要支付的对价可以分为现金形式和非现金形式两大类，非现金形式包括有形资产、股权等多种选择，不同的选择可能会导致不同的税务处理。一般来说，股权形式的对价达到一定比例，就有可能符合特殊税务处理（相当于美国税法下的免税重组）的条件，美国税法下也是这个原则。此外，确定对价方式时还要涉及外汇管制及实物资产报关等问题，在交易安排上尤其是融资和现金回流的安排上，呈现出很多复杂性。

（四）确定交易价格

交易价格确定环节的税务筹划主要体现了关联企业间的交易，非关联交易时除非存在价格调整机制这些特殊情形，一般不用考虑价格安排方面的税务影响。关联定价低于独立交易价格，无疑会节约资本利得税；当关联交易价格高于独立交易价格，则资产的卖出方会产生过高的资本利得税，但是资产买入方的计税基础也因之抬高，在针对资本利得设置优惠税率的税制下，这种定价也会达到节税的效果。因为人为抬高的交易价会享受优惠，按低税率交税，但未来这些资产（例如以折旧等方式）在正常的生产经营所得中进行列支时，却会减少适用正常税率的所得额。另外还要注意交易价格的分配。在交易的总价格确定之后，如果交易标的是资产组合、股权组合或者资产与债权的组合，总的交易价格需要分配到不同的单项资产或者股权之上，不同的分配结果，其税务结果也不相同。

二、跨国并购税收筹划的风险

（一）交易标的选择方面

交易标的的筹划风险主要来自交易标的自身存在的不利情形，对收购股权和收购资产的不利情形缺乏应有的考量和权衡。此外，交易标的选择对公司架构也可能会带来税务风险。在一些允许合并纳税的国家，并购可能造成一些公司进入或者退出一个集团的合并纳税范围。而且，在目标公司存在多层架构的情形下，进行收购的层级不同，税负及税务效果也不一样。由于被收购的架构可能包含多个层级，多个实体，涉及多个国家，如果加上收购企业自身的跨国架构复杂，整个架构中涉及的不同国家的税收规制和不同的税务处理要求，尤其是相关国家针对间接转让财产的税务处理法规和实践的差异，往往会产生不同的税务后果及风险。

（二）重组形式选择方面

重组形式的风险为免税并购的合规性风险。一项交易要享受免税待遇，都会面临特定的条件要求，如：美国 IRC 第 368 节规定，一项交易要享受免税待遇，必须符合：1. 重组必须满足关于"权益持续"（continuity of interest）和"业务持续"（continuity of business enterprise）的规定的判断标准；[1] 2. 必须按照税法规定的免税类型的具体模式操作重组；[2] 3. 重组必须符合法定条件，法定条件要求交易必须具备商业目的（business purpose）；4. 必须具有被交易

---

[1] 权益持续，即股东在持续的业务中保留实质性的所有者权益（substantial proprietary interes）。业务持续要求，即收购公司必须继续保持目标公司的历史业务，或者在经营中使用目标公司的大部分资产。

[2] 根据 IRC 的规定，符合免税规定的公司重组模式从 A 到 G 共七种，大致可以分为三类，即收购类（acquisitive）、拆分类（divisive）、资本重新调整类（re-capitalizing）。

各方接受的重组计划。而这些方面都有具体严格的条件限制，这对收购方在投资方式和现有架构方面都提出了一定的挑战。

（三）对价形式选择方面

由于对价形式的选择同样涉及免税并购的特殊税务处理问题，所以同样面临免税并购的合规性风险。此外，由于在交易安排上尤其是融资和现金回流的安排上的复杂性，并购中的股权与债权融资的风险也比较突出。很多情况下，从税务角度而言，收购主体从境外取得债务融资比取得股权融资更为有利。因为支付的利息只需以较低的税率缴纳预提税，却能够以较高的所得税率增加扣除额。同时，未来还可以通过归还贷款的方式很方便地实现资金汇出。实务中，债权和股权混合的融资形式最为典型。对此，收购主体不但涉及有关国家对资本弱化的法规风险，而且相关国家税收法规中对如何区分股权和债权作出规定，很多国家采取"实质重于形式"的原则，中国国家税务总局2013年《关于企业混合性投资业务企业所得税处理问题的公告》（简称"41号公告"）中也做了类似规定。另外，因为还要涉及外汇管制、实物资产报关等问题，收购主体也面临相应的风险。

（四）交易价格确定方面

交易价格确定方面首先是关联交易转让定价的风险。如果定价过低，则会节约资本利得税，但是可能会引起主管税务机关的质疑。其次，还有对总交易价格进行合理分配的合规风险。最后，还有对标的公司未归还的关联债务的处理风险。如果标的公司存在未归还的关联债务，则收购过程中可能会对债务予以豁免，而一些国家的税务法规会限制这种做法，从而造成负面影响。此外，还有资产收购时确定对价还面临后续处置的税务问题，如买方不接受资产，或未来对遗留的空壳公司的清算。

三、并购筹划风险的防控

（一）了解目标国关于并购的特殊性税务处理规则，把握合理的商业目的

首先应在全面了解目标企业所在国的税收制度的体系的基础上，重点掌握

其关于并购的特殊性税务处理方面的政策、法规及实务。然后，基于合理商业目的考察标准的普遍要求，应对并购筹划的各个环节，包括交易标的选择、重组形式选择、对价支付方式、融资方式、价格确定方式等予以充分重视。面对企业重组交易的千变万化，并购中的合理商业目的是最复杂的事项，在制定并购方案时，针对交易中的所有安排及细节，都必须谨慎地考虑其合理商业目的。

（二）权衡利弊、综合考量以选择交易标的

由于购买股权的有利之处和不利之处与购买资产的情况相反，选择中要权衡交易的税务负担和历史风险两方面的利弊。在一些允许合并纳税的国家，选择交易标的时要考虑并购对集团合并纳税范围可能造成的影响，在目标公司存在多层架构的情形下，需要考虑从哪一层进行收购，如果只能收购现存架构，则需要从税务角度考虑如何将其整合成税负较优的理想投资架构。在选择交易标的时，需要对整个架构中涉及的所有国家的税收进行综合考虑，尤其是不能忽视相关国家针对间接转让财产的税务处理的法规和实践。世界各国的间接转让财产的相关法规各不相同。比如，与印度相比，澳大利亚等国家的规定就相对宽松，就非居民企业间接转让财产，澳大利亚仅对涉及澳大利亚的应税财产征收资本利得税。间接股权财产相关法规相对宽松的国家，在低税负的前提下，交易标的形式的可选范围更大。应根据公司本身的出发点，遵守成本效益的原则，通过分析比较，找出最佳的收购途径，以降低税收成本，实现并购双方的"双赢"。

（三）积极应对免税并购的合规要求

制定并购方案的过程中，首先要分析其适用免税重组还是应税重组税务处理。如果适用免税重组税务处理，则要确保交易的条件符合免税重组条件，如果适用应税重组税务处理，则要在合同中确定交易过程中的税收由谁负担。因此，在对一些投资形式进行税务处理时需要注意其中的复杂性。例如，在澳大利亚，非居民企业从居民企业减资一般不会构成应税所得。但是，针对减资，税务机关要进行测试，以判断减资是否实质上是分红。如果构成分红，则要按分

红进行预提税处理。反之,如果不构成分红,则不需要缴纳预提税,同时会相应地减少投资的税务基础,如果税务基础的减少额超过了原先的税务基础,则超出的部分构成资本利得。在实务中,由于可选的重组形式受限于收购方现有的架构,为了实现理想的收购方式,收购方需要进行重组前的重组,即要预先对其架构进行重整。由于实务中债权和股权混合的融资形式最为典型,这种情况下,企业要关注相关国家的税收法规如何区分股权和债权。

(四)遵守独立交易原则,控制交易价格

关联交易的定价必须按独立交易原则确定。如果标的公司存在未归还的关联债务时,要仔细研究当地的法规,是否在限制收购的过程中对债务予以豁免,避免豁免造成的负面影响。如果负面影响较大,可以考虑调整收购定价,在标的公司偿还关联债务的前提下重新确定交易对价。如果是资产收购,确定对价时卖方还应评估和考量买方不接受资产时发生的税务成本和税务后果;未来清算遗留下来的空壳公司会发生什么样的税务成本,以及造成什么税务后果。另外,其在交易的总价格确定之后,还要处理好价格的分配。如果交易标的是资产组合、股权组合或者资产与债权的组合,总的交易价格需要分配到不同的单项资产或者股权之上,税务经理需要保证总价格合理地分配以实现税务上的合规。在一些允许企业集团合并纳税的国家,有时候(如收购方采用集团合并纳税)在股权收购的情形下,也允许对被收购企业的资产的税务基础进行调整。这种情形也会涉及将股权收购的价格分配到被收购企业的问题。

【案例分析】

案例一：联想收购 IBM 个人电脑事业部案 [①]

(一)基本案情

2004 年 12 月 8 日,联想集团以总价 17.5 亿美元收购了 IBM 的全球台式电

---

① 屈丽丽:《联想并购案中的税收筹划》,载《中国经营报》,2007-01-27。

脑和笔记本电脑（PC）业务，正式拉开了联想全球布局的序幕，联想集团将成为年收入超过百亿美元的世界第三大PC厂商。在这场中国并购市场上前所未有的大宗并购案中，总共为17.5亿美元的收购价格，联想集团采用"6.5亿美元现金＋6亿美元联想股票"的支付方式。

（二）案情分析

1. 基于并购目标的税收筹划

并购企业若有较高的盈利水平，为改变其整体的纳税状况，可选择一家具有大量净经营亏损的企业作为并购目标。通过盈利与亏损的相互抵消，实现企业所得税的减少，这是并购税收筹划的通行规则。在基于并购目标进行税收筹划时，如果合并纳税中出现亏损，并购企业还可以通过亏损递延，推迟纳税。因此，目标公司尚未弥补亏损和尚未享受完税收优惠应当是决定是否并购的一个重要因素。也就是说，如果两个净资产相同的目标公司，假定其他条件都相同，一个公司有允许在以后年度弥补的亏损，而另一个公司没有可以弥补的亏损，那么亏损企业应成为并购的首选目标公司。当然，企业也要警惕并购引来业绩下降的消极影响及资金流不畅造成的整体贫血，并防止并购企业被拖入经营困境。

在2004年年底并购的前4个月，也就是2004年8月11日，联想集团在香港宣布2004/2005财年第一季度（2004年4月1日至2004年6月30日）业绩，整体营业额为58.78亿港元，较去年同期上升10%，纯利大幅度增加21.1%。同时，联想宣称：从1999年到2003年，其营业额从110亿港元增加到231亿港元，利润从4.3亿港元增长到11亿港元，五年内实现了翻番。2005年1月，IBM向美国证交会提交的文件显示，其上月（2004年12月）卖给联想集团的个人电脑业务持续亏损已达3年半之久，累计亏损额近10亿美元。

一个是年利润超过10亿港元，承担着巨额税负的新锐企业，一个是累计亏损额近10亿美元、亏损可能还在持续上涨但亏损递延及税收优惠仍有待继续的全球顶尖品牌，在这样一个时段，这样一种状况，两者走到一起，恐怕不单纯是一种业务上的整合,很大程度上带有税收筹划的色彩。正是 IBM 的巨亏很大程度上减少了联想的税负,成为并购案例中进行税收筹划的典范。

2. 基于并购方式的税收筹划

按照出资方式来划分,并购可以分为资产收购和股权收购两种,再往下细分会有"以现金购买资产式并购""以现金购买股票式并购""以股票换取资产式并购""以股票换取股票式并购"等四种形式。由于不同的并购方式以及不同的并购结构,会产生差别迥异的税负,必须调整法律架构,进行合理避税。

在以现金购买资产的过程中,如果目标企业的资产结构中拥有大量的不动产(房屋及建筑物等),这些房产会直接导致大量的契税(营业税及其附加),就需考虑进行股权收购的转换。同样,在股权收购中,如果是以现金购买股票,也会使被并购的企业形成大量的资本利得,进而产生资本利得税或所得税的问题,有时被收购企业还会把这些税负转嫁给收购企业,这种时候,并购企业需要考虑"以股票换取资产"或"以股票换取股票"。因为后两种以股票出资的方式对目标企业股东来说,在并购过程中,不需要立刻确认其因交换而获得并购企业股票所形成的资本利得,即使在以后出售这些股票需要就资本利得缴纳所得税,也已起到了延迟纳税的效果。

但纯粹的"以股票换取资产"或"以股票换取股票"有可能形成目标企业反收购并购企业的情况,所以,企业在出资方式上往往是在满足多方需求的利益平衡的状况下,计算出税负成本最低、对企业最有利的一种方式。最终采纳的方式往往是复合的,就像联想的一部分是现金收购,一部分用股票收购。如果IBM 不是美国企业,而是中国企业,IBM PC 市值与联想集团相当,那么 6 亿美元的联想股票相当于 18.5%的联想股份时,6.5亿美元的现金,恰好相当于联想市值的 20%。

按照《国家税务总局关于企业合并分立业务有关所得税问题的通知》(国税发〔2000〕119号)的规定:合并企业支付给被合并企业或其股东的收购价款中,除合并企业股权以外的现金、有价证券和其他资产(简称"非股权支付额")不高于所支付股权票面价值(或支付股本的账面价值)20%的,可以不计算所得税。而在美国,也有一套类似于中国的并购税制。

3. 其他的并购避税方略

(1)选择同一行业内生产同类商品的企业作为目标企业即横向并购,这种并购可以消除竞争,扩大市场份额,形成规模效应。从税收角度看,由于并购后企业经营的行业不变,横向并购一般不改变并购企业的纳税税种与纳税环节。

(2)选择与供应商或下游企业的合并即纵向并购,可以增加或减少流转税的纳税环节。

(3)企业因负债而产生的利息费用可以抵减当期利润,从而减少所得税支出。因此,并购企业在进行并购所需的资金的融资规划时,可以结合企业本身的财务杠杆强度,通过负债融资的方式筹集并购所需的资金,提高整体负债水平,以获得更大的利息抵税效应。

(4)企业并购是一种资产重组行为,它可以改变企业的组织形式及内部股权关系,与税收筹划有着千丝万缕的联系。通过并购,企业可以实现关联企业或上下游企业流通环节的减少,合理规避流转税,这是企业并购的优势所在。当然,避税一定要避得巧妙,否则会给人留下借并购逃避税务的嫌疑,对企业的未来发展造成不良影响。

案例二:沃达丰与和记印度并购税务纠纷案例 ①

(一)基本案情

2007年01月31日,沃达丰董事会向和记电讯发出约束性要约,收购和记电讯在印度合资公司所有权益,从而进入印度电信市场。

合资公司(HEL)企业估值为188亿美元,和记电讯权益对价为110.76亿美元。收购对价的组成:(1)交易主体资产及负债;(2)购买选择权;(3)控制

---

① 王宗涛、贾玉涛等译:《印度沃达丰境外间接转让股权案判决书》,载《税法解释与判例评注》2012年第00期。

权溢价;(4)和记品牌;(5)竞业协议。

在双方发出并购公告之后,印度税务局发信函给沃达丰集团及印度合资公司:印度税务局对该项交易具有税收管辖权,需要缴纳资本利得税,沃达丰集团及印度合资公司需要履行"代扣代缴义务"。

沃达丰集团回复:印度税务局对该项股权间接转移交易无税收管辖权,无须缴纳资本利得税,沃达丰集团也不是"代扣代缴义务人";印度合资公司回复:不是该项交易的"代扣代缴义务人"。纠纷争议点为:(1)就"股权间接转移"交易,印度税务局是否具有税收管辖权;(2)沃达丰公司是否具有代扣代缴税款义务;(3)税务筹划与避税的界定。

印度税务局认为该交易有税收管辖权,而沃达丰坚持印度税务局无税收管辖权,并上诉到孟买高院及最高法院;孟买高院支持了印度税务局的观点,而2012年1月20日印度最高法院推翻了孟买高院判决,并通过法理分析印度税务局无税收管辖权。最高法院认为:印度税务局对此项交易无税收管辖权,属于有合理商业目的的税务筹划,因此该项交易无需缴纳资本利得税,代扣代缴义务也自然免除。

在最高法院于2012年1月20日发布判决后,印度政府并未就此放弃,而是在2012年度财政预算期间着手修改税法,并获得议会通过。税法修改后,"间接转让股权交易"被纳入印度税收管辖权的范畴,同时也把"所有例外情形"纳入代扣代缴义务人范围。而且在2012年财政法案中,上述修改后税法条款具有追溯效力至1962年4月1日,并由此引起国际投资者的批评和指责,不但损害了法律的稳定性,而且使得印度政府在国际投资者面前毫无诚信可言。

在税法修改完毕后,2013年1月3日印度税务局再次启动了征税程序;沃达丰则申请了国际仲裁,利用双边投资协定来保护投资者利益。于2014年10月根据荷兰－印度双边投资协定(Netherlands-India Bilateral Investment Treaty)发起国际仲裁程序,印度政府否认条约的适用及仲裁庭管辖权;2015年6月根据英国－印度双边投资协定(UK-India Bilateral Investment

Treaty）再次发起国际仲裁程序，印度政府否认该项请求，并被认为是滥用仲裁程序；2017年8月22日，德里高等法院判决"针对一个事项，不能同时发起两个独立的仲裁程序"：因沃达丰已首先选择了适用荷兰－印度双边投资协定，不能就同一事项再选择适用英国－印度双边投资协定。

2017年3月20日，沃达丰印度（行业排名第二）宣布与印度上市公司Idea（行业排名第三）进行合并，打造成为印度最大的电信公司；合并完成后，沃达丰集团与印度Aditya Birla集团共同控制上市公司；沃达丰集团把印度电信业务从合并报表中剔除，计提资产减值损失45亿欧元。

（二）案例分析

在国际反避税趋势越来越严峻的情形下，跨国并购交易的税务管理需要予以高度重视。在并购交易过程中，面对可能产生的重大税收风险，沃达丰并购团队未能及时地与和记电讯协商补充合同条款，设立保护机制，放弃了在商业谈判中的努力，而是完全依赖于行政诉讼，估计这是沃达丰在此次并购交易中的最大失误。

综上所述，对于跨境并购交易中的税务管理，意见建议如下：

1. 商业谈判条款：在并购合同中予以规定，完全由卖方对并购交易的纳税义务负责，并由卖方到税务局办理备案或完税证明；买方收到税务局"免税批复"或"完税证明"后，再支付余款。

2. 税务筹划：（1）设计交易结构方案时，选择现有税收政策的方案，避免税法模糊空间地带，可行性与确定性较高；（2）尽量避开与税法改革趋势相反的条款（也即税务漏洞），因为后续与当地政府的较量，既耗时又费力，最终还很难占到便宜；（3）目前越来越多国家推行一般反避税条款（GAAR），因此，使并购交易结构具有"合理商业目的"，显得至关重要。

3. 税务备案及申报：及时到当地税务机关办理备案及填写申报表，准备齐全相关资料（比如估值报告），控制好纳税义务的政策边界，避免税务纠纷，即使产生纠纷，也能从容应对。

4.法律救济：既要着重分析当地税法、双边税收协定，也要研究双边投资协定，确定重大税务纠纷的法律救济途径。

【延伸阅读】

1.张慧：《跨国企业并购中的国际避税研究》，载《经济师》2017年第7期。

2.叶红、尤姜、郑天成：《海外并购的典型税务风险及应对策略》，载《国际税收》2015年第4期。

3.《中国企业海外并购税务风险及管理》，https://shanghaibiz.sh-itc.net/article/dwtz/dwtzhwsc/201904/1472186_2.html。

第八章

海外工程承包税收风险防控

【内容摘要】

　　海外工程承包是我国企业"走出去"的重要营运形式，更是合作推进"一带一路"建设的基本途径。随着海外工程承包项目的快速发展和规模的迅速扩大，我国承包商正面临从工程施工、劳务派遣等工程承包产业链的低端市场，向设计咨询、工程管理、项目营运等高端市场的提升，EPC交钥匙合同、BOT等模式成为主流方向。由于国际工程承包具有项目内容复杂广泛、建设周期长、海外施工风险大、融资需求多、国际竞争激烈等特征，海外工程承包的税收征管日益受到项目所在国政府的重视，对企业的有关税收风险防控和税收筹划也提出了专业化和系统化的要求。

第一节　海外工程承包的税收风险问题

一、海外工程承包涉及的税收

　　国际工程承包企业除了要依照本国的税收法规向本国纳税之外，还需要依照工程所在国的税收法规依法向当地纳税。由于各个国家的经济水平和发展阶段各有差异，税制体系和税率设置都各有不同，经贸往来中相互间的税收待遇必须且只能由有关的国家政府通过共同协商谈判，达成双边或多边税收协定以求得解决。涉及工程的税种主要有四大类：流转税、所得税、财产税、杂项税。在现行的政策制度下，我国对境外发生的应税行为基本不征收流转税，企业所得税是国际工程承包企业需要向国内税务机关缴纳的主要税种。

（一）所得税

当我们在海外承揽国际工程承包项目时，决定在所在地设立子公司还是分公司，其主要参考因素就是该国的所得税政策。所得税是对所有以所得额为课税对象的税种的总称。国际税法规定，一国对收入、所得、投资、财产等行使征税权力只能依据属人原则和属地原则。各国对国际工程承包项目征收所得税的依据主要有两个：一是依据设立机构的性质，即征税对象是具有居住国公民身份的公司、企业或其他经济组织和个人；二是依据收入来源地的原则，即针对来自该国地域范围内的收入、所得、财产等。不同国家和地区的税率水平不同，对国际工程承包都有一定的税收减免。各国对国际工程承包项目的税收实行外国税收抵免（foreign tax credit）和税收饶让（tax sparing credit），并通常采取预提方式征收。国际工程承包项目在境外执行，项目执行地的主管税务机关有优先征税权。由于主合同签订通常由母公司进行，因此，母公司作为中国居民企业需要就全球收入进行纳税。如果境外缴税后不能取得完税证明，就会存在用一笔业务缴纳两笔所得税的问题，即企业被双重征税。

（二）流转税

工程承包项目在当地进行土建安装等工作，很有可能被当地的管理机构认为从事了经营活动，从而会面临缴纳流转税的纳税义务，主要包括增值税、关税、消费税、营业税等。

1. 增值税

目前世界各国普遍实施增值税，它是以商品（含应税劳务和应税服务）在流转过程中产生的增值额作为征税对象而征的一种税。大多数国家将其称作增值税，也有少数国家和地区将其称作货物及劳务税（如加拿大）、销售税（如蒙古国）或商品劳务税（如斯里兰卡）等。增值税对国际工程承包项目的影响主要体现在四个方面：

一是增值税类型。由于增值税按照企业在购进固定资产所含税金的处理上存在差异，其可以划分为消费型增值税、收入型增值税和生产型增值税三种类型，①而工程承包类项目的固定资产投入比例一般比较大，所以在计算和缴纳增值税时，是否允许扣除购进固定资产所缴纳的增值税会对工程项目的税负产生重大影响。

二是增值税征税范围。由于增值税的技术操作性强及各国征管水平及财政需要程度不同，各国增值税的实施范围不同。② 有的国家仅对整个制造业征收增值税，有的国家对整个制造业和批发业征收增值税，有的国家则对全部交易领域都要征收。

三是增值税的抵扣方法。发票抵扣制度是目前世界各国在增值税计算和缴纳时通常采用的方式，所以增值税进项税发票的取得尤为重要。例如，我国增值税法对增值税普通发票和专用发票的开具时限、内容、适用范围等都作出了严格的规定。因此，为顺利地进行增值税的抵扣，一定要详细了解工程项目所在国关于增值税发票的具体规定，严格按照当地税法的规定取得符合抵扣要求的进项税发票。

四是增值税出口退税制度。目前实施增值税的各国一般都对出口商品和劳务实施零税率制度，即出口商品和劳务在出口环节不缴纳增值税，同时对其在国内缴纳的增值税额予以部分或全部退还。因此，我国实施国际工程承包项

---

① 消费型增值税的特点是允许纳税人将购置的所有投入物包括资本性投入物在内的已纳税款一次性全部予以扣除，是以销售收入总额减去其耗用的外购商品与劳务及购进固定资产后的余额作为增值额所计算的增值税。收入型增值税的特点是在征收增值税时，对资本性投入物所含税款的扣除，只允许扣除当期固定资产折旧部分所含的税款，是以销售额减去外购商品、劳务和折旧额后的余额为课征依据所计算的增值税。生产型增值税的特点是在征收增值税时，不允许纳税人扣除购进固定资产所负担的增值税，是以销售收入总额减去其耗用的外购商品与劳务（不包括纳税人购进固定资产）后的余额为课征依据所计算的增值税。生产型增值税对购进固定资产的价值不作任何扣除，存在一定程度的重复征税，而且资本投资构成比重越高，重复课征越严重。

② 理论上来讲，增值税的实施范围应包括所有创造和实现价值增值的领域，即应包括农业、牧业、制造业、采矿业、能源交通业、对外承包工程业、商业及劳务服务业等各个行业，或应包括原材料采购、制造、批发、零售各个环节。

目的企业应当及时、充分地了解我国的增值税出口退税制度。按照我国税法规定,对外承包工程公司运出境外用于对外承包项目的货物在报关出口后,可向当地主管出口退税的税务机关申请退税。

2. 关税

按照征税的计税标准、税收待遇标准等,关税政策各有不同。在国际工程承包项目运作中的关税征收问题主要体现为:项目所在国与特定国家有无可供关税减免的关税协定;项目所在国的海关接受关税保函或用保险公司开出的保单来替代关税,等工程完工后运出项目所在国,如果需要,可以再次报关,以避免缴纳关税;物资性能类似,但是在税则上约定的税率是否存在差异;关税税率是否大于所得税税率。我国的国际工程承包项目主要集中在发展中国家,这些国家关税的政策基本原则趋同,这也给关税筹划带来了一些便利。

(三)其他税

其他税主要还涉及个人所得税、资源税、财产税等。个人所得税是以自然人取得的各类应税所得为征税对象而征收的一种所得税,是各个国家的主要税种之一,也是英国、美国等国家的第一大税种。各国关于个人所得税的征收模式分别存在分类征收制、综合征收制和混合征收制的不同。[①]各国对纳税人、征税范围、税率结构、征收办法、申报制度方面都作出了相应的规定。国际工程承包企业的个人所得税缴纳应当注意,在我国负有纳税义务的个人,包括我国公民和外国公民,从境外取得收入,一般都按取得地的税法规定缴纳了个人所得税,按我国税法规定,现阶段在外的工程劳务人员均为中国的居民纳税人,这些收入在我国也应缴纳个人所得税,这就导致了重复征税的问题。为避免国际重复征税,减轻纳税人的税收负担,现行税法对纳税人来源于中国境外的所得已

---

① 分类征收制是把所得按来源、性质分类,对每类所得分别制定一个税率,它具有简便、容易征管的优点,但容易造成不同项目、不同纳税人之间的税负不公平。综合征收制是在扣除最低生活费、抚养费等规定的费用的基础上,按累进税率对全年全部所得征税,它具有税负公平、合理的优点,但操作复杂,管理水平要求较高,工作量大。混合税制一般是先对各类所得课税,再按累进税率对一定数额以上的全年所得征税,它将分类所得税制和综合所得税制的优点兼收并蓄,既能体现量能负担原则,又能坚持对不同性质的所得实行区别对待的原则。

在境外缴纳的所得税税款，准予在汇总纳税时从其应纳税额中扣除，即作出了境外税额扣除的规定。

资源税是以各种自然资源为课税对象、为调节资源级差收入并体现国有资源有偿使用而征收的一种税，一般分为产出型资源税、利润型资源税和财产型资源税。对资源产品征税是世界各国的普遍做法。在西方发达国家，资源税属于绿色生态税收，其主要目的是减少污染，保护生态环境，促进资源的合理开发和利用。由于各国的资源税制度的不同，资源税税目繁多并经常处于变动之中，国际工程承包企业需要对此类税种予以关注，避免因税率提高而带来的成本增加。

财产税是以法人和自然人拥有和归其支配的财产为对象所征收的一类税收。它以财产为课税对象，向财产的所有者征收。财产税历史悠久，是最早形成的税收之一，但在漫长的社会发展史上，财产税已从国家主要税种退居于辅助税种，划入地方税。目前，世界各国都在着手建立一套多税种协调配合、功能健全、适合本国国情的财产课税制度。同时，因为国情各异，各国的财产税制度在课税权主体、纳税主体、课税对象、计税依据、税率等方面也是相异的。由于历史文化背景和社会经济发展水平的差异，各国对课税类别的选择也不尽相同。在纳税意识强、税收征管水平高的发达国家，多选择综合财产税，并普遍开征了遗产税和赠与税。发展中国家由于人们的纳税意识淡薄、征管手段落后，多选择以土地、房屋为主要课税对象的特种财产税，未普遍开征遗产税和赠与税。

二、国际工程承包的主要税收风险问题

1. 法人居民身份的认定问题与机构设立风险

法人居民身份的认定关系到东道国（来源地国）的税收权益和纳税人义务，企业被认定法人居民身份后，对税收负有无限连带责任，需要对其来自世界各地的总收入纳税。工程承包企业在世界范围内从事经济活动，与跨国纳税有关

的常设机构和联属企业问题随之而来。常设机构的认定关系到收入来源地国家的税收权益,而联属企业的认定则是母子公司利润调整的依据。

由于国际工程项目的工期较长,也有来源于当地的收入,因此,各国税法往往都规定了在当地注册机构的要求,如果未按规定注册机构,风险会很大,有些国家甚至会推出一些惩罚措施,如 2011 年安哥拉政府对未正式注册公司的境外工程承包企业采取了冻结账户的措施。另外,各国对不同机构的资质、纳税义务范围和股东要求是不同的,执行项目的组织机构设立不适当也会出现项目执行无资质或者增大税务成本的情况。

2. 国际重复征税问题与不能享受税收协定优惠的风险

国际工程项目的运作涉及项目所在国和承包商母国税收管辖权的交叉重叠问题,国际重复征税不仅违背了各国税收立法中的税负公平性原则,直接加重了跨国纳税人的税收负担,还会影响到各国之间的税收权益关系,各国政府为此采取单边、双边或多边方式来规避国际重复征税问题,因此能否有效地获得有关政策规则的优惠规定以避免国际重复征税,是国际工程承包面临的重大风险问题。

税收协定优惠受益所有人身份的条件要求。随着国际经济交往的密切,越来越多的非居民企业申请享受税收协定优惠。需要注意的是,只有符合受益所有人身份,非居民企业才能享受到协定优惠。例如,根据我国税法的相关规定,非居民企业如果仅是在协定国登记注册,以满足法律所要求的组织形式,而不从事研发、生产、销售、管理等实质性经营活动,就很有可能被判定为为税收利益而设立的"壳公司",不符合受益所有人身份,不能享受税收协定优惠。

3. 国际工程项目的复杂与工程合同风险

国际工程承包的业务范围涵盖复杂,包括工程设计、技术转让、机械设备的供应与安装、原材料和能源的供应、施工、资金管理、验收、人员培训、技术指导、经营管理等,通常承包商在总价合同的条件下,对所承包工程的质量、安全、费用和进度负责。按照承包范围及承担责任的不同,国际工程承包可分为单独承包、总承包及联合承包三类。

工程合同是项目纳税的基础,是辨别和划分征税范围的重要依据。各国的征税机关均会从工程合同中分析和判断项目涉及的税种、纳税义务人、征税基础以及税率等。工程合同中的工程范围、价格和税务条款是最重要的条款,条款不清晰或者不利于承包商都可能产生额外的税务负担。工程合同一般包括勘察设计、设备供货和土建安装等内容,合同中应当明确各部分的分项价格,以此作为确认来源地收入的依据。然而,有些工程合同只列总额,无法区分设备、土建、设计等对应的价格,进而无法确认哪些收入来源于项目所在国,这种情况下,当地征税机关就很有可能判断项目的所有收入来源于当地,征收巨额的增值税(或营业税)和所得税。

4.商务合同的法律效力低于所在国的税法的风险

通常来说,项目所在国的税法的效力高于商务合同的法律效力。某些企业自认为在与外方签署的商务合同中约定了某些条款,例如某些税收减免、某些税收由业主承担等,在成本核算时就未考虑相关的税收成本,而开工后,却发现商务合同的约定与项目所在国的税法相抵触,税法规定,某些税收必须由国际工程承包商来承担,最终只好按照税法缴纳了税款。这是没有国际项目经验的企业常犯的错误。

三、国际工程承包税收风险防控的主要措施

(一)项目所在国的税收政策和法律法规调查

当前世界各国的税收制度千差万别,税种、税率、计税方法各式各样,课税关系错综复杂,项目所在国的政治、军事、科技、文化、民俗等也会影响国际工程承包企业的经营活动,进而影响财务和税务安排。因此,国际工程承包企业在进行国际税收筹划时必须充分考虑税收地有关税务、政治、文化等方面的具体情况,应时刻注意国际工程承包企业所处的外部环境条件的变迁,包括未来经济环境的发展趋势、有关国家政策的变动、税法与税率的可能变动趋势等。

企业一定要准确地了解项目所在国的相关信息,当进入一个从未涉足的国家时,一定要聘请专业中介机构出具的该国税收政策的书面报告。

(二)专业税务咨询与评估

为了及时了解项目所在国各项税收的法律法规,处理好各种涉税事项,聘请合适的、有实力的会计师或税务师事务所是一个最行之有效的方法。企业可以选择当地的事务所,也可以选择国际四大事务所(安永、毕马威、普华永道、德勤)。从实践经验来看,为降低涉税风险,选择国际四大事务所对境外承包工程业务的长远发展更为有利。对外承包工程企业应充分利用国际四大事务所提供的税务咨询、税务评估和纳税申报等服务。通过税务咨询,企业不但可以深入地了解项目所在国的各项税收法律法规以及最新的相关变化,而且可以有针对性地解决项目实施过程中遇到的特定税务问题。通过税务评估,企业可以及时发现并纠正日常税务申报、计算、缴纳过程中可能存在的问题,避免在税务机关正式审计时有麻烦,而且在税务评估过程中,事务所会提供有益的税收筹划建议。但与此同时,企业也不能过分依赖中介机构。在事务所出具税收筹划方案的基础上,企业要针对自身的实际情况加以判断和调整,不能完全照搬。因为事务所提供的筹划方案都有相关的免责条款,最终的风险是要由企业自行承担的。

(三)预先税收筹划

税收筹划工作应在商务合同签署之前完成,同时筹划方案还要具有前瞻性和全局性。在进行税收筹划方案选择时,企业不能仅把眼光盯在某一时期或某个子公司的纳税最少的方案上,而是要考虑企业的发展目标,选择有助于企业发展,能增加企业整体收益和实现发展目标的税收筹划方案。此外,企业要从投标及合同谈判开始重视相关的税务条款。由于各个国家在工程承包业务方面的税收法律不同,如果没有详细地了解项目所在国的相关税收法律与政策就贸然投标签约,在现今国际承包市场残酷竞争的情况下,很可能赔本,甚至吃大亏。因此,国际工程承包及企业应站在宏观角度看问题,从全局出发安排税收筹划。

（四）合规性风险控制

国际工程承包企业进行国际税收筹划要合理合法，尤其要了解项目所在国的反避税条款，合理规避反避税风险。

必须坚决杜绝那种抱侥幸心理进行非法偷逃税或瞒税的冒险行为，以免得不偿失，给我国海外企业的声誉、利益带来损失，并影响到国际工程承包市场的开拓。税收筹划强调的是合理合法地缴纳税款，即使是商务合同的约定，也不得与项目所在国的税法相抵触，在减轻税负的同时，企业应统筹考虑风险和收益，避免事后税务稽查带来的税收惩罚。在东南亚的一些国家，如老挝、柬埔寨，都实行"关门审计"，即在项目整个周期结束后，由所在国的税务机关组织人员专项稽查，一旦稽查通过，终身不再翻案。因此，项目公司应在建设期结束后主动要求稽查，以免由于税务官员的更换导致后患。

（五）日常税务管理

按照项目所在国的相关规定进行纳税申报、缴纳税款，是境外工程项目应履行的义务，同时也是降低税务风险、减少税务检查的有效途径。企业要提高外账工作质量，做好日常纳税申报、税款缴纳及纳税资料保存工作。外账是指根据项目所在国的财务会计制度、税收政策进行的会计核算以及以此为依据编制的会计报表，是进行境外税务管理的基础。境外工程项目应配备专门的财务人员负责外账处理工作，了解项目所在国的会计核算方法和各类税收规定，选用当地允许的、正确合理的会计核算方法和制度。外账核算制度一经确立，不应随意改变，以保持其连续性。保存国外纳税资料和减免税证明极其重要，是在国内计算缴纳所得税时进行税收抵免的凭据。例如，国际工程都要涉及设备物资的进口和再出口问题，这就涉及清关文件的管理和保管问题。一个清关合同执行完毕后一般会形成清关合同、提单、清关用商业发票、装箱单、清关费用发票、保险费用发票、保险单、海关完税证明、关税申报声明、保函费用发票、保函文件、免税文件等，这些文件如果没有妥善保管，势必会影响到今后设备的再出口、保函清退、税务稽查等工作。

【案例分析】

案例一：相关联项目的常设机构判定 [①]

（一）案情概要

在审核某日资外商投资企业 A 公司对外付汇开具税务证明的申请资料时，税务人员发现，A 公司在同一年度内与其日本母公司 B 公司签订了多份设备技术指导合同，主要内容是提供设备设计、技术指导和设备调试服务。通过对合同的整体审核和实地核查，税务人员根据税收协定，按照实质重于形式的原则，判定日本 B 公司在中国境内构成常设机构，对其在中国的劳务收益予以核定并征收了企业所得税。

（二）相关事实

日资企业 A 公司是日本国 B 公司的全资子公司，经营范围为设计、制造、销售非金属制品模具，汽车、摩托车模具、夹具及标准件，高性能焊接机器人，高效焊接生产设备，专用机械设备及其部件等。A 公司的主要业务为：根据客户提供的图纸首先进行零部件加工，然后对设备进行粗装配，在装配过程中，由 B 公司派人进行现场指导，并且进行精密装配和设备调试，之后再将设备销售给客户。

2011 年度，A 公司与 B 公司签订了多份此类设备的技术指导合同，并申请按免税劳务支付。税务人员通过对合同的连续性审核发现，2011 年度 A 公司与 B 公司签订技术指导合同 4 份，B 公司在年度内派 2~6 名员工在中国境内从事技术指导劳务，时间分别为：2011 年 1 月 5 日—2 月 23 日，2011 年 3 月 21 日—5 月 16 日，2011 年 4 月 18 日—7 月 12 日，2011 年 6 月 1 日—9 月 30 日，合同内容也全部为 B 公司为 A 公司提供设备设计、技术指导和设备调试劳务。虽然每份合同中 B 公司派雇员来华劳务的时间较短，但是这些合同性质相同，

---

① 叶生成、程敏、邵敏：《非居民企业销售设备并安装应计算劳务收入》，载《中国税务报》2017 年 1 月 20 日。

来华劳务人员构成相近,在中国境内从事劳务活动的时间在同一年度内超过了6个月。同时,税务人员经过实地调查发现,B公司派出的人员从事技术指导的劳务地点较为固定,集中在A公司厂房或距其经营地址不远处的一处厂房内。

(三)案件分析

税务人员带着疑点对A公司进行了约谈。约谈的主要争议在于:这些合同针对的设备项目不同,是否应认定为"同一项目"? B公司派员来华劳务是否构成常设机构?

A公司认为,该公司是为不同客户订单的生产线进行装配,所以请求每公司派雇员进行技术援助和设备调试,签订了不同的合同,每份合同对应的设备不同,单份合同在华劳务时间都不足6个月,因此不应判定为常设机构。

税务人员认为,根据中日两国税收协定中的常设机构条款,缔约国一方企业通过雇员或其他人员在缔约国另一方提供的咨询劳务,除适用第七款规定的独立代理人以外,这些活动(为同一个项目或两个及两个以上相关联的项目)在任何12个月中连续或累计超过6个月的,应认为在该缔约国另一方设有常设机构。同时,《财政部、国家税务总局关于贯彻执行中日、中英税收协定若干问题的处理意见》(财税外字〔1985〕142号)规定:咨询劳务的范围应做广义解释,包括对我国工程建设或企业现有生产技术的改革、经营管理的改进和技术选择、投资项目可行性分析,以及设计方案的选择等提供咨询服务;也包括对我国企业现有设备或产品,根据我方在性能、效率、质量及可靠性、耐久性等方面提出的特定技术目标,提供技术协助,对需要改进的部位或零部件重新进行设计、调试或试制,以达到合同所规定的技术目标等。

B公司和A公司在该年度虽然签订了多份合同,涉及的设备名称不同,但事实上每份合同的内容基本一致,B公司所派雇员基本一致,在中国境内从事劳务的场所基本一致,应合并计算时间。税务机关判定B公司为A公司服务的项目应该是为"同一个项目或相关联的项目"提供的咨询劳务。根据《〈中华人民共和国政府和新加坡共和国政府关于对所得避免双重征税和防止偷漏税的协定〉及议定书条文解释》（国税发 201075 号）的规定，关于承包工程和提供劳务构成常设机构的判定标准，应从以下几个方面理解：缔约国一方企业派其雇员或其雇佣的其他人员到缔约对方提供劳务，这里所称的劳务活动，是指从事工程、技术、管理、设计、培训、咨询等专业服务活动。同一企业从事的有商业相关性或连贯性的若干个项目应视为"同一项目或相关联的项目"。这里所说的"商业相关性或连贯性"，需视具体情况而定，在判断若干个项目是否为关联项目时，企业应考虑下列因素：

（1）这些项目是否被包含在同一个总合同里；

（2）如果这些项目分属于不同的合同，这些合同是否与同一人或相关联的人所签订，前一项目的实施是否为后一项目实施的必要条件；

（3）这些项目的性质是否相同；

（4）这些项目是否由相同的人员实施等。

同时，非居民企业为中国境内某项目提供劳务（包括咨询劳务），以该企业派其雇员为实施服务项目第一次抵达中国之日期起至完成并交付服务项目的日期止作为计算期间，计算相关人员在中国境内的停留天数。该文件的规定进一步印证了税务人员的观点。因此，税务机关应判定本 B 公司在中国构成常设机构，按照《企业所得税法》征收企业所得税。

由于直接纳税人为境外的非居民企业，进行税收宣传的难度较大，税务人员决定通过对天津的居民企业 A 公司进行税收政策的宣传入手，并指定 A 公司为扣缴义务人。通过与天津 A 公司会计、财务经理、日方经理进行多次谈判和耐心细致的税法宣传，讲解税收协定、常设机构文件的规定，对于同一项目的判定终于达成了一致，认定 B 公司在华的劳务项目自 2011 年度起构成常设机构，按劳务收入的 30% 核定利润率征收税款。

案例二：海外工程承包中的税收政策变化风险案

（一）基本案情

2009年，D国税法中针对建筑服务类业务收入的所得税政策进行重大调整，由原来的"平时预提，年末汇算"改为依据项目结算金额按照核定税率直接扣缴，年末不再进行汇算清缴。核定税率具体分为：建筑服务类收入依据资质类型，适用税率为2%、3%或4%。建筑设计管理类收入依据资质类型，适用税率为4%、5%或6%。其中，税法所认可的资质是指D国建筑服务发展委员会（非政府机构）根据承包商的经营业绩和管理水平，经过审核评估后颁发的施工资质。

政策出台后，外资建筑企业均着手办理相关的资质申请。但是，依据该委员会的内部政策规定，其暂不接受外国机构办理相关资质的申请，导致各公司均无法获得上述资质。针对此种情况，D国政府机关认为，只要外国公司在D国取得了合法的营业执照，均可适用较低税率，其中，建筑服务收入为3%，设计管理类收入适用4%。但是，D国税务总局认为，基于各外国公司均未取得合规资质的法律事实，应当适用较高的税率。其中，建筑服务收入为4%，设计管理类收入适用5%。

（二）案件分析

发展中国家的税务政策存在较大的模糊性和易变性，承包商应注意相关政策变化的可能性。在项目报价中，企业应对税负成本进行合理预计，不应过分乐观。在对外合同中，企业要预留索赔空间，转嫁成本。

第二节　国际工程承包税收筹划

一、国际工程承包税收筹划的安排和步骤

国际工程承包税收筹划首先是分析项目所在国到母国的业务流程,审阅其国内法和税收协定;其次是计算税务成本,进行成本效益分析;最后再设计筹划方案,确定经营方式。在实施中,企业还要注意审查遵守反避税规则的情况,适时调整税收筹划策略;定期进行税务风险检查,及时发现问题,及时解决问题。

(一)国际工程承包税收筹划的方法

1. 基于项目所在地企业身份的筹划

从税收筹划的角度出发,在项目所在地设立子公司还是分公司需要做不同的考虑。设立子公司为法人主体,在项目所在国独立承担法律责任。其需要和项目所在国的其他内资企业一样,缴纳各种税款,但其承担的责任也仅限于子公司的层面,不会波及总部,但总部提供担保责任的除外。子公司向母公司支付的特许权、利息、其他间接投资等,要比分公司向总部支付更容易得到税务机关的认可,而且某些国家的子公司适用的所得税税率比分公司低;子公司利润汇回总部的方法比分公司灵活得多,资本利得可以保留在子公司,可以选择税负较轻时汇回,得到递延纳税等额外的税收利益;总部转售境外子公司的股票增值部分,通常可享有免税优惠,而出售分公司资产取得的资本增值是必须缴纳税款的,境外分公司资本转让给子公司有时要征税,而子公司之间的转让则无须征税。在一些国家,允许在境内的企业集团内部公司之间的盈亏互抵,按差额纳税,这样就最好在境外设立子公司,纳入集团范畴后,可以实现整体利益上的纳税筹划。

分公司不是法人主体,可以被视为总部设立在海外的一个业务部,因此,无须以一个独立企业的身份在项目所在国缴纳税款,分公司的亏损、义务以及其

他所有税收和法律责任最终都由总部承担,适合企业在境外经营的初期,以分公司的亏损直接冲抵总部的利润来减轻税收负担,更有部分企业在项目初期设立分公司,进入盈利期后再转成子公司。而且分公司与总部之间的资本转移,因不涉及所有权变动也不必负担税收,分公司交付给总部的利润通常不必缴纳预提税。

2. 基于税率差别的筹划

由于世界各国的税率差别较大,对于同一个国际工程项目,在税率相对较低的国家缴纳税款,就能起到税收筹划的作用。以关税为例,很多非洲国家原来是欧洲部分国家的殖民地,而今彼此之间的经济联系紧密,存在许多关税互免协定,例如,阿尔及利亚和欧盟就有关税互免协定,因此,承包商从欧洲进口工程物资将会节省很多关税。

3. 基于税基的筹划

除了利用跨国公司内部的转让定价方法转移利润改变税基外,我们还可基于各国对于应税所得各种扣除项目的规定大相径庭,从税基上找出不同国家的差异,筹划不同国家之间的税务。这里主要是采取分割法,根据项目不同的分部分项工程分割税基,使应税所得、财产在两个或更多的纳税人之间进行分割,可以使计税基础缩小,从而降低最高边际适用税率。国际工程承包项目一般金额都非常大,通常大工程包括多个分部分项工程,由于承包方式不同,对应的税法也不尽相同。例如,某交钥匙工程,若是国际工程承包商独立承接,一个法人主体只对应一个税率;若是把工程分割成若干分包商,分别由从事采购、设计、咨询服务、工程施工、现场监理等的法人单位来共同实施,税收缴纳的结果将会完全不同。由于各个分包商性质不同,其所适用的税法条款和税率也不同。因此,这种拆分的方法实际上等于调整了税基,而国家工程总承包商可以把低税率、高利润的这部分项目留给自己。

4. 基于递延纳税的筹划

递延纳税就是尽量采用延(缓)期缴纳税款的筹划方法。它是纳税人根据税法的有关规定将应纳税款推迟一定期限缴纳。递延纳税虽不能减少应纳税额，但从财务的角度讲，货币是有时间价值的，纳税期的推迟可以使纳税人无偿使用这笔款项而不需支付利息，可以将资金用于其他可获取投资回报的项目，对纳税人来说，这等于是降低了税收负担，节省了利息支出。如一些低税国和避税地的税法规定，公司外国投资所得只要留在国外不汇回，就可以暂不纳税；纳税人按照国家的其他规定可以达到延期纳税目的的财务安排和纳税计划，比如，按照折旧政策、存货计价政策等规定来达到延期纳税的财务安排。税收递延的途径很多，国际工程承包企业可充分利用税法给予的优惠，积极创造条件，在遵守法律规范的前提下进行税收筹划，享受更多的税收优惠。

5. 利用税收优惠政策和国际税收协定筹划

为了发展本国经济，世界上的大多数国家对外国企业在本国承揽工程或投资一般都规定了各种税收优惠政策。特别是发展中国家，出于迅速发展本国经济，完善产业结构，解决普遍存在的资金匮乏和技术、管理水平较为落后的矛盾，往往对某一地区或某一行业给予减免税的优惠政策。这些政策会明确规定不同的税收扣除，例如：允许无限期结转累积亏损去冲减未来利润，直接给予税前扣除；允许扣除基于公平交易下的利息、管理费用等；甚至有一些税收条款专门用于非居民企业。纳税扣除和减免的存在，使得实际税率远低于名义税率，大大减轻了纳税人的税收负担。目前，我国对实施"走出去"战略的企业规定了允许出口退税的项目，包括境外带料加工装配业务、对外工程承包项目等，这也是税收优惠政策的体现。此外，对于使用中国政府"两优"贷款的企业，在两国政府之间签署的框架协议内就明确规定，"两优"贷款项下的国际工程承包项目在项目所在国免交所得税。世界各国或多或少都有税收优惠政策，准确掌握税收优惠政策至关重要，这也是合理合法地进行税收筹划的有效手段。按照国际税收规范的规定，许多国家通过抵免法提供双重税收优惠，可能是只对预提税实行直接抵免，也可能就股息对潜在的收入进行间接抵免。

6. 基于会计方法多样性的筹划

会计准则及会计制度在规范企业会计行为的同时,也为企业提供了可供选择的不同的会计方法,为企业在这些框架和各项规则中自由流动创造了机会。因此,财务人员应熟悉项目所在国的会计制度,恰当地使用各种会计处理方法,以减轻税负或延缓纳税。通常做法有:适当地将受益和费用的结算日期滞后数日以达到延期纳税;在免征或低于所得税率征收资本利得的国家,项目可以及时地调整会计政策,尽力将流动性收益转化为资本性收益,从而获得可观的效果;把整个项目经营期间发生的各项费用尽可能地分摊到各期是最大限度地抵消利润、减轻税负的最佳方法之一;在物价上涨的情况下,存货计价中采用后进先出法可以有效地减轻税负;利用不同的会计政策影响项目利润,从而减少税负;对固定资产折旧采用不同的折旧方法以减少税负;选择恰当的交易分类形式,如将收入划分为施工收入、销售收入、佣金收入等类别,从而获得税收的有利条件。

(二)国际工程承包税收筹划的步骤

国际工程项目承包可以采取不同的模式,EPC 交钥匙合同模式是国际工程承包市场越来越流行的一种建设模式。由于 EPC 项目内容和环节的复杂,这对承包企业在税收筹划及风险防控方面提出了更高的要求。以境外 EPC 项目建设为例,国际工程承包税收筹划包括:

1. 明确国际税务筹划的基本原则:结合"走出去"企业的税务特点,以及 BEPS 的税务管理形势,对项目在税务筹划及税务风险管理方面提出了原则性的建议。

2. 设计营运架构和交易安排:结合企业的运营模式和股权结构,将项目建设期和运营期的交易进行综合考察,从人员、资产业务运营及资金流向方面设计可选方案,分析各方案下的税负,发现节税机会并提供筹划建议。

3. 确立交易模式和合同:综合 EPC 项目金额在合同及运营实体之间的分配对收入款项的业务实质进行安排,从而对项目活动在项目所在国的纳税义务

（包括税负和合规义务）进行分析；从税务角度审阅合同；对税务政策适用和税务风险进行分析；对合同中的税务条款进行设计，并提供符合项目所在国和中国两国外汇管理、税法规定的行动方案建议。

4.对个人所得税纳税义务的分析和筹划：结合员工的劳动合同、工作特点和出入境情况，以及在项目所在国的个人所得税的纳税义务和中国税收抵免规定进行全面的综合性分析。

5.中国的税务合规分析：主要分析项目常设机构在项目所在国发生的成本、费用，在中国企业所得税方面如何处理。

6.跨境服务增值税免税分析：分析该公司及分包商在中国申请增值税免税的税收政策适用情况并就合同安排提出建议。

7.企业所得税税收抵免咨询：分析项目所在国常设机构在当地缴纳企业所得税（包括代扣税）以后，回到中国的税收抵免政策适用、申报合规要求等。

8.其他税务风险提示：对于该项目众多的分包商在税务方面进行管理和要求；基于项目所在国和中国的税收政策，分析相关的税务风险并提供化解建议。

二、国际工程承包税收筹划过程中的风险

国际工程承包企业的生产和经营分布在全世界，不同投资地区税收政策的变化、不同部门筹划措施的选择都会将企业暴露在风险之下。为此，企业在进行税收筹划时应对相关的风险因素给予充分考虑。

（一）税收法律和政策风险

税收法律和政策风险是指在企业进行税收筹划的设计以及具体筹划措施的实施过程中，由于涉及不同国家地区税收法律制度的差异和税收政策的变化而面临的风险。国际工程承包项目涉及经济领域广、经济关系复杂，既要处理与业主的经济关系，又要处理与项目所在国的经济关系。例如，收入确认、价款结算、资金流动、成本分摊、利润分配、税金缴纳等事项，都涉及关联国家的法律法规，操作稍有不慎就会触犯法律。我国海外工程承包市场主要集中在亚、非、

拉等发展中国家，国别众多，各国的法律法规各不相同，且执行中规范程度也千差万别，如果不了解项目所在国的税收法律法规，在执行中将面临很大的风险。比如在菲律宾，向设备分包商支付设备款应当代扣代缴所得税和增值税，而在委内瑞拉只需要代扣代缴增值税，如果未按规定代扣代缴，不仅不能列支成本，还会遭到巨额罚款，以及税收政策不稳定导致的风险。

（二）操作风险

由于国际税收筹划经常是在税收法规规定性的边缘操作，来帮助跨国公司降低企业的整体税负，实现利益最大化，加上不同国家的税收立法体制层次繁多，立法技术参差不齐，许多法规内容存在模糊之处，这就给跨国公司进行税收筹划带来了很大的操作风险，如项目选择不当、片面理解税收筹划、筹划方案不严谨。操作风险通常体现在中国居民纳税人风险、关联企业间股权转让的公允价值风险和非受益所有人风险方面。比如，根据我国税法，中国税务机关在判断境外企业的居民身份时会遵循"实质重于形式"的原则。因此，为避免中间控股公司被认定为中国居民纳税人，公司除了在流程、制度和控制程序的建立上规避相关因素外，还需要注意从实质上避免在中国境内对境外企业进行管理和控制，增加中间控股公司的实质性工作内容。根据我国国税函〔2009〕601号文规定，受益所有人是指对所得或所得据以产生的权利或财产具有所有权和支配权的人。601号文进一步提到，受益所有人一般从事实质性的经营活动，可以是个人、公司或其他任何团体，代理人或导管公司不属于受益所有人，因此不得享受税收协定待遇。其中导管公司是指通常以逃避或减少税收、转移或累积利润等为目的而设立的公司。另外，这类公司仅在所在国登记注册，以满足法律所要求的组织形式，而不从事制造、经销、管理等实质性经营活动。

（三）税务执法风险

税务执法风险主要是指由于税务执法人员的主观认识或理解出现偏差而导致纳税筹划方案的失败。严格意义上的税收筹划应当是合法的，符合立法者的意图，但这种合法性还需要税务行政执法部门的确认。各个国家在制定税收制度时，都留有一定的自由裁量权，税收执法人员在具体的执行过程中都拥有一定程度的决策权，再加上税务执法人员主观判断、自身素质的差异，可能导致税法、税收政策的执行偏差，使原本合法的税收筹划方案变为一纸空文，甚至会被认定为偷税、漏税等违法行为而遭到处罚。这时，跨国纳税人不仅得不到少纳税的好处，甚至有可能被课以重税，最终导致跨国税收筹划的失败。

（四）集团信誉风险

集团信誉风险是指跨国公司在国际税收筹划实施过程中失败而导致的企业遭受信用危机和名誉损失的一种可能。从事国际工程承包的跨国公司是一个具有稳定性、长期性的集团式企业，其要长期稳定发展，必须立足于国际市场，而在全球范围内开展经营活动，需要建立一个良好的国际形象，同时也应与各国的政府部门建立友好的长期往来关系。如果跨国公司在进行国际税收筹划时因操作不当引起税务机关的注意，从而被认定为重点户而给予"特殊待遇"的话，就会招致税务机关的严格检查，甚至会对其实施更加严格的其他限制措施。税收筹划行为一旦被税务机关认定为违法行为而被公布，将严重影响集团信誉和形象。

三、国际工程承包税收筹划风险规避

境外工程项目税务风险识别与规划已经得到了很多企业的重视，尤其是涉及海外工程承包业务时更是如此，既要控制成本、实现利润最大化，又要保证税收筹划的合规性。其需要从以下几方面出发规避相应的风险。

（一）强化风险意识，建立风险控制机制和税务管理体系

公司应以完善的治理结构、权责设置和制衡机制作为内控建设和税收风险防控的基础。企业要注意税收及相关政策的综合运用，从多方位、多角度对所筹划的项目的合法性、合理性和企业的综合效益进行充分论证；在既定的税收筹划方案的规划与指导下，各级管理、业务、财务人员都应该严格照章办事、规范操作；有条件的企业还应当利用现代先进的网络设备，建立一套科学、快捷

的税收筹划的预警系统，对税收筹划过程中存在的潜在风险进行实时监控，一旦发现风险，立即向筹划者或经营者示警，规避风险的发生。境外工程承包企业应高度重视境外税务管理工作，在内部控制规范上建立税务管理的流程和制度。对新市场、新业务做好税务前期调研，明确调研内容和程度；对调研信息进行汇总、整理和分析，建立国别税务信息档案；建立税务管理机制，不同阶段的税务工作责任到人，逐步完善税务管理的多层次管理架构，从而不断完善税务管理体系。

（二）积极开展税法研究，做好前期税务规划

跨国公司的投资经营活动往往具有连续、长期的特点，这就决定了税务筹划必然以对各国投资环境，包括经济形势、税法和税制改革的充分了解和研究为前提，对企业投资战略和经营活动进行有前瞻性的长远规划，致力于企业的长远发展。由于工程项目的税务既有来源于本国的收入，也有来源于其他国家的收入，还存在各国税收管辖权的交叉，工程企业进入新市场前应当加强税收政策的学习，正确理解税收政策精神，全面准确地把握税收的法律法规政策，这是规避税收筹划风险的关键。由于存在法律条文过多、语言不通和理解不一致等诸多问题，所以建议企业要充分借助境外中介机构的力量，如国际知名的会计师事务所、税务师事务所等，以确保研究的效率和效果。此外，企业应重视对新市场税务工作建立整体的规划，主要是对工程项目涉及哪些税、税务成本构成以及设立机构类型等做好安排，为商务谈判和签署工程合同做好前期准备。国际工程承包企业尤其应当研究中国与其他国家的国际税收协定，因为国际税收协定是高于国别税收法律法规的，这有助于税务成本的控制。国际工程承包企业在税务筹划中应牢记合法性是税务筹划的本质，不能简单地进行风险与收益的权衡，而必须首先对纳税义务的适当履行进行筹划，规避法律风险，才能使企业健康快速地发展。

（三）根据项目和当地的实际情况，拟订税务筹划方案

在现实生活中，税收筹划没有固定的模式和套路，手段与形式也是多样的。

在具体工作中，企业应当系统性地组织和安排税务工作，从工程量的确认、发票开具到境外机构的日常报税均应围绕税务筹划的主旨，确定各个细节，特别是对来源于不同国家的收入的划分，以避免前后不一致导致的税务风险。在具体执行中，应当建立多层次的管理架构：管理层应重视对税务管理体系运行的效率和效果的评价；财税部门应做好税务工作的具体安排，包括各市场税务筹划方案的可行性研究和监控执行；各项目现场，税务管理团队应做好税务筹划方案的具体分工和落实；各项目还需要聘用当地税务管理人员负责具体的税务工作。企业通过该架构的有效运行，实现对税务风险的有效控制。需要提醒的是，企业要重视对东道国常用的反避税条款的研究，通常包含有：关联方之间进行的交易应该与独立各方之间进行的交易相类似；所有费用必须是全部而且无一例外地为取得应税收入而产生的，从而阻止不恰当的转移定价或者是无法律依据的税前扣除；通过实质重于形式和判定商业目的，确定交易是否违反税法。因此，了解东道国的反避税条款有重要的现实意义。在税收筹划过程中，企业应把握具体问题具体分析的原则，选择最合适的税收筹划方案。

（四）从准备、谈判、签订、管理和跟踪落实等环节签好工程合同

工程合同一般包括勘察设计、设备供货和土建安装等内容，由于货物和劳务的发生地、提供方的国别不同，纳税责任界定很复杂，很多国家的税法都没有针对外国企业承揽工程项目作出固定的纳税规定，而往往只明确纳税的基本原则，如对发生在本国的行为和来源于本国的所得纳税。因此，工程合同若将发生或来源于项目所在国和发生或来源于其他国家的行为或所得区分开，无疑为企业合理合法纳税提供了很好的依据，也有利于税务成本的控制。例如在委内瑞拉，可以将工程合同分成土建安装、设备供货和勘察设计三个部分与业主签署工程合同，由于只有土建安装合同来源于当地，后两个合同不涉及当地的所得税和增值税，这样就可以大大地降低企业税负。也有一些项目特别是有政府背景的项目，无法实现工程合同拆分，但可以落实分项价格，这也是确认纳税范围的有效依据。如果无法实现上述合同上的安排，降低税负的工作就会更多地依赖于项目执行中的税务筹划，比如运用转让价格的方式，将利润在项目所在国、国内和第三国进行分割，即在项目当地成立子公司，通过关联合同，将合理的利润留在项目当地，大部分利润转移到中国或第三国。

（五）跟踪掌握税收法律变化，适时更新税收筹划方案

由于企业所处的经济环境千差万别，加上税收政策和税收筹划的主客观条件时刻处于变化之中，这就要求在进行税收筹划时，必须注意税法的变动，并保持适度的灵活性，以便随着国家税制、税法和相关政策的改变以及预期经济活动的变化随时调整项目投资，对税收筹划的方案重新进行审查和评估，及时调整或更新筹划的内容，采取措施分散风险，保证税收筹划目标的实现。同时，税收筹划者还应加强与当地税务机关的联系，随时关注当地主管税务机关的税务管理的特点和具体的方法，及时获取相关信息，使税收筹划方案得到当地税务机关的认可，才能有效防范风险并达到预期的效果和收益。另外，其还应把握税收筹划的时机，要在纳税义务发生之前通过对企业筹资、投资、经营活动的周密筹划来达到节税的目的，而不能在纳税义务发生之后采取所谓的补救措施来推迟或逃避纳税义务。

【案例分析】

案例：X公司到南部非洲承包工程项目的税收筹划方案 ①

本案例以南部非洲国家为例，介绍国内公司在承包工程项目时，可以选择的税收筹划方式及节税效果。

（一）运用纳税主体差别的筹划

由于南部非洲各国对子公司、分公司和项目公司的税收法律政策各有不同，这就要求国内 X 公司必须全面掌握工程所在国对子公司、分公司和项目公司的相关法律规定，结合自身的战略发展，设立适合公司发展的筹划纳税主体。

---

① 李铮：《国际工程承包与海外投资税收筹划实务与案例》，中国人民大学出版社 2017 年版，第118～127 页。

　　A 国对外国公司在该国设立子公司、分公司和项目公司的相关规定基本如下：（1）设立子公司即成为该国独立的法人主体，按照该国公司法承担相应的纳税义务和享有相应的公司权利，以注册资本为限承担有限责任；公司的经营亏损可用以后 10 年的经营积累进行弥补；公司的经营积累在正常缴纳所得税后，如向股东进行股利分配，需另行缴纳 10% 的股利税等。（2）外国公司在该国设立的分公司，由于是非独立法人，不能取得税务注册；增值税的销项税由付款方代扣代缴，进项税由分公司以实际发生数进行申报，主管税务机关在通过查证票据后在 3 个月内退还；同时由于不具有纳税资格，要求工程款的付款方在付款时按照收入额的 15% 预扣企业所得税，无论盈亏。（3）如果成立项目公司，可以仅就工程项目在主管税务部门进行临时登记，比照所在国公司进行管理，工程项目结束后申请注销。

　　A 国近年来在不断加大对涉及该国的国计民生的基础设施的投资，同时考虑保护本国的建筑企业的发展，许多中小型工程项目在招标阶段即对外国公司进行了限制。X 公司在着手准备对 A 国 H 大坝工程项目的投标期间，通过对该国相关税收法律的了解和研究，在对成立以上三种纳税主体综合比较后，同时考虑到在该国的长远发展和承建更多的工程项目，最终选择了采用设立子公司这种纳税主体的模式。因为运用子公司作纳税主体，可以对各个工程项目的盈亏相抵，合并计算应纳税所得额，不仅在出现项目失败的情况下可产生节税效果，还能避免采用分公司为纳税主体情况下会出现的因纳税而亏损。

（二）运用税率差别的筹划

　　税率是国际工程税收筹划所要考虑的重要因素之一。在 X 公司所涉及的南部非洲工程中，各国现行企业所得税税率 A 国为 22%（2012 年之前为 25%），B 国为 35%，C 国为 35%，D 国为 32%，E 国为 25.75%，F 国则高达 40%，全部执行比例税率。关税税率也各有差异，但需要注意的是，由于工程所在国基本上都处于南部非洲发展共同体中，在共同体内设备之间的转移是免关税的。同时，由于这些国家在早期基本上都是欧洲列强的殖民地，目前它们之间的经济也紧密联系，产生的一些税收方面的互免协定也是值得注意和规避的，A 国和英联邦国家的技术服务方面的税收协定规定，预扣税率为 0 ~ 7%，比正常的税率 15% 要低许多。根据资本逐利的规律，资金总是从税负高的地区流向税负低的地区，正是各国不同税种的税率差异，为 X 公司的国际工程税收筹划创造了条件。

企业所得税方面，通用的做法是通过跨国转移定价法，即在工程项目收入一定的情况下，增大所得税税率高的国家的工程项目的成本，通过降低这些项目的利润，从而减少所得税税额的缴纳。X 公司通过对比南部非洲工程项目所在国的企业所得税税率，在综合考虑各个工程项目的实际盈利水平的基础上，制定整套税收筹划方案，同时在工程的实施期内根据实际情况实时进行调整。企业通过在中国境内采购物资、设备和永久机电设备等增加工程成本：工程实施过程中，X 公司通过转移定价法提高永久设备的价格额 10000 万美元，将利润转移到总部。K 工程采用转移定价法，所得税税率降低 10%，所得税额降低 1000 万美元。

关税方面：（1）对比不同进口货物的关税税率，合理改变报关进口方式，如通过对 B 国的关税政策研究发现，该国海关对从境外进口的工程设备的关税税率普遍高于施工配件，X 公司便将一些设备进行拆零，分批出口，在 B 国海关通过进口工程机械配件的方式进行报关，这样就大大降低了关税税额。（2）根据所在国工程项目的盈利水平，结合公司在所在国的发展规划，合理利用关税保函来替代关税的缴纳。关税的税收筹划最终还是要服务于企业所得税的整体筹划，在筹划过程中，企业要对关税税率和企业所得税税率进行对比，如果关税税率高于所在国的企业所得税税率，关税的税收筹划就会失去意义。

（三）运用税基差别的筹划运用

不同国家的税基差别是 X 公司进行税收筹划时不可忽视的因素，在税率既定的条件下，税基的大小决定着税负的高低。企业所得税的筹划是贯穿 X 公司国际工程税收筹划的主线。企业所得税的税基是应纳税所得额，只是南部非洲各国对其各种扣除项目的规定存在较大差异,这样就能够在税基上找到不同国家存在的差异,以利于筹划不同国家之间工程项目的税务。B 国国家税法规定的企业所得税税率为 35%,但在成本列支中对福利费的开支并无明确规定。K工程项目地处偏远山区,X 公司的工程项目部必须为雇员提供住宿、伙食和交通。X 公司在工程开工前就福利费开支问题发函至税务部门,回复"有充分证据所发生的成本和工程项目有直接关系的,税务部门予以认可"。福利费列支无上限规定为税收筹划提供了空间,使得工程项目的实际税率明显降低。

F 国由于受西方殖民时间较长,经济十分落后,国家财政收入 90%以上来源于各项税收,企业所得税税率高达 34%。2010年 X 公司进入该国市场后,通过当地的会计师事务所了解和查阅相关资料,从该国的社会保险相关规定中找到了突破口。F 国对公司雇员的社会保险相关条款规定如下:"在该国公司任职的外籍高级雇员,可以选择在 F 国缴纳社会保险,社会保险允许在税前列支,缴纳社会保险的雇员在 F 国工作满三年以上,在离职返回居住国前,凭相关材料到社保管理机构领取已缴纳的社会保险……"公司据此调整税收筹划方案:成立 F 国子公司,通过母公司提供担保的方式将工程合同转让给子公司执行,重新调整参与工程项目的中方人员结构,使其满足高级雇员的认定标准;非F 国籍员工全员参加当地的社会保险缴纳;制定相关的薪酬管理制度,提高社会保险的缴纳金额,同时适当地降低雇员的薪酬水平,明确离职后领取的社会保险归个人所有;通过劳动合同的方式来约束在该国的工作期限等。

(四)运用税收优惠措施差别的筹划

出于各种经济或政治目的,南部非洲各国在税收上都有一些特定优惠政策,如直接给予税前扣除,或者允许扣除基于公平交易下的利息、管理费等税收减免优惠。由于纳税扣除和减免的存在,使实际税率大大低于名义税率,这也为纳税人创造了减轻和消除税负的良机。

目前,我国对对外承包工程企业实施出口退税政策,允许出口的货物包括设备、原材料、零部件、散件等实施的出口退税政策即税收优惠措施的一种。A

国所得税法中对支付境外公司的咨询费有明确规定："对于境外公司向境内公司提供的咨询技术服务，境内公司在付款时必须履行按照付款金额 15% 的预扣所得税的义务，但以下国家执行规定的税率……"由此可知，在含税报价中，由于 L 国公司享受该国的税收优惠政策，其咨询费用的报价占竞争优势，双方最终选择了 L 国公司。

（五）运用避免国际双重征税方法差别的筹划

2010 年 7 月，中国政府与 B 国政府签订《对所得避免双重征税和防止偷漏税的协定》，双方约定该协议于 2011 年 6 月 30 日生效，自 2012 年 1 月 1 日起开始执行。该《税收协定》第 5 条"常设机构"第三款中对建筑工地的认定如下："建筑工地，建筑、装配或安装工程，或者与其有关的监督管理活动，但仅以该工地、工程或连续活动超过 9 个月的为限。"X 公司 2012 年签署的 B 国 L 工程合同正是在研究税收协定的基础上，在合同中设置开工日期限制条款，最终将工期定为 9 个月，避免了常设机构的认定，最终将该项目的企业所得税划归在中国境内缴纳，成功地避免了执行 B 国高达 35% 的企业所得税税率。

（六）运用会计方法多样性的筹划

会计准则和会计制度等一系列会计法规，一方面起到了规范公司会计行为的作用，另一方面也为公司提供了可供选择的不同的会计处理方法，为公司在这些框架和各项规则中自由选择创造了机会。财务人员要熟悉项目所在国及国际通用的各种会计制度和税务规定，并巧妙地使用各种会计处理方法，以减轻税负或延缓纳税。

C 国 M 工程为典型的 EPC 工程项目，永久机电设备的采购和制造几乎贯穿施工总工期。为缓解承包商对永久机电设备采购的垫资压力，合同约定工程款的支付有别于按照完成工程量计量支付，具体方法是：合同签订完毕，在提供履约保函 7 日内，发包方支付总工程价款的 15%；在合同建设期内 40 个月中按月逐笔支付合同总价 2% 的工程款，剩余 5% 留作质量保证金，工程竣工验收 1 年后予以返还，同时对工程拖期的罚款作了详细规定。

南部非洲各国目前对建筑业营业收入的确认普遍采用以业主批复的工程结算账单和施工方提供的发票为依据，即工程量账单法，依据该种方式确认收入和利润，势必造成 X 公司在该工程项目实施过程中出现前盈后亏的局面。C 国的所得税法相关条款对公司出现亏损弥补规定："矿产业可以无限期弥补，其他企业亏损可以在连续 6 年内弥补。"而一旦出现前盈后亏的情况，则无法用前期的盈利去弥补后期的亏损，这就意味着无形中将加大该项目的所得税税负。

按照《国际会计准则第 11 号——建筑合同》第 25 条规定，根据合同的完工进度确认收入和费用，通常称为完工百分比法。采用完工百分比法，需要将合同收入与达到这一完工进度所发生的合同成本相配比，从而按完工比率报告收入、费用和利润。该种方法为本期施工活动的范围和成果提供了有用的信息。X 公司在 2013 年通过与 C 国税务局多次沟通，要求该工程项目收入的确认按照《国际会计准则第 11 号——建筑合同》的完工百分比法进行收入的确认，最终以书面函件的方式得到了该国税务机关的确认。

企业通过使用完工百分比法这种会计处理方法，对比账单法可降低企业所得税款 957.90 美元。该方法不仅适用于按节点支付工程款的项目，在当今国际工程中为减少承包商的资金压力和规避汇率风险而采用的"前高后低"不平衡报价法的国际工程承包项目也尤为适用。

（七）运用合同拆分分割税基的筹划

一个大型工程项目往往包括多个分部分项工程，由于采用的承包方式不同，对应的税法条款也不同。以 EPC 工程项目为例，若是把工程分割为采购、设计、工程施工、咨询服务等不同部分分别实施，在税务处理上将会是另外一个结果。由于实施地点的不同可能会造成纳税主体的不同，它们所对应的税法条款、税率也不尽相同，这在实质上就是对税基进行了分割。

N 工程项目是 D 国为举办某赛事专门修建的工程。前任承包商因各种原因迟迟没有动工，X 公司在 D 国采用 EPC 总价承包的方式接手该项目，此时距离赛事不足 20 个月。根据工程工期紧，D 国受多年内战战乱影响导致物资匮乏等实际情况，X 公司计划将工程中的 E（设计）和 P（采购）部分后移至中国，交由总部执行，在和建设方多轮谈判沟通后，在工程总价款不变的情况下成功地将该工程分立为采购、施工和设计三个合同分别签署。工程合同签署完毕后，X 公司将施工合同授予前方的子公司执行，X 公司总部执行采购合同和设计合同。

根据 X 公司 N 工程合同分离前后应缴纳的企业所得税的对比，合同分立前应缴纳的企业所得税 E（设计）部分、P（采购）部分最终应纳税所得额为 5008500 元，企业所得税税率为 35%，应缴纳所得税 1752975 元；合同分立后应缴纳的企业所得税 E（设计）部分、P（采购）部分最终应纳税所得额没变，但适用所得税税率为 25%，应缴纳所得税则为 1252125 元。可见，X 公司成功地分割了工程税基，在中国执行的设计和采购合同执行中国的税收法律制度，在 D 国的施工合同执行 D 国的相关税收法律制度。由于采用不同的纳税主体，共为 X 公司降低所得税 900 万美元。

（八）聘用当地会计师事务所或税务咨询机构参与公司税收筹划

由于工程项目所在国的税法决定了纳税主体、征税客体及纳税方式，在承包商刚进入工程项目所在国，对当地相关税收法规不了解的情形下，企业有必要通过当地会计师事务所咨询所在国对工程相关的税收法律制度，聘请当地会计师事务所代理公司（项目）的外账记账；通过当地会计师审核或编制的财务报表，由于其专业性、权威性和影响力，普遍能获得当地税务部门的认可和审查通过。

同时企业委托税务咨询公司参与公司的税收筹划工作，利用它们在当地的人脉关系，聘请其代理公司（项目）的纳税申报、办理各项减免税和完税证明等工作，同时就工程项目在中国境内的相关涉税事宜向公司总部准备支持性材料等。通过会计师事务所和税务咨询公司的帮助，是逐步提高公司管理水平的有效途径之一。但对于税务咨询机构和会计师事务所代公司（项目）财务进行的财务代理、纳税申报、办理各项免税、完税证明等相关工作时，公司（项目）要加强监管工作，控制风险。

C 国 M 工程项目是 X 公司在 C 国的第一个工程项目，工程于 2013 年 10 月开工，C 国的财政年度为每年的 1 月 1 日至 12 月 31 日，税务申报截止到次年的 4 月 30 日。合同中约定的工程款支付条款如下：合同签订完毕，在提供履约保函，日内，发包方支付总工程价款的 15%；在合同建设期内 40 个月中按月逐笔支付合同总价 2% 的工程款，剩余 5% 留作质量保证金，工程竣工验收 1 年后予以返还，每笔付款前需要承包方向业主提供发票。承包方已经于 2013 年 9 月收到业主的首笔付款，在面对独特的付款方式和 2013 年的税务年度即将结束，而工程在 2013 年实际发生的成本屈指可数的情况下，税收筹划问题已经成为开工后的当务之急。为此 X 公司高度重视，就问题重点和普华永道、安永、德勤和毕马威四大国际知名会计师事务所咨询，最终采纳了安永会计师事务所采用《国际会计准则 11 号——建筑合同》中有关完工百分比法确认收入和利润的会计处理办法。

通过该会计处理方法确认的收入和利润，能否获得 C 国税务局的认可是本次税收筹划目标能否实现的关键。X 公司联合安永会计师事务所中的负责税务处理的经理，通过多次向主管税务部门讲解工程项目的执行特点、执行该会计准则的原因等，最终以函件的方式获得 C 国税务局的书面确认。2014 年，项目顺利取得了 2013 年的完税证明，为项目带来了可观的节税收益。

第三节　海外工程承包合同安排中的税务问题

一、海外工程承包合同中的主要条款与税务条款

海外工程承包项目的确立和开展都是以合同为基础的，所有的税务筹划安排，最终大多数都要体现在合同条文和合同的履行中。各国税务机关在进行税务处理时，也会将商业合同视为最重要的证据之一。所以合同除了约束业务行为、分清权利义务关系之外，还具有强大的税务功能。

（一）合同中的主要条款与安排

海外工程承包合同的主要内容条款有：合同标题、合同主体、标的、数量、质量、价款或者报酬、履行期限、地点和方式、违约责任、解决争议的方法等。这些条款是对项目规划的交易主体、对象和性质、时间、地点及方式等因素的具体落实与体现，与项目营运的税收事项有着密切联系。对签约主体的不同选择，对工程项目标的的不同拆分组合，对交易时间、地点和方式的处理等，都可能构成对税务的重大影响。

1. 主体的选择

选择签约主体，要考虑到架构层面的筹划，考虑到当地所得税、当地预扣税、税收协定和税收抵免；另外，要考虑到备选的签约主体既定的功能和风险，避免超出既定的功能风险而造成转让定价的风险。对于较为复杂的合同，如果超出了所有备选主体的功能风险范围，则要进行拆分。

2. 交易对象的调整

根据业务原因和项目所在国税制中对外国承包商的特殊规定对项目进行拆分、合并与组合，以避免承担不必要的税负。鉴于当地法规对合同签订方式的限制、业主的要求、银行融资要求、外汇的考虑等因素，很多国家对外国承包商征收业主预扣税，并且按核定利润征税，需要在测算税负的基础上，对项目做出调整。

合同的拆分可以在不同层面上进行，例如，拆分成同一合同项目的不同服务项目并各自单独报价、拆分成同一合同主体下的不同合同，以及拆分成不同合同主体下的不同合同。如对合同的离岸部分和在岸部分进行拆分，以避免对离岸部分承担税负；对设备和工程进行拆分等，以避免对工程服务承担进口税和对设备价值承担所得税；拆分不同项目的工程或者咨询服务，以避免构成常设机构；拆分特许权使用费和服务，以避免服务费适用过高的税率；拆分出符合税收优惠条件的项目，以便享受税收优惠。

企业通过交易对象的合并也可以达到节税的效果，例如，单独出租设备的租金在一些税收协定下会被按照特许权使用费对待而适用预提税。如果在提供设备使用权的同时提供操作人员和支持人员，则可能会被当成服务来对待，只有在构成常设机构的情况下才在来源国产生纳税义务。如果服务提供时间较短，不会构成常设机构，则将设备出租和相关服务合并有可能达到节税的效果。

3.交易时间、地点和方式的处理

交易时间、地点和方式的处理也可能构成对税务的重大影响，例如：技术合同中的保密条款和对服务成果的所有权如何约定，可能影响到合同的定性是服务合同还是特许权使用费合同；进口软件如果以光盘等介质为载体则有可能适用进口税，反之，如果通过网上下载的方式则可以避免进口税；整机进出口或者分成部件进出口则可能适用不同的进出口税率和退税率，等等。实际操作中，企业要分析各种可选方案的税务影响，与业务因素一起综合考虑进行税务筹划。

（二）合同中的税务条款

税务条款则是专门就双方税务事项做出明确。合同中的税务条款通常包含：

1.合同价款是否含税，如果含税，具体包含哪些税种，应提供哪些凭据来证明完税；

2.合同各方应各自提供哪些与纳税有关的资料，收款方应提供哪些凭据；

3. 折扣或折让如何处理, 如果后续发生价格调整, 应如何进行税务处理;

4. 双方的税务合规义务, 例如申报、代扣、申请免税待遇、办理对外付汇的税务手续等, 如果未能完成相应的义务应如何承担责任;

5. 与税务机关发生争议时如何解决。

二、承包合同业务中的税务风险

(一)项目报价风险

工程项目与贸易项目不同, 既有来源于本国的收入, 也有来源于其他国家的收入, 因此, 项目报价时应当充分考虑项目的税务成本。很多项目进入执行期税务风险频频出现, 往往都是因为报价阶段忽视了税务成本。为了实现目标利润, 企业千方百计地规避纳税义务, 心存侥幸, 结果触犯了税法的规定, 最终产生了税务损失。有的项目在合同中规定由业主承担税负, 因此不考虑税务成本, 或虽然考虑了税负成本, 但成本考虑不足, 结果按照当地税法的规定, 其税负应由承包商承担。由于税法的法律效力高于商务合同, 所以承包商千万不能大意, 以为商务合同规定不由自己承担的税费就不纳入成本, 结果最终导致项目亏损。正确的做法是请当地的会计师事务所或税务师事务所出具相关文件, 落实实际的可操作性, 确认商务合同的约定与税法不发生冲突。

(二)集团内劳务支付的真实合法性风险

国际工程承包过程中的集团内劳务贸易不断增多, 一些集团公司利用境外劳务收入无须在中国纳税的规定, 通过模糊各个层级公司的功能定位, 混淆收费依据。对境内公司实施多头管理和重复收费, 造成境内企业分摊集团公司不真实、不合理甚至不合法的费用, 最终将境内公司的利润输送给境外公司和投资公司。此种行为将面临税务机关调查调整的风险。例如, 某公司关联销售和关联采购比例都不足 10%, 且关联采购金额和比例逐年下降, 但集团内的关联劳务支付项目和金额越来越多, 包括咨询费、管理费、服务费、佣金等众多名目。该公司申请对外支付时声明, 各项支付全部为境外劳务, 无须在中国缴纳税收。税务机关详细审查了境外公司出具的收费明细、收费标准,与签订的合同、境内公司受益情况进行比对分析,最终查实虚构境外劳务240万元,重复收费项目209万元,不应负担的母公司费用项目107万元,不得税前扣除,并予以相应的行政处罚;另有670万元关联交易项目的合理性存在质疑,转入下一步反避税调查环节。

(三)合同备案风险

按照我国税法的相关规定,居民企业与非居民企业签订承包工程作业、劳务、贷款、技术转让、财产转让、租赁等合同后,应在规定的时间内到主管税务机关进行合同备案。如未履行备案义务,会面临相关的行政处罚风险。对于年度关联购销金额2亿元以上或者其他关联业务往来金额4000万元以上的企业,应按规定准备、保存并经要求及时提供同期资料。未履行上述义务的企业,会面临行政处罚、反避税调查、增加罚息等风险。例如,A企业于2010年1月与境外S公司签订承包工程劳务合同,未按要求到税务机关备案。当A企业6月对外支付费用到税务机关开具税务证明时,税务机关对其未履行的备案义务进行了处罚。税务机关2010年4月对A企业进行转让定价调查时,发现该企业没有按规定就其关联业务往来准备同期资料,最终该企业补征税款计算利息时,除按同期人民币贷款基准利率计算外,还要额外加收5个百分点的罚息。

(四)项目业主没能拿到免税批复的风险

在签订EPC商务合同时,业主承诺该项目为免税项目,承包商可以不缴纳相关税费,并把相关内容写进合同,有的国际工程承包商就以此将税务成本略去。但在实际操作时,由于种种原因,业主未能拿到免税的批复,导致承包商最终还是要缴纳相关的税费。这种案例也是国际工程承包企业项目最终亏损的原因之一。正确的做法是免税项目应在合同条款中加上由业主取得免税文件,并写明在业主未能取得免税文件的情况下的补偿方法。

(五)项目执行时未进行纳税申报的风险

由于调查不充分造成少交税,外聘会计师漏报,而项目组未能及时了解情况造成漏报，有的国际工程承包商认为这是外聘的该国会计师的责任。但事实是，无论责任如何划分，最终纳税人和承担罚款的主体是国际工程承包商。这样的案例在实务中也屡见不鲜。正确的做法是国际工程承包企业要有专门人员对外聘会计编制的纳税报表进行检查，看是否有漏项，是否有多报税。

（六）分包商的税负管理风险

由于总承包商通常会在当地设立项目公司，进行税务登记，而海外分包商往往不在当地设立机构，因此某些国家的税法规定由总承包商为分包商扣缴税款。分包商在当地执行分包合同，本身在达到一定期限后也属于常设机构，具有纳税义务。因此，在签订分包合同时，企业需要明确可能涉及什么税款，以及该税款是否包含在合同价款之内。如果总承包商没有履行税款的扣缴义务，会带来很大的税务风险。总之，由于各国税收政策的差异较大，国际工程承包企业应充分了解相关的税收规定，在合同签订之前重视合同中有关的纳税条款，结合项目情况做好税务规划，分析项目的每个环节涉及的税种，计算税负金额，以避免遭受经济损失和法律风险。此外，即使聘请了专业中介机构，企业也应指派专人负责与机构沟通联系，一方面深入了解当地的税收法律规定，另一方面对专业机构提出的税务方案进行检查。

三、国际工程承包合同业务中的税务风险规避

应在项目投标和合同谈判中考虑并重视项目可能涉及的税务问题，做好国际工程承包合同业务在各个阶段的工作。

（一）合同谈判阶段

在谈判阶段，应聘请专业的会计师事务所或税务师事务所来协助完成以下几个方面的工作：

1. 了解项目所在地的税制和税收优惠政策。主要是所得税的起算期限、征税方法和注意事项。多数国家规定工程承包超过一定时间即需要在当地缴纳所得税（中国和大多数国家签订的税收协定都以6个月为限）。但某些国家规定，

只要外国企业在当地承包工程，就需要缴纳所得税。如果国际工程承包企业在项目所在国设立的是项目部，则采用核定法，即按合同总额的一定比例征收所得税。如果国际工程承包企业在项目所在国设立的是项目公司，则采用实际利润法，即按收入减成本费用后的实际利润征收所得税。在中国境内发生的为了支持项目而发生的各项成本如何在当地列支，这是困扰国际工程承包企业的一个主要问题。例如，国内的采购成本，以及为了使项目成行，国内发生的相关费用，通常在项目所在国很难被认定。大多数国家要求项目的成本费用要提供充分的证明材料。[①] 此外，还涉及流转税、工资税及社会保险、杂项税等。流转税又分为营业税、增值税、关税等，其中关税包括进出口关税、进口环节增值税等；雇用当地员工需缴纳个人所得税，同时按照工资比例缴纳社会保险；国家或地方政府可能以各种名目征收各种手续费，或者用摊派名义征收各项服务设施的费用等。

2. 了解项目所在地的相关税收优惠政策。这些政策通常包括政府贷款、政府援助项目，可能在当地免征所得税；不构成常设机构，可能不在当地缴纳所得税；如在当地创造就业机会，符合当地经济发展的项目，可能获得减免税优惠，设备暂时进口或租赁可能免征进口环节税。

3. 了解中国的相关税务规定。一是增值税方面的出口退税规则：出口货物和自用旧设备可申请出口退税，外购旧设备出口免税但不退税。二是所得税方面抵免规则：一般可以抵免境外已经缴纳的所得税（或 12.5%）；在当地免税，但与中国未签订税收协定，需在中国补交 25%的所得税；与中国签订税收协定，但没有饶让条款，需按 25%缴纳所得税。三是印花税的规定：总分包合同、贷款合同、购销合同等，即使在境外签订，如果带入境内使用，也需要缴纳印花

---

① 我国现行的专用发票由基本联次或者由基本联次附加其他联次构成。基本联次为三联：发票联、抵扣联、记账联。发票联，作为购买方核算采购成本和增值税进项税额的记账凭证；抵扣联，作为购买方报送主管税务机关认证和留存备查的凭证；记账联，作为销售方核算销售收入和增值税销项税额的记账凭证。有的地方有附加联次，用于出口退税。因此，如果大型设备的采购要在境外计入成本，就只能采用发票的复印件。而大多数国家对于复印件入账的认可程度是很低的。

税,工程承包合同税率为合同金额的 0.05%。

4. 了解项目的具体要求及其对税负的影响。不同的项目安排合同在税务方面存在不同的要求和安排。对 EPC 合同要求按工程承包收入缴纳所得税;对 BOT 合同要求运营收入按经营利润缴纳所得税转给国外业主时,按资产转让所得缴纳所得税。

5. 计算工程应纳的税收。对项目当地的流转税和所得税、中国境内流转税和所得税的税额进行计算,尤其注意需要计入项目成本的税费,即主要包括当地流转税、不能拿回国内抵免的所得税、境内流转税,应在合同报价时将上述税费计入项目成本。

6. 确定项目执行主体。确定项目执行主体就是要确定在境外设立代表处或分公司(非法人分支机构)还是子公司(独立法人企业),应基于业务和税收进行综合考量,包括当地法规对合同签订方式的限制、业主的要求、银行融资要求、外汇的考虑等,尤其需要注意的是项目所在国税制中对外国承包商的特殊规定。

(二)合同条款的订立

合同条款的订立除了需要注意明确选择主体、对象,以及对交易时间、地点和方式的处理外,还应当特别注意对税务条款的适当确定。对于成本加成合同,一切与工程有关的税金负担对象要在合同中明确规定。施工过程中所需缴纳的税金,如合同规定由承包商缴纳,则应了解税种和税率,将应纳税额列入税金及附加费和成本费用中,并在投标中加以考虑,这是相当重要的。对于固定造价合同,因涉及的税种较多,税率也不相同,最好的办法是在合同中规定由业主负责缴纳所在国的应纳税金,而承包商仅负责其本国的应纳税部分。如合同规定均由承包商纳税,则应了解清楚税种和税率,将税金计入合同价款内,并且在合同条款中一定要注明所规定交纳的税金适用的法律、期限及责任,对签订合同后其国家颁布的相关法律不应适用本合同。

（三）施工阶段

施工阶段应注意做好纳税申报、增值税出口退税工作的管理、税收优惠申请和境外所得抵免工作。

1.纳税申报

国际工程承包企业在项目所在地要按期进行纳税申报工作：（1）税务登记：通常在项目开始时就需要完成；（2）所得税申报：通常按月、季度申报缴纳，年末可能需要汇算清缴，并取得完税证明，以抵扣中国企业所得税；（3）增值税申报：通常按月、季度或年度申报缴纳；（4）关税申报：通常在货物和设备进口时申报缴纳；（5）个人所得税申报：每个员工均需要申报缴纳，并取得完税证明，以抵扣中国个人所得税，特别是持工作签证的中国雇员。

在我国，国际工程承包企业需要做好以下工作：（1）所得税申报：如果中国公司在境外承包工程，则需要按季/月度电报缴纳，年末汇算清缴，可抵免外国所得税。如果在境外设立子公司承包工程，通常在利润汇回时才涉及中国企业所得税的申报和抵免。（2）营业税申报：按月申报缴纳。（3）增值税出口退税：出口货物和设备时申报。

2.增值税出口退税工作的管理

我国允许对外承包工程企业运出境外用于对外承包工程项目的设备、原材料、施工机械等货物，在货物报关出口后，比照外贸企业出口货物的退税办法，向当地主管退税机关申请增值税出口退税。出口退税是对外承包工程企业的一项特有而且重要的工作，及时足额地取得出口退税款对于提高企业的效益、减轻资金压力、增强企业在国际市场的竞争力具有重要的意义。

由于出口退税是一项政策性很强又十分细致且繁杂的工作，涉及商品出口报关、准备退税单证、出口收汇核销等各个环节，对内涉及采购部门、财务部门、工程业务部门，对外涉及税务、海关、外汇管理部门等，整理和核对单证的工作量大，因此需要从四个方面加强对外承包工程企业出口退税工作的管理：（1）从制度、人员等各方面做好基础工作，为企业争取一个良好的退税工作环境。（2）加强对出口退税工作中"出口视同内销"工作的管理，根据国家税务总局《出口货物劳务增值税和消费税管理办法》（2012年），用于对外承包工程项目的出口货物，应提供对外承包工程合同；属于分包的，由承接分包的出口企业或其他单位申请退（免）税，申请退（免）税时除提供对外承包合同外，还须提供分包合同（协议）。（3）关注国家出口退税政策的调整，积极应对、及时做出工作调整，为企业增加利润。（4）注意员工所得税申报与抵免，每个员工取得境外收入均需要申报缴纳中国个人所得税，但可以抵免在国外缴纳的个人所得税。

3. 税收优惠申请

认真比照完备条件申请各项税收优惠：（1）所得税优惠方面注意是否属于政府援助项目、重大基础设施、国际金融组织贷款项目；项目持续时间的控制，如果很短则可能不构成常设机构，不在当地缴纳所得税；能否适用相关的税收协定；是否在当地创造大量的就业机会；投资地点是否属于经济区；从事的项目是否属于当地鼓励行业。（2）流转税、关税等需注意设备暂时进口或租赁，可以免征增值税。（3）常设机构的判定标准问题，有协定的按照协定时间确立常设机构，无协定的根据各国有关规定，如我国《关于外国企业在中国境内提供劳务活动常设机构判定及利润归属问题的批复》规定，外国企业在中国境内未设立机构场所，仅派其雇员到中国境内为有关项目提供劳务，包括咨询劳务，当这些雇员在中国境内实际工作时间在任何12个月中连续或累计超过6个月时，则可判定该外国企业在中国境内构成常设机构。如果项目历经数年，而外国企业的雇员只在某一期间被派来华提供劳务，劳务时间超过6个月，而在项目其他时间内派人来华提供劳务未超过6个月的，仍应判定该外国企业在华构成常设机构。该常设机构是对该外国企业在我境内为有关项目提供的所有劳务而言，而不是某一期间提供的劳务。

4. 境外所得税抵免

境外承包工程项目在我国国内面临的非常重要的一项工作就是境外所得税

收抵免工作。目前世界上的大多数国家同时行使居民税收管辖权和收入来源地税收管辖权，承包境外工程项目的企业作为我国的居民纳税人，需就来源于我国境内境外的全部所得缴纳企业所得税，同时，境外承包工程项目所在国也会就项目来源于该国的所得征收企业所得税。为了避免产生双重征税问题，按照我国税法的有关规定，承包境外工程项目的企业来源于中国境外的所得，已在境外缴纳的所得税税款，准予从其当期应纳税额中抵免，但是抵免额不得超过其境外所得依照中国税法规定计算的应纳税额。在新的不断完善的境外所得税收抵免制度下，境外承包工程企业需特别关注：

（1）我国目前的境外所得税收抵免只有一种方法，即分国不分项抵免。境外所得采用简易办法计算抵免额的，不适用税收饶让抵免。因此，境外承包工程企业应在全面考量境外承包工程项目分布国家以及各个国家的具体情况后审慎地决定是否采用简易办法。

（2）取得境外税务机关出具的税款所属年度的企业所得税性质的有关纳税凭证。由于境外承包工程所在不同国家的机构设置、职能分配、语言文字等存在很大的差异，所以现行税法只要求该凭证是境外税务机关出具，即只要负有税收征管职能的中国境外税务机关，无论其称呼是什么，都属于境外税务机关。此外，在不同的国家中，对于企业所得税的称呼也有不同的表述，如法人所得税、公司所得税等，但它们的性质都是一样的，都是针对企业的所得征收的税收，因此，我国可抵免的境外所得税款只要是企业所得税性质的税款即属于可抵免范围；有关纳税凭证即允许境外取得的纳税凭证的名称、样式、内容等因各国的差异可以不同。

（3）加强对我国与境外承包工程项目所在国税收协定的利用。根据规定，如果我国与境外承包工程项目所在国签订了有税收饶让条款的双边税收协定，并且境外承包工程项目享受减免所得税待遇，那么境外承包工程企业就应该积极取得相关的依据或证明，在境外所得税收抵免的时候将减免税额视同已缴税款进行抵免。

【案例分析】

项目税务筹划和管理案例 ①

（一）项目背景

项目为某国交钥匙工程（EPC 项目），包括相关的设计、供货、施工、安装、测试、试运营和技术服务各环节，合同总额为 1 亿美元。

（二）税务筹划与管理

1. 对项目所在国的税法进行详细了解

在项目前期，对项目所在国与 EPC 项目有关的各种税法进行了充分的了解，并整理出税务调查报告。经过了解，该国的税法规定大致如下：

（1）增值税（IVA）。增值税税率为 13%。其是对所有商品和服务收入中的增值部分所征收的一种流转税。增值税是一种间接税，每月月底支付，依据税号日期，在 15 天期限之内履行纳税义务。

（2）交易税（IT）。交易税税率为 3%。交易税是以商品和服务销售收入作为计征依据的税收，交易税是直接税，没有扣除额。它的支付期限和增值税一样。

（3）特殊消费税（ICE），即奢侈品税。其税率依据商品的类型而具体确定。

（4）公司利润税，即所得税（IUE），税率为 25%。其征税对象是法人或自然人，包括国有企业、私人企业和个体经营者，以其经营所得的净利润为计征依据。这个税是可扣除的，如"员工在某种规定范围内的消费"，此外，所交付的交易税款也可计入公司利润税的付款，即 IUE（25%）－扣除－IT（3%）。

（5）个人所得税（RC-IVA）。其税率约为 13%，纳税人为国有企业和私营公司工作的员工，以其工资和奖金收入为计税依据进行纳税。但纳税人可以向税务部门提供消费票据，申请减免部分个人所得税。

---

① 李铮：《国际工程承包与海外投资税收筹划实务与案例》，中国人民大学出版社 2017 年版，第 130～134 页。

（6）金融买卖税（ITF）。其是指公司和自然人从银行存取美元现金所收取的，税率为 0.6% 和 0.15%，与此同时，对于存取当地币免税。

（7）税收优惠。当地政府为鼓励外国投资并促进工厂实现现代化，提高其机械设备水平和增加出口采取了一系列税收优惠措施：包括税收优惠政策、出口退税政策、临时免税政策（RITEX）、特定的免税区域、进出口优惠协定（国家之间）等。

2. 与项目组就税务问题进行充分的沟通

提前与项目组就税务问题沟通非常重要。项目组与财务一样都有税务筹划的动力，但是，双方必须步调一致，协同行动，充分交换彼此掌握的信息，充分了解彼此在后续工作中的需求，才能保证在项目各个目标都不受影响的情况下实现税务筹划目标。税务筹划很重要的一点，就是合同中商务条款的订立。充分考虑税务筹划的商务条款，会为整个项目的税务筹划打下非常好的基础。在该项目的初期，财务人员与项目组进行了充分的沟通，介绍了公司在各个国家进行税务筹划的经验，项目组也对项目的背景和开发情况进行了详细的介绍。

3. 与项目组共同确定合同商务条款

合同商务条款拟订时，财务与项目组从税务筹划角度，共同对商务条款进行讨论和把关，使商务条款在不影响其他目标实现的情况下，充分考虑税务筹划的目标，实现税务筹划的目的。拟订商务条款时，企业应充分考虑项目所在国的法律法规及我国和项目所在国的双边避税协定（如果有）等，还要考虑业主的要求。在业主预算不够的时候，企业可以和业主一起商量如何订立商务合同条款能减轻项目税负，也是在减轻业主的负担。比如该项目，该国法律要求总承包商必须在当地设立机构进行项目的执行，并要求当地注册机构和业主签订合同。在此情况下，该项目在确定商务条款的时候，就较好地体现了税务筹划的需要。首先对合同的报价结构进行了调整，加大了设备部分的报价。最终的报价情况如下：

（1）土建、运行、安装及监理、设计，2000万美元；

（2）设备进口，8000万美元。另外还在合同中规定，设备部分由业主向中国母公司直接进口。根据之前了解的该国的税收优惠政策，该国对业主直接进口的机械设备全部免税，根据这一规定，上述8000万美元的设备进口不用在该国缴纳任何与进口相关的税费。这一规定也为后续的所得税筹划创造了条件。

4. 根据项目实施计划进行具体的税务测算与方案调整

税务筹划问题必须早发现，早解决。因此，早期的测算与调整非常重要。当项目的商务合同和实施方案确定后，要及时对项目预计的纳税情况进行测算，并根据测算结果调整项目组的实施方案。

（1）根据最终的商务合同与项目的进度计划以及分包合同，与项目组共同进行项目的具体的税务测算。其具体包括，项目存续期内，每年需要在当地确认的量单收入；每年能取得的有效发票和所得税前有效成本列支；根据开立和收取发票的情况预计每年需要缴纳的流转税如增值税等各种税费。企业通过预测确定项目在当地缴纳的税费是否在预算范围内。

（2）根据测算结果，与项目组共同对项目执行中的细节进行优化调整；如提交业主量单的时间，分包商提交量单发票的时间等，并调整测算结果，直到得出最满意的测算结果。

（3）和项目组共同落实上述优化调整。具体到本项目，在做完初步的税务测算后发现，项目在当地能拿到的分包合同的发票较少，有1000多万美元的缺口，导致需要缴纳很高的企业所得税。就此问题，财务与项目组多次商讨，寻找解决方案，并从项目执行开始就向分包商施压，使得分包商时时注意应提交我方的分包发票的数量和质量。同时，通过最初的测算，还发现：①由于增值税进项和销项不匹配，可能导致增值税纳税过多。②项目持续期间有亏有盈，所得税缴纳不均衡。③在交易税抵扣所得税的时候，并不能完全将所得税抵扣，这样就实质上增加了我方的整体税负。经过与项目组一起对每年在当地应确认的收入和成本计划的微调，上述问题逐一得到了解决。

5.严格落实税务筹划方案,加强过程管理

税务筹划方案确定以后,一定要从财务和业务角度共同把关,严格落实。本项目的执行过程中,就出现了分包商不能及时提供承诺的发票,以及分包商提供了不符合税法规定的发票等问题。针对上述问题,项目组财务首先严格把关,对不符合规定的发票坚决退回;对提供发票不及时的问题反复与项目组和分包商沟通,对分包合同对应发票的数量和质量、提交时间等都提出了明确要求,并约定了惩罚措施,尽一切办法保证税务筹划方案的落实,保证税务筹划目标的实现。

6.充分运用当地税法,注重日常节税与避税

除了整体的税务筹划方案的落实,日常工作中,我方应充分利用当地税法的具体规定,加强节税与避税。比如本项目,在实际执行中,对于一些小额不能取得发票的费用,如果计入不可抵扣费用进行纳税调整,将缴纳 25%的所得税。但是根据当地税法,如果缴纳 8%(购买类:5% 所得税 +3%交易税)和 15.5%(服务类:3% 交易税 +12.5% 所得税)的滞留税金后就可在所得税前进行列支。考虑我方分包发票不足的实际情况,我方日常工作中对这类费用都进行了补交滞留税的处理,从整体上节省了税负。我方还根据国内新的所得税抵扣政策对这一方法进行了优化。

另外,该国规定向国外支付收益和分红及服务性质的款项时,需要缴纳12.5% 的滞留税。根据这一规定,我方对项目从国外接受服务在当地列支成本的方法进行了咨询与研究,并制定了相应的方法,以确保在当地缴纳税费控制在能承受的范围内。

7.加强日常纳税管理

(1)严格按照规定时间申报缴纳日常的税费。同其他国家一样,该项目所在国对各种税费的申报时间也有严格的规定,项目财务在日常工作中不断督促项目组严格按照规定的时间提供发票,并组织财务按照时间规定进行纳税申报。

（2）严格按照规定方法计算缴纳税费。在日常纳税的过程中，项目财务严格按照税法规定的方法对各种税费进行计算。为保证纳税正确，在项目初期，可聘请第三方税务师事务所，对申报缴纳的大额税费进行审核，以避免错误。

（3）注重税务检查，注重汇算清缴。为防止纳税错误，项目日常纳税工作除当地员工检查外，中方财务要对每一笔纳税进行复核，必要时请第三方中介机构进行把关。对于每年的汇算清缴工作，由第三方机构和公司财务共同进行，保证税务缴纳准确合理。

【延伸阅读】

1. 李铮编著：《国际工程承包与海外投资税收筹划实务与案例》，中国人民大学出版社2017年版。

2. 徐小惠：《"一带一路"下国际税务筹划效益的深度透析——基于投资中亚五国EPC项目的案例分析》，载《国际商务财会》2019年第10期。

3. 沈国华：《国际工程税务管理》，中国税务出版社2017年版。

第九章

国际税收争议的解决与风险防控

【内容摘要】

随着"一带一路"倡议的不断深入,"一带一路"沿线国家之间的经济活动非常活跃,跨国税收征管及由此产生的国际税收争端风险也随之增大,如何了解并正确选择和运用争端解决途径有效地处理国际税收争端,直接关系着国家与纳税人的税收利益与经济安全。国际税务争议是指不同国家的政府之间或一国政府与跨国纳税人之间在国际税收关系中产生的各种争议的总和,包括国家与涉外纳税人之间的税务争议和国家之间的税务争议。 结合我国"走出去"企业所面临的国际税收争议解决风险来看,需要分别关注"走出去"企业与东道国的税收争议解决问题、"走出去"企业与我国的税收争议解决问题,以及我国与东道国的税收争议解决问题。

第一节 "走出去"企业与东道国的税收争议解决

一、"走出去"企业与东道国的税收争议与解决机制

(一)"走出去"企业与东道国的税收争议的产生

与东道国的税收争议产生于东道国税务机关在行使涉外税收管辖权的过程中,与跨国纳税人之间的税收征纳关系,其特点是争议主体的法律地位不对等,本质上属于东道国的国内税收行政争议。通常,这类争议是因跨国纳税人

认为征税国的征税行为不符合有关的税法规定或有关国际税收协定的规定而提起的。

当前,征税国与跨国纳税人之间的税收争议呈现出不断上升的趋势。首先,随着经济全球化的发展,越来越多的企业和个人从事跨国投资,其收入和财产的国际化现象普遍存在,即这些企业和个人不仅在其居住国境内拥有收益和财产,同时还有来源于居住国境外的各种所得和投资于境外某个东道国内的资产。这种企业和个人收入及财产国际化现象的普遍存在和不断发展,是国际税收争议产生的客观事实基础。其次,我国很多"走出去"企业在东道国投资的决策阶段,没有全面详细地考察与东道国的税收协定以及东道国国内税法的具体规定,致使投资项目在东道国落地后增加了税务成本。最后,中国投资者在一些具有争议的涉税问题上与东道国税务当局没有事先进行有效的沟通,由此引发税收争议。

(二)相关的争端解决机制

与东道国的税收争议的主体双方直接表现为东道国税务机关和涉外纳税人,实际上是东道国税务机关与纳税人之间的法律关系。税务机关与涉外纳税人的关系与税务机关和其国内纳税人的关系相比,本质上没有特殊之处,只不过是涉及了居民的境外所得或对非居民征税的问题,这类争议的产生也是由于税务机关根据国内税法行使征税权所导致的,因此对于与东道国的此类税收争议的解决方式应当以一国的国内法加以解决。从世界范围来看,各国一般都规定,跨国纳税人与国家税务机关之间发生的税收争议,可以通过行政性救济程序、国内诉讼程序来解决。

以美国为例,当纳税人在美国同税务当局发生争议时,当事人通常有两种救济途径可供选择,一是向美国国税局复议部门(IRS Appeals Office)提起行政复议,如果对复议决定不服,当事人可以向法院提起诉讼;二是直接向法院提起诉讼。美国的司法体系中设置专门的税务法院来处理涉税案件,同时当事人也可以选择向有管辖权的地方法院或者联邦申诉法院提起诉讼,但值得注意的是，各个法院的案件受理程序（如是否要求纳税人事先缴纳税款）、审理规则及上诉程序都有所不同，这使得涉税案件成为美国司法体系中最复杂的领域之一。

1. 税务行政复议

美国的税务行政复议机关是复议办公室。复议办公室完全不受负责税收征管的 IRS 制约，对案件做出独立的判断。在复议过程中，复议办公室将积极地与纳税人和 IRS 进行沟通，尽最大努力使案件在复议阶段得到解决，并避免发生税务诉讼。税务机关完成对纳税人的税务审计后，IRS 就会向纳税人发出"30 天信"。如果纳税人对税务机关的决定不服，可以在 30 天以内向 IRS 提出复议。除小额税款案件申请（the small case quest）外，纳税人对 30 天信件提起复议的，需提交书面的复议申请（the protest）。通常，纳税人可以要求复议以会议的方式进行，但复议会议并非复议进行的唯一方式，复议还可以采取通信或电话的方式进行。目前大部分案件都是通过更加方便快捷的通信和电话方式解决。在复议会议（the appeals conference）之前，复议办公室常常会召开一次由纳税人和负责争议案件的 IRS 工作人员参加的单方面会议（ex parte conference）。会议的主要目的是听取工作人员对争议案件的抗辩，纳税人也可以在会上提出自己的观点或就相关问题提出疑问。在复议会议上，由复议团队负责裁决。复议团队一般由一名复议团队负责人和复议人员组成。对于小额案件，可以由一名复议人员独自组成复议团队。

2. 税务行政诉讼

美国的税务行政诉讼机关是美国税务法院、美国地区法院以及美国权利申诉法院。在美国联邦税制下，纳税人也可要求与国内收入署复议部进行行政复议。如果纳税人没有与复议部达成协议，会被送达一份通知应补税额的法律文书，这是国内收入署发出的官方通知书，通常被称为"90 天信"。纳税人如果想向地区法院或者联邦法院起诉，必须先缴纳应纳税款，然后向他们选择的法院请求退税，退税索赔之诉必须在纳税人缴纳税款之日起 2 年内提起。如果纳税人对这两个法院之中的任何一个法院的裁决不服,还可以向联邦巡回上诉法院起诉,乃至最后上诉到联邦最高法院。不想先缴纳的纳税人必须在收到信件的90天内向美国税务法院递交诉状,如果纳税人不在美国境内则必须在寄出补税通知单的150天内向税务法院起诉。需要特别注意的是,上述期限不得延长。纳税人选择向税务法院起诉,不需要先缴纳税款,也不需要提起退税索赔。若纳税人对税务法院的裁决不服,还可以向联邦巡回上诉法院起诉,及至最后上诉到联邦最高法院。

(三)关于东道国的税收措施争议的解决机制

在东道国的投资活动中还面临另外一种特殊的税收争议,即税收投资措施争议,如关于税收措施是否构成国有化征收,或税收措施是否构成不公平的政府援助,尤其是前者往往构成对投资企业的致命打击。由于这类措施对跨国投资活动的影响,这类争议或属于私人投资者与东道国政府间的投资争议,或者间接表现为给予私人援助的政府与实施干预的国际机构间的争议(如星巴克、苹果公司等在欧盟所遭遇的调查)。

由于税收主权的特殊性,国际投资协定往往将税收措施排除在外,导致投资者与东道国因税收引发的争议只能通过有限的救济渠道解决,如东道国国内行政复议或行政诉讼。但是这些方法对投资者来说显得不公平且耗时漫长,很可能会打击投资者投资积极性。即使在国际层面出现了相互协商程序,或将税收仲裁机制纳入税收协定之中,但投资者一般无法直接参与其中并获得有效的救济。

投资者与国家间争端解决机制(investor-state dispute settlement,ISDS)是指外国投资者同东道国政府之间因投资关系而产生争端的解决机制,实践中ISDS机制多是致力于解决东道国行使主权权力或实施反危机措施导致投资者利益受损而产生的争端。ISDS机制的具体运行平台有很多,使用最多的是解决投资争端国际中心(ICSID),另外还有国际商会(ICC)、斯德哥尔摩商会仲裁院等,一些投资协定也会自己设立一些专门的仲裁机构。随着投资自由化以及国际投资仲裁庭管辖权的扩大，投资领域涉税仲裁案件的数量正在逐步增加，对国际投资协定下税收问题日益受到关注，ISDS 在解决私人投资者与东道国间的税收措施争端方面的作用越来越重要，近来也成为我国对外投资企业的解决涉税投资争端实践选择。

二、在东道国解决税收争议的风险

中国投资者应在赴外国投资前做好税务方面的尽职调查工作，避免在项目投资或者经营过程中与东道国的税务当局产生税务争议，强化税务风险管理，确保在东道国投资或经营能够实现最优化的经济目标。一旦发生税务争议，纳税人要妥善应对。

（一）风险的识别应对问题

与东道国的税收争议一般会在事实层面和税收法规解释层面展开，不同层面的风险问题，需要做出相应的识别，方能做出正确的处置。

在事实层面的争议风险识别问题主要包括：争议的相关事实是否清楚；相应的证据是否可以取得；税务机关了解了多少事实；在税务机关心目中，企业的可信度如何。

有关争议的税收法规解释层面，则需要了解以下问题：相关的法规是否清晰；是否有过类似案例；针对该法规，谁拥有解释权；争议发生在条文层面还是法理层面；哪个层面对自己最有利。

此外，我们还需要了解争议背后的政治、经济环境等。争议国家是大陆法系还是英美法系，当地国家或者地区的税收法律法规规范性如何，当地国家或者地区的司法状况如何，了解之后能否正确地进行综合分析……对此"走出去"企业都存在不同程度的能力缺失。由于"一带一路"沿线国家适用的税收争议解决机制存在差异，我国现行的涉外税收立法尚未能为"走出去"企业提供较为完善的国际税收争议解决规范，在设法适用所在国的税收协商程序或税收争议解决程序时，通常也难以得到国内律师优质高效的法律服务。

（二）"走出去"企业与东道国的常见税收争议风险

税务机关经过调研发现，"走出去"企业的主要税收争议风险主要存在于以下方面：

1. 常设机构认定风险

中国投资者在外获得的营业收入是否应当在东道国履行纳税义务，很大程度上取决于常设机构的认定。通常，中国投资者在东道国的场所、人员构成常设机构的，其营业利润应当在东道国纳税。常设机构的具体认定问题容易引发税务争议，同时也是中国投资者应当着重关注的税务风险点。在场所型常设机构认定方面，风险主要来源于 OECD 税收协定范本的条文修改，和企业自身的经营活动的性质不明确；在工程型常设机构认定方面，风险主要源于我国企业在境外承包工程劳务存续的时间，与有关国家税收协定中构成常设机构的时间门槛；在服务型常设机构认定方面，雇员服务的时限，以及中国经营者既提供技术转让又提供技术支持服务的，也应关注服务时限的问题；在代理型常设机构认定方面，中国投资者或者经营者要关注其在东道国的代理人是否符合独立代理人的条件，否则将会被认定为中国投资者或者经营者在东道国的常设机构。在进行常设机构的判定时，如果中国投资者错误地认定其经营活动没有形成常设机构，或滥用常设机构的判定条件作为避税工具，从而未在东道国履行纳税义务或导致少纳税的情况，将会面临税收争议风险。

2. 导管公司认定风险

部分公司选择设立导管公司（conduit company）作为避税手段，这种公司缺乏合理的商业的目的和实质，通常被视为滥用税收协定的体现。导管公司不属于受益所有人涵盖的机构，其设立并不是出于正常的商业目的，而是作为一个"导管"工具，以求通过这个工具获得通常情况下无法获得的税收协定利益。例如，中国香港 A 公司作为美国 C 公司的股东，每年都会收到来源于 C 公司的巨额股息收入，但中国香港和美国尚未签订税收协定，而美国的股息预提所得税税率又高达 30%。在这种情况下，A 公司通过研究发现，中国和美国之间订有税收协定，规定中国居民来源于美国的股息预提税税率为10%，中国内地和香港之间也签订了税收安排，规定双方居民可以享受相似的预提税率优惠。为减轻税负，中国香港A公司在内地组建了一家B公司，B公司仅在美国负担10%的预提税。此后，其再根据中国内地与香港的税收安排，B公司再转付该所得给中国香港的A公司。它以中国内地B公司为中介，最终减轻了这笔股息收入的税务负担。很显然，B公司组建的真正动因不是生产经营的实际需要，也不具备实质性经济活动，因此被看作滥用税收协定的导管公司。

3.受益所有人判断风险

税收协定中包含"受益所有人"的概念是为了防止滥用税收协定的行为。只有当税收协定国居民是被动性收入的"受益所有人"时，才可申请享受协定待遇，因此能否确定其"受益所有人"的身份非常重要。中国投资者在东道国获取股息、利息或者特许权使用费等消极收入时，应当向东道国税务当局证明自身的受益所有人身份，从而适用税收协定规定的优惠税率，降低在收入来源国的税负。如果中国投资者作为受益人没有实质上的经营管理活动，是一个空壳公司或者导管公司，那么其受益所有人的身份将会很难被东道国税务当局认可，由此可能引发税务争议。

4.双重税务国籍风险

中国居民企业在东道国依据东道国法律设立了项目投资公司，但公司的实际管理机构仍然设置在中国境内时，这一项目投资公司根据中国税法以及东道国税法的规定既是中国居民企业又是东道国居民企业。如果项目投资公司没有与中国税务当局以及东道国税务当局事先协商确定其单一税务国籍的，那么将无法享受税收协定优惠，由此可能引发税务争议。

5.营业利润与特许权使用费区分争议风险

中国居民企业或个人向东道国的商业客户提供技术服务并收取技术服务费的，该笔收入属于税收协定规定的营业利润，在没有形成常设机构的情况下，中国居民无须在东道国缴纳所得税。但是，如果中国居民的技术服务行为兼具技术授权使用行为的，容易引发税务争议。中国居民应当重点把握技术销售、技术授权与技术服务的区分。技术销售是所有权让与，因此，其所得是营业利润，或者属于财产所得，不属于特许权使用费。技术授权所得是使用权让与，因此其所得属于特许权使用费。技术授权通常以许可贸易、特许专营或者合作生产的方式实现。技术服务通常与技术授权或者技术销售一并实施，通常的原则是不涉及常设机构的技术服务收入与技术销售有实际联系的属于营业利润，与技术授权有实际联系的属于特许权使用费；常设机构提供技术服务的统归为营业利润。例如，2010年，我国某企业与X国的一家公司签订维修合同，在我国境内为该公司维修货船，X国税务局将维修费认定为技术服务费，由该X国公司扣缴了所得税。我方认为，货船维修不属于税收协定技术服务费的范围，就此向X国提起相互协商。在相互协商会谈中，X国税务局同意我方意见，并告知了其国内法的退税程序。

（三）关于东道国的税收措施争议解决的风险

关于税收措施的争端通过一般的国内途径，包括东道国、母国和第三国的，或者国际的仲裁和诉讼都难以得到有效的解决，诉诸以ICSID为代表的ISDS机制无疑是重要的选择。然而，目前ISDS机制下的税收措施争议解决仍然存在诸多风险。理论上，东道国税收措施与东道国管理外资的一般措施相同，国际投资协定也对税收措施适用，并为税收协定下的ISDS机制所覆盖，但由于东道国税收措施的监管功能体现了税收主权的特殊性，所以实践中，基于国家税收主权考虑，主权国家在国际投资协定中对税收措施受到特别的限制。

从ICSID有关争端解决的实践来看，管辖范围非常有限，主要是关于税收措施对投资者的间接征收的争端。同时，由于ICSID机制本身在受案管辖范围、裁决过程和裁决的有效执行方面都存在的不足，对争议的处理仍然存在诸多问题。相关案件主要问题表现在对税收措施构成间接征收的认定标准不一致和补偿标准的确定方面，同样性质的争议可能面临不同的裁决结果。

三、与东道国税收争议的风险防控

在与东道国的税收争议中，中国投资者是直接利害关系方，是税收协定争议的主体之一。因此，中国投资者应当着重关注这一层面的税收争议，注重防范和避免争议的发生，增强税收争议的风险控制与管理能力。

（一）制定应对策略

"走出去"企业面对税收争议，要有理有节地应对，既不可一味妥协，也不可盲目蛮干。企业应当细化调研准备工作，并明确税收争议的汇报路径、管理层级等应对措施。基于对法律法规和事实的了解，企业可以进行初步判断：争议最终可能出现几种结果，各种结果对自己的影响如何，出现各种结果的概率如何。企业对此要做一个量化的分析。对方期望什么结果，会采取什么策略，企业对此要做筹划。根据对方的策略，自己相应的策略是什么，各种策略的利弊是什么。一般而言，税收争议的应对策略包括以下几个方面：

1. 全面了解国际税收协定及东道国税法的具体规定

防范税收争议的核心工作环节在于决策阶段。中国投资者应当从商务与税务相结合的角度，统筹国际税收协定与东道国投资和税收法律法规，在资本输出、经营、回收阶段对东道国税法以及国际税收协定的具体规定进行充分的考察与准确理解，结合自身的投资项目或经营活动识别税务风险，合理地进行税务规划，严格按照东道国税法及国际税收协定的具体规定安排自身的投资、经营活动。

2. 完善税务风险的内部控制与应对机制

"走出去"企业应当特别注重建立税务风险的控制与管理机制，制定涉外税收风险识别、评估、应对、控制以及信息沟通和监督的相关工作机制，尤其要注重准确、全面地识别自身的税务风险点，并制定税务风险应对预警方案。中国企业应当结合在东道国投资或经营的业务特点设立专门的税务管理机构和岗位，配备专业素质人员，强化税务风险管理职能以及岗位职责。

3. 与东道国税务机关展开充分的沟通与合作

企业可以参考我国税务部门发布的"一带一路"国家税收指南,充分了解东道国的税收政策和争议解决机制,也可以借助了解东道国税收法律的税务中介等第三方的力量。这是一种非对抗性的策略。在一些法制尚不健全、征管尚不规范的国家和地区,这是主流的应对渠道。中国投资者应当在全面了解东道国税法、国际税收协议具体规定以及准确把握自身涉税风险点的基础上,进一步做好与东道国税务当局进行沟通与交流的准备工作,备齐相关的证明材料,必要时可以启动预约定价安排程序以及事先裁定程序,尽力将税务争议风险锁定。

4. 利用国际协定框架下的相互协商程序

此外,税收协定也建立了双边争议解决机制。中国企业在境外一旦遇到税收争议,千万不可惊慌失措,要冷静处之。企业可以向主管税务当局(我国负责相互协商工作的主管机构为国家税务总局)书面申请提请主管当局间相互协商。但是,需要注意到,相互协商程序适用的范围有限。目前,一些中国"走出去"企业在境外受到不公正待遇时,往往不向国内税务机关寻求帮助,而是选择忍气吞声,其中一个很重要的原因是自身在税务管理方面存在问题,或者有其他难言之隐。一旦向税务机关寻求帮助,这些问题就会暴露出来。在这种情况下,经过权衡利弊,一些企业便选择了沉默。而这一点,又恰恰被一些境外竞争对手和税务机关所利用。因此,中国企业应配合税务机关不断强化自身的税务管理,不断将税务管理提升到更高的水平,规范的税务管理也是企业保持健康发展的基石。在分析了各种可行方案之后,企业可选定最佳方案。

5、寻求中国政府方面的帮助

检索和考察东道国国内法以及税收协定的具体规定是中国投资者不得不为但又十分困难的一项工作。中国投资者可以在投资和经营决策初期积极寻求中国政府方面的帮助,获取相关税收规定以及政策信息,并与中国政府的相关方面保持良好的沟通关系。能够给中国企业提供投资咨询的机构主要有中国商务部研究院海外投资咨询中心、国家税务总局等。

（二）当地实施措施

在境外实施争议解决策略，往往需要借助当地的力量，主要包括：

1.当地的合作方。双方需要事先在合同中约定各方的权利义务。如果合同中约定，争议的后果由对方承担，则对方协助的意愿强烈。此外，在日常合作中，企业应当与当地合作方建立良好的合作关系，以获得其充分支持。

2.当地专业人士。当地有能力的专业人士可能成为解决涉税争议的得力助手。好的专业人士，一方面必须有良好的专业能力和丰富的经验，另一方面必须适合所争议的话题。这包括当地的资源，也包括在相关的专业领域内的过往经验。"走出去"企业在当地人生地疏，借助专业人士的力量十分重要。如果等到争议出现时再去寻找专业人士的帮助，迫于时间的压力，往往效果不佳。因此，如果能在平时就与当地有名望的专业人士保持广泛的接触，则关键时刻可以有较多的选择。中国投资者应当在决策阶段及时寻求税务律师、注册会计师等税法专业人士的帮助，借助税法专业人士的专业优势进行周详的税法尽职调查，制定合理的税务筹划方案，实施符合自身投资或经营特点的税务架构，控制和管理整个项目各个阶段的税务风险。税法专业人士的服务可以使赴东道国投资经营的决策更为有效。

3.当地的政府。很多当地政府尤其是当地负责招商引资的部门会倾向于支持企业的税务诉求，并加以利用。实施的方式因地而异。一些国家倾向于采取信函的方式，在另一些国家则面谈的方式最为有效。另外，有时实施时机的选择也很关键。企业要在熟悉当地征管程序性规定的基础上，结合当地的政治、经济环境，选择最有利的时机。

（三）后续防范措施

争议解决以后并不是万事大吉了，要针对争议事项总结经验教训。很多情况下，争议反映出了企业税务风险管理方面的薄弱环节，应及时加以改进。

防范发生争议与解决争议同样有效。很多情况下，税务争议的起因都是征纳双方相互了解不足、信任感不足所致。各方可以在平时加强相互了解，增强互信，同时要注意建立和维持遵纪守法的正面形象。这些都是减少税务争议的有力手段。

企业要充分认识依法遵从、规范经营在税收规划、风险防范中的重要作用。随着互联网时代的到来，美国海外税收合规法案、全球金融涉税信息自动情报交换协议和 BEPS 同期文档国别报告的实施，全球税收透明度和国际情报交换将进一步增强，国际偷逃税的空间明显压缩，涉税犯罪的成本大大提高。

企业要充分认识建立投资国税企互信关系在税收规划、风险防范中的重要作用。建立税企互信的基础是中国跨国企业要完善公司治理结构，健全内部风险控制机制，要将税收规划、风险控制变成董事会的重要议事日程，变成各个部门、各个集团成员的共同行动，变成贯穿税务登记、财务处理、纳税申报、税收优惠等重点环节的一致性要求。同时，中国跨国企业要以中国商会等形式形成合力，敢于发声、善做沟通，向投资国政府争取符合国际新规则框架、符合各国税收主权要求的各类税收优惠政策，包括给予企业的所得税税率优惠和定期减免，对各类基础设施、重大工程项目的税率优惠和定期减免，对中国企业集聚的各类特定园区给予自由贸易区或类似中国综合保税区的税收待遇，对利息、股息、特许权使用费给予免税或减税优惠。

针对"一带一路"沿线国家适用的税收争议解决机制所存在的差异，我国需要以强国战略为指导，适时修改税法有关涉外投资的税收保障条款，与"一带一路"沿线国家修订或商订国际税收协定的时间表并开启相应的谈判，依法增设专门机构支持涉外企业及时解决税收争议，同时加强涉外律师的队伍建设，为涉外企业解决税收争议提供优质高效的律师服务，切实维护我国作为资本输出国的合法税收利益，加快我国融入国际市场的步伐并对国际市场发挥应有的影响力。

（四）关于东道国的税收措施争议解决风险的防范

鉴于东道国税收措施风险的特殊性，"走出去"企业首先应当加强风险预警，适时采取措施防患于未然。一旦发生风险，应与东道国方即时进行积极的沟通外，要积极诉诸国际投资争端解决机制。

1. 留意东道国的投资政策和制度

"走出去"企业在进行投资之前应当进行充分的预先准备，调查和分析东道国针对外来投资的税收政策和已经签订的国际投资条约，尤其要重视投资争端解决条款的适用。避免对高政治风险的经济部门进行投资，具体可以委托东道国当地的风险评估机构制作风险评估报告，详细了解各个领域的风险之后，再做最终的决策。

2. 对于高风险的投资寻求担保

在对东道国的具体投资制度、政策进行了风险评估后，如果投资者还要在高风险的领域进行投资，那么最好应当提前寻求国际投资保险机构对相应的商业风险或政治风险进行投保。多边投资担保机构（MIGA）专门对投向发展中国家东道国投资的政治风险提供担保，投资者可以提前申请征收和类似措施险以降低自己的投资风险。

【案例分析】

案例一：通过相互协商程序享受政府贷款协定待遇

（一）基本案情

2015年2月，某"走出去"企业向我国税务机关反映，其在T国设立的子公司从我国一家政府全资拥有的银行（下称"某银行"）取得贷款并支付利息，贷款合同的包税规定使得相关利息的税收负担由某银行转嫁给了该"走出去"企业在T国的子公司。T国税务当局以该笔贷款不满足"由缔约国一方政府、地方当局或中央银行担保或保险"这一条件为由，拒绝按照两国税收协定对该笔利息给予免税待遇。国家税务总局就此案致函T国税务主管当局，向其提起相互协商，说明对方所要求的"由缔约国一方政府、地方当局或中央银行担保或保险的贷款而支付的利息",并非利息享受免税待遇的必要条件,而只是两个或有条件之一,另一个或有条件为"(利息)支付给缔约国另一方的政府、地方当局、中央银行或者任何完全由政府拥有的金融机构"。最终,T国税务主管当局与国家税务总局达成一致,同意向某银行支付的利息可在T国享受税收协定免税待遇。我国"走出去"企业在T国子公司避免了500余万美元的税收损失。

争议焦点是我国"走出去"企业在T国设立的子公司从我国一家政府全资拥有的银行取得贷款并支付的利息是否满足"由缔约国一方政府、地方当局或中央银行担保或保险"这一条件,从而享受免税待遇。

（二）案例分析

本案中,贷款的提供方某银行为"完全由政府拥有的金融机构",且为两国税收协定议定书中列名的免税金融机构,符合免税条件。最终,T国税务主管当局与国家税务总局达成一致,同意向某银行支付的利息可在T国享受税收协定免税待遇。我国"走出去"企业在T国子公司避免了500余万美元的税收损失。

案例二：北美自由贸易协定下的 Marvin Feldman 诉墨西哥案 [①]

（一）基本案情

1997年,墨西哥政府拒绝了对美国人 Marvin Feldman 在墨西哥投资的烟草出口公司 CEMSA 所出口的香烟进行退税,作为申请人在 NAFTA 对墨西哥政府提起申诉,认为其行为违反了 NAFTA 中规定的国民待遇、最低待遇标准以及征收和补偿条款,从而要求补偿。

仲裁庭认为墨西哥政府的拒绝退税行为不构成间接征收。仲裁庭认为不是所有与国际投资相关的税收争议都能构成 NAFTA 中规定的征收条款,在本案中,在墨西哥的投资企业仍然归其本人支配,CEMSA 公司仍然有权利对酒精

---

① Marvin Feldman v. Mexico Case, No. ARB(AF)/99/1, Award of December 16, 2002.

饮品、摄影设备、隐形眼镜、奶粉等所有在墨西哥生产的产品进行出口,并有权获得对应项目的出口退税,所以墨西哥政府的行为并不构成间接征收。而对于国民待遇条款,仲裁庭认为:在申诉期间,CEMSA 仍没有收到出口退税,但是已经有两家墨西哥本地烟草公司收到了墨西哥政府对于出口的烟草的退税,并且墨西哥政府在之前一直拒绝将 CEMSA 登记为出口贸易公司,却对其他两家公司进行了登记。因此,墨西哥政府的税收措施在事实上构成了歧视,并且仲裁庭有理由相信这些歧视是因为投资者的国籍产生的。最终仲裁庭认为墨西哥政府税收措施构成了歧视,违背了国民待遇的要求。

(二)案件评析

本案的仲裁庭对于税收措施是否构成间接征收采取了比例原则的认定标准,首先在效果方面,仲裁庭认为 Feldman 投资的 CEMSA 公司在申诉期间只有烟草的出口不能享受退税,但是该公司在墨西哥生产的其他产品都能享有出口退税的优惠,因此,Feldman 没有丧失对其投资的公司主要财产的控制权,从效果上来看,墨西哥政府拒绝退税的行为不构成间接征收。其次在目的方面,虽然在同样的情况下,墨西哥政府仅对国内的企业出口的烟草予以退税的行为足以认为墨西哥政府构成了对外来投资的歧视性待遇,但是综合来看墨西哥政府的税收措施只构成对国民待遇的违反,而不构成间接征收。

【延伸阅读】

1. 蔡从燕:《国际投资条约实践中的税收措施问题》,载《武汉大学国际法评论》2009年第 13 卷。

2. 税务总局:《国别(地区)投资税收指南》,参见其中税收争议解决专章,https://www.chinatax.gov.cn/。

第二节 "走出去"企业与我国税务机关的税收争议解决

一、"走出去"企业与我国税务机关的税收争议解决机制

"走出去"企业与我国税务机关的税收争议是指"走出去"企业就其跨国所得与我国税务主管机构间产生的纳税义务或权利及相关问题的争议。对于这类争议的处理,根据我国国内法的规定,主要有以下三种方式:一是协商解决;二是税务行政复议;三是税务行政诉讼。

1. 协商解决

当与我国税务机关发生涉外税收争议时,相互协商是双方解决争议的第一步。对大多数国家的税务机关来说,通过协商解决的优点是明显的,双方可以通过讨论、谈判的方式解决争议,从而避免耗时昂贵的国内诉讼程序。广大发展中国家的税务机关,为了和那些外国纳税人(往往是实力雄厚的跨国公司)保持良好的关系,诉讼解决也通常被作为解决争议的最后选项。协商解决不成,还可以通过税务机关内部的上诉程序进行复查以避免出现专横的决定。如果内部复查仍无法解决,就只能启动诉讼程序了。

2. 税务行政复议

税务行政复议,是指有关税务争议当事人认为税务机关的具体税务行政行为侵犯了其合法权益,向有管辖权的税务行政复议机关提出申请,由该机关根据法定程序,对有关的具体税务行政行为重新审查,作出撤销、变更或维持原具体税务行政行为的决定的行政制度。

早在20世纪50年代,我国就已实行税务行政复议制度。1989年4月4日,我国颁布了《中华人民共和国行政诉讼法》,该法规定了在行政诉讼前的行政复议制度。1992年9月4日,我国制定了《中华人民共和国税收征收管理法》,并于2001年4月28日进行了修订。该法明确规定了我国税务行政复议制度。为

了进一步规范我国的行政复议制度，我国在原先颁布的《中华人民共和国行政复议条例》基础上，正式制定了《中华人民共和国行政复议法》，对我国的行政复议制度作出详尽的规定。在此基础上，1999年9月23日，国家税务总局发布了《税务行政复议规则（试行）》。该《规则》对我国的税务行政复议程序作了具体的规定。

（1）我国的税务行政复议是有条件复议

在我国，税收争议的当事人提起税务行政复议之前，必须具有一定的前提条件，即必须先执行有关的具体税务行政行为。

（2）我国的税务行政复议属于一级行政复议制度

税务争议当事人不服税务机关作出的具体行政行为，只能向法定的复议机关提出，复议机关作出复议决定后，当事人不能向复议机关的上一级机关再次申请复议。如果对复议决定不服的，当事人可以依法向人民法院提起诉讼。

3. 税务行政诉讼

税务行政诉讼，是指有关税务争议的当事人认为税务机关的具体税务行政行为侵犯了其合法权益，依法向人民法院起诉，人民法院依法审查税务机关作出的具体行政行为是否合法并作出裁判的活动。

税务行政诉讼是我国行政诉讼中的一种，与其他行政诉讼一样，都适用《行政诉讼法》的规定，人民法院在审理税务行政诉讼案件的过程中，都是按《行政诉讼法》中规定的程序进行审理。《中华人民共和国税收征收管理法》第88条规定：纳税人、扣缴义务人、纳税担保人同税务机关在纳税上发生争议时，必须先依照税务机关的纳税决定缴纳或者解缴税款及滞纳金或者提供相应的担保，然后可以依法申请行政复议；对行政复议决定不服的，可以依法向人民法院起诉。当事人对税务机关的处罚决定、强制执行措施或者税收保全措施不服的，可以依法申请行政复议，也可以向人民法院起诉。

二、与我国税务机关的税收争议风险

由于税收利益影响的重大性，在税收征管过程中，"走出去"企业基于国际税收筹划的实施，往往发生有关征缴程序、实体要件方面与我国税务机关的争议。因为有关规则与实践的差异，税收征管行政自由裁量权的客观存在，在国际反避税规制不断强化的背景下，发生争议并获得有效解决的风险将增大。

（一）通常的税收争议风险

1.享受税收协定待遇的争议风险

"走出去"企业海外投资所获得的收益，包括主动经营收益（如销售货物、提供劳务等）和被动性收入（如股息、利息、特许权使用费以及财产收益等），都需考虑与东道国签订的税收协定所规定的优惠待遇的适用情况，以避免未正确享受协定待遇多缴税。但由于滥用税收协定做激进的税务筹划对国家税收利益的侵蚀日益严重，相应的反避税工作也不断强化。由此基于税收协定待遇的申请程序、资格条件及待遇标准的审核和确定，往往引发税收争议。

2.税收抵免及税收饶让抵免的争议风险

税收抵免和饶让是企业避免重复征税和切实享受税收减免待遇的基本环节，这不仅是国际税收协定的重要内容，在国内税法中也有明确具体的规定。但由于相关规定条款的复杂，面对企业不同的海外投资所得税收征缴情形，该如何抵免、如何计算抵免额度，如包括抵免层级、抵补年限、资料提供要求等，在具体复杂的计算和操作实施过程中都容易引发争议。

3.特别纳税调整的争议风险

税务机关出于实施反避税目的，会依法对纳税人特定纳税事项所作税务调整，包括针对纳税人转让定价、资本弱化、避税港避税及其他避税情况。在相关的特别纳税调查过程中，关于调查程序、调整方法、调整额度及考量因素等方面都是矛盾分歧焦点所在，比如，如何判定受控外国企业及对归属受控所得的具体税收征管流程；转让定价方法的选择及如何选择关联企业作为测试对象；如何对集团交易链中的功能、风险和资产进行确定等。主管机关都拥有一定行政自由裁量权，这些争议有可能通过调查程序中的磋商机制得以调和，也可诉诸后续的争议解决程序，但面临较大的败诉风险。

（二）实施一般反避税措施导致的税收争议风险

一般反避税是指税务机关按照《企业所得税法》第47条的规定，对企业实施其他不具有合理商业目的的安排而减少其应纳税收入或所得额进行审核评估和调查调整等工作的总称。实施一般反避税是为了弥补特别反避税规则的不足，有效应对企业不断变化的避税行为，重点规制与关联交易没有直接联系的避税行为。2014年12月，国家税务总局发布《一般反避税管理办法（试行）》规范，明确税务机关采取一般反避税措施的适用范围、判断标准、调整方法、工作程序以及争议处理等问题，初步建立一般反避税企业救济机制，赋予被调查企业被提出异议、申请各项救济、启动协商程序解决争议等权利。一般反避税法规不但赋予税务机关及时发现一般反避税案源的职责，而且规定在企业拒绝提供资料情形下，主管税务机关可以越过"特别纳税调整"，直接对企业税务进行核定征收。在税收执法水平、税收执法队伍素质、税收司法审理的现实状况下，无疑增大了企业面临反避税调查的风险。

实施一般反避税条款面临的主要问题：一是立法技术层面的不足，一般反避税条款没有具体列举出所谓的"不具有合理商业目的的安排"，税收执法人员在实际工作当中只能援用经典案例或者司法解释，或各自判断，并且也取法明确的事前、事中和事后监控的相关规定。二是执法层面，税务机关及其工作人员在对具体行为是否构成避税行为的认定上拥有较大的自由裁量权，而税务行政执法质量有待进一步提高。三是司法监督有待进一步加强，我国目前立法机关向行政机关过于让渡税法的立法权，造成行政解释垄断以及立法解释与司法解释几乎滞空的状况，导致行政自由裁量权的扩张，可能引发一般反避税条款的滥用。在一般反避税案件的司法实践中，一般反避税诉讼证明标准的适用出现了两大困境：一是司法机关对一般反避税诉讼证明标准的适用不统一，表述混乱,纳税人、税务机关和法院各自理解的证明标准更是存在较大差异;二是司法机关在适用证明标准时忽略了"不具有合理商业目的"和"实质重于形式"两者的内在区别。[①] 由此,企业在有关争议解决中面临法规适用的不明确性和对裁判结果的不可预见性风险,前述印度的沃达丰并购税务纠纷案便是典型。

三、与我国税务机关税收争议的风险防控

(一)企业境外投资不能忽视国内的税法规定

我国企业到境外投资,往往忽视我国国内税法的规定,在居民企业的认定、税收优惠的理解以及税额抵免的运用等诸多方面存在缺陷,为境外投资埋下了税收隐患。如到境外投资设立的企业需要考虑是否构成我国的居民企业。根据《企业所得税法》的规定,依照外国法律成立、但实际管理机构在中国境内的企业,构成中国的居民企业,应当就其来源于中国境内、境外的所得缴纳企业所得税。不了解这一点,到境外投资的中国企业,不仅会面临在中国缴纳企业所得税的问题,也会面临被投资国政府要求征税的双重征税问题。及时了解和准确解读税收政策法规,是企业纳税管理的基础。由于中国税法最大的特征之一是对法律责任的判定是基于执法者对法律法规的理解。为了解最新法规,避免产生误解,防范纳税风险,建立与主管税务机关沟通的渠道并确保其畅通无阻,尤其是涉及企业对外重大投资、重大财税政策的变更等,都应当及时主动地向税务机关咨询,以确保企业依法经营,诚信纳税,规避风险。

(二)确立风险意识,建立有效的风险预警机制

涉外纳税人应当正视税收争议风险的客观存在,并在企业的生产经营过程和涉税事务中始终保持对发生税收争议风险的警惕性,千万不要以为税收筹划是经过专家、学者结合企业的经营活动拟定的,就一定是合理、合法和可行的,肯定不会发生税收争议的风险。应当意识到,由于目的的特殊性和企业经营环境的多变性、复杂性,发生税收争议的风险是无时不在的,应该给予足够的重

---

① 何锦前、赵福乾:《一般反避税诉讼证明标准的反思与厘清》,载《税务研究》2021年第1期。

视。当然，仅仅意识到风险的存在还是远远不够的，各相关企业还应当充分利用现代先进的网络设备，建立一套科学、快捷的税收争议风险预警系统，对税收争议存在的潜在风险进行实时监控，一旦发现风险，立即向筹划者或经营者示警。

税收争议预警系统应当具备以下功能：

（1）信息收集功能。通过大量收集与企业经营相关的税收政策及其变动情况、市场竞争状况、税务行政执法情况和企业本身的生产经营状况等方面的信息，进行比较分析，判断是否预警。

（2）危机预知功能。通过对大量信息的分析，当出现可能引起发生税收争议风险的关键因素时，该系统应能预先发出警告，提醒筹划者或经营者早做准备或采取对策，避免潜在风险演变成客观现实，起到未雨绸缪、防患于未然的作用。

（3）风险控制功能。当可能发生税收争议的潜在风险时，该系统还应能及时寻找导致风险产生的根源，使筹划者或经营者能够有的放矢，对症下药，制订有效的措施，遏制风险的发生。

（三）协调好与税务机关的关系

税企争议的解决，依赖于良好的企税关系、精通税法的纳税管理人才以及积极主动沟通的态度、游刃有余的协调能力。由于各地具体的税收征管方式有所不同，税收执法部门拥有较大的自由裁量权。因此，是否得到当地主管税务部门的认可，对税收争议的解决起着至关重要的作用。如果企业不能主动适应税务机关的管理特点，将会加大企业与税务机关的税收争议。因此，加强与当地税务机关的联系，处理好与税务机关的关系，充分了解当地税务征管的特点和具体要求，及时获取相关信息，也是规避和防范税收争议风险的必要手段之一。

（四）完善立体式税收服务

税务机关应及时跟进配套服务，以减少涉税争议。一是及时发布更新沿线国家的基本税情,降低"走出去"企业因对东道国国家税情知之甚少而产生的税收风险。目前,国家税务总局网站设有"走出去"税收指引,并发布了多个国别(地区)的投资税收指南。建议税务部门加大对"走出去"企业的调查力度,及时丰富案例库,为企业提供更多资讯和参考。二是加强与东道国税收中介机构的联系和合作,利用其对当地税收情况、投资环境、人文环境相对熟悉等优势,制定切实可行的高效的税收争议处理方案,稳妥地处理跨境税收争端。

(五)聘请税法专家

聘请税法专家进行税收筹划,进一步降低税收争议风险。税收筹划是一项高层次的理财活动和系统工程,涉及法律、税收、会计、财务、金融、企业管理等多方面的知识,具有很强的专业性和技能性,需要专门的筹划人员来操作。因此,对于那些综合性的、与企业全局关系较大的税收筹划,最好还是聘请税收筹划专业人士(如注册税务师)来进行筹划,以提高税收筹划的规范性和合理性,进一步降低税收争议风险。

【案例分析】

案例:间接转让中国居民公司股权案

(一)基本案情

TCI 2003年在开曼群岛成立,在2005年11月通过股权转让和认购新股的方式,取得了CFC(注册于开曼群岛)26.32%的股权。香港国汇成立于1997年,香港国汇2004年设立杭州国益路桥,2005年杭州绕城高速公路转让给杭州国益,而CFC持有100%的香港国汇股权,香港国汇持有杭州国益路桥公司95%的股权。

TCI在2011年9月将持有的CFC 26.32%的股权转让给MDL(香港新世界公司的一个附属子公司),转让价格为2.8亿美元,TCI同时向MDL公司收取利息约合 380 万美元。浙江高院在二审时还查明,除 TCI 转让之外,CFC 其余 73.68% 的股权,也由相关方以直接和间接方式转让给 MDL 公司。

同年 9 月 30 号,TCI 根据国税 2009 年 698 号文规定,将本次交易情况报告给主管税务局西湖区国税局。西湖区国税局经调查并层报国家税务总局,于 2013 年 7 月得到国家税务总局批复同意对该交易重新定性,认定 TCI 等境外转让方转让 CFC 和香港国汇有限公司,从而间接转让浙江国益路桥经营管理有限公司股权的交易不具有合理的商业目的,属于以减少我国企业所得税为主要目的的安排,在税收上否定 CFC 和香港国汇公司的存在。2013 年 11 月 12 日,经与 TCI 充分沟通后,税务机关作了杭国税西通(20130004 号)《税务事项通知书》,认定转让所得约 1.73 亿美元,要求折合成人民币,按 10% 的税率计算缴纳企业所得税。

TCI 缴纳税款提起行政复议,要求撤销通知书。2014 年、2015 年,TCI 案经过了行政复议[文书号:杭国税复议字(2014)1 号]和行政诉讼一审[文书号:(2015)浙杭行初字第 4 号]、二审程序[文书号:(2015)浙行终字第 441 号],西湖区国税局的决定均得到了维持。TCI 又申请最高人民法院再审,最高法院于 2016 年 9 月 8 日作出再审裁定,驳回了再审申请。

(二)案件分析

1. 争议的焦点问题

无论是一审还是二审,诉讼中间实际主要是对证据真实性、关联性进行审理,但是实际上其中的关键是两个问题:一个是有没有经济实质,一个是有没有合理的商业目的。对于如何判断滥用转让中国居民企业股权规避企业所得税纳税义务,给税务局的空间比较大,主管税务机关可以呈报国家税务总局审核后按照经济实质对该股权转让进行重新定性。由此可见,定性间接股权转让主要围绕这两项内容确定:第一个是经济实质,第二个是合理的商业目的。

TCI 提出,CFC 具有经济实质,非空壳公司,CFC 当时在境外实施了两亿多美元的债券发行和相关的管理,而且有一些人员、办公设备,同时对外签订了很多境外合同,所以证明 CFC 不是一家空壳公司。同样,香港国汇公司具有经济实质,也不是空壳公司,有相关人员和办公场所。同时,CFC 还具有合理的商业目的。当时香港持有境内公司股权的香港国汇是根据国家有关部委的规定持股的,而且这个股权当时也规定了不能随便转让。另外,CFC 持有香港国汇的股权,但是发行债券的时候把香港国汇股权进行质押就不能随便转让,所以 TCI 证明其持有 CFC 股权具有合理的商业目的,其无法持有境内公司的股权,按中国各部委的规定,也没法持有香港国汇的股权,包括 CFC,当然转让也是相应的。

而国税局认为,第一,CFC、香港国汇不具有经济实质。它认为 CFC 与香港国汇公司均注册在开曼群岛,而且不从事制造经销管理等实质性的经营活动。第二,比较关键的是,国税局认为股权转让价主要取决于杭州国益公司估值,而 TCI 转让对象,是香港一家上市公司的新世界公司的副子公司,所以作为上市公司,它如果要收购相关的股权必然要进行披露,而且这种披露应当肯定是真实的,所以税务局根据披露可以得知,新世界收购 TCI 股权完全是基于境内杭州国益公司的盈利能力进行估值的。第三,国税局认为本股权交易不具有合理的商业目的,税务局认为估值完全依赖于境内公司的估值,所以认定不具有合理的商业目的,如果没有境内公司的话,新世界公司可能不会售让相关的股权。

经过审理,一审法院认为国税局认定 TCI 境外转让方转让 CFC 和香港公司的股权,从而间接地转让了境内杭州国益公司的股权,认定这个交易不具有合理的商业目的,属于以减少我国企业所得税为主要目的的安排,所以国税局对 TCI 交易重新定性,间接转让实际就是直接转让中国境内的股权,对于征收企业所得税,是符合法律规定的,所以驳回了 TCI 的诉讼请求,二审经审理也维持了原判。

2. 裁判结果分析

TCI 根据 698 号文进行了申报,而主管税务机关也是根据 698 号文进行了征税。依据 698 号文，如果实际税负低于 12.5%，在开曼群岛肯定符合这个条件，必须根据规定要求其提供相关的资料，然而没有对境外投资方通过滥用组织形式等安排作具体的认定，这也给予税务部门较大的自由裁量权。

2015 年，698 号文被国家税务总局 7 号文代替，相比 698 号文，7 号文的制作水平还是很高，里面比较详细地规定了到底什么是合理的商业目的，什么情况下可以认定，什么情况下不认定，还规定了一些相关的经济价值考量因素。根据 7 号文所罗列的合理商业目的的相关因素，税务机关可以综合考虑这些因素通过综合分析是否具有合理的商业目的，主要应考量境外企业股权主要价值是否直接或者间接来自中国境内；关于经济实质，强调的是境外企业有没有实际履行的功能和承担的风险；还要考虑间接投资、间接转让和直接投资、直接转让有没有可替代性。这是 TCI 公司辩驳的理由之一，它无法直接持有和转让境内企业的股权。7 号文第 4 条更加明确地规定，如果有哪几种情况可以直接被认定为不具有合理的商业目的，第 1 条就是境外企业股权 75% 以上的价值直接或间接来自中国的应税财产。

在本案中，TCI 称 CFC 具有合法的组织形式，还有实际履行的功能，并且承担投融资相应的风险，看似比较合理，但是仔细分析还是有不合理之处。第一，这种投资实际上多为海外持股平台，在海外设立的公司主要是为了在海外融资，把融资给国内公司使用，所以投资比较单一，而按要求，如若需具有实际履行的功能，并承担相应的风险，投资就必须多元化，而不能非常单一。第二，从合理的商业目的方面看，根据 7 号文中的规定可以看出，实际上中国税务机关判断合理的商业目的主要还是看股权来源，有多大比例来自中国境内，而 TCI 提出的理由是不具有替代性，即它无论从境内公司还是香港国汇都无法售让股权，不具有可替代性，所以它认为有合理的商业目的。但中国税务机关考察合理的商业目的需要考量七八个因素，通过综合分析，按照其中最重要的来进行判断，所以最后认定不具有合理的商业目的。

（三）启示

理解规则须从税收法律法规、立法精神入手，不能仅仅从自己的角度进行理解。理解税收法规时须拓展思维，从税收安全，包括间接转让股权角度对税收法规文件进行深刻的理解，寻求替代性争议解决办法。一般来说，维护纳税人的合法权益，多采行政复议、行政诉讼方式，寻求一些替代性的争议解决方式。

一是在发生争议前申请事先裁定。事先裁定已经写入征管法，当纳税义务没有发生前，涉及某一项法律行为的时候须考虑税收问题，与税务机关进行磋商，通过磋商由税务机关进行裁定，只要以后的法律行为不发生重大变化，依然按照事先约定的税款交税，可以避免一些税务争议。

二是在争议发生后力争税收和解。税务争议和解也被写入征管法的征求意见稿里面，税务和解对于纳税人来说可以争取到最大的经济利益，对于税务机关来说可以提高行政效率，降低行政成本。所以如果作为税务律师，除了用行政复议、行政诉讼这些手段，应当多方面寻求替代性的争议解决方式，这样对纳税人的合法权益的维护将有很大好处，也能推动税收法制建设，营造一个和谐的税收环境，尽量避免纳税人和税务机关的争议，维护税收公平。

【延伸阅读】

1. 汤洁茵：《一般反避税制度法律问题研究》，法律出版社 2020 年版。

2. 何锦前、赵福乾：《一般反避税诉讼证明标准的反思于厘清》，载《税务研究》2021 年第 1 期。

第三节　我国与东道国之间的税收争议解决

一、我国与东道国之间的税收争议与解决机制

我国与东道国之间的税收争议是指两个不同国家的税务管理部门就两国税收协定条款的解释和适用而引发的争议，从本质上来说，该争议是一种国际税收争议，是两国因税收协定适用不明确而导致的税收管辖权冲突。

（一）我国与东道国之间的税收争议的特征

缔约国双方在签订税收协定以后，在税收协定的执行过程中也必然会产生冲突。目前在国际上，通常在税收协定适用范围、税收协定执行过程以及税收协定解释三个方面会出现国际税收协定争议。国际税收协定争议的特点主要有如下三个方面：第一，缔约国双方是存在国际税收争议的两大主体；第二，国际税收协定争议的内容是缔约国双方关于税收协定的适用和解释；第三，税收协定争议解决的结果不具有普遍适用性。

（二）国家之间税收争议的解决机制

目前，国家之间的税收争议主要通过以下方法解决。

1. 相互协商程序

相互协商程序（mutual agreement procedure，简称"MAP"）是税收协定中规定的缔约国之间相互协商税收问题所应遵循的规范化程序，是一种解决国际税收争议的国际法程序，是处理国际税务争端的有效途径之一。相互协商程序的主要目的在于确保税收协定正确和有效适用，切实避免双重征税，消除缔约双方对税收协定的解释或适用产生的分歧。当"走出去"企业发现或认为缔约对方国家（地区）所采取的措施已经或将会导致不符合税收协定规定的征税行为，可以根据《国家税务总局关于发布〈税收协定相互协商程序实施办法〉的公告》（国家税务总局公告2013年第56号）规定的程序，及时向税务部门反映

并提出申请，由国家税务总局与缔约对方主管税务当局协商解决，通过政府间的正式接治来解决税务争端和纠纷，维护自身的合法经济利益。我国在2017年6月7日签署了《实施税收协定相关措施以防止税基侵蚀和利润转移的多边公约》，该《公约》第16条相互协商程序规定：如果某人认为，当缔约国一方或双方所采取的措施，导致或将导致对其不符合税收协定规定的征税时，该人可以不考虑各缔约国国内法律的补救办法，将案件提交缔约国任何一方主管当局。该案情必须在不符合税收协定规定的征税措施第一次通知之日起，三年内提出；上述主管当局如果认为所提意见合理，又无法单方面圆满地解决税收纠纷时，应设法同另一方主管当局通过协商或谈判的方式来解决纠纷，以避免不符合本协定规定的征税。双方达成协议后应予以执行，而不受各缔约国国内法律有关时限的规定；缔约国双方主管当局应通过协议设法解决在解释或实施本协定时发生的困难或疑义，也可以对本协定未作规定的消除双重征税问题进行协商；缔约国双方主管当局为达成上述各款协议，可以直接联系。为有助于达成协议，双方主管当局可以进行会谈，口头交换意见。

但相互协商程序存在以下缺陷：

首先，相互协商程序只是要求我国与东道国税务机关进行谈判，但没有谈判程序的具体时间表。双方税务机关只是努力解决税收争议，但没有必须解决的义务。

其次，对于国家间的税收争议，纳税人缺乏协商参与的权利，其在相互协商程序中没有法律地位。纳税人不是相互协商的当事人，纳税人不一定能启动该程序。即便程序能启动，纳税人也不一定有机会陈述其观点。

最后，相互协商程序缺乏时限规定，可能使得各个程序阶段久拖不决，导致争议解决的效率低下，对我国投资者产生更为不利的影响。

由于相互协商程序的上述缺陷，未能完全解决国家间的税收争议，这就需要通过另一种方法来解决国家间的税收争议问题。

2. 仲裁

目前大部分国家在解决国际税收争议时，最常用的手段是相互协商程序，但是国际税收协定争议的内容越来越复杂以后，通过相互协商程序已经不足以解决国际争议问题。因此，越来越多的国家都选择引入强制仲裁条款来解决争议。仲裁解决税收争议的办法，不是相互协商程序的替代，而是相互协商程序解决机制的延伸和补充。

早在1920年由国际联盟任命的专家就提出了仲裁解决国际税收争议的设想。2008年，OECD为了适应国际经济的日益复杂化，进一步修订了OECD税收协定范本，力求通过引入强制仲裁条款的方式，解决税收协定中的争议。根据该项规定中的内容，在国际税收协定争议中，争议双方可以首先启动相互协商程序，根据相互协商程序中的条款，缔约国双方的税务当局可以通过相互协商的方式来解决税收协定争议。但是在缔约国双方税务当局相互协商的过程中，历时两年仍然无法达成一致意见时，纳税人可以根据该款规定中的内容，要求通过强制仲裁程序解决税收协定纠纷，这种方式能够保证纳税人在解决争议的过程中掌握主动权，切实保护纳税人的合法权益不受侵害。尤其是相比于协商程序而言，仲裁程序效率更高，且仲裁程序规定了固定的审理期限，要求仲裁机构必须在规定期限内完成该税收协定纠纷的审理。在税收协定争议中引入强制仲裁程序，从一定程度上能够激发缔约国双方进行协商的积极性。一些缔约国为了保护自身的经济主权，会尽可能地解决税收争议问题，提高效率，才能避免启动仲裁程序。

我国在2017年6月7日签署了《实施税收协定相关措施以防止税基侵蚀和利润转移的多边公约》，第19条对强制性有约束力的仲裁进行了规定。如果某人认为，缔约管辖区一方或者双方采取的措施，导致对该人的征税不符合协定规定，可以由缔约管辖一方当局主管来审核该案，双方管理部门在两年内就该案的解决达成协议，仲裁裁决为最终裁定。并且第20条至第25条，对仲裁员的任命、仲裁程序的保密、仲裁结束前的案件解决、仲裁程序的类型、同意不同的解决方式、仲裁程序的费用都作了详细规定。这很好地解决了仲裁员的公正、独立性的问题，以及启动仲裁程序的时限等问题。

但我国目前所签订的税收协定中还没有引入强制性税收仲裁条款，《实施税收协定相关措施以防止税基侵蚀和利润转移的多边公约》还未生效和执行，这给税收争议裁决带来了很大的不便。

（三）国家之间税收争议解决的现状及发展趋势

目前各国的税收协定基本都包括相互协商程序条款，建立相互协商程序的目的是解决最广义上的适用税收协定过程中出现的问题，保证税收协定公正、准确地执行。但是国际税收协定争议的内容越来越复杂以后，通过相互协商程序已经不足以解决国际争议问题。越来越多的国家已将约束性税收仲裁机制引入其对外签订的税收协定中，形成了解决税收争议的最新实践。在此背景下，在未来谈判签订新的税收协定或修订现行税收协定时，中国应考虑是否在税收协定的相关条款中引入约束性税收仲裁机制。

二、我国与东道国之间的税收争议风险

（一）东道国的征税不符合税收协定引起的争议风险

税收协定是国家间划分国际税收征税权，以避免对纳税人双重征税所达成的国际协议。如果东道国对纳税人不按税收协定规定征税，将会导致对纳税人的双重征税，这是与税收协定避免双重征税的目的和宗旨相违背的。实践中，东道国的征税不符合税收协定的争议主要有以下几种：第一，在确定常设机构的利润时，把企业的一般行政管理费用分配给常设机构的比例问题；第二，利息、特许权使用费的支付人和受益所有人之间存在特殊关系时，支付人所在国对利息和特许权使用费超过正常支付部分的征税问题；第三，关联企业应税利润的调整问题；第四，对于关联企业间超正常支付的利息，以及与受益所有人具有特殊关系的支付人所支付的利息，享有债权的公司所在的缔约国为实施其有关资本弱化的法律而将该利息视为股息征税的问题；第五，有关纳税人住所的

确定问题,常设机构的设立问题,以及雇员从事临时性劳务的确定问题。

(二)有关解释和实施税收协定的困难和疑义风险

其主要包括两个方面:一是我国与东道国双方先前有关协定解释的协议中不能解决的但可能削弱或妨碍协定实施的问题,如协定中存在的不够完整或模糊不清的用语;二是实施某些协定条款存在的困难,如我国与东道国在制定和实施有关在来源国减免股息、利息和特许权使用费税收的程序时发生的困难。当前有的国家制定了防止资本弱化的法律,这就涉及我国与东道国是否以及在何种条件下将有关利息视作股息的问题,和由此产生的双重征税如何避免的问题。显然,造成实施某些协定条款存在困难的原因:一方面是因为我国与东道国双方就如何实施协定条款存在分歧;另一方面则是因为我国与东道国国内税制变化带来的影响。

(三)税收协定中未规定的双重征税案件风险

这种情况的出现,通常有如下两种原因:一是我国与东道国双方在签订税收协定时就对某些可能导致双重征税的情形未规定,如对在双方设立常设机构的第三国居民的征税问题;二是在税收协定签订后,由于某些条件变化而可能出现签订协定时无法预见的双重征税问题。

三、我国与东道国税收争议的风险防控

(一)加强国际税收争议解决法律体系建设

考虑到当前各国的税收争议解决机制差异较大,我国应当加强国际税收争议解决法律体系建设,为企业解决税收争议提供有效的法律保障。一方面,我国已与多个国家签订了税收协定,这些税收协定有相当部分是早年签订的,因而应当由有关国家机关对已签订的税收协定进行全面的梳理分析,根据需要向相关国家提出修改该协定的要求,并尽早与这些国家重新开始谈判,对其中不符合当前国际税收发展需要的条款作出相应的修改。另一方面,我国应积极地与尚未签订税收协定的国家开展谈判,以确保我国"走出去"企业的税收利益、

降低企业的税收风险。

（二）完善国际税收争议解决机制

当前主要的国际税收争议解决机制是税收协定的相互协商程序，而这一程序存在着诸多缺陷。国际税收争议仲裁机制正受到越来越多的关注，越来越多的学者呼吁推动国际税收争议仲裁机制的实施。但是由于税收争议涉及国家的税收主权，因而在实践中很少有通过国际仲裁解决税收争议的成功案例。为打消各国基于国家税收主权对税收国际仲裁的顾虑，国际税收仲裁机制需要不断地进行完善，应通过立法明确仲裁是相互协商程序的补充程序。双方基于税收协定启动相互协商程序，在相互协商程序进行的过程中，就某些无法达成一致的争议，双方可以基于合意启动仲裁程序，提交仲裁。仲裁协议是强制执行仲裁裁决的依据，如果有当事人不履行仲裁裁决，另一方当事人可以向有管辖权的法院递交有效的仲裁协议书，向该法院申请强制执行该裁决，此外，还可以选择本国税务机关工作人员担任仲裁员的制度设计。虽然我国未将仲裁机制纳入国际税收争议解决机制之中，但仲裁机制作为一个解决国际税收争议的可能途径，如果能不断地推动这一机制变革，使之成为各国接受的解决方式，并适时修订相关的法律，为仲裁机制的引入提供明确且可操作的法律依据，将为我国与东道国解决税收争议开辟一条新的路径。

（三）加强涉外法治人才培养，积极发展涉外法律服务

面对各东道国国内复杂的法律环境，我国涉外律师无论在数量上还是在质量上，与"走出去"企业的现实需求之间仍存在着不小的差距。在涉外税收争议的解决方面，我国与东道国的税收争议解决机制存在着不同的做法。了解当地的相关法律是企业规避风险、维护权益的重要一环，通晓当地法律的律师能够为企业提供专业的法律服务，从而帮助企业争取合法权益。因而我国应当重视涉外律师队伍的建设，加强涉外法治专业人才的培养，促进和鼓励我国律师主动走出国门，为"走出去"企业提供涉外法律服务，国家相关部门也应当积极制定相应的律师境外服务准则。同时，由于目前国内懂外国法律、懂外国语言

等的高素质涉外律师稀缺,我国应当有计划、有部署地培养优秀涉外法律人才。在我国与东道国法律制度差异较大的情况下,为更好地为企业面临税收争议时提供法律支持,可以由国家税务总局、律师协会和注册税务师协会联合组织培养一批专业的涉外律师和涉外税务律师,专门协助"走出去"企业处理涉外税收争议事务,维护这些企业的合法经济利益,保障它们通过国外投资做大做强,为当地的经济发展做出应有的贡献。

【案例分析】

案例:华为诉俄罗斯联邦税务局征收利润税案

(一)基本案情

华为公司是一家实力雄厚的民营科技企业,20多年来已在世界范围内建立了100多个分支机构,并成为全球领先的电信供应商。2009年的一个税务问题却险些让该公司在俄罗斯的发展折戟沉沙。原来,为了避免被国外税务机关认定为常设机构,华为公司经过税务筹划,在俄罗斯采用了"由当地子公司签订服务合同,由母公司签订商品销售合同"的经营方式,以规避双重征税。但是2009年2月,俄罗斯某基层税务分局却认定华为公司在俄罗斯构成常设机构,要求其补缴增值税、所得税和滞纳金等共计2000多万美元。华为公司虽然委托了国际知名中介机构积极抗辩,并向俄罗斯仲裁法院提起诉讼,但收效甚微。华为公司认为,在俄罗斯的合同利润税是根据中俄两国关于对所得避免双重征税和防止偷漏税的协定在中国支付的(不进行商业活动的代表处免于征税)。该协定能够免除华为公司驻俄罗斯非商业活动代表处的纳税义务。国内主管税务机关了解到华为公司的处境后,对其境外税收争议焦点进行认真分析,建议华为公司按照税收协定和《中国居民(国民)申请启动税务相互协商程序暂行办法》的相关规定,申请启动两国税务机关之间的相互磋商。

最终,经过两国税务机关多个回合的谈判,俄罗斯税务局于2009年11月底复审裁决撤销原判罚，华为公司因此避免了近 2 亿元的损失。

（二）争议焦点

华为公司认为，其莫斯科代表处从事的是非商业活动：获取许可文件、寻找商业伙伴以及进行谈判。俄罗斯税务部门则认为，华为莫斯科代表处是常设机构，在其办公活动中产生的利润税应该在俄罗斯支付。税务机关工作人员解释，根据中俄签署的税收协定，代表处历来被理解为代表企业进行全部或部分工作的机构。

（三）评析

华为诉俄罗斯联邦税务局征收利润税一案是一起通过启动税收协定相互协商程序解决跨国税收争议的经典案例。随着中国企业"走出去"步伐的加快以及各国不断加大反避税调查的力度，国与国之间的税收争端和重复征税问题日益增多。双边磋商机制作为解决国际税收分歧的有效手段，越来越受到各国税务机关的重视。2013 年，国家税务总局发布了《税收协定相互协商程序实施办法》（以下简称《实施办法》），进一步规范了我国税务主管机构与外国（地区）税务主管当局涉及税收协定的相互协商工作。《实施办法》规定了中国居民（国民）提出申请启动的相互协商程序的形式要求以及实质要求。

1. 申请形式的要求

如果中国居民（国民）认为，东道国所采取的措施，已经或将会导致不符合税收协定所规定的征税行为，可以向省税务机关提出申请，请求税务总局与缔约对方主管当局通过相互协商程序解决有关问题。申请人应在有关税收协定规定的期限内，以书面形式向省税务机关提出启动相互协商程序的申请，由省级税务机关决定是否上报总局；税务总局对上报的申请进行审查并决定是否启动相互协商程序。申请人向省税务机关提起相互协商程序申请的，填报或提交的资料应采用中文文本。相关资料原件为外文文本且税务机关根据有关规定要求翻译成中文文本的，申请人应按照税务机关的要求翻译成中文文本。各级税务机关应对缔约对方主管当局与相关纳税人、扣缴义务人、代理人等在相互协程序中提供的资料保密。

2. 申请实质的要求

《实施办法》规定有下列情形之一的，中国居民（国民）可以申请启动相互协商程序：对居民身份的认定存有异议，特别是相关税收协定规定双重居民身份的情况下需要通过相互协商程序进行最终确认的；对常设机构的判定，或者常设机构的利润归属和费用扣除存有异议的；对各项所得或财产的免征税或适用税率存有异议的违反税收协定非歧视待遇（无差别待遇）条款的规定，可能或已经形成税收歧视的；对税收协定其他条款的理解和适用出现争议而不能自行解决的；其他可能或已经形成不同税收管辖权之间重复征税的。《实施办法》还明确，当中国企业（居民）遇到国际税收争议或者遭遇不公正待遇，如果属于超出税收协定适用范围，且会造成严重的双重征税或损害我国税收权益的重大影响事项，经国家税务总局和缔约对方税务主管当局同意，也可以申请启动相互协商程序。然而，中国企业要想向税务机关提出申请启动相互协商程序，必须首先在一定程度上向税务机关公开自己的财务和税务状况，以便税务机关了解国际税收争议产生的原委，掌握切实的证据。

综上，通过对我国相互协商程序的分析，我们可以看出，税务总局的《实施办法》确实有其进步和灵活的地方。但因该程序本身的适用范围有限以及实践经验不足，成功的案例并不多。我国应当结合我国国际税收争议的具体问题，不断完善现有的相互协商规则，实现纳税人的合法利益和国家税收权益的双赢。

以下概要说明双边税收协定中的相互协商程序制度。相互协商程序是双重征税协定规定的一种独特的解决协定在适用过程中发生的争议问题的机制，主要有以下三方面作用：（1）对纳税人提出的有关违反协定的征税的申诉，如果其居住国方税务主管当局认为申诉有理，又不能单方面采取措施解决问题时，可以通过这种程序同缔约国另一方税务主管机关进行协商解决。（2）缔约国双方对协定未明确定义的条款用语的解释，彼此存在意见分歧和疑义，可由双方税务主管当局通过这种程序解决。(3)对协定中没有规定的双重征税问题,双方税务主管当局可通过此种程序相互协商解决。双重征税协定中建立的这种相互协商程序,是与缔约国国内法规定的解决纳税人与税务机关之间争议的程序制度并行的争议解决机制,为解决缔约国一方居民纳税人与缔约国另一方税务机关在协定适用方面的纠纷提供了一种国际法层面的救济程序。缔约国一方居民纳税人认为缔约国另一方税务机关的征税行为违反两国间的税收协定,可以不诉诸缔约国另一方的国内税务争议解决程序而直接申请其居住国税务主管当局考虑启动这种相互协商程序,以解决缔约国对方税务机关违反双边税收协定的征税问题。这种相互协商程序无须通过正式的外交途径进行,可以由缔约国双方的税务主管当局相互直接联系接洽处理,具有形式不拘、灵活便利的优点。但其缺陷是不能保证纳税人投诉的争议问题一定能够通过这种程序获得解决,如果缔约国双方主管当局就有关争议问题进行协商但不能达成解决问题的协议,纳税人投诉的问题只能不了了之。为克服这一缺陷问题,2008年修订版的OECD税收协定范本和2011年修订版的UN税收协定范本都共同建议在这种相互协商程序中引入补充性的国际税收仲裁机制,即将双方税务主管当局经过协商未能达成协议的争议问题交付临时性的仲裁庭裁决,以改善、提高相互协商程序解决国际税务争议的效率。

【延伸阅读】

1. 崔晓静:《国际税收行政合作的新发展及其法律问题研究》,中国社会科学出版社2014年版。

2. 虞青松:《基于功能主义的税收事先裁定制度研究》,法律出版社2020年版。

3. [意]保罗·瓦莱里奥·巴巴丁尼著,何振华译:《建立健全国际税收争议解决机制:意大利之最新进展》,载《国际税收》2019年第5期。

4. 朱晓丹:《美国境外账户税收合规法案的域外适用与中国对策研究》,厦门大学出版社2020年版。